Elda González Martínez / Alejandro Fernández (eds.)

MIGRACIONES INTERNACIONALES,
ACTORES SOCIALES Y ESTADOS

Perspectivas del análisis histórico

TIEMPO EMULADO
HISTORIA DE AMÉRICA Y ESPAÑA

La cita de Cervantes que convierte a la historia en "madre de la verdad, émula del tiempo, depósito de las acciones, testigo de lo pasado, ejemplo y aviso de lo presente, advertencia de lo porvenir", cita que Borges reproduce para ejemplificar la reescritura polémica de su "Pierre Menard, autor del Quijote", nos sirve para dar nombre a esta colección de estudios históricos de uno y otro lado del Atlántico, en la seguridad de que son complementarias, que se precisan, se estimulan y se explican mutuamente las historias paralelas de América y España.

Consejo editorial de la colección:

Walther L. Bernecker
(Universität Erlangen-Nürnberg)

Arndt Brendecke
(Ludwig-Maximilians-Universität München)

Jorge Cañizares
(The University of Texas at Austin)

Jaime Contreras
(Universidad de Alcalá de Henares)

Pedro Guibovich Pérez
(Pontificia Universidad Católica del Perú)

Elena Hernández Sandoica
(Universidad Complutense de Madrid)

Clara E. Lida
(El Colegio de México)

Rosa María Martínez de Codes
(Universidad Complutense de Madrid)

Pedro Pérez Herrero
(Universidad de Alcalá de Henares)

Jean Piel
(Université Paris VII)

Barbara Potthast
(Universität zu Köln)

Hilda Sabato
(Universidad de Buenos Aires)

Nigel Townson
(Universidad Complutense de Madrid)

Elda González Martínez / Alejandro Fernández
(eds.)

MIGRACIONES
INTERNACIONALES, ACTORES
SOCIALES Y ESTADOS

Perspectivas del análisis histórico

Iberoamericana - Vervuert - 2014

«Cualquier forma de reproducción, distribución, comunicación pública o transformación de esta obra solo puede ser realizada con la autorización de sus titulares, salvo excepción prevista por la ley. Diríjase a CEDRO (Centro Español de Derechos Reprográficos) si necesita fotocopiar o escanear algún fragmento de esta obra (<http://www.conlicencia.com/> o 91 702 19 70 / 93 272 04 47)».

Derechos reservados

© Iberoamericana, 2014
Amor de Dios, 1 – E-28014 Madrid
Tel.: +34 91 429 35 22
Fax: +34 91 429 53 97

© Vervuert, 2014
Elisabethenstr. 3-9 – D-60594 Frankfurt am Main
Tel.: +49 69 597 46 17
Fax: +49 69 597 87 43

info@iberoamericanalibros.com
www.ibero-americana.net

ISBN 978-84-8489-843-6 (Iberoamericana)
ISBN 978-3-95487-388-3 (Vervuert)

Depósito Legal: M-34647-2014

Impreso en España

Diseño de cubierta: Carlos Zamora

Este libro está impreso íntegramente en papel ecológico sin cloro.

Índice

Migraciones internacionales, actores sociales y Estados.
Perspectivas de análisis histórico
Elda González Martínez y Alejandro Fernández 9

La inmigración y las políticas de colonización avanzada en la
Argentina (1910-1940)
Alejandro Fernández 13

Hacia la Nueva Argentina: inmigrantes españoles y exiliados
republicanos en tiempos del primer peronismo
Nadia Andrea De Cristóforis 37

El franquismo y su política emigratoria. La asistencia de los
españoles en Iberoamérica y las operaciones retorno
Elda González Martínez 59

La adhesión de España al CIME: relaciones diplomáticas y
consecuencias migratorias
Emilio Redondo Carrero 81

El Consejo de Residentes Españoles de Buenos Aires y el Consejo
General de la Ciudadanía Española en el Exterior: aspectos de la
relación de España con la emigración a Argentina
Asunción Merino Hernando 107

Los polacos hacia América Latina. La política emigratoria del
gobierno polaco en el período de entre guerras
Malgorzata Nalewajko 129

Directrices matrimoniales en la economía cafetalera de São Paulo,
1860-1930
Oswaldo Mario Serra Truzzi 149

Las trayectorias étnicas de los descendientes de inmigrantes. El caso de la comunidad polaca en Argentina
Katarzyna Porada 177

Cadenas de tinta y eslabones de papel: correspondencias intercambiadas entre portugueses
(São Paulo/Brasil-Portugal, 1890-1950)
Maria Izilda Santos de Matos 201

Estadounidenses en México. Un recuento histórico de su migración 1945-1980
Mónica Palma Mora 233

Españoles en el Santos de la *belle époque:* cotidiano urbano, prácticas asociativas y militancia política, 1890-1922
Marília Klaumann Cánovas 263

De migrantes a ciudadanos. Proceso de ciudadanización de bolivianos en Buenos Aires
Roberto Benencia y Santiago Canevaro 279

Origen y destino de la emigración gallega a América. El caso de los flujos migratorios a Río de Janeiro
Érica Sarmiento 315

Sobre los autores 333

Migraciones internacionales, actores sociales y Estados. Perspectivas del análisis histórico

Elda González Martínez y Alejandro Fernández

El propósito que ha presidido la elaboración de este volumen ha sido el de reunir la producción de especialistas en la temática migratoria americana provenientes de diferentes disciplinas. Al hacerlo, asumimos la importancia científica y política que tiene el hecho de entablar un diálogo acerca de las migraciones a partir de trabajos históricos, sociológicos, antropológicos, geográficos y literarios, provenientes de ambas márgenes del Atlántico.

Con ello tratamos de avanzar en la tarea de pensar de modo conjunto los aspectos epistemológicos y metodológicos de los estudios migratorios, poniendo en cuestión las clasificaciones que separan de modo tajante a las migraciones europeas a América de las latinoamericanas a Europa, en la medida en que dicha taxonomía puede obstaculizar la comprensión de las dinámicas de la movilidad humana contemporánea.

Por otro lado, consideramos que la revisión y cuestionamiento de las categorías de análisis que guían tanto a los estudios que tienen por objeto a las migraciones históricas como a los dedicados a las contemporáneas, contribuirá a consensuar y validar argumentos que surgen a la luz de cada caso de estudio, pasado o presente.

Un primer núcleo de interés del volumen se encuentra en las políticas migratorias, cuyo examen es abordado en varios trabajos. Alejandro Fernández (Universidad Nacional de Luján, Argentina) analiza cuál fue el impacto real de los estímulos estatales para el acceso a la pequeña propiedad agraria como factor de atracción de la inmigración en la Argentina. La cuestión es enfocada en el período de entreguerras, menos conocido en este aspecto que la fase "clásica" de colonización, anterior a 1910.

Una etapa todavía posterior, la de los gobiernos peronistas de mediados del siglo xx, constituye el escenario del capítulo de Nadia de Cristóforis (Universidad de Buenos Aires/Consejo Nacional de Investigaciones Científicas y Tecnológicas/Centro de Estudios Sociales de América Latina), en el que se aborda la relación entre los estereotipos que circulaban en la época acerca de los inmigrantes y las prácticas administrativas relacionadas con la selección y acogida de aquellos.

Por su parte, Elda González Martínez (Instituto de Historia, Consejo Superior de Investigaciones Científicas, Madrid) que examina la acción tutelar del Estado español frente a los que marchaban, recapitulando los principales hitos legislativos al respecto, se ha centrado específicamente en la etapa franquista y en los planes para intentar controlar las colonias españolas residentes fuera de las fronteras nacionales.

Emilio Redondo (Instituto de Historia, Consejo Superior de Investigaciones Científicas, Madrid) aborda la adhesión española al Comité Intergubernamental para las Migraciones Europeas (CIME) y las repercusiones que, a corto plazo, esta pudo tener sobre el flujo migratorio desde España hacia los países de América Latina.

La creación del Consejo de Residentes Españoles (CRE) y del Consejo General de la Ciudadanía Española en el Exterior (CGCEE), ambos órganos consultivos que canalizan las demandas de los españoles residentes en el extranjero, es estudiada por Asunción Merino (Universidad Nacional de Educación a Distancia, Madrid). El objetivo perseguido por la autora es revelar ciertas cuestiones que descubren el papel de las asociaciones de emigrantes en la relación entre el Estado y las colonias de españoles en el exterior.

Las estrategias estatales respecto de los emigrantes ya establecidos en los países de destino son asimismo analizadas en el artículo de Malgorzata Nalewajko (Instituto de Estudios Ibéricos e Iberoamericanos de la Universidad de Varsovia), que se ocupa de las corrientes migratorias polacas hacia América Latina. En la segunda parte del texto son descriptas las iniciativas de las autoridades de ese país destinadas a organizar la colonización de sus súbditos en Brasil, Argentina, Paraguay y Perú. El objetivo subyacente en algunas de ellas era el de establecer, de manera pacífica y a través de emigración de sus ciudadanos, unas colonias ultramarinas para Polonia.

Otros trabajos se han centrado en ciertos aspectos de los procesos de integración de los inmigrantes en las sociedades receptoras. La investigación de Oswaldo Truzzi (Universidad Federal de São Carlos, Brasil/CNPq) tiene como objetivo sacar a la luz las directrices matrimoniales que reinaban en el municipio de São Carlos, en el interior del estado de São Paulo, durante la etapa de inmigración masiva. Allí se fueron asentado italianos, portugueses, españoles, alemanes, turcos, rusos, entre otros, que convivieron con la población local.

Katarzyna Porada (Instituto de Historia, Consejo Superior de Investigaciones Científicas, Madrid) observa e interpreta el proceso de (re)construcción de la identidad étnica de los descendientes de inmigrantes polacos en la Argentina. Cómo mantienen o recuperan dicha identidad, cuáles han sido sus trayectorias personales dentro de la comunidad y cómo los mismos individuos explican los motivos que les han conducido a formar parte de un determinado grupo, son cuestiones tratadas en detalle en su texto.

María Izilda Santos de Matos (Pontificia Universidad Católica de São Paulo, Brasil/CNPq) se ha ocupado de los vínculos que se establecen entre el lugar de origen y el de destino de los emigrantes. Basándose en los aportes de la Historia Cultural, analiza los desplazamientos de los portugueses a Brasil, utilizando las cartas que intercambiaban y que fueron localizadas en archivos portugueses y en el Memorial del Inmigrante de São Paulo.

La última parte del volumen está dedicada a una serie de estudios de caso. Mónica Palma Mora (Dirección de Estudios Históricos, INAH, México) ha investigado la inmigración norteamericana en México, a partir de la segunda mitad del siglo pasado. Para la autora, durante esos años el acuerdo y la cooperación caracterizaron la relación entre ambos países, hecho que repercutió en el flujo migratorio, aumentando su volumen.

Marília Klaumann Cánovas (Cedhal/LEER-FFLCH/Universidad de São Paulo, Brasil) se ocupó de recuperar la multiplicidad de roles desempeñados por el inmigrante español en la ciudad de Santos (Brasil), entre finales del siglo xix y las décadas iniciales del xx. Un período crucial en la historia de la ciudad, no solo por las transformaciones que en ella fueron ocurriendo, sino por los conflictos y problemas sociales que presenta.

Roberto Benencia (Universidad de Buenos Aires) y Santiago Canevaro (Conicet-IDAES) analizan una de las actividades llevadas a cabo por la comunidad de bolivianos en la Argentina: la feria de La Salada. Los autores nos descubren cómo los bolivianos lograron transformarse de inmigrantes con alto grado de discriminación social, en ciudadanos económicamente exitosos y reconocidos políticamente.

Érica Sarmiento (Universidade do Estado do Rio de Janeiro / Universidade Salgado de Oliveira), finalmente, emplea una perspectiva micro para estudiar las combinaciones entre aldeas de origen y barrios de destino de los emigrantes gallegos establecidos en la ciudad de Río de Janeiro, planteando una serie de hipótesis acerca de la inserción ocupacional diferenciada de los mismos.

Cabe concluir esta introducción con el agradecimiento a Katarzyna Porada, su colaboración ha permitido que pudiésemos entregar el volumen para ser editado.

Por último, la publicación de este libro ha sido posible merced al apoyo financiero proveniente del proyecto de investigación "Viejos actores y nuevas dinámicas: el retorno al lugar de origen de los emigrantes españoles en Uruguay y Argentina", HAR2009-10625, financiado por el Plan Nacional de Investigación en I+D+i del entonces Ministerio de Ciencias e Innovación de España.

La inmigración y las políticas de colonización avanzada en la Argentina (1910-1940)[1]

Alejandro Fernández
Universidad Nacional de Luján, Argentina

Introducción

La inmigración europea y la colonización agrícola constituyeron dos elementos centrales de las propuestas de modernización de la sociedad argentina durante más de un siglo. Solían presentarse en una estrecha asociación virtuosa: la posibilidad de acceso a la propiedad de la tierra atraería a los inmigrantes y, a su vez, el trabajo de estos desarrollaría la agricultura. El aumento de la población y la elevación del nivel de vida contribuirían a crear un país más moderno. Siguiendo el mandato de la Constitución nacional de 1853 y de varias de las provinciales, los gobiernos debían promover esa asociación mediante políticas de fomento. Existe una abundante producción historiográfica que se ha ocupado de las políticas del período anterior a 1910, cuando se llevó adelante lo principal del esfuerzo colonizador y la agricultura se difundió con rapidez. Menos conocida es la etapa posterior, tema de este artículo. Vamos a considerar por una parte los escritos de los publicistas que se ocuparon de la colonización y sus problemas, y por la otra trataremos de caracterizar las políticas gubernamentales, prestando especial atención a los cambios en los roles atribui-

---

1. Este artículo se inserta en el marco de los proyectos de investigación: "Políticas, discursos y prácticas de protección al migrante: el caso de los españoles en Argentina y Brasil. 1948-2008". Ministerio de Economía y Competitividad. HAR2012-33147 y "Viejos actores y nuevas dinámicas: el retorno al lugar de origen de los emigrantes españoles en Uruguay y Argentina". Ministerio de Ciencia e Innovación. HAR2009-10625.

dos a los inmigrantes. El ámbito elegido es de la pampa húmeda, por ser la región agrícola por antonomasia, en la cual se radicaron más de las cuatro quintas partes de los europeos que vivían en el campo[2].

Ya desde las primeras décadas de la vida independiente de la Argentina, la idea de incorporar inmigrantes europeos para aumentar la escasa población y mejorar sus capacidades productivas gozó de amplio consenso[3]. El asentamiento de los pobladores en áreas rurales y su consagración a las labores agrícolas fueron reiteradamente pregonados, incluso cuando las condiciones de la economía habían cambiado notoriamente. En 1929, por ejemplo, el ingeniero agrónomo Roberto Campolieti, en una de sus obras sobre la agricultura argentina, observaba que esta ya no tenía la capacidad ilimitada, propia de antes de la guerra, para acoger a la inmigración, pese a lo cual, "en la conciencia popular persiste la opinión de que haya todavía las mismas posibilidades"[4]. El mito colonizador sobrevivió todavía en proyectos de los funcionarios de Perón (1946-1955) y Frondizi (1958-1962), con argumentos similares a los que eran usuales un siglo antes, aunque esos gobiernos priorizaban el desarrollo de la industria autóctona.

La asociación entre inmigración y colonización agrícola fue por lo tanto muy duradera, lo cual puede explicarse por diferentes razones. En primer lugar, por los excelentes resultados obtenidos en las regiones en que se llevó a la práctica dicha asociación, desde la agricultura triguera del centro de la provincia de Santa Fe y del sudeste de la de Córdoba hasta la vitivinicultura de la de Mendoza, desde la producción maicera del norte de Buenos Aires hasta el desarrollo frutícola del Alto Valle del Río Negro. En todos los casos se trató de situaciones en que los inmigrantes europeos desempeñaron roles protagónicos como pequeños y medianos propietarios, o bien como arrendatarios y aparceros.

En segundo lugar, por la esperanza pertinaz de que esa asociación entre inmigración y agricultura haría posible la conformación, en las zonas

---

2. La pampa húmeda es una región de llanura, con ligeras ondulaciones y abundancia de ríos y lagunas, clima templado y en la que el promedio de lluvias supera los 700 milímetros anuales. Comprende unos 52 millones de hectáreas fértiles, abarcando la provincia de Buenos Aires –excepto su extremo sur–, el centro y sur de las de Santa Fe y Entre Ríos, el sudeste de la de Córdoba y el nordeste de la de La Pampa. Durante la etapa estudiada, esta última no era aún provincia, sino territorio dependiente del gobierno nacional.
3. Tulio Halperin Donghi, "¿Para qué la inmigración? Ideología y política inmigratoria en la Argentina (1810-1914)", en Tulio Halperin Donghi, *El espejo de la historia. Problemas argentinos y perspectivas latinoamericanas*. Buenos Aires, Sudamericana, 1987, pp. 189-238.
4. Roberto Campolieti, *La organización de la agricultura argentina (Ensayo de política agraria)*. Buenos Aires, Pedro Aquino & Cía. Libreros Editores, 1929, p. 217.

rurales del interior, de una sociedad diversificada y democrática. Los pequeños propietarios y los arrendatarios vinculados a la tierra por contratos de larga duración se ubicarían entre los agentes de la transformación de una sociedad jerárquica y autoritaria –vinculada al latifundio ganadero– en otra más poblada, integrada y abierta a la participación política de los extranjeros en las elecciones municipales. El cambio económico sería así continuado por el sociopolítico. Tales argumentos, planteados a mediados del siglo XIX por pensadores como Sarmiento[5], subsistirían con ligeras variantes durante mucho tiempo. También en este caso esa persistencia tendría fundamentos muy concretos, ya que, hacia 1910, la inmigración había hecho posible la aparición de centenares de localidades –muchas de las cuales contaban con sus propias autoridades– allí donde, antes de su llegada, solo existían grandes estancias o bien el desierto. Por otra parte, los sectores medios de dichas localidades, estratos de reciente implantación, se componían principalmente de inmigrantes y sus descendientes.

Por último, el desplazamiento de la ganadería por la agricultura como principal actividad exportadora, y como la que empleaba mayor cantidad de mano de obra en el campo, contribuyó a reforzar los ideales colonizadores. Ya en la década de 1880 la Argentina comenzó a exportar trigo, un rubro que se sumó a los tradicionales ganaderos (lanas, cueros, carnes y despojos). En el siguiente decenio, la provincia de Buenos Aires, que hasta entonces ocupaba un lugar secundario en materia agrícola, por detrás de Santa Fe y Córdoba, inició una etapa muy expansiva, que la llevaría al primer lugar de la producción cerealista[6]. En 1904, los rubros agrícolas superaron a los ganaderos en la balanza comercial, una situación que desde entonces sería usual, excepto durante las dos guerras mundiales[7].

Sin embargo, hacia 1910 se produjeron tres modificaciones importantes en este panorama que matizarían el optimismo reinante y generarían una serie de reflexiones críticas sobre la forma en que había tenido lugar la expansión agrícola y sobre las reformas pendientes. Por una parte, concluyó por entonces la etapa en que los aumentos de producción estaban asociados al avance de la frontera agrícola, ya que prácticamente toda la

---

5. Véase, por ejemplo, Domingo F. Sarmiento, "Población del sur. Veinte colonias más" [1856], "Tierras públicas e inmigración" [1857], "Colonización del sur" [1887], en Domingo F. Sarmiento, *Obras completas*, Vol. XXIII. San Justo, Universidad Nacional de La Matanza, 2001, pp. 251-253, 272-273 y 277-280.
6. Véase Balsa *El desvanecimiento del mundo chacarero. Transformaciones sociales en la agricultura bonaerense, 1937-1988*. Bernal, Universidad Nacional de Quilmes, 2004, pp. 32-33.
7. Eduardo Míguez, *Historia económica de la Argentina. De la conquista a la crisis de 1930*. Buenos Aires, Sudamericana, 2008, pp.167-168.

pampa húmeda estaba en actividad. De allí en más, dichos aumentos estarían asociados a la incorporación de tecnología y mano de obra, factores menos abundantes. En segundo lugar, se hicieron más evidentes las dificultades de colonización en tierras fiscales, dado que tanto la nación como las provincias ya casi no contaban con superficies bien situadas, en las que fuera posible obtener cosechas rentables. En tercer lugar, la propia expansión agraria elevó el precio de la tierra, haciendo más dificultosa su adquisición por parte de los arrendatarios. Al mismo tiempo, los salarios que ellos pagaban tendieron a la suba, limitando su capacidad de ahorro. Estos y otros problemas actuaron como causas del "grito de Alcorta" (1912), una protesta de los arrendatarios y pequeños propietarios de las zonas productoras de maíz –en alta proporción italianos–, que reclamaba mejores condiciones en los contratos y en la comercialización de las cosechas y que llevaría a la fundación de la Federación Agraria Argentina.

UN DIAGNÓSTICO SOMBRÍO

Al celebrar el centenario de su revolución emancipadora, la Argentina podía exhibir unos datos espectaculares en cuanto a la trayectoria agrícola de las décadas anteriores. En 1872 la superficie sembrada de lo que llegarían a ser sus tres principales rubros (trigo, maíz y lino) sumaba unas 204 mil hectáreas; en 1910 había trepado a 12 millones de hectáreas[8]. En la primera fecha lo que se producía en el país apenas cubría la demanda del mercado interno; en 1910 la Argentina era el principal exportador mundial de maíz y lino, y el segundo de trigo, después de Rusia. A ello se sumaba una producción de forrajes para la ganadería mucho más abultada y de superior calidad y una serie de especialidades regionales que se habían desarrollado fuera del área de la pampeana (vid, caña de azúcar, yerba mate, algodón).

A diferencia de otros Estados latinoamericanos, durante toda esa etapa el argentino solo aplicó excepcionalmente los estímulos directos para atraer población extranjera, como el pago de pasajes o la contratación directa de colonos. La oferta de tierras baratas y de fácil acceso fue, en cambio, uno de los estímulos indirectos a los que apuntaron las políticas inmigratorias[9]. "La base de la inmigración es una buena ley de tierras", decía

---

8. Datos procedentes de Osvaldo Barsky y Jorge Gelman, *Historia del agro argentino. Desde la conquista hasta fines del siglo XX*. Buenos Aires, Grijalbo-Mondadori, 2001, pp. 163-165.
9. El pago de pasajes se aplicó durante unos pocos años, a fines de la década de 1880. La crisis económica de 1890 hizo que se abandonara tal política. Uno de los argumentos en los que se basaban quienes defendían los estímulos indirectos era que

Miguel Ángel Cárcano en 1917, haciéndose eco de una tradición que por entonces ya tenía más de medio siglo. El censo nacional de 1914 muestra algunos de los efectos de este proceso. De las aproximadamente 190.000 unidades de producción que existían en las cinco jurisdicciones pampeanas, unas 170.000 tenían menos de 500 hectáreas, mostrando un importante fraccionamiento de la explotación. Asimismo, de las que se dedicaban a la agricultura, el 96,5% tenían menos de esa superficie, y, dentro de ellas, la mitad comprendía menos de cien hectáreas. Este último dato es muy relevante, por cuanto se trata de un área que podía ser trabajada por la familia inmigrante, sin necesidad de contratar asalariados, excepto quizás durante las cosechas[10].

Ahora bien, si consideramos el total de las explotaciones de la región cerealista, solamente un tercio era trabajada hacia 1910 por sus propietarios, mientras el resto lo era por arrendatarios o medieros. Es decir, que el crecimiento muy veloz en el número de explotaciones había sido acompañado por un crecimiento más lento en el número de propiedades, lo cual alejaba un tanto estos resultados de las ambiciosas propuestas de crear un amplio estrato de pequeños propietarios, una suerte de réplica del Middle West norteamericano. ¿En qué medida el Estado nacional podía, a través de sus políticas y de sus organismos específicos, como el Ministerio de Agricultura, creado en 1898, acelerar este proceso de acceso a la propiedad por parte de los nuevos inmigrantes? Salvo que recurriera al mecanismo de las expropiaciones, dicho Estado únicamente podía actuar sobre los llamados "territorios nacionales", del norte y el sur del país, que estaban alejados de los principales centros poblados y no contaban con las tierras más fértiles. Las sucesivas leyes colonizadoras que siguieron a la ocupación efectiva de dichos territorios, como la de 1903, no lograron sus propósitos debido a las desfavorables condiciones de instalación de los inmigrantes, quienes únicamente podían consolidar su posición si previamente contaban con algún capital para equipos e implementos. Por su parte, algunas de las provincias, como Santa Fe, Entre Ríos o Córdoba, habían sostenido exitosas políticas de colonización desde mediados del siglo XIX –en particular la primera de ellas–, permitiendo que muchas familias inmigrantes se convirtieran en propietarias de tierras fértiles y bien comunicadas por

---

de ese modo se atraía una inmigración "natural", que llegaba a través de sus lazos familiares o de paisanaje y tenía más posibilidades de arraigarse en el país. En cambio, la inmigración "artificial" solo llegaría mediante subsidios, estaría integrada por individuos menos hábiles, con dificultades de integración y progreso en la sociedad receptora. Véase, por ejemplo, Juan Alsina, *La inmigración el primer siglo de la independencia*. Buenos Aires, Alsina Eds., 1910, pp. 77-79.
10. Véase Barsky y Gelman, *Historia del agro*, pp. 196-197.

el ferrocarril, pero esas iniciativas habían ido perdiendo impulso en las siguientes décadas, de manera que, hacia el cambio de siglo, tampoco contaban ya con los recursos como para mantener dicho ideal.

Parte de estas deficiencias ya habían sido denunciadas por observadores de comienzos de siglo. Por ejemplo, el enviado del Commisariato dell'Emigrazione del gobierno italiano, Umberto Tomezzoli, quien visitó el país en 1905. Su informe referido a las zonas de colonización era abiertamente crítico sobre las políticas agrarias argentinas, a las que acusaba de haber perpetuado el latifundio. Sus compatriotas inmigrantes, que constituían la principal colectividad extranjera, sobre todo en el campo, no podían prosperar, según Tomezzoli, debido a la carestía y brevedad de los contratos, por lo que sus posibilidades de acceder a la propiedad de la tierra eran limitadas y circunscriptas a determinadas zonas[11].

Otra crítica habitual provenía de los funcionarios del Ministerio de Agricultura, pese a que sus autoridades pertenecían en la época a los elencos conservadores[12]. Uno de ellos, Florencio Molinas, en un libro publicado en 1910, defendía abiertamente la necesidad de incrementar esa colonización –concepto por el cual se entendía la división de las grandes estancias en pequeñas y medianas propiedades, principalmente destinadas a la agricultura–. Para ello, citaba como antecedentes valiosos las empresas privadas y las creadas por los ferrocarriles con ese propósito que habían permitido fragmentar la propiedad y colonizar de manera ordenada. Sin embargo, reconocía que no siempre los agricultores inmigrantes de principios de siglo se hallaban interesados en adquirir ese tipo de parcelas, ya que a veces preferían incrementar sus ahorros mediante el arrendamiento, en lugar de inmovilizarlos como inversiones de capital[13]. Numerosa evidencia existía ya por entonces de que el presupuesto de que los inmigrantes que se dirigían al campo deseaban ante todo convertirse en propietarios no siempre se cumplía, en la medida en que, en muchos casos, optaban por aumentar la superficie arrendada, incorporando como mano de obra a paisanos atraídos desde sus tierras europeas de origen, y eventualmente mantenían como objetivo el retorno a dichos lugares para disfrutar allí de los beneficios de la pequeña propiedad, en lugar de hacerlo en la Argentina.

---

11. Fernando Devoto, *Historia de los italianos en la Argentina*. Buenos Aires, Biblos, 2.ª edición, 2008, pp. 267-269.
12. Un análisis de diversos artículos publicados en el *Boletín del Ministerio de Agricultura* referidos a la cuestión puede hallarse en Tulio Halperin Donghi, "Canción de otoño en primavera: previsiones sobre la crisis de la agricultura cerealista argentina (1894-1930)", en Halperin Donghi, *El espejo de la historia*, pp. 253-276.
13. Florencio Molinas, *La colonización argentina y las industrias agropecuarias*. Buenos Aires, Imprenta Molinari, 1910, especialmente pp. 120 y ss. y 232-239.

El reconocimiento de las dificultades de la incorporación de los inmigrantes a la propiedad rural y la formulación de un diagnóstico sombrío sobre el problema fueron escalando niveles en la burocracia hasta alcanzar a algunos de los máximos responsables de la política agraria. Así ocurrió, por ejemplo, con Damián Torino, quien había sido ministro de Agricultura entre 1904 y 1906. Torino proponía una solución que combinaba el fraccionamiento de las grandes estancias en la pampa húmeda, mediante un decidido estímulo estatal, con una política inmigratoria selectiva, que privilegiaba a los labriegos italianos, a su criterio los más aptos para integrarse.

> La República Argentina no tiene delante de sí un problema económico-social de mayor importancia ni de más extensas proyecciones para su futuro que el de la distribución y arraigo de la inmigración que recibe en sus campos de trabajo (…). El terrateniente debe ceder su lugar al "farmer"; el latifundio, a la pequeña propiedad[14].

El autor reivindicaba las disposiciones de la ley Avellaneda de inmigración y colonización (1876) por la cual se había creado el sistema de "colonias nacionales" con fuerte intervención del Estado. Pero reconocía que la puesta en práctica de esa y otras leyes progresistas había sido falseada por los intereses particulares y por las urgencias del fisco. La acción futura debía volcarse a las provincias transformadas por la expansión cerealista y forrajera, atrayendo al inmigrante con el incentivo de la propiedad de la tierra, de la reducción de los impuestos al consumo y del apoyo crediticio de la banca pública[15].

En 1917 el ya citado Cárcano, uno de los principales especialistas en los sistemas de colonización pública, sostenía que la Argentina había perdido una gran oportunidad para difundir la pequeña propiedad, dada la forma en que aquella se había llevado adelante. El autor reconocía la existencia de mecanismos a través de los cuales los inmigrantes llegaban a poseer la tierra que trabajaban, incluso en las áreas más valorizadas del país. El arrendamiento continuado, por ejemplo, permitía la acumulación de ahorros que podían conducir a que el latifundio se parcelara y fuera evolucionando hacia la chacra y la granja[16]. No obstante, la colonización basada en las tierras fiscales estaba muy lejos de haber dado los resultados

---

14. Damián Torino, *El problema del inmigrante y el problema agrario en la Argentina*. Buenos Aires, s. e., 1912, p. 257.
15. Ibídem, pp. 11-19, 59-82 y 346-357.
16. Miguel Ángel Cárcano, *Evolución histórica del régimen de la tierra pública, 1810-1916*. Buenos Aires, Eudeba, 1972 (edición original Mendesky, 1917), p. 385.

esperados, no solo por las condiciones fijadas por las diferentes leyes, sino por la persistencia de arraigadas prácticas por parte del Estado, como, por ejemplo, la de compensar a militares y otros funcionarios con una entrega de parcelas que no seguía ningún plan sistemático, o bien la de arrendar grandes extensiones a empresas capitalistas que terminaban convirtiéndolas en propiedades plenas e indivisas[17].

En el prólogo del libro, Eleodoro Lobos, quien también había sido ministro de Agricultura y, en esa función, había impulsado su propia ley de tierras, argumentaba que el objetivo de la legislación agraria debía ser el de crear el mayor número de pequeños propietarios, que dispusieran de un capital superior al valor de la tierra, como forma de asegurar su estabilidad. Sin embargo, constataba que ese propósito no se cumplía, por una parte porque el Estado ya no contaba con una adecuada oferta fundiaria, por lo que la colonización era obra de capitalistas y terratenientes, y por la otra porque los inmigrantes que estaba recibiendo la Argentina eran peones y obreros desprovistos de capital. Para revertir esa situación sería necesaria una intensa acción conjunta de la banca pública y de los propios productores organizados en cooperativas. Si el Estado nacional y los provinciales no contaban con tierras adecuadas, se debería pensar en las de propiedad particular, a rescatar mediante licitación o expropiación, en los términos fijados por la constitución[18].

Los textos de Molinas y de Torino fueron publicados durante la etapa final de los gobiernos conservadores, mientras que el de Cárcano lo fue poco después de la llegada a la presidencia por parte de Hipólito Yrigoyen, dirigente de la opositora Unión Cívica Radical, quien accedió a esa magistratura gracias a la aplicación, por primera vez, de la ley de sufragio universal sancionada en 1912. Esa transición política va a incidir de manera significativa en la cuestión que estamos analizando, ya que los arrendatarios constituían en algunas provincias un importante apoyo del partido político ahora triunfante. El problema agrario, agravado por las serias dificultades que se le presentaron a la Argentina para continuar sus exportaciones agrícolas durante la Primera Guerra Mundial, va a alcanzar una mayor resonancia durante los años finales de este conflicto y en la inmediata posguerra, sobre todo en los debates de un parlamento renovado por esa misma transición.

---

17. Abundantes críticas a la manera de instrumentar las leyes de colonización elaboradas luego de 1890 pueden verse en ibídem, pp. 287-369.
18. Eleodoro Lobos, "Prólogo" a Cárcano, *Evolución histórica*, pp. XXIV-XXVIII.

Los proyectos del yrigoyenismo y sus límites

Las directrices del gobierno de Yrigoyen (1916-22) sobre el problema van a estar a menudo orientadas por el anhelo decimonónico de proteger a las familias campesinas inmigrantes que se dedicaran a la agricultura, contraponiendo su imagen a la de quienes llegaban al país para establecerse en las ciudades, donde eran menos productivos y estables. Así, en el mismo año de su asunción, el ministro de Agricultura Pueyrredón presentó al Congreso un proyecto de ley para la creación de un Banco Agrícola encargado de llevar a la práctica una política colonizadora tan ambiciosa como imprecisa, para lo cual utilizaba como fundamentos la necesidad de combatir la tendencia al urbanismo y la de "atraer y fijar corrientes inmigratorias" mediante la acción del Estado[19].

A ello se añadía un argumento que trasladaba al campo agrario una de las nociones preferidas por el yrigoyenismo –la de que su gobierno venía a reparar las desatenciones e injusticias del anterior régimen conservador–, lo cual significaba combatir los males del latifundio y defender a los arrendatarios y pequeños propietarios. Además de las iniciativas tendentes al fraccionamiento de estancias, ello se puede advertir en los intentos de promover el cooperativismo, de ampliar la red de elevadores para el almacenaje de las cosechas, de abaratar los insumos de los agricultores o de mejorar las condiciones de alquiler de los campos. En este último aspecto fue donde el gobierno de Yrigoyen logró uno de sus mayores éxitos, con la aprobación en 1921 de una ley que regulaba los arriendos, estableciendo un plazo mínimo de cuatro años de duración para las unidades de hasta 300 hectáreas y declarando nulas las cláusulas de compra de productos o contratación de servicios que obligaran a los arrendatarios con determinados abastecedores[20].

Menos suceso le cupo al proyecto de colonización. La iniciativa fue blanco de críticas de la bancada socialista de diputados, que sostenía que se trataba de una iniciativa improvisada, sobre todo en lo que referido a las condiciones que debían cumplimentar los candidatos a recibir los créditos que otorgaría el Banco Agrícola, lo cual dejaba un amplio margen a las arbitrariedades. Según Antonio De Tomaso, portavoz de ese bloque, debía aclararse que serían los colonos que ya estaban trabajando los campos a colonizar, pero que no podían adquirirlos por sí mismos, dado que la carestía de los arrendamientos les impedía ahorrar. Además, planteaba que no de-

---

19. Cámara de Diputados de la Nación, *Diario de sesiones*, sesiones extraordinarias, 1916, T. IV, pp. 2789-2790.
20. Ibídem, 1921, T. II, pp. 448-454.

bía crearse un nuevo banco oficial, sino acudir a los ya existentes, cuya eficiencia estaría demostrada[21]. La persistencia de esta oposición –a la cual se sumaban los diputados conservadores– hizo que Yrigoyen retirara el proyecto, sobre el que no retornó hasta su segunda presidencia (1928-1930), sin que hubiese sido aprobado cuando fue depuesto por un golpe militar.

Asimismo, debió aceptar el criterio de que la financiación de las nuevas colonias quedaría en manos de una institución ya existente, el Banco Hipotecario Nacional (BHN). Hasta ese momento, el BHN se había dedicado preferentemente a los créditos para viviendas urbanas. En los casos en que financiaba la adquisición de tierras agrícolas, otorgaba un máximo de la mitad del monto de las operaciones. El proyecto de préstamos de colonización trató de modificar esta situación. En sus fundamentos, se insistía en las bondades que esto tendría para atraer una nueva corriente inmigratoria:

> Llamado nuestro país, por la riqueza de su suelo y la liberalidad de sus instituciones, a cobijar a todos los hombres del mundo que después de esta guerra colosal busquen un hogar tranquilo donde prosperar y rehacer su familia (…) debemos prepararnos para recibirlos, y uno de los medios más fáciles para conseguir ese objeto consistirá en el aliciente de convertirlos en propietarios de la manera más sencilla y menos onerosa[22].

Luego de un prolongado trámite parlamentario, el BHN fue autorizado a emplear hasta la mitad de sus créditos a la compra de parcelas de menos de 200 hectáreas que, por su aptitud agrícola y cercanía de estaciones ferroviarias, pudiesen destinarse a la colonización. Además, se le permitió ampliar el monto individual de préstamos a los colonos hasta el 80% del precio de compra[23]. El mecanismo consistía en que el propietario que deseaba colonizar debía convenir con el BHN la forma de división de su campo y la tasación. Luego se efectuaba el remate público, y los compradores de los lotes recibían el porcentaje indicado para cumplir con el pago.

Respecto a los inmigrantes, la nueva legislación reiteraba la tradición de no discriminar entre nativos y extranjeros ni, dentro de estos últimos, entre grupos nacionales. El BHN incluso instaló una sucursal en el Hotel de Inmigrantes a fin de ofrecer lotes rurales a los recién llegados. Sin

---

21. Ibídem, 1916, sesiones extraordinarias, T. IV, pp. 2850-2855.
22. Ibídem, 1917, T. IV, p. 406.
23. Cámara de Senadores, *Diario de sesiones*, 1919, T. I, pp. 643-644. El plazo habitual en los créditos hipotecarios rurales era por entonces de diez años. El BHN fue autorizado a extenderlo hasta los 33. Asimismo, la tasa promedio cobrada por el BHN en esos créditos fue del 6% anual, cuando lo usual en el mercado era el 9%. Cf. Ministerio de Hacienda, *Censo Hipotecario Nacional al 31 de diciembre de 1936*. Buenos Aires, Peuser, 1938, pp. 152-172.

embargo, de acuerdo a las *Memorias* de la entidad, el 58% de los créditos del período 1920-1927 –cuando el sistema alcanzó su auge– fueron otorgados a arrendatarios argentinos, el 15% a italianos y el 11% a españoles, unas proporciones que minimizaban la presencia que tenían los inmigrantes entre los colonos de la pampa húmeda[24]. Si en lugar del número de créditos atendemos al monto de los mismos, las diferencias eran aún mayores, ya que los argentinos recibieron el 68%, frente al 10% de los italianos y el 9% de los españoles.

Dada la composición de la población argentina, es llamativa la alta proporción de beneficiarios –una sexta parte– que ni eran nativos ni eran italianos o españoles. La explicación radica en que muchos créditos fueron otorgados sobre tierras relativamente marginales de la pampa húmeda –sur de Buenos Aires, centro de La Pampa y Entre Ríos– en los cuales era más destacada la presencia de labradores de Europa central y oriental. El centro de la región cerealista, donde los arrendatarios italianos eran muy abundantes, fue menos cubierto por estos préstamos, debido a que la oferta de tierras para colonizar era voluntaria, o sea, dependía de una decisión de sus propietarios[25]. Estos últimos, con la recuperación de la actividad luego de 1920, volvieron a encontrar más rentable el arrendamiento, por lo que conservaron las tierras en sus manos y solo excepcionalmente las ofrecieron al BHN[26].

El propio mecanismo de colonización de estos préstamos dificultaba el acceso de los inmigrantes recién llegados. El fraccionamiento y venta solía efectuarse a favor de arrendatarios que ya venían trabajando los lotes ofrecidos, o bien lotes vecinos, a veces durante muchos años. Se trataba en esos casos de inmigrantes radicados en el campo argentino con bastante antelación, o de sus hijos nacidos en el país, que habían acumulado un pequeño capital. Ello les permitía desembolsar el 20% del precio de la tierra, que se debía cubrir al contado. Un dato que ratificaría esto es el menor porcentaje de los montos recibidos por los inmigrantes respecto del

---

24. Sobre todo la minimizan en el caso de los italianos. Si bien no contamos con cifras que correspondan a esos años de auge de los créditos del BHN, en 1914 ellos eran algo más de la mitad de los arrendatarios de la pampa húmeda, llegando a los dos tercios en la provincia de Santa Fe. Cf. República Argentina, *Tercer Censo Nacional*. Buenos Aires, Rosso y Cía., 1919, T. V, pp. 837-838.
25. Esto también explicaría que, mientras el número de créditos rurales del BHN creció más que el de los concertados con acreedores privados entre 1925 y 1936, el monto total de los primeros solo se elevó el 6%, mientras el de los segundos lo hizo el 48%. Cf. Ministerio de Hacienda, *Censo Hipotecario*, cuadro 4, p. 21.
26. Una temprana observación sobre las limitaciones que el sistema tenía para ampliar el área colonizada, debido al carácter voluntario de la presentación de los predios, es la de Domingo Bórea, *La colonización oficial y particular en la República Argentina*. Buenos Aires, s. e., 1923, pp. 51-54.

número de préstamos concedidos, ya que muestra que los beneficiarios argentinos recibían sumas más elevadas, sea por la extensión del lote o por su mayor precio por hectárea.

La falta de continuidad también contribuyó al escaso suceso de los préstamos del BHN para atraer nuevos inmigrantes y radicarlos en el campo. En los años centrales de la década de 1920, cuando se otorgó la mayoría de ellos, los precios agrícolas presentaban un sostenido incremento, debido a la demanda de los países europeos luego de la guerra[27]. Esto hizo que se elevara el precio de la tierra, por lo que las hipotecas fueron constituidas sobre la base de altas tasaciones. La reversión de esta tendencia a partir de 1926-1927, cuando comienza el descenso de los precios internacionales, llevó a crecientes dificultades de los deudores hipotecarios para cumplir sus compromisos, ya que debían pagar cuotas fijas, establecidas en base a las tasaciones previas, cuando los montos que obtenían por la producción eran más bajos. Este problema repercutió en el porcentaje de mora en los pagos de los servicios de los créditos de colonización, que llegó a ser mucho más elevado que en el caso de los créditos urbanos[28].

A esto se sumó la marcada disminución en la aceptación internacional de las cédulas que emitía el BHN a partir de la crisis de 1929, lo que condujo a que restringiera fuertemente los créditos de colonización y comenzara la ejecución de las propiedades de los deudores morosos. Si bien el sistema se mantuvo en funcionamiento en los años treinta, la superficie abarcada fue mucho menor. Incluso en esa etapa expansiva, la proporción que estos créditos representaban sobre la operatoria del BHN nunca se aproximó al 50% autorizado por la ley. A lo largo de su trayectoria, esta forma de colonización benefició a poco más de diez mil familias agricultoras, una cifra poco relevante.

Colonización y nueva inmigración: un enlace problemático

El proceso de fraccionamiento de tierras de la región cerealista, no obstante, continuó su marcha. Si en 1914 eran propietarios un tercio de los

---

27. Una consecuencia de ese clima alcista se encontraría en la modernización tecnológica del campo en esos años. Cf. Balsa, *El desvanecimiento*, pp. 48-52.
28. Observaciones sobre las dificultades en el cobro de los créditos una vez pasada la euforia expansiva de mediados de los años veinte pueden verse en Emilio Coni, *Los préstamos de colonización del Banco Hipotecario Nacional*. Buenos Aires, El Ateneo, 1931, pássim, y en BHN, *Informe y memoria del 45° ejercicio*. Buenos Aires, s. e., 1932, pp. 9-29.

directores de explotación, en 1925-1926 ya lo era el 40%. Contra los deseos de los reformistas agrarios, ese aumento debía más a los mecanismos de mercado (compra-venta entre particulares, arrendamiento seguido de venta, herencia) que a las políticas oficiales. Las mejoras en el sistema de arrendamiento y la acción crediticia del BHN beneficiaron parcialmente a los extranjeros ya radicados, quienes conformaban una sólida mayoría entre los arrendatarios de las provincias pampeanas. En cambio, su efecto era limitado o nulo por lo que se refiere a la atracción de nuevas corrientes inmigratorias. Como hemos visto, Torino había conectado en su libro ambos aspectos, al sostener que una actitud más enérgica del Estado en materia de colonización debía ser acompañada de acuerdos con los países de origen de los inmigrantes para fomentar la radicación de población agrícola.

Esta postura fue retomada y ampliada por Rafael Herrera Vegas, presidente del BHN durante el gobierno de Yrigoyen y ministro de Hacienda de su sucesor Marcelo de Alvear. Para Herrera Vegas, la cuestión inmigratoria y la cuestión agraria debían abordarse conjuntamente. El sistema que consideraba más adecuado –coincidiendo a la distancia con Molinas– era el de las compañías colonizadoras, cuyo suceso en algunas provincias en la segunda mitad del siglo XIX era evidente. Ellas instalarían a los nuevos inmigrantes en tierras de la pampa húmeda que serían expropiadas por el Estado nacional, cumpliendo los requisitos constitucionales. Herrera Vegas distinguía a esos inmigrantes agricultores respecto de los instalados en las ciudades –que ya eran mayoría– de una manera aún más enfática que Torino o Cárcano:

> La población y el comercio de nuestras metrópolis son esencialmente parasitarios: consumen pero poco producen. El elemento productor de la República, del que dependen su riqueza y su grandeza, no llega (…) a la décima parte del total de su población[29].

En sede legislativa, este argumento –combinado con el de la tendencia a un fiel cumplimiento de la ley por parte de la población rural– reaparecía cada vez que se trataba un nuevo proyecto de colonización. En 1917, por ejemplo, se planteó en el debate de la ley del hogar, que regularía las donaciones de pequeñas parcelas a las familias agricultoras. Costa, el diputado radical informante del proyecto –que sería aprobado por consenso de todos los partidos–, sostenía que estas "colonias libres" producirían los

---

29. Rafael Herrera Vegas, "Colonización", *Revista de Economía Argentina*, A. 9, T. 18, n. 103, agosto 1927, pp. 3-9.

mejores defensores de la constitución, concepto ratificado en el Senado por el conservador Patrón Costas. Para ello, además del requisito de residencia permanente en el lote recibido, los inmigrantes beneficiarios debían comprometerse a obtener la ciudadanía argentina[30]. Sin embargo, no resultaba claro si se pensaba beneficiar –como sostenía Costa– a una nueva camada de inmigrantes, atraídos con esta versión del *homestead* norteamericano, o a quienes, habiendo ya llegado al país, se radicaron en zonas urbanas, como se deduce de los fundamentos del proyecto de ley[31].

La inmigración aparecía a su vez desempeñando diferentes roles económicos (productora, contribuyente de impuestos, consumidora de productos industriales) en el proyecto de ley de colonización elaborado en 1923 por el ministro de Agricultura de Alvear, Tomás Le Breton. La nueva pieza resulta algo paradójica, si se la compara con el casi simultáneo proyecto de ley de inmigración del ministro, ya que, mientras en este último se hablaba de la necesidad de una política selectiva ante la gran afluencia de extranjeros luego de la guerra, el de colonización insistía en la necesidad de atraerlos. Le Breton proponía un sistema de chacras mixtas (agrícola-ganaderas) a crearse en el corazón de la pampa. La forma de lograrlo sería mediante estímulos a la iniciativa colonizadora de los particulares, teniendo en cuenta que el Estado casi no contaba con superficies propias en esa región. Si esa vía fracasaba, el gobierno quedaba facultado para realizar expropiaciones. Con ello se formarían unas "reservas de tierras" fijadas anualmente según las cifras probables de inmigrantes que recibiría el país[32]. Al igual que el proyecto de Yrigoyen-Pueyrredón, el de Alvear-Le Breton fue retirado sin la aprobación del Congreso, lo cual puede explicarse por varias razones, como las dificultades de su financiación, el escaso interés despertado entre los propietarios de tierras en un momento en que la agricultura había vuelto a ser rentable o los temores que despertaban las facultades de expropiación otorgadas al gobierno.

Una vez más, no se cumplía así el viejo anhelo, reiterado en ese proyecto, de promover una inmigración de "agricultores prácticos" en lugar de "braceros sin profesión" de los que las ciudades estaban "pletóricas". Esta ya habitual contraposición entre ambos tipos de inmigrantes, así como la

---

30. Este requisito se explica porque la ley solo sería aplicable a la Patagonia y el Chaco, territorios en los que habían fracasado experiencias anteriores de colonización debido a los elevados retornos de los inmigrantes. Cf. Alejandro Fernández, "Inmigración y pequeña propiedad en la Argentina de entreguerras: continuidades y límites de una política estatal", *Estudios Migratorios Latinoamericanos*, A. 18, n°. 53, abril 2004, pp. 97-119.
31. Cámara de Diputados de la Nación, *Diario de sesiones*, 1917, T. III, pp. 495-526 y Cámara de Senadores, ibídem, T. III, pp. 1071-1072.
32. Cámara de Diputados, *Diario de sesiones*, 1924, T. III, pp. 475-481.

no menos recurrente decepción ante los resultados del proceso colonizador, reaparecen en la obra de Roberto Campolieti, sobre todo en el libro de finales de la década que coronó más de treinta años de reflexiones sobre la agricultura argentina. Mientras la inmigración con destino urbano –constituida en alta proporción por individuos solteros– sería proclive a la especulación, el derroche, el trabajo improductivo y los desórdenes, la que se establecía en el campo –en la que predominarían las familias– se caracterizaría según este agrónomo italiano por la integración, la austeridad y la defensa de la ley. Un ejemplo se encontraría en las manifestaciones de protesta rural de 1912, que, pese a su intensidad y difusión, fueron prontamente encauzadas dentro del marco legal[33].

Aun dotada de tan prometedores atributos, esta segunda opción se vería bloqueada, según Campolieti, por la hegemonía del latifundio. Las mejores superficies de la pampa quedaron en manos de estancieros absentistas, que las entregaron en arriendo. Los locatarios, en su mayoría inmigrantes, desempeñaron un papel primordial en el crecimiento de la producción agrícola de fines del siglo XIX y comienzos del XX. Pero no lograron extraer un gran beneficio, ya que el precio de la tierra sufrió un alza de gran magnitud como consecuencia de la propia expansión y cada vez les resultó más difícil adquirirla. Incluso cuando lo lograron, la solución no fue la que él consideraba deseable, ya que las chacras fueron destinadas a una agricultura cerealista extensiva[34].

La solución que proponía, la más drástica de la época, consistía en la creación de un millón de granjas, de una superficie promedio de veinte a treinta hectáreas. En dichos establecimientos se practicaría el cultivo intensivo (cereales, forrajes, verduras) combinado con la ganadería y con la elaboración de derivados de la lechería y de la horticultura. El principal destino de sus productos se hallaría en el mercado de las grandes ciudades del Litoral[35]. Dada la superficie de las granjas, el protagonismo de esta transformación recaería en lo que Campolieti llamaba la "familia colona", es decir, en el núcleo consanguíneo campesino, por lo cual proponía una selección entre los postulantes de los países interesados en seguir enviando emigrantes.

Uno de los aspectos destacados de su razonamiento era que al argumento ético-político del arraigo a la tierra se añadía el de la superioridad económica de la granja mixta. Como vimos, la evolución de los precios de exportación se presentaba muy volátil luego de la guerra y, para el caso de los cereales, con tendencia a la declinación después de mediados de la dé-

---

33. Campolieti, *La organización de la agricultura*, pp. 231 y ss.
34. Ibídem, pp. 93-97.
35. Ibídem, pp. 110-117.

cada de 1920. Por eso Campolieti aconsejaba que todo proyecto de colonización debía incluir el carácter mixto de las explotaciones, lo que las haría menos vulnerables a los vaivenes del mercado[36]. Creía, además, que estas granjas debían ser entregadas a crédito a familias recién llegadas al país, ya que no solo compartía las prevenciones contra los inmigrantes de las ciudades, sino que las extendía a los ya establecidos en el campo, a los que acusaba de haber incorporado defectos que era preciso erradicar, como el descuido de los cultivos o la tendencia al consumo superfluo[37].

En la propuesta pueden hallarse numerosos flancos débiles, de los cuales aquí solo mencionaremos los tres que más nos conciernen. Uno es el de la dificultad de financiación del plan, teniendo en cuenta la colosal superficie abarcada y las necesidades de equipo de los futuros colonos. Campolieti no se apartaba en este aspecto de la norma, que colocaba la responsabilidad en manos de la banca oficial, para lo cual proponía crear dos instituciones (el Banco de Colonización y el Agrícola) que se sumarían a las ya existentes. Sin embargo, no existían antecedentes de financiación de una actividad colonizadora siquiera mucho menor a la que se proponía en el libro. La segunda debilidad se hallaba en la creencia de que determinados países europeos alentarían la emigración de campesinos provistos de cierto capital –parte del presupuesto colonizador provendría de esa fuente– sin obtener a cambio beneficio alguno. La tercera, más general, se refiere a la cantidad de personas involucradas: aun con un promedio moderado de integrantes por familia, la Argentina debía recibir cuatro millones de personas para instalar en el campo, cifra inalcanzable si tenemos en cuenta la trayectoria anterior y, más aún, si consideramos que luego de la guerra varios de los países que aportaban colonos –entre ellos Italia- habían reducido su flujo.

La crisis económica y sus consecuencias

El acuerdo sobre la necesidad de colonizar y promover la pequeña propiedad agrícola abarcaba una franja que se confundía con la del conjunto

---

36. La volatilidad de los precios había alentado ya la conformación de "estancias mixtas", que, combinando ganadería y agricultura, trataban de minimizar los riesgos financieros. Cf. Juan Manuel Palacio, "La economía rural bonaerense en su período de gran expansión", en Juan Manuel Palacio (dir.), *De la federalización de Buenos Aires al advenimiento del peronismo (1880-1943)*, T. 4 de la *Historia de la Provincia de Buenos Aires*. Gonnet/Buenos Aires, UNIPE-/Edhasa, 2013, pp. 203-204.
37. Campolieti, *La organización de la agricultura*, pp. 216-220.

de los partidos políticos. Cuando se analizan los proyectos de colonización que en esta época lanzaron las cuatro provincias de la región pampeana, ese consenso puede advertirse con claridad. La primera de ellas, Córdoba, lo hizo en 1923, bajo el gobierno del conservador Julio Roca (hijo)[38]. En Santa Fe, el partido demócrata progresista fue, una década más tarde, el encargado de intentar retomar el impulso colonizador que había caracterizado a esa provincia en la segunda mitad del siglo anterior[39]. En la misma época, el gobierno radical de Entre Ríos aprobó una ley para colonizar, a la que bautizó "de transformación agraria"[40]. En Buenos Aires, por último, una línea conservadora divergente de la cordobesa aplicaría sus propias ideas en la materia, teniendo en cuenta que los márgenes de acción oficial eran más limitados que en las demás provincias[41].

El otro partido importante de la época, el socialista, también apoyaba firmemente la división de la gran propiedad mediante la colonización. Ello no solo se puede apreciar en las invectivas que su fundador, Juan B. Justo, dirigía al latifundio desde antes del período que estamos analizando[42], sino también en la postura de sus parlamentarios durante el transcurso del mismo. El más experto de ellos en el tema agrario, Antonio De Tomaso, había censurado, como vimos, los proyectos yrigoyenistas de colonización, no por sus objetivos, sino por la dudosa eficacia de su implementación. En cambio, había defendido ya desde 1916 la creación de una sección de crédito agrario dentro del Banco de la Nación Argentina (BNA) que financiara la compra de tierras a largo plazo. Nicolás Repetto y Enrique Dickmann, por su parte, desempeñaron un rol protagónico en los debates de los proyectos colonizadores durante las siguientes dos décadas, insistiendo sobre el apoyo legislativo a los colonos, sin vulnerar con ello la circunspección financiera que el partido creía conveniente y necesaria para el fisco[43].

Es decir, que el consenso sobre la colonización y la inmigración a ella vinculada mantenía su vigencia luego del golpe militar de 1930, acompa-

---

38. Provincia de Córdoba, Ley de colonización N.° 2303, ley de colonias y fundación de pueblos N.° 2142, Córdoba, s. e., 1923.
39. Provincia de Santa Fe, Ministerio de Hacienda y Obras Públicas, *Ley de colonización N.° 2432 y su decreto reglamentario*, Santa Fe, s. e., 1934.
40. Bernardino Horne, *Nuestro problema agrario*. Buenos Aires, La Facultad, 1937, Apéndice.
41. Manuel Casares, *Algunas faces* [sic] *de la ley de colonización de la Provincia de Buenos Aires*. Buenos Aires, Impresora Argentina, 1939, pássim.
42. Jeremy Adelman, "La cosecha esquiva. Los socialistas y el campo antes de la Primera Guerra Mundial", *Anuario del IEHS*, Tandil, A. IV, 1989, pp. 293-333.
43. Véanse, por ejemplo, sus intervenciones en las discusiones sobre reforma de la ley de arrendamientos, con la enfática defensa que realizaron de la pequeña propiedad agraria. Cf. Cámara de Diputados, *Diario de sesiones*, 1929, T. III, pp. 594-621.

ñado por un mayor intervencionismo estatal en la cuestión agraria[44]. Sin embargo, los proyectos legislativos posteriores al mismo se caracterizan por la modestia de sus ambiciones, ya que comprendían una menor cantidad de tierras que los de la década previa, ubicadas por lo general en zonas marginales de la pampa húmeda o fuera de ella. La explicación de ese cambio debe buscarse en el contexto económico sobre el que operaba la nueva legislación, caracterizado por las graves dificultades de quienes habían comprado chacras antes de la crisis y no podían cubrir los saldos que aún adeudaban. Como ya se señaló, gran parte de esos créditos fueron otorgados en base a unos precios de los cereales que luego cayeron, mientras las cuotas eran fijas, lo cual generó constantes moras y falta de pago. Además, muchos establecimientos que se dedicaban a la agricultura se reorientaron hacia la ganadería, ya que sus precios cayeron menos que los agrícolas. La emigración del campo a las zonas urbanas se incrementó notoriamente, haciendo temer en algún momento por la supervivencia del estrato de arrendatarios y de la propia agricultura cerealista[45].

Los problemas de recuperación de los créditos a los colonos se fueron agravando. En 1936 un tercio de la superficie de la región pampeana estaba hipotecada a favor de acreedores particulares o de la banca estatal, con escasas posibilidades de cancelación para una gruesa parte de las mismas[46]. Por otro lado, las cédulas que emitía el BHN sufrieron una fuerte depreciación en las bolsas del exterior en las que cotizaban, pese a que se trató de mantener la confianza de los inversores, excluyendo a la entidad de las moratorias hipotecarias que fueron aprobadas y convalidando la realización de un número muy elevado de remates entre 1933 y 1936. La posibilidad de acceder a otras fuentes de financiación externa para colonizar resultaba asimismo problemática, ya que, en un contexto de elevado des-

---

44. Ese intervencionismo apuntaba a proteger en lo posible a los productores rurales frente a la crisis. En 1931 fue creada la Junta Reguladora de Granos que garantizaba un precio mínimo por las cosechas para colocarlas luego en el mercado internacional. Hasta 1934 la Junta transfirió recursos a los productores, ya que el precio de mercado se ubicaba por debajo del mínimo que pagaba (luego de esa fecha la situación se invirtió). Los arrendatarios, por su parte, fueron beneficiados en 1932 con una ley más favorable que la de 1921. El intervencionismo se aprecia asimismo en la legislación de la provincia de Buenos Aires, donde en 1936 fue creado el Instituto Autárquico de Colonización, al tiempo que se incrementaban los impuestos sobre las propiedades de más de diez mil hectáreas. Cf. Mónica Blanco, *Reforma en el agro pampeano. Arrendamiento, propiedad y legislación agraria en la provincia de Buenos Aires, 1940-1960*. Bernal, Universidad Nacional de Quilmes, 2007, pp. 71-73.
45. Tulio Halperin Donghi, "Estudio preliminar", a *La república imposible (1930-1945)*. Buenos Aires, Ariel, 2004, pp. 126-127.
46. Ministerio de Hacienda, *Censo Hipotecario*, pp. 27-28.

empleo, se optó por orientar el escaso crédito disponible hacia las obras públicas, más intensivas en la ocupación de mano de obra.

El clima de restricciones imperante se advierte también en la actividad de la sección de crédito agrario del BNA, la iniciativa de colonización más relevante en la primera mitad de la década. La creación de esta agencia había sido largamente reclamada por los legisladores socialistas, apoyándose en una propuesta que ya figuraba en el libro de Torino[47]. A ellos se sumaron luego las entidades que representaban a los arrendatarios y pequeños propietarios endeudados, como la Federación Agraria. Tradicionalmente este banco financiaba las necesidades de capital circulante de los agricultores, pero no contaba con unas líneas de crédito para compra de tierras a largo término como las ofrecidas por el BHN. En 1933 el Congreso aprobó la reforma de su carta orgánica, creando la nueva sección, en base a un proyecto de ley elaborado por el diputado Cárcano y el ministro de Agricultura De Tomaso. Sin embargo, la ley finalmente sancionada era bastante distinta de la propuesta socialista original, ya que, a tono con la época, limitaba en extremo los montos y plazos de los créditos destinados a la compra de inmuebles rurales, uno de los ítems incluidos. Además, establecía un tope reducido para la proporción del capital del BNA que podía destinarse a este tipo de operaciones y, a diferencia de los préstamos del BHN, las extendía a áreas geográficas mucho más apartadas. La causa de esto último no se halla solo en la cautela colonizadora propia de los años treinta, sino también en la creciente importancia que estaban alcanzando los cultivos industriales y otros derivados de la agricultura destinados al mercado interno, en su mayor parte obtenidos en provincias del interior del país. No es de extrañar por lo tanto que las *Memorias* de la entidad registren muy contadas operaciones de transferencia de tierras en la pampa húmeda financiadas por la nueva sección[48].

Todavía menos impacto alcanzarían otras iniciativas de la década, como la creación de una Comisión Nacional de Colonización en 1936,

---

47. Torino, *El problema del inmigrante*, pp. 346-357. El proyecto de ley originalmente presentado por los socialistas llevaba las firmas de Justo, Repetto, Dickmann, De Tomaso y Mario Bravo. Cf. Cámara de Diputados, *Diario de sesiones*, 1919, T. II, pp. 752-754. Sobre el mismo insistió años más tarde De Tomaso, volviendo a citar el libro de Torino. Cf. Ibídem, 1924, T. IV, pp. 9-14.
48. Banco de la Nación Argentina, *Memoria de la Sección de Crédito Agrario (ley 11864)*. Buenos Aires, Kraft, 1935, pp. 16-20; Ibídem, *Memoria y balance correspondiente al año 1939*, Buenos Aires, s. e., 1940, pp. 17-23 y 84-100. En esta última fuente (cuadro 33), se advierte que en ese año los créditos entregados para pagar deudas comerciales o bancarias fueron una vez y media superiores a los destinados a la compra de inmuebles, en el caso de la agricultura, y cuatro veces superiores, en el de la ganadería.

durante el ministerio del propio Miguel Ángel Cárcano, quien había sucedido a De Tomaso luego de su muerte. En el proyecto se reiteraba el argumento de que la pequeña propiedad sería muy beneficiosa en cuanto a la estabilidad social. En cambio, no se insistía sobre su superior aptitud económica, quizás como consecuencia de las dudas existentes por entonces acerca de la sustentabilidad de tales empresas agrarias. Pero también se advertía sobre las dificultades que el Estado debía enfrentar si pretendía ensanchar la base de los pequeños propietarios en la región pampeana. Por ello, los fundamentos del proyecto se iban deslizando gradualmente desde el acceso a la propiedad de la tierra hacia el arraigo a la misma por parte de quienes la trabajaban como arrendatarios, es decir, a la estabilidad y mejora de sus condiciones, confiando implícitamente dicho acceso al transcurso del tiempo. El contexto de la crisis volvía a aparecer al considerarse los inmuebles que serían objeto de la ley, ya que el proyecto incluía entre ellos a los que estuvieran en manos de la banca estatal, es decir, los provenientes de las ejecuciones de créditos impagos. Si se tiene presente que las otras dos fuentes eran las tierras fiscales –que difícilmente estarían en condiciones de cumplir los requisitos de cercanía geográfica que el mismo proyecto establecía– y las tierras privadas solo en el caso de que fueran ofrecidas por sus propietarios –lo que era de dudoso cumplimiento–, no es difícil concluir que el propósito del proyecto era el de dar un destino útil a las propiedades acumuladas por ejecución en las carteras de los bancos oficiales, más bien que avanzar en la apertura de nuevas zonas al proceso colonizador[49].

¿En qué medida la atracción de inmigrantes seguía planteada como objetivo en estas propuestas posteriores a la crisis? Es indudable que esta última también repercutió sobre las maneras en que se pensaba en la inmigración en la Argentina. El impulso que significó para la industria nacional la escasez de divisas y, por ende, de artículos importados, así como el abandono del patrón oro, hizo que se empezaran a analizar las posibles capacidades de los inmigrantes como mano de obra fabril en lugar de rural. Asimismo, el crecimiento de la corriente inmigratoria o, como mínimo, su continuidad en una etapa en que el flujo sufría una fuerte caída, fue defendido como una manera de ampliar el mercado de las manufacturas autóctonas, creando las necesarias economías de escala[50].

Incluso en los casos en que subsistía la apelación a los ideales colonizadores, el rol asignado a la inmigración era más modesto que en las eta-

---

49. Cámara de Diputados, *Diario de sesiones*, 1936, T. III, pp. 279-294.
50. Véase, por ejemplo, Alejandro Shaw, "Los nuevos problemas económicos argentinos", *Revista de Economía Argentina*, Año 16, t. 31, n°. 182, agosto 1933, pp. 90-100.

pas anteriores. Cárcano, por ejemplo, solo mencionaba el tema al incluir, entre las atribuciones de la nueva Comisión Nacional, la de "realizar convenios con familias de agricultores residentes en el extranjero", objetivo que no aparece luego reflejado en los artículos a través de los cuales se determinaba su funcionamiento práctico. Por su parte, el más entusiasta defensor del proyecto, el socialista Enrique Dickmann, creía que este debía orientarse a los colonos ya instalados con anterioridad, puesto que el crecimiento de la población del país –un objetivo que mantenía su vigencia y que, según él, estaba asociado con la pequeña propiedad agraria– no podía encontrar ya su principal recurso en la llegada de nuevos contingentes desde el exterior[51].

La figura del inmigrante tampoco ocupa el lugar de agente central de la colonización en los proyectos encarados por los gobiernos provinciales. En el caso de Buenos Aires, la nacionalidad argentina aparecía incluso como uno de los requisitos a los que se debía otorgar preferencia en la selección de los candidatos, mientras que la ley santafesina, si bien no seguía ese criterio, favorecía a quienes contaban con un equipamiento y unos conocimientos previos que difícilmente podían estar al alcance de los nuevos inmigrantes. En Entre Ríos, cuya colonización conocemos mejor gracias al testimonio del ministro que la dirigió, los principales beneficiarios fueron agricultores nativos, en muchos casos hijos de inmigrantes suizos, alemanes e italianos[52]. Es probable que algo similar ocurriera con los créditos del BNA, sobre todo en la porción minoritaria que se destinó a la región que nos interesa, aunque es difícil saberlo con la información cuantitativa suministrada por las *Memorias* de la entidad. En cualquier caso, las menciones a los agricultores nativos son muy frecuentes en la descripción de las operaciones del período 1933-1940.

Conclusiones

La asociación entre inmigración y colonización mantuvo su capacidad apelativa en la etapa de entreguerras, pese a que para entonces ya habían cambiado de manera crucial algunas de las premisas en que se basaba tal vinculación. Cuando se analiza la auténtica eficacia de ese ideal como motor de las transformaciones agrarias operadas en la región pampeana luego

---

51. Enrique Dickmann, "El proyecto de colonización del ministro Cárcano es bueno y está bien inspirado: la pequeña propiedad agrícola no es un peligro social", *Finanzas. Revista Mensual de Economía*, A. 4, 1936, pp. 9 y ss.
52. Bartolomé Horne, *Nuestro problema agrario*. Buenos Aires, La Facultad, 1937, pp. 43-106.

de que la expansión a nuevas tierras alcanzó sus límites, los matices surgen de inmediato. Lo que se advierte sobre todo es que la colonización ya no pudo seguir actuando como estímulo indirecto para la atracción de nuevas corrientes europeas, salvo en zonas periféricas y no especializadas en la agricultura cerealista. Más allá de las dificultades del proceso colonizador, la capacidad del Estado argentino para lograr esa atracción fue más limitada luego de la guerra, debido a las mudanzas en la economía y la política de los países de origen de los inmigrantes. Por otro lado, al revisar los fundamentos y articulado de los proyectos de ley del período, se advierte que quienes estaban en condiciones de beneficiarse solían ser los colonos que vivían en el país, no los que llegarían para radicarse.

Los inmigrantes y sus descendientes formaron una vasta proporción de quienes, a partir del arrendamiento, accedieron entre 1910 y 1929 a la propiedad de la tierra, haciendo disminuir el promedio de las superficies. Pero ello debió menos a los proyectos de colonización nacionales o provinciales que al mecanismo discreto de la compra-venta entre particulares, aun cuando este se ponía en marcha en muchos casos gracias al crédito hipotecario de la banca oficial. A partir de la crisis se produjo un claro avance de la figura del colono nativo en los proyectos legislativos y en la publicística sobre el tema, con lo cual comienza a verificarse una gradual divergencia entre inmigración y colonización. Esto es consistente con el importante aumento del porcentaje de argentinos entre los directores de explotación, según informan los censos del período, y con el magro registro de ingreso de extranjeros durante casi toda la década de 1930. No obstante, el ideal colonizador mantendría su vigencia en otros ámbitos de intervención estatal, como la protección de los arrendatarios o el fomento del cooperativismo, combinados en ciertas ocasiones –que se extendieron por varios decenios más– con el llamado a la inmigración europea destinada al campo.

Bibliografía

Adelman, Jeremy, "La cosecha esquiva. Los socialistas y el campo antes de la Primera Guerra Mundial", *Anuario del IEHS*, Tandil, A. IV, 1989, pp. 293-333.

Balsa, Javier, *El desvanecimiento del mundo chacarero. Transformaciones sociales en la agricultura bonaerense, 1937-1988*. Bernal, Universidad Nacional de Quilmes, 2004.

Barsky, Osvaldo y Jorge Gelman, *Historia del agro argentino. Desde la conquista hasta fines del siglo xx*. Buenos Aires, Grijalbo-Mondadori, 2001.

BLANCO, Mónica, *Reforma en el agro pampeano. Arrendamiento, propiedad y legislación agraria en la provincia de Buenos Aires, 1940-1960.* Bernal, Universidad Nacional de Quilmes, 2007.

DEVOTO, Fernando, *Historia de los italianos en la Argentina.* Buenos Aires, Biblos, 2ª edición, 2008.

FERNÁNDEZ, Alejandro, "Inmigración y pequeña propiedad en la Argentina de entreguerras: continuidades y límites de una política estatal", *Estudios Migratorios Latinoamericanos*, A. 18, n°. 53, abril, 2004, pp. 97-119.

HALPERIN DONGHI, Tulio, "¿Para qué la inmigración? Ideología y política inmigratoria en la Argentina (1810-1914)", en Tulio Halperin Donghi, *El espejo de la historia. Problemas argentinos y perspectivas latinoamericanas.* Buenos Aires, Sudamericana, 1987a, pp. 189-238.

— "Canción de otoño en primavera: previsiones sobre la crisis de la agricultura cerealista argentina (1894-1930)", en Tulio Halperin Donghi, *El espejo de la historia. Problemas argentinos y perspectivas latinoamericanas.* Buenos Aires, Sudamericana, 1987b, pp. 253-276.

— "Estudio preliminar", a *La república imposible (1930-1945).* Buenos Aires, Ariel, 2004, pp. 23-322.

MÍGUEZ, Eduardo, *Historia económica de la Argentina. De la conquista a la crisis de 1930.* Buenos Aires, Sudamericana, 2008.

PALACIO, Juan Manuel, "La economía rural bonaerense en su período de gran expansión", en Juan Manuel Palacio (dir.), *De la federalización de Buenos Aires al advenimiento del peronismo (1880-1943)*, T. 4 de la *Historia de la Provincia de Buenos Aires.* Buenos Aires, UNIPE/Edhasa, 2013, pp. 185-218.

Hacia la Nueva Argentina: inmigrantes españoles y exiliados republicanos en tiempos del primer peronismo[1]

Nadia Andrea De Cristóforis
Universidad de Buenos Aires/Consejo Nacional de Investigaciones Científicas y Tecnológicas/Centro de Estudios Sociales de América Latina, Argentina

Introducción

A partir del fin de la Segunda Guerra Mundial se inició el último ciclo de la emigración europea hacia la Argentina[2]. Los integrantes de estas corrientes partían de un continente destruido por los enfrentamientos bélicos, en la búsqueda de una inserción laboral y de redes sociales que los ayudaran a superar las traumáticas situaciones vividas durante la larga contienda. A los tradicionales migrantes movilizados por motivaciones

1. Este trabajo forma parte de los siguientes proyectos de investigación: UBACyT 20020110100073 y UBACyT 20020100100435 (UBA, Argentina); PIP 114-200801-00216 y 112-201101-00607 (CONICET, Argentina); PICT 2008, Nº 1150 (ANPCyT, Argentina); Proyecto "Redes, poder y territorialidad en la historia argentina de los siglos XVIII-XX", Programa de Incentivos a docentes-investigadores (CESAL-UNICEN, Argentina); HAR2009-11081 (Ministerio de Ciencia e Innovación de España).
2. María Inés Barbero y María Cristina Cacopardo, "La inmigración europea a la Argentina en la segunda posguerra: viejos mitos y nuevas condiciones", *Estudios Migratorios Latinoamericanos*, año 6, nº. 19, 1991, p. 291. Mientras que el promedio anual de inmigrantes arribados a la Argentina (de todas las procedencias, pero principalmente de Europa) entre 1930 y 1939 fue de 42.780, entre 1945 y 1960 esa cifra ascendió a 61.693. Entre 1945 y 1960 los europeos representaron el 93,7% de los extranjeros ingresados al país por vía ultramarina, en 2.ª y 3.ª clase. Cf. Dirección Nacional de Migraciones, *Memorias Anuales*. Buenos Aires, 1936-1939, 1945-1960.

principalmente económicas, se sumaban los refugiados y fugitivos, que se desplazaban por razones ideológicas y políticas, impulsados en muchos casos por la necesidad de salvaguardar su integridad física. Entre los refugiados que se dirigieron al país austral se encontraban judíos sobrevivientes del Holocausto o republicanos españoles, por ejemplo, mientras que los fugitivos comprendían a técnicos y científicos alemanes –nazis o no–, ex colaboracionistas y desplazados de guerra que huían de los regímenes comunistas consolidados luego de 1945.

En la Argentina, el gobierno de Juan D. Perón estaba propiciando una expansión de la estructura industrial y productiva en general que alentaba la llegada de extranjeros destinados a satisfacer los requerimientos del desarrollo manufacturero y rural. Sin embargo, estas políticas pronto revelaron sus ambigüedades: si por un lado estimularon la inmigración, también promovieron la selección y el encauzamiento de las corrientes humanas que arribaban desde el exterior, en función de criterios complejos y muchas veces, contradictorios[3].

En las últimas dos décadas, numerosos trabajos han comenzado a indagar los principios o ideas de las políticas migratorias del primer peronismo[4], su puesta en práctica en el marco de diferentes instituciones públicas y sus posicionamientos con respecto al ingreso de refugiados judíos y fugitivos, en especial, técnicos y científicos nazis[5]. Las políticas oficiales

---

3. Fernando Devoto, "El revés de la trama: políticas migratorias y prácticas administrativas en la Argentina (1919-1949)", *Desarrollo Económico*, 41/162, 2001, pp. 292-296.
4. Un ejemplo representativo de ello es el libro de Carolina Biernat, *¿Buenos o útiles? La política inmigratoria del peronismo*. Buenos Aires, Biblos, 2007.
5. Leonardo Senkman, "Perón y la entrada de técnicos alemanes y colaboracionistas con los nazis, 1947-1949: un caso de cadena migratoria", *Estudios Migratorios Latinoamericanos*, año 10, n°. 31, 1995, pp. 673-704; íd., "Etnicidad e inmigración durante el primer peronismo", *Estudios Interdisciplinarios de América Latina y el Caribe. La inmigración en el siglo xx*, 3/2, 1992, pp. 5-38; íd., "Política internacional e inmigración europea en la Argentina de post-guerra (1945-1948). El caso de los refugiados", *Estudios Migratorios Latinoamericanos*, año 1, n°. 1, 1985, pp. 107-125; Haim Avni, *Argentina y la historia de la inmigración judía. 1810-1950*. Buenos Aires, AMIA, 1993; Ignacio Klich, "El ingreso a la Argentina de nazis y colaboracionistas", en Ignacio Klich y Mario Rapoport (eds.), *Discriminación y racismo en América Latina*. Buenos Aires, Grupo Editor Latinoamericano, 1997, pp. 401-428; íd., "La pericia científica alemana en el amanecer del proyecto nuclear argentino y el papel de los inmigrantes judíos", *Boletín del Instituto de Historia Argentina y Americana "Dr. Emilio Ravignani"*, n°. 10, 1994, pp. 61-89; íd., "Perón, Braden y antisemitismo: opinión pública e imagen internacional", *Ciclos en la Historia, la Economía y la Sociedad*, año II, II/2, 1992, pp. 5-38; Miguel Galante y Adrián Jmelnizky, *Políticas migratorias del peronismo con respecto a "refugiados" de posguerra (1946-1949). Revisando algunas hipótesis*. Buenos Aires, Cátedra de Historia Argentina III, Facultad de Filosofía y Letras, Universidad de Buenos Aires, 1999;

implementadas en relación con la llegada de los refugiados republicanos fueron analizadas especialmente en períodos previos al peronismo[6], dado que el exilio español, como es sabido, experimentó su fase de auge desde 1939 hasta principios de la década del cuarenta. No obstante ello, una obra pionera, elaborada por Dora Schwarzstein[7], ha dado importantes pasos para develar las vinculaciones entre el gobierno de Juan D. Perón y la comunidad peninsular refugiada en la Argentina. En esta línea de investigaciones, nuestro estudio intentará poner de manifiesto cómo a partir de 1946 se fueron reforzando imágenes coexistentes de inmigrantes de perfil positivo y negativo (entre los que se encontraban los exiliados republicanos, de manera tácita). También se tratará de comprobar en qué medida esas ideas se tradujeron en prácticas administrativas concretas, en el seno de una institución nodal en relación con el ingreso de pasajeros al país austral: la Dirección General de Migraciones.

Para alcanzar el primer objetivo, nos basaremos en el estudio cualitativo de fuentes oficiales: las *Memorias Anuales* emanadas de la Dirección General de Migraciones y los expedientes sobre políticas migratorias del peronismo, que incluyen documentación diversa, como los proyectos y legislación en materia migratoria de la época. Para lograr responder al segundo interrogante, examinaremos las Actas de Inspección Marítima (también conocidas como "Partes consulares"), que actualmente se resguardan en el Archivo General de la Nación de la Argentina. Dichas Actas contienen, entre otros elementos, las colecciones de listas de pasajeros que se embarcaban en distintos puertos, en un mismo vapor, así como también las acciones legales que se iniciaban cuando alguno de esos sujetos no cumplía con todos los requisitos burocrático-administrativos o normativos para ingresar al país. A partir de dicha documentación, hemos procedido a localizar y analizar los casos de 875 españoles que llegaron al puerto de Buenos Aires entre 1946 y 1952, lo que incluía 825 inmigrantes y 50 exiliados republicanos. En el caso de estos últimos, se trata del universo completo de refugiados hallados, mientras que en el caso de los in-

---

Ronald Newton, *El cuarto lado del triángulo (la "amenaza nazi" en la Argentina, 1931-1947)*. Buenos Aires, Sudamericana, 1995.

6. Dora Schwarzstein, "Actores sociales y política inmigratoria en la Argentina. La llegada de los republicanos españoles", *Estudios Migratorios Latinoamericanos*, año 12, n°. 37, 1997, pp. 423-445; Nadia De Cristóforis y Patricio Cócaro, "A Dirección Xeral de Inmigración e o ingreso dos exiliados españois na Arxentina", en Nadia De Cristóforis (coord.), *Baixo o signo do franquismo: emigrantes e exiliados galegos na Arxentina*. Santiago de Compostela, Sotelo Blanco Edicións, 2011, pp. 79-109.

7. Dora Schwarzstein, *Entre Franco y Perón. Memoria e identidad del exilio republicano español en Argentina*. Barcelona, Crítica, 2001.

migrantes, hemos tomado muestras equivalentes numéricamente, de los años 1946, 1947, 1948, 1950 y 1952, hasta arribar al conjunto total mencionado[8].

La inmigración española y el exilio republicano en la Argentina de la segunda posguerra

Tras el término de la Segunda Guerra Mundial, distintas circunstancias alentaron la llegada de inmigrantes españoles y exiliados republicanos a la Argentina. A partir de 1946 se conjugaron dos fenómenos del lado español: el inicio de una política migratoria más aperturista por parte del régimen franquista y la reanudación del tráfico de las líneas de navegación desde España hacia ultramar[9]. En el caso particular del exilio, los traslados también fueron favorecidos por la existencia de ayudas institucionales por parte de entidades supranacionales (como el Comité Intergubernamental de Refugiados, creado en Londres en 1938 y transformado en la Organización Internacional para los Refugiados en 1946, del que dependía la Oficina Central para los Refugiados Españoles en Francia) y por la asistencia prestada por algunas organizaciones cristianas de carácter humanitario (los cuáqueros o el American Christian Committee)[10].

Del lado argentino, la llegada de inmigrantes y exiliados se vio estimulada por la expansión económica, especialmente del sector secundario, que ofrecía posibilidades de rápida inserción laboral, como así también, por la existencia de una comunidad hispánica de antiguo arraigo, dispuesta a brindar apoyo a los congéneres que necesitaban desplazarse a América del Sur, por motivos económicos y/o políticos. A la ayuda que podían ofrecer las familias o individuos, a título personal, se sumaban las actividades de socorro planificadas por diversas instituciones, tanto aquellas que se crearon para apoyar a la República, tras el desencadenamiento de la Guerra Civil, como aquellas de índole política (como, por ejemplo, la Federación de Sociedades Gallegas o el Centro Republicano Español) o mu-

---

8. Los años 1946 y 1947 se concibieron como una unidad dado que la cantidad de pasajeros españoles arribados a lo largo de los mismos no fue muy abundante.
9. Ramón Villares y Marcelino Fernández, *Historia da emigración galega a América*. Santiago de Compostela, Xunta de Galicia, 1996, p. 144; Salvador Palazón Ferrando, *Capital humano español y desarrollo económico latinoamericano. Evolución, causas y características del flujo migratorio (1882-1990)*. Valencia, Institut de Cultura "Juan Gil-Albert", 1995, pp. 284-285.
10. Xosé M. Núñez Seixas y Ruy Farías, "Transterrados y emigrados: una interpretación socio-política del exilio gallego de 1936", *Arbor. Ciencia Pensamiento y Cultura*, CLXXXV/735, 2009, p. 118.

tual-recreativa, que fueron fundadas antes de 1936 para satisfacer distintas necesidades de los emigrados.

La coexistencia de los factores mencionados a partir del fin de la Segunda Guerra Mundial permitió que la emigración española hacia el exterior se reanudara, tras la disminución registrada entre 1936 y 1945, y que adoptara como principal destino a la Argentina, seguida por Venezuela, Brasil y Uruguay[11]. Según las *Estadísticas del Movimiento Migratorio*[12], entre 1946 y 1950 llegaron 101.763 españoles al país austral, en segunda y tercera clase[13].

Las características del ingreso de los exiliados republicanos y la falta de contabilizaciones oficiales (en general, quedaron incluidos dentro de las recuentos de migrantes) dificultan establecer con precisión la cantidad de refugiados que arribaron a la Argentina. Dora Schwarzstein ha calculado que alrededor de unos 2.500 republicanos se dirigieron al país sudamericano a partir de 1936[14], pero la cifra podría ser incluso mayor.

Los exiliados que se trasladaron a la Argentina tras el fin de la Segunda Guerra Mundial conformaron una corriente limitada, pero continua. Entre ellos, predominaron los núcleos familiares que se marcharon para reunirse con uno de sus miembros, principalmente, el cónyuge o el padre, que se había exiliado al término de la Guerra Civil[15]. También podía tratarse de perseguidos políticos que habían escapado de las cárceles franquistas o que habían sido repatriados desde otros destinos y que no podían convivir con el régimen represivo y el estigma de "comunistas" o "enemigos" del gobierno[16].

Creemos que las imbricaciones entre la emigración española y el exilio republicano en la Argentina fueron muy fuertes: por un lado, los emigrados facilitaron el traslado y los procesos de integración de los refugiados. Por otro lado, como veremos más adelante, los mecanismos que favorecieron el ingreso al país, fueron bastante parecidos en ambos casos. Unos y otros necesitaban disponer de la documentación necesaria para desem-

---

11. Palazón Ferrando, *Capital humano español*, p. 303.
12. Dirección Nacional de Migraciones, *Estadística del Movimiento Migratorio*. Buenos Aires, 1946-1950.
13. Nos limitamos a contabilizar a los pasajeros llegados en segunda y tercera clase, en función de los criterios para la definición de "inmigrante", vigentes en el momento (según lo establecido en el art. 12 de la ley 817, del año 1876).
14. Schwarzstein, *Entre Franco y Perón*, p. 83.
15. Bárbara Ortuño Martínez, *El exilio y la emigración española de posguerra en Buenos Aires, 1936-1956*. Alicante, tesis doctoral presentada en el Departamento de Humanidades Contemporáneas, Facultad de Filosofía y Letras, Universidad de Alicante, 2010, p. 306. Disponible en <http://hdl.handle.net/10045/20062> [consulta: 10/6/2012].
16. Schwarzstein, *Entre Franco y Perón*, p. 94.

barcar en la nación sudamericana y, además, precisaban encontrar un alojamiento y medios de subsistencia en la sociedad de acogida.

Sin embargo, las semejanzas y articulaciones entre la emigración española y el exilio republicano no deben conducir a ignorar las diferencias conceptuales involucradas en las nociones de "emigrante" y "exiliado". Por lo general, los emigrantes dejan de manera voluntaria su ámbito de origen (aunque forzados por las limitadas posibilidades de progreso social dentro del mismo), con el objeto de mejorar su situación socio-económica[17]. En cambio, los exiliados salen impelidos por la situación política imperante en su tierra natal, que pone en peligro su propia integridad física[18]. En su nuevo destino, el exiliado tiende a mantener un compromiso político activo y prolongado con su sociedad de procedencia, lo que frecuentemente alimenta la esperanza del retorno y la expectativa de revertir las condiciones culturales y sociales que impulsaron su partida[19]. En el caso del emigrante, si bien puede desarrollar acciones tendentes a regresar o modificar los rasgos de su sociedad natal, también invierte gran energía y esfuerzo de cara a su ámbito de acogida para lograr una inserción laboral satisfactoria (que se puede acompañar de variables grados de integración social, cultural o política). Estos son algunos criterios básicos que nos permitirán distinguir a los emigrantes españoles de los exiliados republicanos, teniendo en cuenta que se trata de una diferenciación analítica y que en la dinámica histórica argentina estas categorías presentaron diversas ambigüedades y experimentaron algunos cambios, en función de múltiples factores sobre los que aquí no nos podemos detener[20].

---

17. Dora Schwarzstein, "Migración, refugio y exilio: categorías, prácticas y representaciones", en Xosé Manoel Núñez Seixas y Pilar Cagiao Vila (eds.), *O exilio galego de 1936: política, sociedade, itinerarios*. Sada, Ediciós do Castro, 2006, p. 58. Según la ley 817 de 1876 (que todavía tenía vigencia a mediados del siglo XX), se reputaba por "inmigrante" a todo extranjero que llegaba a la Argentina para radicarse en ella, en barcos de ultramar, en segunda o tercera clase.
18. José María Naharro-Calderón, *Entre el exilio y el interior: el "entresiglo" y Juan Ramón Jiménez*. Barcelona, Anthropos, 1994, pp. 15-31.
19. Lewis Coser, *Refugee Scholars in America. Their impact and their experiences*. New Haven, Yale University Press, 1984, p. 3; Xosé M. Núñez Seixas, "Itinerarios do desterro: sobre a especificidade do exilio galego de 1936", en Xosé Manoel Núñez Seixas e Pilar Cagiao Vila (eds.), *O exilio galego de 1936: política, sociedade, itinerarios*. Sada, Ediciós do Castro, 2006, pp. 15-17.
20. Fernando Devoto, "Immigrants, exilés, réfugiés, étrangers: mots et notions pour le cas argentin (1854-1940)", en Fernando Devoto et Pilar González Bernaldo (coord.), *Émigration politique. Une perspective comparative. Italiens et Espagnols en Argentine et en France XIXe-XXe siècles*. Paris, L'Harmattan, 2001, pp. 76-99.

Las políticas migratorias del peronismo: sus contenidos

Como ya comentamos, en la etapa abierta por el peronismo, la atracción de extranjeros –preferentemente europeos–, además de su histórico papel modernizador, estaba destinada a cubrir el déficit de mano de obra en los ámbitos de la construcción de infraestructura pública, la industria y las actividades rurales. El rol que debía cumplir la inmigración en la nueva coyuntura de la segunda posguerra fue discutido y finalmente plasmado en el Primer Plan Quinquenal (1947-1951). En este programa de planificación económico-social, la cuestión de la llegada de los extranjeros se ligaba con otras preocupaciones poblacionales, como la búsqueda del aumento de la nupcialidad, el fomento de la natalidad, la disminución de la mortalidad o el estímulo de la colonización rural[21]. Todas estas metas se acompañaban de las consecuentes medidas que permitirían concretarlas. La promoción de la inmigración se expresaba en una cifra u objetivo concreto: el logro de la incorporación de cuatro millones de extranjeros en cinco años que tendrían un lugar destacado en los planes de desarrollo económico del gobierno.

Para regular estas corrientes que debían llegar desde el exterior, el Poder Ejecutivo presentó, como parte del Plan Quinquenal, un Proyecto de Ley de Bases en materia migratoria que intentaba adaptarse a la nuevas realidades y necesidades del país, superando los anacronismos involucrados en la ley 817, que había regido los procesos migratorios y colonizadores desde el 6 de octubre de 1876.

Según la exposición de motivos del mencionado Proyecto de Ley de Bases, la inmigración debía ser concebida conforme a los principios de "espontaneidad", "selección" y "encauzamiento". Ello involucraba la necesidad de conciliar el respeto por la libertad individual del inmigrante con los intereses nacionales, que conducirían a establecer criterios de preferencia respecto a las corrientes inmigratorias que más se adaptaran a la idiosincrasia argentina[22].

El Estado no subvencionaría la inmigración, pero sí la asistiría y organizaría. No podía restringirla o prohibirla por razones de origen ni de credos, pero sí debía fomentar la más fácilmente asimilable a las características étnicas, culturales y espirituales de la Argentina. Asimismo, los poderes públicos debían prohijar la llegada de corrientes conformadas por técnicos, obreros o por personas que se dedicaran a actividades agrícolas, ganaderas y artesanales[23].

---

21. Presidencia de la Nación, *Plan Quinquenal de Gobierno del Presidente Perón, 1947-1951*. Buenos Aires, 1946, p. 56.
22. Ídem, p. 61.
23. Ídem, pp. 61-62.

En pocas palabras, la nueva política alentaba la intervención del Estado en la selección y encauzamiento de los flujos. Según el criterio de selección, el inmigrante debía ser elegido por su capacidad laboral (nivel técnico suficiente para incorporarse a la producción industrial o a la colonización de áreas rurales como trabajador cualificado), ideología (exenta de todo rasgo que se asociara con el comunismo) y origen étnico (aquel más fácilmente asimilable a las características socio-culturales de la Argentina). En función del criterio de encauzamiento, debía ser dirigido a las áreas productivas y a los asentamientos geográficos que supusieran su aporte inmediato y real a las necesidades económicas del país[24].

En lo atinente a la procedencia étnica, los que parecían cumplir mejor con los parámetros inmigratorios defendidos desde las esferas oficiales eran los españoles e italianos. De ahí que en 1946 las dos únicas sedes de la Delegación Argentina de Inmigración en Europa se instalaran en Italia y España; esta política se vio reforzada con la firma de convenios bilaterales para atraer habitantes de dichos países (en 1947 y 1948, en el primer caso y en 1948, en el segundo)[25]. Los españoles en particular no solo eran bien ponderados por sus creencias católicas, su afinidad idiomática y su proximidad cultural con los nativos, sino también por su importancia originaria en la "formación del tipo humano argentino", por haber sido "tronco del linaje de la familia argentina"[26]. En palabras de Santiago Peralta, director de Inmigración y del Instituto Étnico Nacional: la inmigración española no podía "ser clasificada como extraña, sino como propia, como cosa interna, sangre del mismo cuerpo"[27].

El Proyecto de Ley de Bases al que hicimos alusión anteriormente, que había sido concebido, junto con otros proyectos de la Presidencia de la Nación, como un modo de reglamentar el Primer Plan Quinquenal, nunca llegó a convertirse en ley. Sin embargo, algunos aspectos del mismo lograron materializarse, como el poder otorgado a la Dirección General de Migraciones en las tareas de selección de los inmigrantes, en función de su previsible capacidad de integración a la sociedad argentina. En noviembre de 1947 dicha dirección, que anteriormente se denominaba Dirección de Inmigración, pasó a depender de la Secretaría de Trabajo y Previsión,

---

24. Biernat, ¿*Buenos o útiles?*, p. 86.
25. Mónica Quijada Mauriño, "Política inmigratoria del primer Peronismo. Las negociaciones con España", *Revista Europea de Estudios Latinoamericanos y del Caribe*, nº. 47, 1989, pp. 43-64; Senkman, "Etnicidad e inmigración…", pp. 16-17.
26. "Facilidades a la inmigración", *La Nación*, Buenos Aires, 20 de octubre de 1948, p. 4.
27. "Entrevista con el Director de Migración Argentina", *Madrid*, Madrid, 20 de diciembre de 1946, Archivo del Ministerio de Asuntos Exteriores (en adelante AMAE), Madrid, R 1731, exp. 2, sin folio (s./f.).

con una categoría superior, lo que la habilitó en el ejercicio de amplias tareas en relación con el ingreso y permanencia de los extranjeros en el país. Sus responsabilidades implicaban, por un lado, impedir la entrada de los enfermos, de los lisiados y de los que resultaran un "elemento peligroso para el orden interno"; por otro lado, debía fomentar la inmigración del "elemento joven y de trabajo"[28].

Por último, es interesante destacar que pese a que el gobierno peronista intentó poner en marcha criterios relativamente restrictivos en relación con la llegada de extranjeros al país, el proceso migratorio en sí se desarrolló con bastante autonomía respecto de los parámetros de las políticas oficiales. Ello se puso de manifiesto en distintos fenómenos. Por un lado, en el progresivo aumento de las entradas de pasajeros clandestinos, que supuestamente no podían ingresar al país por no cumplir con los requisitos burocrático-administrativos exigidos por la normativa en vigor. En este sentido, vale la pena señalar que a partir de 1946 la cantidad de irregulares que lograron desembarcar en la Argentina fue tan elevada que la contabilización de dicha categoría empezó a figurar al comienzo de las *Memorias Anuales* emanadas de la Dirección General de Migraciones, dentro del conjunto de pasajeros extranjeros arribados por la vía ultramarina.

Por otro lado, el importante grado de autonomía alcanzado por el proceso migratorio se vio estimulado por el accionar de algunos funcionarios de la Dirección General de Migraciones, que obraban con amplios márgenes de discrecionalidad, favoreciendo o no el ingreso de determinadas personas, más allá de los criterios de selección sustentados por el Gobierno. Ello producía resultados aparentemente contradictorios, como el impedimento del desembarco de extranjeros bien ponderados por las políticas peronistas –de nacionalidad italiana o española, por ejemplo–, por faltarles determinada documentación; o el otorgamiento del permiso de libre desembarco a sujetos que no eran los destinatarios predilectos de dichas políticas –como los polacos de religión judía–, aun cuando tampoco poseían la documentación completa para su ingreso al país.

El arribo al Río de la Plata y el rol de la Dirección General de Migraciones

A mediados del siglo XX los españoles podían ingresar a la Argentina de distintos modos: por la vía ultramarina, fluvial (principalmente, el tráfico entre Montevideo y Buenos Aires por el Río de la Plata, o los pequeños

---

28. Dirección Nacional de Migraciones, *Memorias Anuales*. 1947, p. 6.

flujos desde Brasil y Paraguay), aérea o terrestre (desde Chile o Bolivia, por ejemplo). Como dato ilustrativo podemos comentar que en 1950 la primera vía acaparaba el 72% de las entradas (en las tres clases); la segunda, el 19%; la tercera, el 8%; y la cuarta, el 2%[29]. Luego del fin de la Segunda Guerra Mundial, las corrientes más importantes de españoles hacia el país sudamericano se introdujeron por la vía ultramarina (considerando las tres clases). Sin embargo, destacaremos que los ingresos de peninsulares por la vía aérea fueron proporcionalmente importantes en 1946 y 1947, llegando a preocupar a las autoridades españolas, en tanto en cuanto la emigración aérea escapaba a menudo a su control al salir desde aeropuertos localizados fuera de España, como, por ejemplo, los de Portugal[30].

La documentación solicitada a los españoles que deseaban trasladarse a la Argentina era numerosa y de compleja obtención. A fines de la Segunda Guerra Mundial, tanto el Estado peninsular como el sudamericano intensificaron o mantuvieron exigencias administrativas previas con el objeto manifiesto de tutelar a las personas que buscaban desplazarse y con el interés más solapado de controlar los flujos humanos, por razones políticas e ideológicas. Del lado español, se exigía un pasaporte (para cuya obtención se requería un gran número de documentos, entre ellos, una carta de llamada o contrato de trabajo enviado desde el punto de destino) y un visado de partida. Desde el lado argentino se conservaron una serie de requisitos impuestos desde la década del veinte y treinta del siglo XX: la obligación de presentar un permiso de libre desembarco (que demandaba la exhibición de diferentes documentos), un contrato o convenio de trabajo, certificados de buena conducta, no mendicidad y buena salud y un visado para entrar al país.

Como sostuvo María José Fernández Vicente[31], la cantidad y naturaleza de los documentos exigidos para migrar alentaban la especulación de las agencias e intermediarios, que a cambio de determinadas sumas de dinero o distintos tipos de favores proveían a los potenciales migrantes de aquellos documentos de difícil obtención. En especial, era frecuente que aquellos que no tuvieran parientes o conocidos en América (o que no pudieran contar con ellos para la tramitación de los papeles necesarios para partir) recurrieran a los contratos de trabajo o cartas de llamada falsos, como ha quedado de ma-

---

29. César Yáñez Gallardo, *La emigración española a América (S. XIX y XX). Dimensión y características cuantitativas*. Colombres, Fundación Archivo de Indianos, 1994, p. 80.
30. Nota: Emigración española por vía aérea, Madrid, sin fecha, AMAE, Madrid, R 5283, exp. 16, s./f.
31. María José Fernández Vicente, *Émigrer sous Franco. Politiques publiques et stratégies individuelles dans l'émigration espagnole vers l'Argentine et vers la France (1945-1965)*. Lille, ANRT, 2005, p. 178.

nifiesto en las denuncias de los funcionarios españoles, que buscaban limitar infructuosamente estas acciones. Según el comisario y jefe-inspector del Sector Noroeste (de La Coruña), el 90% de los contratos laborales eran falsos o no respondían a la realidad y las cartas de llamada adolecían de los mismos problemas[32].

En otros casos, los migrantes españoles que no disponían de toda la documentación requerida por la legislación en vigor podían sortear las trabas burocráticas o los controles públicos terrestres, fluviales o marítimos mediante otras estrategias, que incluían el ingreso clandestino. Las fronteras terrestres sudamericanas eran permeables, como lo son aún hoy en día, a distintas prácticas, tendentes a burlar los controles mencionados[33].

Pero ¿cómo se producía el ingreso de los españoles en el marco de la Dirección General de Migraciones? ¿Hasta qué punto la mencionada política peronista de preferencia hacia los inmigrantes latinos influyó sobre las prácticas burocráticas de las autoridades de la dicha repartición, puestas en marcha en relación con la llegada de los inmigrantes peninsulares? Por otra parte, ¿en qué medida se concretó el objetivo de excluir a los sujetos "indeseables", como, por ejemplo, los refugiados españoles, en el seno de dicha institución?

En vinculación con los migrantes españoles, se produjeron a primera vista numerosas situaciones que parecían responder a los criterios de selección vigentes. Se trataba de un conjunto de acciones desplegadas por los funcionarios, que, desatendiendo en mayor o menor medida los enunciados legales restrictivos en vigor, tendían a favorecer su ingreso. Esto último se tornaba muy evidente en el caso de los pasajeros clandestinos, enfermos o menores, cuya entrada al país era en un principio suspendida o prohibida, pero luego permitida. De este modo, las autoridades de la Dirección General de Migraciones terminaban autorizando el desembarco o la radicación definitivos de numerosos polizones que no solo carecían de la documentación debida, sino que incluso muchas veces se habían fugado previamente del lugar donde estaban detenidos. Sigamos una trayectoria a modo de ejemplo. El español Manuel P. G.[34] había arribado a la Argentina en el vapor *Cabo de Hornos*, en el año 1948. No poseía sus documentos de identidad, por lo tanto, quedó detenido a bordo, a disposición de la Dirección General. Sin embargo, este polizón no tardó en escaparse del Ho-

---

32. Transcripción del escrito del comisario y jefe-inspector del Sector Noroeste a la Dirección General, Madrid, 14 de junio de 1950, AMAE, R 5672, exp. 51, s./f.
33. Nota: La inmigración, Montevideo, 9 de mayo de 1955, AMAE, Madrid, R 5283, exp. 16, s./f.
34. En lo sucesivo, abreviaremos los apellidos de los inmigrantes anónimos, para preservar su identidad.

tel de Inmigrantes, ordenándose su urgente captura. Con posterioridad, y gracias a la presentación de varios avales que garantizaban su buena salud y predisposición para el trabajo, Manuel P. G. logró tramitar la radicación en el país y la Dirección de Migraciones terminó autorizándole su desembarco definitivo[35].

Historias de este tipo se reiteraban una y otra vez, dando lugar a contradictorias disposiciones emanadas de diferentes funcionarios, en el seno de la Dirección General de Migraciones. Muy a menudo, las órdenes del subdirector, Alfredo Tortello, o del segundo jefe de la División Contralor de Entradas, Ubaldo Sovera, terminaban siendo contrapuestas a las dadas previamente por el director de Migraciones, Pablo Diana. Esto ocurría, por ejemplo, cuando el último prescribía la reconducción de un clandestino determinado, mientras que los dos primeros permitían finalmente su desembarco definitivo en el país[36]. Pero es interesante aclarar que las acciones de Pablo Diana no siempre se orientaban a prohibir el ingreso de pasajeros clandestinos. Por ejemplo, frente al español Miguel G. M. y a su hijo del mismo nombre, ambos polizones, el director general de Migraciones ordenó la suspensión de su reconducción, justificándose en el hecho de que dichos sujetos estaban tramitando su desembarco definitivo en el país[37]. También con anterioridad, y en varias ocasiones, el director Santiago Peralta había defendido la necesidad de detener el reembarco de ciertos clandestinos, auspiciando su ingreso a la Argentina, pese a los reclamos en sentido contrario de Héctor Magistrali, jefe de Secretaría, y de Bartolomé L. Dubois, jefe de Personal y Control[38]. Las resoluciones incongruentes eran en parte producto del hecho de que existía tácitamente una cierta división del trabajo entre las autoridades de la Dirección General de Migraciones. Aparentemente, en relación con el ingreso de españoles, italianos y portugueses, el subdirector y el secretario general tenían amplias prerrogativas para tomar decisiones al respecto, lo que abría el camino a las posibles contradicciones con las disposiciones emanadas de la Dirección General[39].

---

35. Actas de Inspección Marítima, Buenos Aires, 1948, Archivo General de la Nación (en adelante AGN), Buenos Aires, exp. 98.305/48, s./f.
36. Esta tensión en las decisiones puede apreciarse claramente en Actas de Inspección Marítima, Buenos Aires, 1948, AGN, Buenos Aires, exps. 192.965/48 y 163.951/48, s./ff.
37. Actas de Inspección Marítima, Buenos Aires, 1947, AGN, Buenos Aires, exp. 104.995/47, s./f.
38. Cf., por ej., Actas de Inspección Marítima, Buenos Aires, 1946, AGN, Buenos Aires, exp. 69.100/46, s./f.
39. Declaraciones de Pablo Diana, Buenos Aires, mayo-junio de 1949, AGN, Buenos Aires, Secretaría Técnica de Perón (en adelante STP), leg. 547, Políticas Migratorias, Sumario Administrativo, f. 45v.

También los pasajeros españoles enfermos se veían en muchas oportunidades favorecidos por los funcionarios de la Dirección General de Migraciones. Así, los detenidos a bordo por orden médica, Manuel R. V. y José R., fueron autorizados a desembarcar por disposición de Pablo Diana, luego de que la hermana del primero y la esposa del segundo intercedieran solicitando dichos permisos. Resulta interesante aclarar que ambos enfermos habían sido revisados previamente por el doctor E. Cúneo, de la División Sanidad y Hospital, quien había ordenado terminantemente la reconducción de los mismos a su puerto de procedencia por padecer afecciones graves[40]. De este modo, vemos cómo dentro de la Dirección General de Migraciones se generaban directivas en sentidos opuestos, producto de las acciones de ciertos funcionarios que, desoyendo la normativa vigente, favorecían en algunas ocasiones el desembarco de ciertos pasajeros. Vale la pena aclarar que este tipo de irregularidades fueron denunciadas por miembros del cuerpo consular en el extranjero, originando actuaciones judiciales que terminaron con el sumario a los funcionarios de mayor jerarquía de la Dirección General de Migraciones y la posterior cesantía en el cargo del director Pablo Diana, entre otras cuestiones[41].

Llama nuestra atención el hecho de que las prácticas que beneficiaban a los migrantes españoles no se reiteraran en todas las circunstancias similares. Así, son también abundantes los casos en los que pasajeros españoles clandestinos o enfermos veían suspendido su desembarco, merced a la acción de un personal dispuesto a cumplir con las normas. En estas condiciones, y a diferencia de las situaciones previas, no se daba un tratamiento preferencial hacia aquellos inmigrantes que supuestamente eran considerados desde las políticas migratorias oficiales como "deseables".

¿Cómo se explican estas prácticas burocráticas diferenciales, que en unas ocasiones terminaban favoreciendo a los españoles, mientras que en otras se ajustaban a los enunciados legales, permaneciendo indiferentes ante la hispanidad de los sujetos? Hemos podido comprobar que en el primer tipo de prácticas, que garantizaban el desembarco o radicación del inmigrante, las redes personales de los recién llegados jugaron un rol decisivo. Las mismas dotaron a los pasajeros de una serie de instrumentos –contactos, recursos económicos, información– de valor inestimable para lograr su objetivo de desembarcar en la Argentina.

Esas redes de relaciones interpersonales fundadas en el parentesco o el paisanaje, cuyos orígenes se remontaban en muchos casos a fines del si-

---

40. Actas de Inspección Marítima, Buenos Aires, 1948, AGN, Buenos Aires, exp. 192.965/48, s./f.
41. Resolución nº. 560, Buenos Aires, 30 de diciembre de 1949, AGN, Buenos Aires, STP, leg. 547, Políticas Migratorias, Sumario Administrativo, f. 477v.

glo XIX, demostraron una importante capacidad de gestión de los procesos migratorios, favoreciendo incluso la entrada de pasajeros que no respondían a las condiciones de ingreso prescriptas. La vía más utilizada para ejercer presión sobre los funcionarios de la Dirección General de Migraciones, cuando las disposiciones de estos últimos no beneficiaban a un inmigrante, era la presentación de pedidos de reconsideración, que incluso podían interponerse transcurrido un largo tiempo de la notificación de la resolución desfavorable al recién llegado[42]. Hemos comentado ya el importante papel jugado por las cartas de solicitud de personas enfermas en la tramitación de su ambicionado desembarco. También los pedidos de familiares a favor de la tenencia de menores tenían un éxito casi garantizado[43]. No podemos dejar de mencionar la fuerza del parentesco en la atracción de españoles, puesta al descubierto en la presencia de una enorme cantidad de permisos válidos para el libre desembarco, tramitados todos ellos a través de tíos, padres, cuñados, hermanos, establecidos en la Argentina previamente[44]. La posibilidad de elevar pedidos de reconsideración de los casos en los cuales se negaba el ingreso o la radicación de una persona estaba aparentemente abierta a todos los extranjeros. Los inmigrantes españoles aprovecharon esta vía para ejercer presión sobre los funcionarios de la Dirección General de Migraciones cuando las disposiciones emanadas de estos últimos no los favorecían.

¿Cómo ingresaban los exiliados republicanos, luego del fin de la Segunda Guerra Mundial? ¿Qué reacciones se generaban ante su presencia, en el seno de la Dirección General de Migraciones? Nuestro análisis de las Actas de Inspección Marítima permitió develar que los refugiados peninsulares lograban pasar desapercibidos, incluso, con más habilidad que en la fase más importante del exilio, hacia 1939. Muchos de ellos declaraban ser labradores o agricultores[45], ocultando sus verdaderas actividades eco-

---

42. Declaraciones de Pablo Diana, Buenos Aires, mayo-junio de 1949, AGN, Buenos Aires, STP, leg. 547, Políticas Migratorias, Sumario Administrativo, f. 52v.
43. Los menores españoles llegados al país en importantes cantidades –cifras que en algunas oportunidades se acercaban a los veinte o treinta por vapor– eran generalmente reclamados por parientes establecidos en la Argentina, a quienes eran entregados en calidad de "guardadores provisionales". Los familiares que solicitaban a estos menores eran principalmente los tíos, seguidos por primos, cuñados y hermanos.
44. Las relaciones de parentesco invocadas para gestionar dichos permisos debían ser incluso comprobadas ante el cónsul argentino.
45. Esta constatación se realizó a partir de la búsqueda de los exiliados en los libros de desembarco, que fueron digitalizados por el Centro de Estudios Migratorios Latinoamericanos (Buenos Aires, Argentina) y se pueden consultar libremente en su página web (disponible en <http://www.cemla.com/busqueda.php> [consulta: 22/6/2012]).

nómicas o su formación profesional, para ajustarse a los principios de las políticas migratorias, que, como hemos indicado, todavía otorgaban un lugar importante al inmigrante que llegaba para dedicarse a las tareas rurales. Incluso, en muchos casos ya no necesitaban recurrir a las estrategias que habían caracterizado el accionar de los exiliados hacia 1939 (como, por ejemplo, el ingreso en tránsito hacia países limítrofes o como turistas, para luego permanecer en la Argentina)[46], sino que entraban con su documentación bastante completa (no sabemos hasta qué punto era verdadera o falsa). Esto último pudo deberse a que aquellos que partieron luego del término de la Segunda Guerra Mundial no lo hicieron por lo general tan apremiados como los que tuvieron que abandonar España durante o una vez concluida la Guerra Civil, lo que les pudo haber permitido disponer de más tiempo para cumplir con los requisitos burocráticos para entrar a la Argentina.

Los itinerarios de los refugiados que llegaban al país sudamericano en la segunda posguerra eran complejos, signados por avatares e infortunios y previas experiencias de movilidad espacial. Sin embargo, por lo general, el largo viaje hacia la Argentina se veía coronado por el éxito cuando el ingreso se producía sin inconvenientes, ya sea porque toda la documentación estaba en orden, o porque las arbitrariedades cometidas por los funcionarios de la Dirección General de Migraciones terminaban voluntaria o involuntariamente favoreciendo su libre desembarco. Detengámonos en dos ejemplos para ilustrar lo antedicho.

Isabel Carmen Ríos Lazcano llegó a Buenos Aires el 15 de agosto de 1947, en el vapor *Monte Albertia*[47]. Había embarcado en Vigo y viajaba junto a sus dos hijos, Roberto Manuel C. R., de 16 años, y José Manuel C. R., de 14 años. Ríos Lazcano había nacido en Curtis (provincia de La Coruña, Galicia, España) y era militante comunista. Se había casado en la península con el médico Manuel Calvelo López, también militante comunista. El día 6 de agosto de 1936 ambos fueron llevados a la cárcel de Santiago de Compostela. Su esposo fue fusilado el 31 de diciembre de 1936, mientras que a ella la condenaron a reclusión perpetua. Durante siete años, Ríos Lazcano recorrió distintas cárceles, incluidas las de Saturrarán y Betanzos. En 1943 fue puesta en libertad condicional. Tres años más tarde se trasladó a la ciudad de La Coruña. Desde allí decidió marchar hacia Buenos Aires, donde tenía familiares, para dejar a sus hijos a su

---

46. De Cristóforis y Cócaro, "A Dirección Xeral de Inmigración…".
47. Para localizar la fecha de arribo de los refugiados en la Argentina, resulta de utilidad consultar la base de datos con información de los libros de desembarco, elaborada por el Centro de Estudios Migratorios Latinoamericanos. Disponible en <http://www.cemla.com/busqueda.php> [consulta: 22/6/2012].

cuidado y regresar a Galicia e incorporarse a la guerrilla. Pero sus planes se vieron modificados: Isabel Ríos Lazcano permaneció en el país austral hasta 1966, momento en que el golpe militar de Onganía la obligó a un nuevo exilio en Chile. En Argentina pudo desplegar una activa militancia en el seno de la Federación de Sociedades Gallegas y del Partido Comunista Español[48]. Pero ¿cómo fue su ingreso al país sudamericano? A partir del análisis del expediente correspondiente al vapor *Monte Albertia*, pudimos constatar que su entrada a la Argentina no generó ninguna suspicacia, por parte de las autoridades de la Dirección General de Migraciones. Ingresó como una mujer viuda, dedicada a las labores domésticas. Ni ella ni sus hijos despertaron sospecha alguna. Su presencia quedó desdibujada en el conjunto de los otros sesenta y cuatro pasajeros que llegaron en la mencionada embarcación[49].

Otro caso que nos interesaría comentar es el del madrileño Jorge Luzuriaga, hijo mayor del pedagogo Lorenzo Luzuriaga y de la psicóloga María Luisa Navarro. En 1936 su padre se exilió en Londres y luego en Glasgow. Más tarde se trasladó a Tucumán (Argentina) con su familia, donde le habían reservado un puesto en la Universidad Nacional de dicha ciudad. Jorge Luzuriaga permaneció en España, encarcelado en las prisiones franquistas. Una vez liberado, se desplazó a Buenos Aires. Arribó a esta última ciudad el 16 de noviembre de 1946, con 33 años. En la relación de pasajeros embarcados en Vigo figuraba con la profesión de "abogado". Mientras que otros pasajeros españoles en tránsito a Chile o Perú quedaban detenidos a bordo o eran desembarcados tras algunas averiguaciones, Jorge Luzuriaga ingresó sin ningún problema a la Argentina[50].

Conclusiones

El interés por resguardar los contornos de una entidad nacional que ya se creía amalgamada condujo al peronismo a aplicar criterios aparentemente contradictorios de espontaneidad, selección y encauzamiento en materia de inmigración. La espontaneidad era un principio que claramente se articulaba con las políticas liberales decimonónicas, que habían propiciado la llegada de extranjeros para satisfacer los requerimientos productivos y poblacionales del momento. Pero las ideas de selección y encauzamiento

---

48. Isabel Ríos, *Testimonio de la Guerra civil*. Sadá, Ediciós do Castro, 1986.
49. Actas de Inspección Marítima, Buenos Aires, 1947, AGN, Buenos Aires, exp. 106030/47, ff. 8v y ss.
50. Actas de Inspección Marítima, Buenos Aires, 1946, AGN, Buenos Aires, exp. 74082/46, ff. 6v, 10-12v.

parecían más novedosas, o poco compatibles con la tradición aperturista que había caracterizado el ideario inmigratorio argentino durante mucho tiempo. Sin embargo, como ya se ha señalado en investigaciones precedentes, esas nociones no eran totalmente nuevas: ni en el marco de la política local, vista en el largo plazo[51], ni tampoco en el contexto mundial donde tenían lugar, signado por un creciente intervencionismo estatal en la regulación de los flujos migratorios.

El principio de selección involucraba un fuerte componente antisemita, que encontró defensores en el ámbito de la Dirección General de Migraciones. No nos hemos podido detener en este trabajo en este último aspecto, pero resulta altamente sugestivo señalar que el director general de Migraciones o algunos elevados funcionarios de la época aplicaban a la inmigración judía (en muchos casos, concebida como portadora del comunismo) calificativos o expresiones denigratorias ("mala inmigración", "escoria humana", por citar algunas), que no eran recusados al proferirse en documentación o espacios públicos[52].

Sin embargo, la pregunta que nos ha preocupado es hasta qué punto dicha política selectiva influyó sobre las prácticas burocráticas en el ámbito de la Dirección General de Migraciones, y en especial, en el caso de los refugiados españoles. En este sentido, consideramos que el peso de los mecanismos de traslado personales, puestos en juego en la atracción de los peninsulares (tanto inmigrantes como exiliados), sumado a la capacidad de los migrantes y refugiados de desplegar estrategias en los intersticios de las prácticas institucionales, impidieron en gran medida la concreción de una planificada selectividad.

Por otra parte, también creemos que el contexto de persistente caos administrativo que caracterizó a las oficinas de la Dirección General de Migraciones encargadas de la tramitación del ingreso de pasajeros terminó obstaculizando en diferentes sentidos la puesta en marcha de dicha selectividad. Es muy probable que en medio del desorden reinante se dificultara el logro de un efectivo control sobre la entrada de extranjeros. La falta de personal, de espacios e infraestructura adecuados para la atención producían serios inconvenientes en las tramitaciones de los expedientes, que se acumulaban

---

51. Quijada Mauriño, "De Perón a Alberdi", pp. 867-888; Devoto, "El revés de la trama...", pp. 292-298.
52. Memorándum del señor senador nacional Dr. Alejandro Mathus Hoyos al señor coronel D. Enrique P. González, Dirección Nacional de Migraciones, Buenos Aires, 18 de febrero de 1949, AGN, Buenos Aires, STP, leg. 547, Políticas Migratorias, Sumario Administrativo, f. 12v; declaraciones de Pablo Diana, Buenos Aires, mayo-junio 1949, AGN, Buenos Aires, STP, leg. 547, Políticas Migratorias, Sumario Administrativo, f. 47v.

en el suelo, llenos de polvo y sin posibilidades de ser despachados. Las funciones que correspondían a determinados empleados, como, por ejemplo, los auxiliares de los inspectores de inmigración, se delegaban en personas extrañas a la repartición (inclusive, hasta en el ordenanza)[53]. Todo ello propiciaba que las tramitaciones de los pedidos de ingreso presentaran frecuentemente errores y contradictorias resoluciones.

De lo anterior se desprende que si bien el peronismo intentó poner en marcha criterios selectivos en vinculación con la entrada de determinados pasajeros al país, difícilmente logró llevarlos a la práctica, por factores diversos, como los arriba enumerados. No obstante ello, el gobierno de Juan D. Perón logró ejercer un control más directo y efectivo sobre los militantes republicanos más activos y sobre algunas entidades de la comunidad española instalada en Buenos Aires, en especial, la Federación de Sociedades Gallegas y el Centro Republicano Español[54]. Esta actitud estaba condicionada no solo por razones de política interna (la amenaza que representaban esos actores sociales e instituciones, por ser portadores y defensores de ideologías de izquierda), sino principalmente por la alianza que el gobierno de Perón mantuvo con el régimen de Franco. Los representantes de este último en el Río de la Plata ejercían presiones oficiales y de tipo informal para mantener a la comunidad española alineada con el gobierno del caudillo. Considoramos que los resultados de esta política fueron complejos y ameritan futuros análisis que no solo se detengan en el nivel institucional, sino también en el de la sociedad civil en general.

Bibliografía

Avni, Haim, *Argentina y la historia de la inmigración judía. 1810-1950*. Buenos Aires, AMIA, 1993.

Barbero, María Inés y María Cristina Cacopardo, "La inmigración europea a la Argentina en la segunda posguerra: viejos mitos y nuevas condiciones", *Estudios Migratorios Latinoamericanos*, año 6, n°. 19, 1991, pp. 291-321.

---

53. Nota de H. Magistrali a los Sres. sumariantes, Dr. Ángel S. Taboada y Román Sosa Liprandi, Buenos Aires, junio de 1949, AGN, Buenos Aires, STP, leg. 547, Políticas Migratorias, Sumario Administrativo, f. 144v; Nota de Pablo Diana al cónsul general argentino don Carlos R. Piñeyro, Buenos Aires, 1 de octubre 1948, AGN, Buenos Aires, STP, leg. 547, Políticas Migratorias, Sumario Administrativo, f. 395v.
54. Hernán Díaz, *Historia de la Federación de Sociedades Gallegas. Identidades políticas y prácticas militantes*. Buenos Aires, Fundación Sotelo Blanco-Biblos, 2007; Ortuño Martínez, *El exilio y la emigración española*, p. 277.

BIERNAT, Carolina, ¿*Buenos o útiles? La política inmigratoria del peronismo*. Buenos Aires, Biblos, 2007.

COSER, Lewis, *Refugee Scholars in America. Their impact and their experiences*. New Haven, Yale University Press, 1984.

DE CRISTÓFORIS, Nadia y Patricio CÓCARO, "A Dirección Xeral de Inmigración e o ingreso dos exiliados españois na Arxentina", en Nadia De Cristóforis (coord.), *Baixo o signo do franquismo: emigrantes e exiliados galegos na Arxentina*. Santiago de Compostela, Sotelo Blanco Edicións, 2011, pp. 79-109.

DEVOTO, Fernando, "El revés de la trama: políticas migratorias y prácticas administrativas en la Argentina (1919-1949)", *Desarrollo Económico*, 41/162, 2001, pp. 281-304.

— "Immigrants, exilés, réfugiés, étrangers: mots et notions pour le cas argentin (1854-1940)", en Fernando Devoto y Pilar González Bernaldo (coords.), *Émigration politique. Une perspective comparative. Italiens et espagnols en Argentine et en France XIXe-XXe siècles*. Paris, L'Harmattan, 2001, pp. 76-99.

DÍAZ, Hernán, *Historia de la Federación de Sociedades Gallegas. Identidades políticas y prácticas militantes*. Buenos Aires, Fundación Sotelo Blanco/Biblos, 2007.

DIRECCIÓN NACIONAL DE MIGRACIONES, *Memorias Anuales*. Buenos Aires, 1936-1939, 1945-1960.

— *Estadística del Movimiento Migratorio*. Buenos Aires, 1946-1950.

FERNÁNDEZ VICENTE, María José, *Émigrer sous Franco. Politiques publiques et stratégies individuelles dans l'émigration espagnole vers l'Argentine et vers la France (1945-1965)*. Lille, ANRT, 2005.

GALANTE, Miguel y Adrián JMELNIZKY, *Políticas migratorias del peronismo con respecto a "refugiados" de posguerra (1946-1949). Revisando algunas hipótesis*. Buenos Aires, Cátedra de Historia Argentina III, Facultad de Filosofía y Letras, Universidad de Buenos Aires, 1999.

KLICH, Ignacio, "El ingreso a la Argentina de nazis y colaboracionistas", en Ignacio Klich y Mario Rapoport (eds.), *Discriminación y racismo en América Latina*. Buenos Aires, Grupo Editor Latinoamericano, 1997, pp. 401-428.

— "La pericia científica alemana en el amanecer del proyecto nuclear argentino y el papel de los inmigrantes judíos", *Boletín del Instituto de Historia Argentina y Americana "Dr. Emilio Ravignani"*, n°. 10, 1994, pp. 61-89.

— "Perón, Braden y el antisemitismo: opinión pública e imagen internacional", *Ciclos en la Historia, la Economía y la Sociedad*, año II, II/2, 1992, pp. 5-38.

Naharro-Calderón, José María, *Entre el exilio y el interior: el "entresiglo" y Juan Ramón Jiménez*. Barcelona, Anthropos, 1994.

Newton, Ronald, *El cuarto lado del triángulo (la "amenaza nazi" en la Argentina, 1931-1947)*. Buenos Aires, Sudamericana, 1995.

Núñez Seixas, Xosé M., "Itinerarios do desterro: sobre a especificidade do exilio galego de 1936", en Xosé Manoel Núñez Seixas e Pilar Cagiao Vila (eds.), *O exilio galego de 1936: política, sociedade, itinerarios*. Sada, Ediciós do Castro, 2006, pp. 11-51.

Núñez Seixas, Xosé M. y Ruy Farías, "Transterrados y emigrados: una interpretación socio-política del exilio gallego de 1936", *Arbor, Ciencia, Pensamiento y Cultura*, CLXXXV/735, 2009, pp. 113-127.

Ortuño Martínez, Bárbara, *El exilio y la emigración española de posguerra en Buenos Aires, 1936-1956*. Alicante, tesis doctoral presentada en el Departamento de Humanidades Contemporáneas, Facultad de Filosofía y Letras, Universidad de Alicante, 2010. Disponible en <http://hdl.handle.net/10045/20062> [consulta: 10/6/2012].

Palazón Ferrando, Salvador, *Capital humano español y desarrollo económico latinoamericano. Evolución, causas y características del flujo migratorio (1882-1990)*. Valencia, Institut de Cultura "Juan Gil-Albert", 1995.

Presidencia de la Nación, *Plan Quinquenal de Gobierno del Presidente Perón, 1947-1951*. Buenos Aires, 1946.

Quijada Mauriño, Mónica, "De Perón a Alberdi: selectividad étnica y construcción nacional en la política inmigratoria argentina", *Revista de Indias*, VII/195-196, 1992, pp. 867-888.

— "Política inmigratoria del primer Peronismo. Las negociaciones con España", *Revista Europea de Estudios Latinoamericanos y del Caribe*, nº. 47, 1989, pp. 43-64.

Ríos, Isabel, *Testimonio de la Guerra Civil*. Sada, Ediciós do Castro, 1986.

Schwarzstein, Dora, "Migración, refugio y exilio: categorías, prácticas y representaciones", en Xosé Manoel Núñez Seixas e Pilar Cagiao Vila (eds.), *O exilio galego de 1936: política, sociedade, itinerarios*. Sada, Ediciós do Castro, 2006, pp. 53-67.

— *Entre Franco y Perón. Memoria e identidad del exilio republicano español en Argentina*. Barcelona, Crítica, 2001.

— "Actores sociales y política inmigratoria en la Argentina. La llegada de los republicanos españoles", *Estudios Migratorios Latinoamericanos*, año 12, nº. 37, 1997, pp. 423-445.

Senkman, Leonardo, "Perón y la entrada de técnicos alemanes y colaboracionistas con los nazis, 1947-1949: un caso de cadena migratoria", *Estudios Migratorios Latinoamericanos*, año 10, nº. 31, 1995, pp. 673-704.

— "Etnicidad e inmigración durante el primer peronismo", *Estudios Interdisciplinarios de América Latina y el Caribe. La inmigración en el siglo xx*, 3/2, 1992, pp. 5-38.

— "Política internacional e inmigración europea en la Argentina de postguerra (1945-1948). El caso de los refugiados", *Estudios Migratorios Latinoamericanos*, año 1, n°. 1, 1985, pp. 107-125.

VILLARES, Ramón y Marcelino FERNÁNDEZ, *Historia da emigración galega a América*. Santiago de Compostela, Xunta de Galicia, 1996.

YÁÑEZ GALLARDO, César, *La emigración española a América (S. xix y xx). Dimensión y características cuantitativas*. Colombres, Fundación Archivo de Indianos, 1994.

El franquismo y su política emigratoria. La asistencia de los españoles en Iberoamérica y las operaciones retorno[1]

Elda González Martínez
Instituto de Historia, Consejo Superior de Investigaciones Científicas, Madrid, España

A lo largo del siglo pasado la política emigratoria española mantuvo cierta continuidad en sus planteamientos generales. Se trataba de establecer parámetros que garantizaran la acción tutelar del Estado frente a los que marchaban, medidas que por otra parte eran similares a las que llevaban a cabo, en los mismos años, diversos países europeos. Pero esa tutela se ejercía sobre todo en España; una vez que el emigrante se instalaba en la sociedad de su nuevo país de residencia, la protección en cambio era inexistente. Sin embargo, como veremos, avanzado el siglo, intereses de distinto signo condicionaron la modificación de tal modelo, en especial a partir de mediados del siglo XX.

Una recapitulación sucinta de los principales hitos legislativos sobre la temática nos lleva a detenernos en la primera ley emigratoria española, promulgada en 1907. Su debate parlamentario había estado centrado en la libertad para emigrar, en el derecho de las personas a escoger su lugar de residencia, en un momento en el que las noticias que circulaban en la prensa sobre abusos que se cometían con los emigrantes[2] se repetían con asiduidad.

---

1. Este artículo se inserta en el marco de los proyectos de investigación: "Políticas, discursos y prácticas de protección al migrante: el caso de los españoles en Argentina y Brasil. 1948-2008". Ministerio de Economía y Competitividad. HAR2012-33147 y "Viejos actores y nuevas dinámicas: el retorno al lugar de origen de los emigrantes españoles en Uruguay y Argentina". Ministerio de Ciencia e Innovación. HAR2009-10625.
2. En especial de los que marchaban a Brasil y los reclutados para Hawái. Elda González Martínez, *Café e inmigración. Los españoles en São Paulo, 1880-1930.* Madrid, CEDEAL, 1992, pp. 143-165 y F. Contreras Pérez, "El río revuelto de la emigración II. El papel de las navieras y de los Estados en Gibraltar a principios de

También influirían las ideas poblacionistas que imperaban entonces y que habían impuesto la sanción, ese mismo año, de una ley de colonización y repoblación interior que tenía por objetivo arraigar "a las familias desprovistas de medios de trabajo o de capital para subvenir las necesidades de la vida, disminuir la emigración, poblar el campo y cultivar las tierras incultas o deficientemente explotadas"[3]. Por estos motivos no pocas fueron las voces que se levantaron defendiendo el establecimiento de disposiciones restrictivas que encauzaran los flujos migratorios.

En la posición contraria se encontraban los que denunciaban que la ley cercenaba el derecho de las personas a emigrar, como la que transcribimos a continuación: "Este proyecto que discutimos (…) es algo reaccionario; tiene una tendencia restrictiva que le da un tinte no muy conforme con las libertades modernas, y de él viene a deducirse, por las trabas que se señalan al emigrante, que el español no es completamente libre de vivir donde le parezca"[4]. O la perspectiva que defendía el diputado gallego Eduardo Vicenti, importante porque introducía una variante hasta entonces no utilizada; para este político la emigración no implicaba ningún perjuicio al país, pues así como se producía una salida importante de personas, también los retornos eran tanto o más significativos que las partidas[5]. Finalmente, se llegó al acuerdo de que la ley debía respetar la libertad de emigrar aunque con la introducción de algunas limitaciones, entre las cuales destacó la prohibición de hacerlo a aquellos varones que estuviesen sujetos al servicio militar, y que a las mujeres casadas y a los menores de edad que emprendieran el viaje sin compañía se les exigiría la tramitación de un permiso de viaje.

Ahora bien, además de estas normas, la importancia de la ley de 1907 se relaciona con que no solo incidía en el principio de velar por los que abandonaban España, buscando un trabajo y una vida digna en alguna de las repúblicas iberoamericanas, sino que también contemplaba establecer una organización que dependiese del Estado, pero que tuviese capacidad de regular la emigración. De esta manera surgió el Consejo Superior de Emigración. Un año más tarde, el reglamento de la ley de 30 de abril de 1908 creó la figura del inspector de emigración dependiente del Consejo.

---

siglo", *Almoraima. Revista de Estudios Campogibraltareño*, 16, Algeciras, Mancomunidad de Municipios, octubre de 1996.
3. Junta Central de Colonización y Repoblación Interior, *Ley de 30 de agosto de 1907 y Reglamento para su ejecución de 23 de octubre de 1918*. Madrid, 1918, p. 1.
4. Palomo. Sesión del Senado de 14 de octubre de 1907. Citado por B. Sánchez Alonso, "Visiones de la emigración en el siglo xx: de emigrantes a inmigrantes", en A. Morales Moya (coord.), *Las claves de la España del siglo xx. La modernización social*. Madrid, Sociedad Estatal España Nuevo Milenio, 2001. p. 112.
5. *Diario de Sesiones de las Cortes*, Legislatura de 1907, p. 3143.

Se trataba de un cuerpo integrado por una serie de diferentes inspecciones encargadas de vigilar por el cumplimiento de las leyes tanto en España, en concreto en los puertos de embarque, pero también durante la travesía marítima y en los países receptores, en los puertos de desembarque, así como inspectores encomendados para alguna misión especial en las áreas de emigración.

A pesar de que la legislación velaba por el emigrante desde el momento de su embarque hasta su estancia en el país de recepción, en general, tal como ya mencionamos, en esos años, la protección solo era ejercida durante la travesía atlántica[6]. Desde 1899 el gobierno había establecido a través del reglamento de Sanidad Exterior un conjunto de disposiciones tendentes a garantizar condiciones de salubridad en el viaje. Entre otros, que los navíos debían contar con aparatos de ventilación, de desinfección –con pulverizadores y recipientes para realizarlo en ropa y objetos–, locales de duchas y lavado tanto para hombres como para mujeres. Dicho reglamento fue ampliado en numerosas ocasiones, con exigencias tanto acerca de las instalaciones de los barcos como de su personal. Por ejemplo, debían disponer de luz eléctrica en los camarotes, además de contar con médicos, enfermeras y enfermeros de nacionalidad española, entre otros. En abril de 1908 se especificaba, por ejemplo, que en los pasajes debía reflejarse la cantidad y calidad de los alimentos que el pasajero recibiría a bordo, así como el agua[7].

Más tarde, una norma de 16 de mayo de 1918 regularía la repatriación de españoles residentes en el extranjero.

Décadas después se elaboró un texto que sintetizó la legislación de 1907 y de 1908. De esta manera surgió la Ley y Reglamento de Emigración, conocido como texto refundido de 1924, que lleva fecha de 20 de diciembre de ese año[8]. Con él se aprobó la creación de la Dirección General de Emigración, que incluía entre sus funciones la protección y tutela de los que salían del país, aunque respetando el carácter espontáneo de la emigración española.

Dado que el número de jóvenes que eludían acudir a filas era elevado, la ley permitió la salida del país a todos los individuos comprendidos en-

---

6. Por intermedio de la Real Orden de 23 de noviembre de 1889 se habían establecido una serie de medidas que debían ser respetadas por las compañías navieras. Entre otras una referida a que debía garantizarse que los pasajeros recibieran tres comidas al día.
7. Cristóbal Botella, *El problema de la emigración*. Madrid, Tipografía de los Huérfanos, 1888, p. 227.
8. El organismo tuvo que redactar un texto con las nuevas disposiciones, las vigentes de la Ley de 1907 y las establecidas entre ambos períodos de tiempo. Este texto se llamó Ley y Reglamento de Emigración, texto refundido de 1924.

tre los 16 y 20 años, siempre que previamente abonaran un monto de dinero que aumentaba a medida que se acercaba el año en que debían alistarse[9].

Fundamentalmente esta legislación fue innovadora ya que intentaba regular la protección de los españoles instalados fuera de las fronteras del país. Entre otras cuestiones estableció la constitución de Juntas Consulares. La Dirección General de Emigración indicaría los consulados en los que se organizarían dichas Juntas, que auxiliarían a los cónsules y que estarían formadas por representantes de las Cámaras de Comercio y de las asociaciones españolas. A partir de 1929 adoptaron el nombre de Patronato de Españoles Emigrados.

Además, la ley encomendaba a la Dirección General de Emigración la regulación de un servicio de giros de dinero destinado a aquellos emigrantes que deseasen enviar sus ahorros a España[10]. El tema de la captación de divisas estuvo presente a lo largo de los años, inclusive había aparecido en el debate parlamentario de la ley de 1907, aunque en especial durante el régimen franquista este interés fue prioritario.

Un artículo significativo por su repercusión en el tráfico de emigrantes fue el número 89 que disponía sobre las compañías navieras; estas debían trasladar a España, de manera gratuita, a los emigrantes que no fuesen aceptados en los puertos de desembarco. Además de obligarlas a repatriar, por la mitad del precio del pasaje, un número de personas que no excediera del 20% de los emigrantes que hubiesen transportado al país de recepción[11].

No obstante, no fueron las únicas medidas adoptadas. En otro orden, se creó al año siguiente, bajo la competencia del Ministerio de Estado, una sección destinada a examinar las relaciones con América, ampliándose la representación española con embajadas en Chile y Cuba. A la vez se fundó la Junta de Relaciones Culturales constituida por los representantes diplomáticos, con el fin de promover una mayor aproximación con Latinoamérica. Si bien tales acciones no tuvieron más que consecuencias indirectas en el colectivo inmigrante, se establecieron otras que los favorecieron, tales como la mejora de las comunicaciones navieras, la instalación de un servicio telegráfico directo y de correo aéreo con países americanos[12].

---

9. Sobre el tema se puede consultar Alejandro Vázquez González, "La salida", en *Historia General de la Emigración Española a Iberoamérica*, Tomo I. Madrid, Comisión Nacional Quinto Centenario/Historia 16, 1992, p. 247.
10. Serrano Carvajal, José, *La emigración española y su régimen jurídico*. Madrid, Instituto de Estudios Políticos, 1966, p. 103.
11. Capítulo IV, artículo 47 del Texto Refundido de 1924, *Compilación de las disposiciones dictadas sobre emigración*. Madrid, I. G. E., 1932, p. 573.
12. Lorenzo Delgado Gómez-Escalonilla, "La política latinoamericana de España en el siglo xx", *Ayer*, 49, 2003, p. 134.

Entre 1923 y 1956, los vaivenes de la vida política del país determinaron que las atribuciones en materia migratoria dependiesen en algunas ocasiones del gobierno central y en otras, del Ministerio de Trabajo o del de Asuntos Exteriores.

Durante la República, se mantuvo en vigor la legislación emigratoria que había sido promulgada en las décadas anteriores[13]. Aunque las nuevas autoridades del país debieron afrontar la grave situación en la que se encontraban buena parte de los emigrantes a comienzos de la década de 1930, a raíz de la crisis económica que asoló a los países iberoamericanos. Las denuncias que elevaban las asociaciones, Cámaras de Comercio y prensa sobre las condiciones de vida de numerosos españoles llevó al gobierno a trasladar la Inspección General de Emigración del Ministerio de Trabajo, al de Estado[14]. Sin embargo, poco más se realizó. Una cuestión decisiva, como implementar un aumento en las partidas presupuestarias destinadas a paliar las necesidades de los emigrantes, no se vio reflejada en los presupuestos.

En otro orden, nuevamente se intentó un acercamiento cultural con Latinoamérica, no solo con las sociedades locales, sino también con los colectivos inmigrantes en el lugar. A través del Ministerio de Estado, se enviaron a América siete bibliotecas de cultura superior y once bibliotecas populares. Sin embargo, propuestas más precisas tendentes a favorecerlos, no llegaron a concretarse. Entre ellas destacó el proyecto de creación de Institutos de Segunda Enseñanza o de museos itinerantes que incluyeran la cultura popular española[15].

Con el franquismo en el poder, la Orden Ministerial de 29 de marzo de 1946 dispuso la vigencia de la legislación promulgada en 1924. En ese sentido el responsable de la Sección de Emigración de la Dirección General del Trabajo, Mariano González-Rothvoss y Gil se pronunció al respecto, enfatizando la necesidad de conservar los organismos que habían sido creados antes de la Guerra Civil: "¿Es que, finalmente, las nuevas condiciones de los españoles que marchan al extranjero por causa de trabajo no precisan ya de protección, por ser superiores a las que rodean a los emigrantes anteriores a 1936? Lejos de ello, los problemas actuales son mayores, y, por tanto, más necesario el auxilio del Estado para resolverlos con éxito (...). Por consecuencia (...) la conclusión que se acusa como pertinen-

---

13. José M. Pérez-Prendes Muñoz-Arraco, *El marco legal de la emigración española en el constitucionalismo. Un estudio histórico-jurídico*. Colombres, Archivo de Indianos, 1993, pp. 134-141.
14. Decreto que disponía el traspaso de los servicios de emigración al Ministerio de Estado de 20 de octubre de 1931, *Compilación de las disposiciones dictadas sobre emigración*. Madrid, I. G. E., 1932, p. 955.
15. Delgado Gómez-Escalonilla, "La política latinoamericana de España", p. 135.

te y definitiva es la de la necesidad de reforzar esa protección y consolidar las instituciones creadas hace muchos años..."[16].

Sin embargo, aunque la ley de 1924 proclamaba la libertad de emigrar, en los años del franquismo, a través de disposiciones excepcionales, se ejerció el control policial de los que optaban por escoger marcharse de España. Un ejemplo de ello es que la expedición de pasaportes, que hasta antes de la Guerra Civil era una función asumida por los inspectores de emigración del Ministerio de Trabajo, desde entonces pasó a ser desempeñada por la Dirección General de Seguridad, del Ministerio de Gobernación.

En esa época todavía prevalecía la idea de que la emigración constituía una fatalidad para España, pues con ella el país perdía parte de su riqueza humana, imprescindible, en la posguerra, para la realización de las tareas de reconstrucción. Para esos años el gobierno intentaba imponer una política económica autárquica y para ello, entre otras cuestiones, necesitaba ampliar su población de 26.000.000 a 46.000.000 de personas.

La legislación incorporó este principio en el Decreto de Presidencia de Gobierno de 1 de agosto de 1941, que de hecho prohibía la emigración, a la vez que se volcaba a la repatriación de los emigrados. Aunque también incluía una serie de medidas asistenciales para las colonias de españoles radicadas en el extranjero.

El decreto se refiere a la emigración señalando que, si bien era cierto que durante siglos esta había existido, que los flujos se habían ido dirigiendo hacia diferentes país americanos, en esos momentos todos sus habitantes eran indispensables, de tal manera que, inclusive, se hacía necesario atraer a aquellos que viviesen fuera de sus fronteras: "Esta corriente emigratoria, que fue reglamentada por el Estado en forma minuciosa, ha perdido fuerza tácitamente, primero por las necesidades imperiosas de la guerra de liberación, y luego, por las de la reconstrucción, que han exigido, unas y otras, el esfuerzo sin merma de la totalidad española al servicio de los ideales señalados como ineludibles (...). Precisa pues, que el Estado se preocupe hoy, no de regular las corrientes de emigración, sino más bien de arbitrar fórmulas para la reintegración a la patria de aquellos de sus hijos que, lejos de ella, ansían su colaboración personal en la hora difícil y feliz de su engrandecimiento"[17].

Como se desprende del texto, había que buscar procedimientos para "reintegrar a la patria" a los emigrantes, vinculándolos al propio destino de España. Uno de los medios encontrados fue el programa de repatriación. El decreto obligaba a las compañías de navegación que se encargaban del

---

16. Mariano González-Rothvoss y Gil, *Los problemas actuales de la emigración española*. Madrid, Instituto de Estudios Políticos, 1949, pp. 25 y 28.
17. *Boletín Oficial del Estado*, 31 de agosto de 1941, p. 6632.

transporte de los emigrantes a pagar a través de bonos el 10% de los pasajes de tercera clase expedidos a los pasajeros –sin importar su nacionalidad– en los pasajes de ida. El artículo 12 indicaba que con dichos bonos se atendería: 1.º a la repatriación de españoles necesitados, 2.º a los seguros y socorros a su favor de emigrantes y repatriados, 3.º a la tutela en el extranjero de los emigrantes, 4.º a la subvención de sanatorios, hospitales y asociaciones o mutualidades benéficas, sociedades patrióticas, entidades de enseñanza, etc. El Servicio de Migraciones del Ministerio de Trabajo enviaría al Ministerio de Asuntos Exteriores bonos de repatriación, que este último debía hacer llegar a los consulados españoles, que los utilizarían según sus necesidades.

El artículo noveno subrayaba el tipo de individuo que debía preferirse, en tal sentido tenía que cumplir alguna de las siguientes condiciones: los que estuvieran obligados a regresar para cumplir con los servicios militares, náufragos, indigentes, sobre todo, aquellos que formaran parte de una familia numerosa, y menores de edad[18]. Mientras que el décimo resaltaba que una vez repatriados a costa del Estado no podrían dejar España para dirigirse a ultramar, sin antes reintegrar el coste que representaban los bonos que les fueran concedidos para abonar el pasaje.

La legislación emigratoria posterior mantuvo el sistema de ayudas aunque amplió el universo de los destinatarios. En 1942, la ordenanza del Ministerio de Trabajo de 6 de noviembre[19] definía como emigrado a todo aquel que hubiese marchado a ultramar, aunque además incluía –hecho que se daba por primera vez– aquellos que escogían algún país dentro de las fronteras europeas. También mencionaba que los auxilios a estos individuos seguirían prestándose en el orden de preferencia que había establecido el artículo 12 del decreto del año anterior[20].

Mientras que el 29 de marzo de 1946, otra orden del Ministerio de Trabajo, a la vez que levantaba la prohibición de emigrar, restablecía alguno de los enunciados de la Ley y Reglamento de 20 de diciembre de 1924 de emigración. Entre otros el que manifestaba que serían los inspectores de trabajo los encargados de los Servicios de Emigración, estos "se harán cargo de aquellos repatriados bonificados que carezcan de medios de económicos, y les proporcionarán alojamiento, billetes de ferrocarril a cuarta parte de precio y sin impuestos, y socorros hasta su llegada al punto de destino"[21].

---

18. Ibídem, p. 6633.
19. *BOE* de 14 de noviembre de 1942.
20. *BOE* de 9 de abril de 1946. Instituto Español de Emigración, *Legislación española de la emigración (1936-1964)*. Madrid, IEE, 1965, pp. 20-26.
21. Mauro Herrera Acosta, "Inserción laboral del emigrante retornado", en Antonio Izquierdo Escribano y Gabriel Álvarez Silvar, *Políticas de retorno de emigrantes*. A Coruña, Universidade da Coruña, 1997, p. 96.

En la década de los años cincuenta se remitiría a la Presidencia de Gobierno un proyecto de decreto organizando el Instituto Español de Emigración (IEE)[22]. Tal acción se plasmaría con la sanción de la Ley de 17 de julio de 1956, por la cual se fundó una entidad para centralizar todo lo concerniente a la materia. Se trataba de un organismo autónomo, que se encontraba vinculado al Ministerio de Presidencia y muy relacionado con distintos ministerios que tenían ciertas competencias con la emigración, tales como el de Trabajo, el de Transportes y el de Asuntos Exteriores.

Su función fue sobre todo asistencial. En una primera etapa se ocupó de garantizar que los emigrantes dispusieran de un contrato de trabajo al llegar a su destino. Por tanto, debían ajustarse los flujos de salida a las necesidades de mano de obra de los países receptores, convirtiéndose de esta manera el IEE en algo similar a una entidad que gestionaba el empleo, a través de planes y operaciones de emigración asistida, técnica o económicamente por el gobierno. Paralelamente y para asegurar tal cometido empezó a llevarse a cabo una política tendente al establecimiento de diferentes tratados y convenios de emigración, que incluían apartados sobre Seguridad Social[23].

Dentro del organigrama del IEE la ejecución de programas destinados a los emigrantes temporales y de frontera fue de gran importancia; tal apartado quedó bajo la responsabilidad de la Organización Sindical, a través de su Servicio Nacional de Encuadramiento y Colocación. Antes de entonces la Organización Sindical ya había desempeñado tareas similares en lo que respecta a la organización de la emigración de trabajadores españoles que se dirigían a las minas localizadas en Francia y Bélgica[24].

---

22. María José Fernández Vicente, "La evolución del organigrama migratorio español: el papel del IEE", en Luis M. Calvo Salgado y otros, *Historia del Instituto Español de Emigración. La política migratoria exterior de España y el IEE del Franquismo a la Transición*. Madrid, Ministerio de Trabajo e Inmigración, 2009, p. 44.
23. España firmó con Argentina un acuerdo de emigración en 1948 y en 1960 lo hizo con Brasil. El artículo 1.º definía que el acuerdo tenía como objetivo orientar, disciplinar y asistir a las corrientes migratorias españolas para Brasil dentro de un régimen de conjugación de esfuerzos de ambas las Altas Partes Contratantes, con el fin de que los problemas migratorios entre los dos países tengan una solución práctica, rápida y eficaz, siempre teniendo en cuenta la conveniencia de preservar la unidad de los núcleos familiares. Además firmó a partir de 1956 acuerdos similares con gobiernos de países europeos. En 1956 lo hizo con Bélgica, con la República Federal Alemana en 1960, con Francia, Suiza y los Países Bajos en 1961 y, por último, con Austria en 1966. Véase Elda González Martínez, *La inmigración esperada: la política migratoria brasileña desde João VI hasta Getúlio Vargas*. Madrid, CSIC, 2003 y María José Fernández Vicente, "En busca de la legitimidad perdida. La política de emigración del régimen franquista. 1946-1965", *Estudios Migratorios Latinoamericanos*, año 19, n.º 56, 2005.
24. Luis Alfonso Martínez Cachero y Felipe Vázquez Mateo, *Actualidad de la Emigración española. Comentarios a la Ley de Ordenación de la Emigración Española*

Otro, de similar magnitud que el anterior, fue el que tuvo por cometido los planes de reagrupación familiar. Se trató del primer programa del Comité Intergubernamental para las Migraciones de Europa (CIME) en España, organismo internacional que había sido creado en 1951 y al que España se adhirió en 1956. Tal como su nombre señala tenía como objetivo la reunión de los familiares que se hallaran separados por falta de recursos económicos que les permitieran el viaje. En la sesión plenaria de su Consejo del 29 de enero de 1958 el director general del Instituto señaló que en el convenio firmado con el CIME en mayo de 1956 se estipulaba que debía abonarse de manera parcial los pasajes a las personas "no comprendidas en el núcleo estrictamente familiar", mientras que el reembolso sería total en el caso de los familiares directos[25]. Dicha empresa se encomendó a la Comisión Católica Española de Migración (CCEM), que desde finales de ese mismo año comenzó la tarea embarcando a los primeros grupos. La CCEM formaba parte de la Comisión Católica Internacional de Emigración, cuya sede estaba en Ginebra, que a su vez dependía de la Secretaría de Estado del Vaticano.

En España se encontraba bajo la orientación de la Comisión Episcopal de Emigración, contando con una amplia estructura, a la cabeza de la cual se hallaba la oficina central, localizada en Madrid, sesenta y cuatro delegaciones diocesanas, tres oficinas provinciales en Ferrol, Pontevedra y La Coruña, e instalaciones en los puertos habilitados para el transporte de emigrantes: Barcelona, Palma de Mallorca, Cádiz, Bilbao, Santander, La Coruña, Vigo, Las Palmas y Tenerife[26]. A través de las Delegaciones Diocesanas, que a su vez recurrían a las parroquias, localizaban a las personas reclamadas, brindándoles información y asistencia hasta el momento del embarque[27].

Tan importantes como las señaladas fueron las acciones llevadas a cabo por los capellanes de la emigración. Ellos estaban en contacto directo con la problemática que surgía de la emigración, inclusive las autoridades consu-

---

de 3 de mayo de 1962. Madrid, Instituto Español de Emigración, 1964, pp. 101-102.
25. Archivo de la Dirección General del IEE. Actas del Consejo del Instituto Español de Emigración. Noviembre de 1956-mayo de 1958. Acta de la sesión plenaria del 29 de enero de 1958.
26. En 1956 se trasladaron 54 personas, mientras que al año siguiente el número fue de 10 373 individuos.
Archivo de la Dirección General del IEE. Actas del Consejo del Instituto Español de Emigración. Noviembre de 1956-mayo de 1958. Memoria resumida de las actividades realizadas por el Instituto Español de Emigración durante el año de 1957.
27. A través de una "Carta de llamada" el emigrado reclamaba sus familiares, entregando una cantidad reducida de dinero, y con el visado del consulado español y el visto bueno de las autoridades del CIME podían conseguir reunirse con ellos.

lares así lo manifestaban indicando que la figura del capellán cobraba más trascendencia que la representada por cualquier otro organismo, dado que no solo era el encargado de la asistencia espiritual de los inmigrantes, sino que también conocía las dificultades que ellos podían estar atravesando.

El secretario de la embajada en Río de Janeiro informaba al respecto que "La ascendencia moral que por su cargo tienen sobre nuestros compatriotas, su contacto con ellos en ocasiones señaladas (enfermedades, bodas, bautizos y tantas otras), junto con la visita frecuente a sus domicilios, le permiten llegar más veces y completar con eficacia en sus advertencias, el diálogo que el español haya mantenido ocasionalmente con la oficina consular para la obtención de algún documento"[28].

Otro apartado importante se refería al ahorro de los emigrantes. El artículo segundo, apartados 12 y 13, estipulaba que debía procurase que los emigrantes proveyeran a la subsistencia de los familiares que permanecieran en España, para lo cual debía fomentarse y encauzarse su ahorro, facilitándoles su transferencia a España[29].

Para entonces, si bien se mantenía el discurso de que la emigración no debía promoverse, el tono imperante comenzaba a modificarse, al igual que se había hecho con las medidas restrictivas. Entre otras conclusiones, los asistentes al II Congreso de la Emigración Española a Ultramar, convocado por el Centro de Estudios Migratorios de La Coruña y patrocinado por el Instituto de Cultura Hispánica y por el Instituto Español de Emigración, en 1959, fueron unánimes a la hora de expresar que "no se pretende fomentar la emigración, sino que partiendo de la realidad de la existencia de tal fenómeno, lo procedente es encauzarla adecuadamente en beneficio exclusivo de los emigrantes"[30].

En las actas del Instituto Español de Emigración del año 1954 también se incluyen referencias semejantes. La emigración no debía ser animada, mucho menos desde el IEE, pues se entendía que este hecho redundaba en perjuicios para la economía del país, por tanto el cometido del Instituto debía centrase en "ordenarla y encauzarla"[31].

De esa época es el estudio de González-Rothvoss quien asumía que "...el movimiento de población deducido del examen de los Censos de-

---

28. Archivo del Ministerio de Asuntos Exteriores (AMAE). Legajo R. 5693, expediente 1.
29. *Boletín Oficial del Estado* de 18 de julio de 1956, p. 4680.
30. Ministerio de Trabajo, *Memoria de la labor realizada en 1959*, Libro IV. Madrid, Instituto Español de Emigración, 1960, p. 30.
31. Archivo de la Dirección General del IEE. Actas del Consejo del Instituto Español de Emigración. Noviembre de 1956-mayo de 1958. Acta de la sesión plenaria del 29 de enero de 1958.

cenales anuncia un constante incremento, que admite restas emigratorias"[32]. En este comentario acerca del tema emigratorio se reconocía su existencia, asumiéndose que se trataba de un hecho presente que tenía que ser dirigido y controlado, sin embargo, nada era argumentado en contra de que se produjese. En efecto, el discurso que el ministro de Asuntos Exteriores de España, Alberto Martín Artajo, pronunció en Zaragoza con motivo de "la Fiesta de la Hispanidad", transmitía que el aumento de la población en España imposibilitaba que el país pudiese retener a todos sus habitantes, a pesar, señalaba, de que gracias a la inteligente política de Franco, una parte de los excedentes se pudieron situar en tierras de nuevo regadío o en las industrias que se levantaron en diferentes ciudades españolas, "un número de ciento cincuenta mil habitantes por año" necesitaban emigrar. Concluyendo que "la emigración sigue siendo, por tanto, una necesidad para los pueblos. Pero es también (…) un nuevo servicio a los muchos que España presta al mundo"[33].

Martín Artajo volvía a incidir en que el fenómeno emigratorio tenía que ser encauzado, que los nuevos tiempos solicitaban que la emigración debía ser dirigida tanto en lo que se refería a la calificación laboral de los sujetos como a las necesidades de los países de acogida. Para finalizar mencionando que debía montarse una red de convenios hispanoamericanos que sirviesen para tejer la trama del fenómeno migratorio.

La referencia a América se va a repetir de tal manera que el propio González Rothvoss aconsejaba que la emigración se encaminase hacia ese ámbito y no hacia países en los cuales a España no le interesaba mantener "una civilización nuestra"[34]. Debemos tener presente que fue en esos años que comenzó a tomar forma la idea de crear un Instituto Iberoamericano de Emigración. Al parecer su gestor fue Carlos Martí Bufill, que para entonces se desempeñaba como jefe adjunto del Servicio Exterior y Cultural del Instituto Nacional de Previsión, además de ejercer el cargo de secretario del Seminario de Problemas Hispanoamericanos. Martí Bufill defendía que dicho organismo debía tener una función social, porque lo que estaba en juego era la "vida social de las personas, su desenvolvimiento espiritual, su conexión con la Patria, su vinculación con la familia que dejó en España, etc."[35].

---

32. Mariano González- Rothvoss, "Una realización española: La Romería a España", *Separata de la revista Las Ciencias*. Madrid, Año XXIII, n°. 2, 1958, p. 385.
33. Archivo OIM. Ginebra. Carta de Edgardo Storich. Jefe de Misión del CIME en Buenos Aires, que incluye el discurso del ministro de Asuntos Exteriores, Alberto Martín Artajo, pronunciado el 12 de octubre de 1954, que sirvió de prólogo al libro de Carlos Martí Bufill ya citado. EXF 03-02012. Membership and agreements. History Section.
34. González- Rothvoss, "Una realización española: La Romería a España", p. 390.
35. Carlos Martí Bufill, *Nuevas soluciones al problema migratorio*. Madrid, Ediciones Cultura Hispánica, 1955, p. 402.

En relación con estas cuestiones cobraba importancia el mantenimiento de la nacionalidad por parte de los emigrantes. Un conocedor de la problemática, Vicente Borregón Ribes, inspector de emigración en Vigo, señalaba que, dado que en la mayoría de los países latinoamericanos los españoles eran considerados como "elementos de incorporación apetecible", se les invitaba a solicitar la nacionalidad pues con ella se les facilitaría el buen desarrollo de los negocios o del trabajo[36]. Este hecho, lejos de ser considerado perjudicial, por el contrario era entendido como la continuidad de la "política histórica de aportación desinteresada de sangre y cultura, que evita la extinción y desviación de la civilización y tradición hispánica en América"[37]. En ese sentido la modificación del artículo 22 del Código Civil español, de acuerdo a la ley de 15 de julio de 1954, permitió acceder a la doble nacionalidad siempre que existiese un acuerdo previo entre España y el país iberoamericano[38].

El mantenimiento de la nacionalidad se vinculaba a otros asuntos. En la problemática migratoria subyacía el tema de la captación de los ahorros de los emigrantes. Para Fernández Vicente si bien era cierto que el IEE debía brindarles asistencia, este hecho ocultaba otro objetivo, la construcción del mito del retorno[39]. Mientras se lograse conservarlo vivo, existirían remesas. Para ello había que preservar los lazos con España, entre otros muchos debían mantener la nacionalidad de origen, de esta manera permanecería entre los emigrantes la idea del regreso. Teniéndola presente podía fomentarse el ahorro entre ellos, para más tarde, captarlo y orientarlo de tal manera que se transfiriese a los familiares residentes en España[40].

Aunque la afición por el ahorro al parecer fue mayor entre los participantes de la emigración continental que los de la transoceánica, hecho que

---

36. Vicente Borregón Ribes, "Resultados de la emigración a América", en *Los problemas de la migración española. Semanas Sociales de España. XVIII Semana, Vigo-Santiago, 1958*. Madrid, Secretariado de la Junta Nacional de Semanas Sociales, 1959, p. 363.
37. Ibídem, p. 364.
38. España firmó a partir de la segunda mitad del siglo pasado una serie de convenios bilaterales de doble nacionalidad, con Chile, de 22 de mayo de 1958; Perú, de 16 de mayo de 1959; Paraguay, de 25 de junio de 1959; Nicaragua, de 25 de julio de 1961; Guatemala, de 28 de julio de 1961; Bolivia, de 12 de Octubre de 1961; Ecuador, de 4 de marzo de 1964; Costa Rica, de 8 de junio de 1964; Honduras, de 15 de junio de 1966; República Dominicana, de 15 de marzo de 1968; Argentina, de 14 de abril de 1969; y Colombia, de 27 de junio de 1979.
39. María José Fernández Vicente, "De calamidad nacional a baza del desarrollo. Las políticas migratorias del Régimen Franquista (1939-1975)", *Migraciones y Exilios*, n°. 6, 2005. p. 94.
40. Artículo 2, punto 13 de la Ley de 17 de julio de 1956.

se explica tal vez por el carácter más provisional del primer tipo de desplazamientos, la obtención de divisas a través de las remesas de los emigrantes fue uno de los objetivos más notorios y explícitos de toda esta etapa para ambos tipos de movimiento[41].

Por otra parte, esos ahorros permitirían el regreso a España cuando las condiciones fuesen propicias. Aunque estas reflexiones estaban dirigidas a los emigrantes que especialmente se encaminaban hacia Europa, también podían incluir a los que estaban instalados en América, ya que debemos tener presente que en esos años el 45% de los que se dirigían hacia ese continente emprendía el regreso[42]. De hecho diversos estudios realizados en décadas anteriores, en 1920, 1924 y 1926 indicaban que en esos años ingresaron en España giros de pequeñas cantidades que en total sumaban entre 200 y 400 millones de pesetas[43].

El IEE tuvo presente este fin; conjuntamente con el Instituto de Cultura Hispánica –fundado en 1947– intentó que se conservaran los vínculos con el país a través de la difusión de la cultura española. Para ello fomentaba la creación de "Casas de España", contando con el apoyo de los miembros de la colonia española ya asentados en las distintas sociedades de recepción. Entendía que este era el cauce asociativo natural, aunque incidía en la necesidad de que se constituyesen federaciones en los distintos países para que su representación fuese más efectiva ante la Administración española[44].

En ese sentido es interesante la reflexión que funcionarios como el propio Martí Bofill hacían, indicando que si bien no pocos llegan a pensar que la acción de la vinculación de España con América debiera encaminarse solo a través de los intercambios culturales, de hombres portadores "de grandes bagajes culturales capaces de influir con mayor eficacia" sobre el conjunto de los emigrantes, se trataba de criterios que respondían a otras épocas. Lo importante en esos años era "Colaborar para que nuestros emigrantes puedan desenvolverse social y económicamente bien en el

---

41. Álvaro Rengifo Calderón y Antonio Oporto del Olmo, "Historia, presente y perspectivas de las migraciones en España", *ICE, 75 años de política económica española*, n°. 826, noviembre de 2005, p. 160.
42. Elda González Martínez, "Los nuevos protagonistas del retorno: América Latina y España en el nuevo milenio", en Eloisa Capovilla da Luz Ramos, Elda González Martínez y otros, *Historia da imigração: possibilidades e escrita*. São Leopoldo/Rio Grande do Sul, Ed. Oikos, 2013.
43. Borregón Ribes se refiere a los estudios de Francos Rodríguez, González Rothvoss y Lisardo Barrero. (Vicente Borregón Ribes, *La emigración española a América*. Vigo, El Faro de Vigo, 1952, pp. 186-188).
44. Archivo General de la Administración. Ley de creación del Instituto Español de Emigración de 17 de julio de 1956. Trabajo. Legajo 18.823.

país de destino, ayudarles en sus empresas, facilitarles la relación con España dentro de la natural vinculación con su nueva Patria…"[45].

Las asociaciones españolas cumplirán un papel destacado en este tipo de enunciados porque se entiende que habían funcionado como lugares que agrupaban a los españoles, sin olvidar el hecho de que desarrollaban sus actividades vinculándose al país receptor. Martí Bufill indicaba la importancia en establecer, fomentar y aprovechar la vinculación de este tipo de instituciones. Cuestiones estas que el Estado había tenido en cuenta sobre todo porque volcó en ellas las tareas de socorro mutuo y de asistencia general al emigrante.

El propio IEE, al manifestar que tiene como objetivo la integración de los emigrantes, incide en que es necesaria la colaboración de tales entidades, así como con las órdenes religiosas y las Cámaras de Comercio establecidas en los países de acogida. En la Memoria del año 1958 indicó que se había enviado prensa, libros, discos y fondos para los emigrantes que estuviesen atravesando alguna situación difícil[46].

Debemos recordar que las asociaciones que aglutinaban a los españoles en América fueron muy numerosas. Que en todos los países del continente surgieron desde mediados del siglo XIX instituciones de diferente cuño, nacionales en los ámbitos que no reunían un número elevado de compatriotas, que por tanto solo los unía el origen nacional; provinciales y locales en los casos en donde el número de inmigrantes era elevado, por tanto aunque los orígenes se diversificaban, la cantidad de personas provenientes de un espacio local aumentaba, permitiendo el surgimiento de entidades con estas características.

En Argentina, dada la masiva presencia de inmigrantes, el tejido asociativo se extendió desde fechas muy tempranas por todo el país[47]. La primera institución surgió en Buenos Aires en enero de 1957. Se trató de la Asociación Catalana de Socorros Mutuos Montepío de Montserrat, que reunía a inmigrantes catalanes, de Baleares y de Valencia; la segunda, Asociación Española de Socorros Mutuos de Rosario, fue creada en dicha ciudad, provincia de Santa Fe, en julio del mismo año. La tercera, también de 1857, fue la Sociedad de Socorros Mutuos de Buenos Aires[48]. Desde en-

---

45. Carlos Martí Bufill, *Nuevas soluciones al problema migratorio*. Madrid, Ediciones Cultura Hispánica, 1955, p. 381.
46. Ministerio de Trabajo, *Memoria de la labor realizada en 1958*. Libro IV. Instituto Español de Emigración. Madrid, 1960, p. 59.
47. Sobre la temática existen una serie de trabajos, destacando los realizados por Alejandro Fernández. Véase Alejandro Fernández, "El asociacionismo español en Argentina: una perspectiva a largo plazo", en Juan Andrés Blanco (ed.), *El asociacionismo en la emigración española a América*. Salamanca, UNED, 2008.
48. Ibídem.

tonces se repitieron las fundaciones, adquiriendo la vida asociativa unas dimensiones que trascenderían a la sociedad local.

Por otra parte, y retomando lo expresado en las Memorias del IEE de 1958, la colaboración que mantuvieron con el Instituto se prolongó hasta que este se disolvió integrándose algunas áreas a las nuevas estructuras creadas a partir del restablecimiento del sistema democrático en España[49].

LA REPATRIACIÓN, LOS VIAJES ORGANIZADOS PARA VISITAR ESPAÑA Y EL RETORNO

Durante la Guerra Civil y una vez concluida esta, el gobierno de Franco intentó controlar a las colonias españolas residentes fuera de las fronteras nacionales. En el primer año pretendió conocer la composición ideológica de sus emigrantes, para lo cual solicitaron información a sus representantes consulares, que a su vez recurrieron a las Cámaras de Comercio, a las instituciones que les eran afines y a los sacerdotes españoles establecidos en los diferentes países. Así lo hicieron, por ejemplo, con los párrocos del interior del estado de São Paulo a quienes interrogaron acerca de la filiación ideológica de los fieles[50]. Posteriormente se creó el Servicio Exterior de Falange, con la intención de realizar la propaganda del nuevo régimen a la vez que se estrechaban los lazos con los emigrantes. Desde 1939 el embajador de España en Brasil, Raimundo Fernández Cuesta, desde su puesto en la embajada de Río de Janeiro, dirigió las actividades de Falange en América del Sur. La embajada contaba con personal auxiliar, al parecer inspectores falangistas que tenían intensa relación con el embajador y con las Falanges de países cercanos, que además eran los encargados de su organización y de la propaganda. Entre estos auxiliares se contaba a José Ruano y José Vicente Paya, este último director de la revista *Nueva España*, periódico falangista, que trazaba la línea de la propaganda para toda América[51].

Años más tarde, con el comienzo del nuevo ciclo migratorio a Europa occidental, empezaron a instalarse las agregadurías laborales, cuyo objetivo tenía que ver con la asistencia y asesoramiento a los emigrantes, aunque

---

49. María Asunción Merino Hernando, *Emigración, asociacionismo y retorno de los españoles en Argentina (siglos XX y XXI). El diseño y la práctica de su investigación*. Madrid, Editorial Trotta, 2012.
50. Elda González Martínez, *Café e inmigración. Los españoles en São Paulo*. Madrid, CEDEAL, 1992, pp. 210-211.
51. Allan Chase, *Falange. El ejército Secreto del Eje en América*. La Habana, Editorial del Caribe, 1943.

subyacía el hecho de que a través de este tipo de servicios podía ejercerse el control político de los emigrantes. A partir de 1953 fueron emplazadas las primeras en el ámbito europeo y poco tiempo después prolongaron su actividad también en América.

Desde el comienzo estuvieron bajo la órbita de la Organización Sindical española, que de esta manera conquistó un espacio propio en relación con la emigración. Los agregados laborales, que eran designados por la Delegación Nacional de Sindicatos, debían desempeñar tareas de asesoramiento, vigilancia del cumplimiento de los acuerdos bilaterales, asistencia jurídica en cuestiones que se relacionaran con los contratos, los salarios, los seguros, etc., a la vez que ejercían el control político de los emigrantes. De la colaboración con las asociaciones españolas, obtenían el conocimiento de las diferentes acciones que se estaba llevando a cabo en el seno de las colonias en el extranjero[52].

En efecto, en tales instituciones, como también en las Cámaras de Comercio, se apoyaron las autoridades franquistas para realizar una labor asistencial con sus emigrantes. Sobre todo se intentó mantener una relación con ellos, como ya hemos señalado, se trataba de conservar los vínculos con la patria para asegurarse el envío de remesas. Esta fue la causa del intento de establecer algún tipo de reconocimiento a aquellos que hubiesen adherido a la causa nacional.

Al respecto se expresaba González-Rothvoss de la siguiente manera: "Es muy conveniente el contacto de los emigrados con la Patria de origen, a fin de conservar sus características. Por ello, podría estudiarse la forma de premiar la adhesión o conducta de emigrantes modestos, facilitando un viaje a precios reducidos"[53].

Este no era el único objetivo que perseguían. A través de tal tipo de actividad pretendían que algunos integrantes de los colectivos residentes en América conocieran de primera mano la realidad española, este hecho permitiría, una vez concluido el viaje, que actuaran, con un efecto mutiplicador, como propagandistas de ella. Existía un antecedente al respecto, aunque en este caso no había existido bonificación alguna en los pasajes, se trataba de las excursiones colectivas a España, que habían sido organizadas en 1951 por la Casa de Galicia de Buenos Aires y el Centro Gallego de Montevideo[54].

---

52. Véase al respecto el artículo de Ramón Baeza San Juan, "Una aproximación a la emigración española hacia Europa en los años cincuenta desde la perspectiva de la organización Sindical Española (OSE)", *Arbor*, CLXX, 669, septiembre de 2001.
53. González-Rothvoss, *Los problemas actuales de la emigración española*, p. 199.
54. Vicente Borregón Ribes, *La emigración española a América*. Vigo, El Faro de Vigo, 1952, p. 183.

En este programa su financiación se obtendría del fondo constituido por los Bonos de Emigración. De manera sucinta recordamos que tales bonos habían sido impuestos a la compañías de navegación en el texto refundido de 1924 de la ley de Emigración. En 1941, el ya citado decreto de 1 de agosto modificó el sistema, se los designó como Bonos de Emigración, debiendo ser emitidos y entregados por las Compañías a los Servicios de Emigración en cada viaje que realizaban. El importe era equivalente al 10% del total de los pasajes que los viajeros, considerados emigrantes, abonaban.

Los Bonos se remitían a los consulados que los utilizaban como dinero en efectivo para abonar con ellos a las navieras en concepto de pasajes para los españoles que fueran repatriados. El sistema empleado produjo una enorme reserva de Bonos que no habían sido consumidos estimada en alrededor de 94 millones de pesetas en el año 1954. A los que debía agregarse la deuda valuada en varios millones más de las compañías navieras que, ya porque habían dejado de atracar en puertos españoles, o porque sencillamente no habían hecho entrega del dinero que les correspondía abonar a la Administración española, había ido acumulándose.

En todo caso se entendió que dicha suma, según el director general de Asuntos Consulares, debía emplearse en "facilitar la venida a España de numerosos compatriotas que desde hace mucho residen en los países hispanoamericanos, y cuya modesta posición económica nunca les hubiese permitido visitar España, siquiera temporalmente, para comprobar por sí mismos los progresos en todos los órdenes realizados en estos últimos años"[55].

Inclusive un miembro de la Junta Directiva del Centro Gallego de La Habana sugirió al Instituto de Cultura Hispánica en 1952 la misma acción, cuestión que ratificaría el arzobispo de La Habana[56].

En definitiva, la idea prosperó, el Consejo Central de Emigración presentó en 1954 una propuesta encaminada a facilitar el viaje a España a aquellos emigrantes que no hubiesen tenido ocasión de regresar a visitarla. En tal sentido la Dirección General de Asuntos Consulares del Ministerio de Asuntos Exteriores y la Dirección General de Trabajo elaboraron un plan, denominado "Romería a España"[57], para hacer posible tal tipo de viaje.

En el caso argentino los principales periódicos publicaron la noticia. A modo de ejemplo citamos la información que apareció en el diario *El*

---

55. González-Rothvoss, *Romería a España*, pp. 3-4.
56. Ibídem, p. 5.
57. La denominación del programa fue muy discutida. Se propusieron diferentes nombres tales como, Año Mariano, Peregrinación a España, Ruta de toda España, Crucero de España y Visita a España, Ibídem, p. 6.

Orden de Santa Fe, en agosto de 1954. A instancias del viceconsulado honorario de España en la capital de dicha provincia daban a conocer que el gobierno español "en su constante desvelo por las colectividades españolas de los países hermanos de América" otorgaba una serie de facilidades a aquellos españoles, con más de 10 de ausencia del país, para obtener un pasaje gratuito, en tercera clase, desde Buenos Aires y un 10% de descuento en el de regreso. Además de obtener la documentación necesaria para el viaje de manera gratuita y un billete kilométrico para la red nacional de ferrocarriles. Se escogería teniendo presente el siguiente orden de méritos: en primer término los que tuviesen una actuación patriótica o de otro tipo, ya fuese benéfico o cultural; y a continuación se tendría en cuenta el mayor tiempo de ausencia de España, el grado de parentesco de los familiares que residían en España y la antigüedad de inscripción en el consulado.

El primero de los requerimientos se refería a la actuación durante el "alzamiento nacional", y en su cumplimiento las autoridades del consulado general envían un comunicado confidencial recomendando a las representaciones de España en el interior del país ponerse en contacto con las sociedades españolas "afectas", para que sus informaciones permitiesen una equitativa distribución de las plazas[58].

Este punto levantó algunos comentarios desfavorables, de tal porte que el canciller encargado del viceconsulado en Rosario sugirió suprimir su mención, englobándolo sin aclaraciones en la casilla de observaciones[59].

No obstante, se mantuvo tal requisito[60], lo que conllevó a que en numerosos casos los interesados manifestaran su carácter apolítico.

Debían emprender el viaje antes del 31 de diciembre de ese año, pudiendo permanecer en España durante 12 meses, en el caso de no regresar perdían los beneficios que les habían sido otorgados.

En total durante 1954 viajaron 1.039 personas; 1318, en 1955; 991, en 1956; 987 en 1957[61]; en 1958 fueron 773 y en 1959 el número ascendió alcanzando a 901 personas, de las cuales el 75% viajó desde Argentina, el

---

58. Archivo General de la Administración. Nota confidencial del consulado de España en Rosario con fecha 16 de septiembre de 1954. Legajo 54/14772.
59. Archivo General de la Administración. Carta del canciller-encargado del consulado de España en Rosario al cónsul general de España en Buenos Aires del 30 de agosto de 1954. Legajo 54/14772.
60. Archivo General de la Administración. Carta del ministro encargado de los asuntos consulares al canciller-encargado del consulado de España en Rosario del 16 de septiembre de 1954. Legajo 54/14772
61. Estas cifras fueron obtenidas del trabajo de M. González Rothvoss, *Romería a España*, p. 12.

17% de Brasil y el 7% de Uruguay[62]. En general, a lo largo de los años, fue mayoritaria la participación de inmigrantes radicados en Argentina. En tal sentido hay que indicar que el proyecto circuló, en momentos previos a su realización, entre las distintas embajadas españolas en América, a las que se solicitó tanto su opinión sobre el mismo como que propusieran el cupo de personas que debía asignarse a cada país[63].

En Argentina el éxito que alcanzó el programa fue, desde el comienzo, notable. Tal como lo expresaba el canciller encargado del viceconsulado en Rosario, no solo por el número de personas que se interesaron, sino por su repercusión en el seno de la colonia española. Agregando que se trataba de un programa de visitas y paseos libres "en momentos en que los países que no levantan cortinas, ponen trabas y telones a las miradas de fuera"[64].

Una década más tarde se llevó a cabo otro, denominado "Embajada Blanca", que consistió en que parejas de niños, provenientes de 19 países latinoamericanos, se trasladaran a España para celebrar su primera comunión. Se trataba de favorecer a aquellos niños, de humilde condición, quienes acompañados por sus padres, recibirían la comunión en el monasterio de Nuestra Señora de Montserrat, serían recibidos por Francisco Franco, visitarían el Valle de los Caídos y la catedral de Santiago (1965 fue Año Compostelano)[65], entre otras actividades.

Ahora bien, este tipo de viajes no estuvieron vigentes más que un puñado de años, sin embargo, con el surgimiento de las autonomías y teniendo en cuenta que los españoles residentes en el extranjero tenían derecho a ejercer su voto, comenzaron a resurgir programas de este tipo.

También en este caso se intentaba "atraer y acercar" a los emigrantes a su tierra de origen. Recibieron distintos nombres, "Operación añoranza", por ejemplo, la llevada a cabo por el ayuntamiento de Salamanca, para los salmantinos ausentes en Latinoamérica y que no hubiesen regresado a su lugar de origen en los últimos 15 años; el mismo nombre recibe la que impulsa el Principado de Asturias; mientras que "Reencuentros en la tierra", destinado a mayores de 60, residentes en América, se denomina el implementado por la Xunta de Galicia y "Viaje de Reencuentro" el efectuado por el gobierno canario, entre otros.

---

62. Ministerio de Trabajo, *Memoria de la labor realizada en 1959*, Libro IV. Madrid, Instituto Español de Emigración, 1960, p. 88.
63. González Rothvoss, *Romería a España*, p. 7.
64. Archivo General de la Administración. Carta del canciller-encargado del consulado de España en Rosario al cónsul general de España en Buenos Aires del 30 de agosto de 1954. Legajo 54/14772.
65. Embajada Blanca. Nota esquemática con sello del consulado general de la República Argentina en Barcelona.

Bibliografía

Baeza San Juan, Ramón, *Agregados laborales y acción exterior de la Organización Sindical Española. Un conato de diplomacia paralela (1950-1962)*. Madrid, Ministerio de Trabajo, 2000.
— "Una aproximación a la emigración española hacia Europa en los años cincuenta desde la perspectiva de la organización Sindical Española (OSE)", *Arbor*, CLXX, 669, septiembre de 2001.
Borregón Ribes, Vicente, *La emigración española a América*. Vigo, El Faro de Vigo, 1952.
— "Resultados de la emigración a América", en *Los problemas de la migración española. Semanas Sociales de España. XVIII Semana, Vigo-Santiago, 1958*. Madrid, Secretariado de la Junta Nacional de Semanas Sociales, 1959.
Botella, Cristóbal, *El problema de la emigración*. Madrid, Tipografía de los Huérfanos, 1888.
Contreras Pérez, Francisco, "El río revuelto de la emigración II. El papel de las navieras y de los Estados en Gibraltar a principios de siglo", *Almoraima. Revista de Estudios Campogibraltareño*, 16, Algeciras, Mancomunidad de Municipios, octubre de 1996.
Chase, Allan, *Falange. El ejército Secreto del Eje en América*. La Habana, Editorial del Caribe, 1943.
Delgado Gómez-Escalonilla, Lorenzo, *Diplomacia franquista y política cultural hacia Iberoamérica, 1939-1953*. Madrid, CSIC, 1988.
— "La política latinoamericana de España en el siglo XX", *Ayer*, 49, 2003.
Fernández, Alejandro, "El asociacionismo español en Argentina: una perspectiva a largo plazo", en Juan Andrés Blanco (ed.), *El asociacionismo en la emigración española a América*. Salamanca, UNED Zamora, 2008.
Fernández Vicente, María José, "De calamidad nacional a baza del desarrollo. Las políticas migratorias del Régimen Franquista (1939-1975)", *Migraciones y Exilios*, n°. 6, 2005a.
— "En busca de la legitimidad perdida. La política de emigración del régimen franquista. 1946-1965", *Estudios Migratorios Latinoamericanos*, Año 19, n°. 56, 2005b.
— "La evolución del organigrama migratorio español: el papel del IEE", en Luis M. Calvo Salgado y otros, *Historia del Instituto Español de Emigración. La política migratoria exterior de España y el IEE del Franquismo a la Transición*. Madrid, Ministerio de Trabajo e Inmigración, 2009.
González Calleja, Eduardo, "El Servicio Exterior de la Falange y la política exterior del primer franquismo: consideraciones previas para la investigación", *Hispania*, LIV, n°. 186, 1994.

González Martínez, Elda, *La inmigración esperada: la política migratoria brasileña desde João VI hasta Getúlio Vargas*. Madrid, CSIC, 2003.

— "Los nuevos protagonistas del retorno: América Latina y España en el nuevo milenio", en Eloisa Capovilla da Luz Ramos, Elda González Martínez y otros, *História da imigração: possibilidades e escrita*. São Leopoldo/Rio Grande do Sul, Ed. Oikos, 2013.

González-Rothvoss y Gil, Mariano, *Los problemas actuales de la emigración española*. Madrid, Instituto de Estudios Políticos, 1949.

— "Una realización española: La Romería a España", *Separata de la revista Las Ciencias*. Madrid, Año XXIII, n. 2, 1958.

Herrera Acosta, Mauro, "Inserción laboral del emigrante retornado", en Antonio Izquierdo Escribano y Gabriel Álvarez Silvar, *Políticas de retorno de emigrantes*. A Coruña, Universidade da Coruña, 1997.

Instituto Español de Emigración, *Legislación española de la emigración (1936-1964)*. Madrid, IEE, 1965.

Martí Bufill, Carlos, *Nuevas soluciones al problema migratorio*. Madrid, Ediciones Cultura Hispánica, 1955.

Martínez Cachero, Luis A. y Felipe Vázquez Mateo, *Actualidad de la Emigración española. Comentarios a la Ley de Ordenación de la Emigración Española de 3 de mayo de 1962*. Madrid, Instituto Español de Emigración, 1964.

Merino Hernando, M.ª Asunción, *Emigración, asociacionismo y retorno de los españoles en Argentina (siglos xx y xxi). El diseño y la práctica de su investigación*. Madrid, Editorial Trotta, 2012.

Ministerio de Trabajo, *Memoria de la labor realizada en 1958*, Libro IV. Madrid, Instituto Español de Emigración, 1960a.

— *Memoria de la labor realizada en 1959*, Libro IV. Madrid, Instituto Español de Emigración, 1960b.

Pérez-Prendes y Muñoz-Arraco, José M., *El marco legal de la emigración española en el* constitucionalismo. Un estudio histórico-jurídico. Colombres, Archivo de Indianos, 1993.

Rengifo Calderón, Álvaro y Antonio Oporto del Olmo, "Historia, presente y perspectivas de las migraciones en España", *ICE, 75 años de política económica española*, n°. 826, noviembre de 2005.

Sánchez Alonso, Blanca, "Visiones de la emigración en el siglo xx: de emigrantes a inmigrantes", en A. Morales Moya (coord.), *Las claves de la España del siglo xx. La modernización social*. Madrid, Sociedad Estatal España Nuevo Milenio, 2001.

Serrano Carvajal, José, *La emigración española y su régimen jurídico*. Madrid, Instituto de Estudios Políticos, 1966.

Vázquez González, Alejandro, "La salida", en *Historia General de la Emigración Española a Iberoamérica*, Tomo I. Madrid, Comisión Nacional Quinto Centenario/Historia 16, 1992.

La adhesión de España al CIME:
relaciones diplomáticas y consecuencias migratorias[1]

Emilio Redondo Carrero
Instituto de Historia, Consejo Superior de Investigaciones Científicas, Madrid, España

En 1956, el gobierno español pasó a formar parte del Comité Intergubernamental para las Migraciones Europeas (CIME). Este organismo internacional había sido fundado en 1951 al margen de Naciones Unidas con el objetivo de resolver, mediante el traslado de refugiados y emigrantes a los países de ultramar, los problemas de superpoblación que afectaban a Europa tras la Segunda Guerra Mundial. El gobierno franquista, que diez años antes, en 1946, había optado por reabrir las fronteras a la emigración tras un período en el que esta había sido obstaculizada por todos los medios, recurrió a dicho organismo con el objetivo de gestionar el traslado de emigrantes españoles, especialmente los que tenían por destino América Latina. En las siguientes páginas se tratarán de analizar las vicisitudes que rodearon la adhesión española a dicho Comité y las repercusiones que a corto plazo esta pudo tener sobre el flujo migratorio desde España hacia los países de ultramar. Asimismo, se intentará situar todo ello en el contexto internacional y en el de la propia evolución del régimen franquista. Con este fin, el texto se dividirá en dos partes: la primera atenderá al surgimiento del CIME, mientras que la segunda se centrará en las negociaciones que se sucedieron hasta producirse la adhesión española y en las implicaciones que esta tuvo sobre el flujo migratorio español a corto plazo.

---

1. Este artículo se inserta en el marco de los proyectos de investigación: "Políticas, discursos y prácticas de protección al migrante: el caso de los españoles en Argentina y Brasil. 1948-2008". Ministerio de Economía y Competitividad. HAR2012-33147 y "Viejos actores y nuevas dinámicas: el retorno al lugar de origen de los emigrantes españoles en Uruguay y Argentina". Ministerio de Ciencia e Innovación. HAR2009-10625.

El hilo argumental del texto será el cuestionamiento de una idea generalizada en la historiografía reciente según la cual la relación del CIME con el gobierno español fue apenas trascendente. No obstante, lejos de sobredimensionar la importancia del organismo, la intención del presente trabajo es simplemente la de aportar alguna información tanto cualitativa —informes y correspondencia oficial— como cuantitativa —cifras sobre traslados— que permitan una valoración algo más completa de la importancia de esta relación en su fase inicial. Sobra decir que no existe aspiración concluyente, en tanto que este trabajo se inscribe en el marco de una tesis doctoral actualmente en realización.

Los orígenes del CIME

Uno de los trabajos más tempranos que se ocupan del CIME atendiendo a su dimensión histórica es el de Ladame[2], publicado en 1958, cuando el organismo aún no había cumplido ni una década. Sin embargo, la mayoría de información publicada —prensa aparte— sobre el CIME proviene del propio organismo: por un lado, se encuentran sus revistas de publicación trimestral, *Migración* y *Migraciones Internacionales* —la primera publicada hasta 1962 y la segunda desde 1963—; por el otro, informes y libros consistentes principalmente en un repaso por los logros del Comité a lo largo de sus años de existencia. Dentro de esta línea pueden encontrarse algunas obras notables como la de Ducasse Rogier[3] o la de Oates y De Boeck[4]. Entre los trabajos publicados al margen de la institución, pueden citarse los de Murdock[5] o Perruchoud[6], el primero perteneciente al ámbito la politología y el segundo al del derecho. Sin embargo, y a pesar de la solvencia y la utilidad de dichos estudios, quizás se eche en falta en la historiografía reciente algún monográfico sobre el CIME realizado desde una visión externa. Sin pretender llenar ahora ese hueco, a continuación se

---

2. Paul Alexis Ladame, *Le rôle des migrations dans le monde libre*. Genève, Librairie Droz, 1958.
3. Marianne Ducasse-Rogier, *The International Organization for Migration, 1951-2001*. Genève, International Organization for Migration, 2001.
4. Robert Oates y Laurent de Boek, *The migration for development programmes of the International Organization for Migration. Historical Survey 1951-1998*. Genève, International Organization for Migration, 1998.
5. Mary Anne C. Murdock, *An Analysis of the Intergovernmental Committee for Migration*. Princeton, Princeton University Press, 1983.
6. Richard Perruchoud, "From the Intergovernmental Committee for European Migration to the International Organization for Migration", *International Journal of Refugee Law*, I/4, pp. 501-517.

trazará un marco histórico que permita ubicar mejor las circunstancias de la adhesión española.

Creado a finales de 1951 con el nombre de Comité Intergubernamental Provisional para los Movimientos Migratorios de Europa (CIPMME), este podría incluirse en la etapa final de lo que algunos autores han denominado "segunda oleada de organismos internacionales[7]". Su antecedente directo se encuentra en la Organización Internacional de los Refugiados (OIR), creada en 1946 cuando los gobiernos de Estados Unidos, Gran Bretaña y Francia acordaron resolver por la vía multilateral el problema de los refugiados y desplazados provocados por la guerra. Entre las tareas de este organismo estaban las de identificar y clasificar a la población afectada, proporcionarles soluciones duraderas, como la repatriación y el reasentamiento, así como otorgarles asistencia y protección jurídica. Aunque en la práctica la actividad de este organismo se prorrogó hasta 1952, en la teoría su mandato se extendía únicamente hasta junio de 1950, momento en el que se decidió crear una nueva estructura internacional que se ocupara del complejo problema de todos los desplazados. Así, el desmantelamiento de la OIR dio lugar a no una, sino a dos nuevas instituciones.

Por un lado, en diciembre de 1950 se creó el Alto Comisionado de las Naciones Unidas para los Refugiados, más conocido por ACNUR[8], con el objetivo preciso de seguir ofreciendo protección jurídica y asistencia a los refugiados. Sin embargo, esto significaba que el nuevo organismo solo cubriría las necesidades de aquellos que se ajustaran a esta categoría[9], quedando fuera de su competencia los desplazados y, por supuesto, los migrantes[10]. Debido a ello, paralelamente, varios países europeos y Estados Unidos llamarían la atención no ya sobre el problema concre-

---

7. Francesc Granell Trías, "La cuarta oleada de organismos económicos internacionales", *Revista de Economía Mundial*, 18, 2008, p. 373.
8. Más información acerca de la cooperación entre la ACNUR y el CIME (y, posteriormente, la OIM) puede hallarse en el artículo de Jerome Elie, "The Historical Roots of Cooperation Between the UN High Commissioner for Refugees and the International Organization for Migration", *Global Governance*, XVI/13, 2010, pp. 345-360.
9. Ducasse-Rogier, *The International Organization for Migration*, pp. 13-14.
10. La distinción entre categorías puede resultar aquí compleja, teniendo además en cuenta que no han permanecido invariables a lo largo de la historia del siglo XX. Como comenta Judt, "esta distinción entre las personas desplazadas (que se suponía tenían un hogar en alguna parte) y los refugiados (clasificados como sin techo) fue solo uno más de los numerosos matices introducidos durante aquellos años" (Tony Judt, *Postguerra: una historia de Europa desde 1945*. Madrid, Taurus, 2011, p. 57). Por su parte, la figura del emigrante, entendida como aquella que toma la decisión de migrar libremente basándose en "razones de conveniencia personal" (definición que a día de hoy mantiene la IOM), quedaba excluida de la Convención sobre el Estatuto de los Refugiados firmada el 28 de julio de 1951.

to de los refugiados, sino sobre el de la superpoblación que afectaba a Europa. También el Consejo de Europa, a mediados de 1950, incidiría en la necesidad de restablecer el flujo tradicional de la emigración europea con destino a ultramar[11]. Por primera vez desde el fin de la Segunda Guerra Mundial, se planteaba la cuestión de los traslados de población desde una perspectiva más amplia, no ya únicamente atendiendo al problema concreto de los refugiados, sino desde una perspectiva demográfica global: se consideraba que el continente europeo padecía en ese momento exceso de población, carestía de recursos y altos niveles de desempleo, problemas que podrían paliarse con el traslado de población excedente hacia los países de ultramar que en ese momento necesitaban incrementar su población para mantener los niveles de desarrollo.

Con ese objetivo se celebró una reunión en Nápoles convocada por la Organización Internacional del Trabajo (OIT), la cual fracasó debido principalmente a la oposición de los Estados Unidos a que los países soviéticos formaran parte del nuevo organismo[12]. Tras el infructuoso intento, se convocó una nueva conferencia, esta vez en Bruselas y a instancia de los gobiernos belga y estadounidense. En esta ocasión, tras varias deliberaciones, los países reunidos acordarían el establecimiento del CIPMME, que dos años después cambiaría su nombre por el de Comité Intergubernamental para las Migraciones Europeas, o CIME[13].

Aunque a la reunión asistieron representantes de más países, los que firmaron la adhesión al Comité en esa primera reunión fueron catorce: Australia, Austria, Bélgica, Brasil, Canadá, Chile, Estados Unidos, Francia, Grecia, Italia, Luxemburgo, Países Bajos, República Federal de Alemania y Suiza. En cuanto a España, no sería hasta la V Reunión, en 1953, cuando hiciera su primera aparición como país observador, momento también en el que el español se añadiría al inglés y al francés como uno de los tres idiomas oficiales del organismo[14]. Los objetivos del nuevo organismo irían perfilándose durante las primeras sesiones hasta concretarse

---

11. Ladame, *Le rôle dans migrations dans le monde libre*, pp. 267-268.
12. Punto sobre el que se volverá más adelante, puesto que explica la escasa oposición que encontró el gobierno español a su entrada en el Comité.
13. Para más detalles acerca del proceso de creación del CIME y de las circunstancias que lo impulsaron, véase la ya citada obra de Ladame y, desde una perspectiva española (basada a su vez en el trabajo anterior), el trabajo de José Serrano Carvajal, "La internacionalización de las migraciones: estudio del Comité intergubernamental para las migraciones europeas", *Revista de Política Social*, 59, 1963, pp. 5-18.
14. Proyecto de informe sobre la quinta reunión del Comité Intergubernamental Provisional para los Movimientos Migratorios de Europa (CIPMME), Ginebra, 8 de junio de 1953, Biblioteca de la Organización Internacional de las Migraciones (OIM), Ginebra, Actas del Consejo del CIPMME, MC/25.

en dos cuando la Constitución fuese finalmente aprobada en la VI Reunión celebrada en Venecia en octubre de 1953:

a) Tomar todas las medidas adecuadas para asegurar el transporte de los emigrantes para quienes los medios existentes se revelen insuficientes y que, de otra manera, no podrían partir de los países europeos de población excedentaria hacia los países de ultramar en los que la inmigración [podía] efectuarse bajo condiciones normales.

b) Incrementar la emigración europea asegurando, a petición de los Gobiernos interesados y de acuerdo con ellos, los servicios indispensables para el buen funcionamiento de las operaciones de preparación, acogida, colocación inicial e instalación de los emigrantes que las restantes organizaciones internacionales no hallen en condiciones de proporcionar[15].

Las relaciones entre España y el CIME durante la década de 1950

Por lo que respecta a la relación de España con el CIME, existen en la historiografía reciente varios autores que se han ocupado el tema, como Medina Rodríguez, quien ha estudiado los programas de reagrupación familiar entre 1956 y 1964[16], o Ignacio García, quien ha hecho lo propio con el programa de emigración asistida a Australia[17]. No obstante, la mayoría de las aproximaciones al Comité suelen realizarse de una manera tangencial al tratar alguno de los aspectos de la política migratoria española. Así sucede en varios de los trabajos que componen la obra colectiva sobre el Instituto Español de Emigración[18], o algunos estudios de la Fundación 1º de Mayo[19]. También Gambi Jiménez le ha dedicado algunas páginas en su trabajo so-

---

15. Constitución del Comité Intergubernamental para las Migraciones Europeas (CIME), Ginebra, noviembre de 1953, Biblioteca de la OIM, Ginebra, Actas del Consejo del CIPMME, MC/55.
16. Valentín Medina Rodríguez, *La emigración familiar española a América Latina. 1956-1964*. Las Palmas de Gran Canaria, Cabildo de Gran Canaria, 1999.
17. Ignacio García, *Operación Canguro. El programa de emigración asistida de España a Australia (1958-1963)*, Documento de Trabajo 1/1999, Madrid, Fundación 1º de Mayo, 1999.
18. Luis M. Calvo Salgado y otros, *Historia del Instituto Español de Emigración. La política migratoria exterior de España y el IEE del Franquismo a la Transición*. Madrid, Ministerio de Trabajo e Inmigración, 2009.
19. José Babiano y Ana Fernández Asperilla, *El fenómeno de la irregularidad en la emigración española de los años sesenta*. Documento de Trabajo 3/2002, Madrid, Fundación 1º de Mayo, 2002. También, de los mismos autores, *Emigración y articulación de la clase trabajadora durante la dictadura franquista*. Madrid, Fundación 1º de Mayo, 2009.

bre la emigración castellano-leonesa de mediados de siglo a Brasil[20]. Sin embargo, quizás por su orientación hacia la emigración con destino a América Latina en un momento en el que la población marchaba mayoritariamente hacia los países europeos, los estudios sobre la emigración española de mediados de siglo xx no suelen otorgarle al CIME demasiada importancia. Sanz Díaz incluso afirma que la pertenencia del gobierno español a este organismo fue menos relevante para la política migratoria franquista que la presencia de España en la OIT, en tanto que conllevaba la participación en la Comisión Permanente de Migraciones de este organismo[21].

Con todo, interesa más para el presente trabajo la perspectiva de Fernández Vicente y Kreienbrink, quienes han tratado de analizar los intereses detrás de la adhesión española al Comité. Según estos autores, en el acuerdo alcanzado con el CIME el gobierno español se guió por tres tipos de criterios: sociolaborales ("voluntad de las autoridades franquistas de dirigir, seleccionar y encauzar el flujo migratorio ultramarino"), ideológicos ("voluntad del IEE de favorecer la presencia e influencia de España en Iberoamérica) y económicos ("voluntad de hacer participar a la flota española de las ganancias generadas por estos traslados")[22]. Sin embargo, a la luz de la documentación consultada, sería posible añadir a la ecuación un cuarto tipo de criterios cuya presencia en las negociaciones no fue menor: unos parámetros que no está claro si podrían llamarse políticos, estratégicos o diplomáticos, pero que obedecerían a la voluntad del gobierno franquista de buscar una solución al aislamiento a través de la incorporación a los organismos internacionales.

Así, la adhesión de España al CIME, formalizada en 1956, puede inscribirse en el contexto de la creciente aceptación de que el régimen franquista comenzó a gozar a partir de los años cincuenta y la consecuente participación en los organismos internacionales de los que había permanecido apartado. Desde 1945, el gobierno español había titubeado en su acercamiento a la sociedad internacional, si bien su carácter fascista le valió la animadversión de los vencedores de la Segunda Guerra Mundial. Como ha indicado Alberto Lleonart, "la ONU [...] representó en el período 1945-50 una amenaza en permanente latencia contra la España del

---

20. Esther Gambi Jiménez, *La migración castellano-leonesa a Brasil, 1946-1962*. Salamanca, Universidad de Salamanca, 2012.
21. Carlos Sanz Díaz, "Las relaciones España-Europa en la segunda mitad del siglo xx: algunas notas desde la perspectiva de la emigración", *Circunstancia: Revista de Ciencias Sociales del Instituto Universitario de Investigación Ortega y Gasset*, 25, 2011.
22. María José Fernández Vicente y Axel Kreienbrink, "Las relaciones del IEE con los países de Ultramar", en Luis M. Calvo Salgado y otros, *Historia del Instituto Español de Emigración*, pp. 236-237.

Gobierno de Franco; una amenaza que a veces pudo ser tan intensa como la del propio bando republicano cuando en plena Guerra Civil la suerte no estaba decidida"[23]. Sin embargo, pronto comenzaron a producirse cambios significativos tanto a nivel interno como externo que hacían que el aislamiento al que se había sometido a España desde la instauración del gobierno franquista comenzara a desvanecerse. En España, el régimen había conseguido consolidarse y ganarse el apoyo de grandes sectores de la sociedad que de cara al exterior le valieron una apariencia democrática con la que el resto de gobiernos se sintió más cómodo. A nivel mundial, con la agudización del enfrentamiento entre las dos potencias vencedoras de la Segunda Guerra Mundial, el anticomunismo del régimen español jugaría en favor de la desaparición del aislamiento, en lo que fue determinante la actitud de los Estados Unidos[24].

No obstante, en la ruptura de ese aislamiento también el ámbito latinoamericano jugó un rol determinante, más allá del apoyo de la Argentina de Perón, con la que el gobierno franquista alcanzó importantes acuerdos que le permitieron subsistir durante su momento más crítico[25]. En lo que respecta a la participación de España en los organismos internacionales, resultó decisiva la presión que el bloque latinoamericano —con la notable excepción de México— ejerció para que Naciones Unidas revisara las sanciones impuestas en 1946. Ya en mayo de 1949 Brasil, Colombia, Perú y Bolivia presentaron ante el Comité Político de la ONU una propuesta en la que pedían que se les diera absoluta libertad para retomar sus relaciones con España. Pero sería el 4 de noviembre de 1950 la fecha que resultaría decisiva, al someterse a votación en la Asamblea General tres cuestiones determinantes para España: la revocación de las condenas de 1946, el retorno de los embajadores a Madrid y la posible aceptación del país en los organismos internacionales dependientes o integrados en Naciones Unidas. Las tres votaciones resultaron favorables a España, de modo que el gobierno pudo ir ingresando en organismos internacionales como

---

23. Alberto J. Lleonart, *España y ONU II (1947)*, Madrid, CSIC, 1978, p. 6.
24. Manuel Espadas Burgos, *Franquismo y política exterior*. Madrid, Ediciones Rialp, 1988, p. 180.
25. Para más detalles sobre la relación entre España y Argentina en estos años, es referencia obligada el trabajo de Marisa González de Oleaga, *El doble juego de la Hispanidad. España y la Argentina durante la Segunda Guerra Mundial*. Madrid, UNED, 2001. También el de Mónica Quijada Mauriño, "El comercio hispano-argentino y el protocolo Franco-Perón, 1939-1949. Origen, continuidad y límites de una relación hipertrofiada", *Ciclos en la Historia, la Economía y la Sociedad*, I/1, 1991, pp. 4-40. Y, para las cuestiones relacionadas de manera más directa con la migración, consultar de esta misma autora "Política inmigratoria del primer peronismo. Las negociaciones con España", *Revista Europea de Estudios Latinoamericanos y del Caribe*, 47, 1989, pp. 43-64.

la FAO, en 1950, o la UNESCO, en 1952. Más adelante, en 1955, pasaría a ser miembro de pleno derecho de la ONU, y en 1956 lo sería de la OIT[26]. Por lo que respecta al CIME, aunque la adhesión definitiva no se formalizara hasta 1956, las negociaciones para el ingreso comenzarían cuatro años antes, apenas creado el organismo.

Las negociaciones para la adhesión de España al CIME

El primer intento de adhesión se produjo en 1952, según se refleja en la documentación analizada[27]. Las figuras más destacas en esta primera parte de las negociaciones serían Alberto Martín Artajo —ministro español de Asuntos Exteriores desde la salida de Lequerica en 1945—, Pierre Jacobsen —director general adjunto del CIME— y Arthur Neiva —consejero del CIME y enviado especial a Madrid—. Desde el comienzo de las negociaciones, llama la atención el tono excesivamente caluroso con el que el Comité se dirige a la parte española, un tono que excede la cordialidad, impropio de un organismo creado por las potencias democráticas vencedoras del fascismo, y que solo puede explicarse por un elevado interés del CIME por la pertenencia de España

> España, que durante tantos siglos ha mantenido heroicamente las más altas tradiciones de la cultura cristiana del Occidente, sea en las guerras contra los moros, sea en el grandioso período desde los Reyes Católicos, cuando alargó de manera tan ancha los horizontes del Antiguo Continente, y que hoy aún las sostiene en sus formas más puras, conservó siempre el espíritu de coordinación de los intereses de Europa y del Ultramar. Esta peculiaridad la coloca en una situación excepcional para hacer parte de una organización como la nuestra, donde, en el campo internacional, se alían materias de hondo sentido político, económico y humanitario.
>
> Nosotros consideramos la colaboración española en nuestra obra como indispensable, teniendo en cuenta los aspectos complejos de que se hallan revestidas nuestras operaciones, en la solución de cuyos problemas la multisecular experiencia española en estas materias es sumamente preciosa[28].

---

26. Espadas Burgos, *Franquismo y política exterior*, pp. 184-185.
27. Toda esta correspondencia se halle en la Biblioteca de la OIM, EXF-03-02-012, Membership and Agreements, Originals from 1952. A continuación, me referiré a las cartas de esta correspondencia únicamente con autor, destinatario y fecha.
28. Carta de Pierre Jacobsen a Alberto Martín Artajo. Ginebra, 13 de marzo de 1952, Biblioteca de la OIM, Ginebra, Membership and agreements.

El interés inicial de España por lograr la adhesión, como demuestra una carta de abril de ese mismo año en la que Neiva informa a Jacobsen de los encuentros que ha tenido con diversas personalidades del gobierno franquista y de su favorable predisposición a entrar en el Comité. De especial relevancia resulta la conversación que, según relata, mantuvo con el ministro Bermejo[29], la cual tuvo como elementos centrales dos cuestiones que inquietaban al gobierno español: si España podía tomarse los gestos del Comité como una invitación sincera a formar parte del mismo y, en segundo lugar, si de llevarse a cabo dicha adhesión España podría realizar la contribución administrativa en pesetas.

> Sur le premier aspect, autour duquel je fus tenacement grillé, je lui répondis affirmativement, et fis de mon mieux pour le rendre tout à fait tranquille quant à ce point. Il me demanda si l'invitation avait été décidée par la direction *sponte sua* ou si les nations composantes du Comité avaient décidé d'inviter l'Espagne; je lui répondis que c'était une décision de la Direction, mais que toutes les nations composantes du Comité étaient d'accord avec cette initiative. Il me parla, alors, très franchement, faisant une briefe analyse de la position politique de l'Espagne après la guerre, de ses difficultés, de son isolement, etc., et de la position qu'elle avait prise par devant les organisations internationales, de son attitude fière et digne de ne pas s'offrir, et ainsi de suite: et me pria de lui répondre aussi franchement si, dans le cas d'acceptation de l'invitation dans les circonstances indiquées, il ne pourrait pas y avoir des répercussions désagréables por l'Espagne par quelques nations appartenant au Comité. Je lui dis que non; que l'Espagne serait reçue à bras ouverts: que vous aviez décide de cette démarche en pleine connaissance de cause; que s'il le désirait, on pouvait parfaitement poser la question de l'invitation de l'Espagne aux différentes nations composantes, mais que je croyais cela absolument inutile, et que par exemple, les États Unis, qui étaient les plus grands contribuables du Comité, appuyaient complètement ma mission, comme je pourrais le lui prouver. Cette argumentation le convainquit et il se rasséréna sur ce point[30].

Si el tono reflejado por Neiva es fiel a los hechos, lo que puede observarse es a la parte española en una actitud tanto de propensión como de cautela. Por una parte, se percibe cierta inseguridad en el mismo hecho

---

29. Aunque no se detalla en la fuente, se trata de José María Bermejo y Gómez, ministro plenipotenciario de segunda clase desde el 6 de julio de 1950 y director general de Asuntos Consulares desde el 7 de marzo de 1952.
30. Carta de Arthur Neiva a Pierre Jacobsen, Madrid, 22 de abril de 1952. Biblioteca de la OIM, Ginebra, Membership and agreements. El subrayado aparece en el original.

de cuestionarse la sinceridad de la invitación, así como en el miedo a que la reacción de los miembros del Comité sea negativa. Por otra parte, lo que dejan traslucir las declaraciones es un desesperado deseo de acceder al CIME como consecuencia de la imperiosa necesidad de poner fin aislamiento internacional. En contraparte, Neiva se muestra tranquilizador y hace saber a Bermejo que la oposición que España encontrará en su entrada al Comité será mínima y que todos los países están de acuerdo con esa iniciativa, algo que no era cierto, como se verá más adelante.

Por lo que respecta a la segunda cuestión, la del pago de la cuota de membresía, la preocupación del gobierno español quedaba plenamente justificada por la escasez que en España existía de divisas convertibles. Aunque Neiva confiase después a Jacobsen sus reservas sobre el particular, la respuesta provisional que diese al gobierno español transigiría con el pago en pesetas. Sin embargo, a pesar de la favorable disposición de ambas partes, la cuestión relativa a la adhesión debería pasar primero por el filtro del Consejo de Ministros y, por supuesto, ser sometida al juicio de Franco, lo que significaba una demora considerable en los trámites. "Cosas de palacio van despacio", hizo saber Bermejo hizo saber a Neiva, irritando a este:

> Je ne désire partir d'ici sans avoir en poche une réponse écrite du Gouvernement espagnol au sujet de l'adhésion au Comité, mais d'autre part je ne dois pas prolonger mon séjour inutilement. Connaissant par expérience les dangers d'un optimisme qui puisait être injustifié, d'une part, et d'autre l'importance d'être présent lorsque les affaires se décident, je doute fort qu'il soit sage de partir trop tôt; mais, ne pouvant pas, à cause de la façon dont M. Bermejo me présenta la question, insister directement pour une décision rapide, j'ai résolu de faire pression indirectement, par l'entremise de l'Ambassadeur du Brésil, avec qui je travaille la main dans la main. La position est la suivante: Nous n'avons aucun doute sur l'acceptation de l'Espagne, mais, comme le signifia M. Bermejo, la décision finale peut trainer quelque temps. Si je pars et ne suis pas ici, la décision trainera beaucoup plus[31].

Llegados a este punto, cabe preguntarse por los intereses concretos de cada parte negociadora. Por lo que respecta a España, existen obviamente motivaciones de distinto tipo y que ya han sido comentadas anteriormente, como el deseo de potenciar la presencia de España en América Latina y el de sacar algún beneficio económico de los transportes. Sin embargo, entre las palabras del ministro Bermejo no se hace referencia al exceso de

---

31. Ibíd.

población ni a la necesidad de reconducir el flujo migratorio hacia ningún lado. Por encima de cualquier consideración, lo que predomina en su discurso es la desesperada búsqueda de la aceptación internacional.

Por su parte, el interés del CIME parece circunscribirse a los parámetros marcados durante la creación del organismo. Así lo muestra una carta de Neiva a Jacobsen en la que, después de trasladar al director del CIME un análisis demográfico, económico y político de la situación española, se centra en los aspectos migratorios.

> Le problème de l'émigration espagnole est intimement lié au considérations ci-dessus. Si l'Espagne réussit a s'industrialiser plus fortement a bref délai, elle absorbera à l'intérieur l'excedent démographique annuel sans aucune difficulté, et ne nécessitera pas vitalment de l'émigration. Par contre, s'il y a trop de difficultés pour qu'elle puisse franchir cette période transitionnelle vers l'industrialisation, la pression démographique se fera sentir toujours plus puissamment, et il n'y aura d'autres alternatives que la baisse du niveau de vie ou l'émigration. Il ne faut pas compter sur un baisse du taux de la natalité; l'Espagne est trop dominée par l'Eglise catholique pour cela. Donc, dans le deuxième cas, celui de non-industrialisation a ber délai, l'émigration passera à être un problème vital pour l'Espagne. J'ai l'impression, fort nette d'ailleurs, que ses autorités le savent parfaitement. Et c'est pour cela, à mon avis, que l'Espagne, si elle adhère au Comité, voudra probablement faire avec nous un accord opérationnel pour commence à acheminer la solution du problème, prévoyant l'éventualité analysée[32].

Así pues, el análisis de Neiva concluye que la presión demográfica, a menos que se produzca un rápido proceso de industrialización que absorba el crecimiento poblacional, provocará una emigración en masa al exterior[33]. Y esa situación es la que el CIME estaría tratando de evitar. Pero cabe ir más allá y, ante la inevitable duda de cómo pudo influir en las negociaciones el hecho de que el gobierno de España fuera una dictadura militar —la cual había incluso se había posicionado del lado de las potencias del Eje durante la Segunda Guerra Mundial—, preguntarse por las motivaciones del CIME que no aparecen mostradas explícitamente. Cuestión en la que, aunque pueda parecer obvia, merece la pena detenerse.

---

32. Carta de Arthur Neiva a Pierre Jacobsen, Madrid, 6 de mayo de 1952, Biblioteca de la OIM, Ginebra, Membership and agreements.
33. Esta conclusión, por cierto, no resistiría el reciente análisis de Sánchez Alonso, quien, basándose en el modelo de Borjas, cuestiona que las ciudades constituyeran una alternativa real a la emigración exterior. Según la autora, los dos tipos de migraciones (internas y externas) esconderían estrategias distintas. Blanca Sánchez Alonso, "El final del ciclo migratorio español: desiderátum", *Historia y Política*, 23, 2010, pp. 155-159.

En contra de lo que cabría imaginar, salvo manifestaciones muy específicas de algún país miembro —como ser verá después—, no existió ningún prejuicio por parte del Comité a la hora de permitir la entrada de España. Según el acuerdo alcanzado en Bruselas, uno de los requisitos imprescindibles para poder formar parte del organismo era que el Estado en cuestión perteneciera al mundo libre. Pero, como de todos es sabido, por "mundo libre" no se entendía despojado de toda traza de autoritarismo, sino alejado de cualquier influencia soviética. Como se comentó anteriormente, el surgimiento del CIME tiene lugar debido a la radical oposición que Estados Unidos mostró ante la posibilidad de que el problema de las migraciones fuera administrado en el seno de la OIT. Ese el motivo de que fracasara la Conferencia de Nápoles y la razón de que la adhesión al nuevo organismo y cualquier tipo de ayuda financiera otorgada por el mismo quedara condicionada a la no pertenencia a la órbita comunista. En estas circunstancias, algo que favoreció sin duda la buena disposición del Comité a la entrada de España fue el peso de Estados Unidos en el organismo y su política de acercamiento a España, que tomó fuerza en 1951, en el nuevo contexto internacional de la Guerra Fría[34].

El ambiente era tan proclive por ambas partes a la adhesión de España que en esa misma carta de mayo de 1952 Neiva se mostraba convencido de que su misión no fallaría. Es cierto que mostraba algún tipo de cautela, pero esta se refería más a la oposición que encontraría entre algunos miembros del Comité que a la negativa de la parte española.

> Nous restâmes d'accord que ce serait peu probable, mais que de toutes façons il serait convenable de préparer une sortie éventuelle, comme d'ailleurs toujours en diplomatic, et je lui promis de trouver une formule qui n'entrainaasse pas la destruction de toute la bonne volonté dejá obtenue. [...] Comme aucune des nations composantes n'a droit de véto, je ne crois pas, étant d'accord sur ce point aussi avec M. De Rochefort, que l'entrée de l'Espagne puisse être refusée par la majorité des nations du Comité; et les 2 ou 3 voix, qui éventuellement, pourraient s'y opposer, se perdront dans la majorité[35].

---

34. "El papel de España en la estrategia del mundo occidental y su incidencia en la propia seguridad de los Estados Unidos crecían por momentos. Ante la hipótesis, por entonces no desdeñable de una nueva guerra generalizada, no cabía de nuevo una neutralidad española. Como ha señalado Antonio Marquina, los Estados Unidos tenían que evitar que España intentase declararse neutral en caso de un ataque soviético a Europa" (Espadas Burgos, *Franquismo y política exterior*, pp. 190-191).
35. Carta de Arthur Neiva a Pierre Jacobsen, Madrid, 6 de mayo de 1952, Biblioteca de la OIM, Ginebra, Membership and agreements.

Aunque la aceptación de España no habría de ser tan unánime como Neiva le sugería a Bermejo, aquel se mostraba esperanzado después de todo. Tras reunirse y negociar con otros cargos de la Administración, como Luis Martínez Merello y Mariano González-Rothvoss y Gil, se mostraba bastante seguro de que España solicitaría formalmente la adhesión.

> Je crois que, cette fois-ci, la mission n'echouera pas; et encore plus, je crois que l'Espagne voudra que le Comité l'aide par un accord opérationnel du type italien.

Sin embargo, contra todo pronóstico una carta de Martín Artajo a Jacobsen anuncia que, aunque el Gobierno español suscribe cada uno de los objetivos del CIME, se ve obligado a declinar la invitación a formar parte del organismo:

> The Spanish Government wishes to thank you for you kind invitation and for the friendly terms in which it was extended. The matter has been examined with the greatest attention and though Spain fully subscribes to the objetives of the Organization, budgetary difficulties prevent her for the time being, to accept the obligations inherent in the membership[36].

La razón argüida es la imposibilidad de realizar la contribución financiera exigida como requisito para acceder al Comité. Pero la existencia de dificultades presupuestarias y la carencia de una divisa convertible es algo que estuvo presente desde el primer momento de las negociaciones. ¿A qué causas más profundas pudo deberse el fracaso de las negociaciones?

Dos años después, un memorándum interno del CIME trataría de dar respuesta a este interrogante. El análisis de Warren Graham Fuller, directora interina de la Oficina de Operaciones, se centraba en cuatro puntos. En primer lugar, se mantiene que el Comité se encontraba aún en una fase provisional y no había podido demostrar su utilidad. Segundamente, el Gobierno español todavía ocupaba en una posición marginal dentro de la sociedad internacional. En tercer lugar, Fuller achacaba a España que, por razones de "prestigio internacional" no estuviera dispuesta a aceptar que necesitaba incrementar su emigración. Solo en último lugar la autora del memorándum hacía referencia, como razón del fracaso de las negociaciones, al argumento aducido por Martín-Artajo: la incapaci-

---

36. Carta de Alberto Martín Artajo a Pierre Jacobsen. Madrid, 24 de julio de 1952, Biblioteca de la OIM, Ginebra, Membership and agreements.

dad de realizar la contribución exigida en dólares o en una moneda convertible[37].

Este análisis de Fuller, en el que se hace hincapié en las causas más o menos profundas de que el intento de adhesión no concluyera con éxito, resulta bastante plausible. Quizás merezca la pena detenerse en tercer punto, el que afecta al "desprestigio" que supondría aceptar una supuesta necesidad de emigrar, pues esta fue la constante de la política migratoria en la primera fase de la dictadura, durante la que se obstaculizó la emigración y esta llegó incluso a ser calificada de "calamidad nacional"[38]. No obstante, si se quiere explicar el giro que tomaron las negociaciones, sería necesario conocer las deliberaciones que tuvieron lugar en el seno de los ministerios españoles implicados. A falta de documentación que permita un análisis más exhaustivo, podemos referirnos a un informe del Edgar Storich, en el que este informa al director del CIME de que, aunque la adhesión española contaba con numerosos partidarios, entre los miembros del gobierno y la Administración española también había opositores a la causa, como Pedro Cortina. Quien luego sería el último ministro de Asunto Exteriores de la dictadura, se mostraba contrario a la entrada de España en el Comité alegando que este organismo únicamente servía a los propósitos de los refugiados alemanes[39].

El memorándum de Fuller tiene una segunda parte en la que se compara la situación de 1954 con la de dos años atrás, tomando como referencia los cuatro puntos anteriores. Según la autora, dos años después el Comité había dado probadas muestras de su utilidad y fortaleza. En segundo lugar, a la altura de 1954, España ya era miembro de la UNESCO, había firmado los Pactos con Estados Unidos y estaba planeada su entrada en la OTAN. En tercer lugar, comenta la autora que en España la opinión negativa hacia la emigración exterior se había suavizado. Y, por último, haciendo referencia a la cuestión presupuestaria, se dice que España podría tomar ejemplo de la adhesión de Argentina (ocurrida en 1953), cuyo gobierno no había podido realizar la contribución en moneda convertible

---

37. Carta de Warren Graham Fuller al director del CIME, 26 de marzo de 1954, Biblioteca de la OIM, Ginebra, Membership and agreements.
38. "Decreto de 1 de agosto de 1941 sobre repatriación de emigrados españoles y acción social del Estado en Extranjero", *Boletín Oficial del Estado (BOE)*, nº 243, 31 de agosto de 1941, p. 6632. Sobre esta cuestión, véase también el artículo de María José Fernández Vicente, "De calamidad nacional a baza del desarrollo. Las políticas migratorias del Régimen Franquista (1939-1975)", *Migraciones & Exilios: Cuadernos de la Asociación para el Estudio de los Exilios y Migraciones Ibéricos Contemporáneos*, 6, 2005, pp. 81-100.
39. Carta de Edgar Storich, Buenos Aires, 3 de septiembre de 1954, Biblioteca de la OIM, Ginebra, Membership and agreements.

pero al cual, en cambio, le había sido permitido realizar el pago en servicios, como la provisión de embarcaciones para el transporte de migrantes. La conclusión de la autora es que los cuatro principales obstáculos para el ingreso de España en el Comité han desaparecido o han perdido su fuerza y, en consecuencia, se está en condiciones de retomar las negociaciones. A su juicio, la adhesión de España serviría a los intereses de todas las partes. Para el Comité, la pertenencia de un país de importante tradición emigratoria contribuiría a fortalecer la posición del organismo. Para los países de inmigración sudamericanos, las ventajas originadas por un aumento de la calidad de la inmigración serían "evidentes". Y para España, la adhesión supondría numerosas ventajas: su presencia en los organismos internacionales se fortalecería; activaría la salida de grandes contingentes de población improductiva mediante los programas de reagrupación familiar; y, por último, incrementaría el tráfico de embarcaciones españolas a América Latina, con las consecuentes repercusiones económicas[40]. El 22 de octubre, otro memorándum interno del CIME se encargaría ya de fijar las condiciones de una posible adhesión del CIME, centrándose en la contribución presupuestaria y en las operaciones que se llevarían a cabo[41].

Paralelamente, varios de los gobiernos latinoamericanos miembros del CIME insistirían en la urgencia de la entrada de España en el Comité, como vía para el crecimiento del flujo de la inmigración en sus países, especialmente la inmigración calificada. Según muestran las fuentes, los de Argentina, Venezuela y Colombia serían los gobiernos más interesados. Concretamente, el gobierno argentino trasladaría al Comité una queja al respecto de que, debido a la exclusión del gobierno español del mismo, la inmigración española había descendido desde los 32.248 individuos en 1949 hasta los 18.977 en 1952, por contraste con la inmigración de origen italiano, que en el mismo período se había incrementado notablemente[42]. El intercambio de correspondencia con la misión de Buenos Aires es especialmente intenso y, de hecho, podría considerarse a su director, el citado Edgar Storich, el principal artífice de la adhesión española. Este transmitiría a Ginebra el interés de las autoridades argentinas en una posible entrada de España en el Comité. En referencia a las perspectivas de un incremento de la inmigración de origen español, comentaría:

---

40. Carta de Warren Graham Fuller al director del CIME, 26 de marzo de 1954, Biblioteca de la OIM, Ginebra, Membership and agreements.
41. Memorandum: Information regarding participation to the Intergovernmental Committee for European Migration, 22 de octubre de 1954, Biblioteca de la Oim, Ginebra, Membership and agreements.
42. Carta de Warren Graham Fuller al director del CIME, 26 de marzo de 1954, Biblioteca de la OIM, Ginebra, Membership and agreements.

La inmigración española, que juntamente con la italiana es de importancia, ha sufrido marcado descenso en los últimos años, descenso que fuera motivado, ya sea por las restricciones impuestas en el lugar de origen, como así también por las dificultades económicas para el pago de los pasajes, cuyo costo en la actualidad es por demás elevado. De confirmarse los comentarios a que hacemos referencia, se producirá un aumento inmediato, que sería de lamentar se realice al margen de los programas fijados por este Comité[43].

La expectación de los países latinoamericanos ante la entrada de España es tan alta que Falchi, director del Departamento de Planes y Enlace en Ginebra, se muestra sorprendido de que reciba cartas de todos sitios menos desde España.

It is curious that we have received letters on the same subjects from other Chiefs of Mission in Latin America, and we are frankly puzzle by the fact that they are so often raised by Spanish authorities and local authorities in those countries, whereas Madrid remains completely silent[44].

No obstante, ese silencio, debido más a la terca discreción del gobierno franquista con sus maniobras políticas que al simple desinterés, no se prolongaría demasiado. El 21 de octubre de 1955, en la 27ª Reunión del Comité[45], el observador de España, Luis García de Illera, anunciaría la intención del Gobierno español de adherirse al Comité, instancia que sería aceptada con 20 votos a favor y cuatro abstenciones. A partir de ese momento los trámites se acelerarían, de lo que es prueba el incremento de la documentación existente sobre esta etapa, entre la que es preciso destacar dos conjuntos documentales. El primero es el resultado de la información que desde Ginebra se encargaría recabar a las misiones establecidas en distintos países, con el objetivo de conocer la reacción ante una muy posible entrada del gobierno español en el Comité. Entre la información solicitada, se encuentra la siguiente: cifras de la inmigración de origen español, posible reacción de la prensa y los sindicatos, tamaño de la colonia española en cada país, posibilidades de poner en marcha los diversos progra-

---

43. Carta de Edgar Storich al director del Departamento de Planes y Enlace, Buenos Aires, 5 de agosto de 1955, Biblioteca de la OIM, Ginebra, Membership and agreements.
44. Carta de G. Falchi a Edgar Storich, Ginebra, 26 de agosto de 1955, Biblioteca de la OIM, Ginebra, Membership and agreements.
45. Resolution 113 (III): Concerning the membership of Spain in the Committee, adopted at the 27th Meeting, Ginebra, 24 de octubre de 1955, Biblioteca Pública de Nueva York, Nueva York, Actas del Consejo del CIME, MC/169.

mas, etc. Por supuesto, también se teme la posible reacción de la comunidad española exiliada.

> Does a sizable colony of refugees exist in the immigration country, is it influential, is any violent reaction on their part to be expected[46]?

Dado su carácter en ocasiones delicado, se hace hincapié en que esta información ha de conseguirse "extraoficial y discretamente". En las respuestas recibidas puede observarse que el ambiente en países como Uruguay, Venezuela, Brasil o Chile es bastante positivo y sus gobiernos muestran incluso cierto entusiasmo ante la perspectiva de una adhesión española. La documentación procedente de la misión argentina vuelve a ser la que más detalles proporciona al respecto, al contestar su informe punto por punto todos los requerimientos de Ginebra. Y, valga la pequeña digresión, ciertamente curioso resulta el análisis que se hace de la comunidad exiliada española, a la que se divide en cuatro grupos.

> The political refugees from Spain fifteen years after the end of the Spanish civil war, can be roughly divided in four groups:
> 1) The diehard Republicans, mostly of advanced social ideas have abandoned Argentina and found asylum in Mexico.
> 2) The less implicated refugees who took advantage of the amnesties in Spain and repatriated.
> 3) A group of anarchist and former communist have rallied around Peron's flags. I will just mention the two most outstanding members of this group who where Santin and Espejo. [...]
> 4) The refugees who abandoned their political activities and went into profitable private business[47].

Storich, autor del informe, concluye diciendo que en ese momento ya ninguno de los grupos resulta peligroso y que el ambiente, tanto por parte del gobierno como de los sindicatos y la sociedad en general, es muy positivo ante la introducción de España en el Comité.

El segundo conjunto documental es ya más cercano a la fecha de la adhesión española y consiste un minucioso informe sobre el estado de las negociaciones en su última fase. En el se reflejan las impresiones de los enviados del CIME a Madrid, destacándose como aspectos positivos la actitud abierta ("open-minded approach") de los miembros de la delegación

---

46. Carta de C. K. Grierson Rickford, 28 de octubre de 1955, Biblioteca de la OIM, Ginebra, Membership and agreements.
47. Carta de Edgar Storich a C. K. Grierson Rickford. Buenos Aires, 9 de noviembre de 1955, Biblioteca de la OIM, Ginebra, Membership and agreements.

española, las ganas de trabajar ("a definite will to work and to achieve results") y un buen conocimiento de las tareas llevadas a cabo por el Comité. Sin embargo, gana en extensión la parte que los autores del informe dedican a los aspectos más peyorativos, aunque estos pueden resumirse en dos puntos. El primero, una acentuada falta de coordinación, como consecuencia de la rivalidad existente entre los dos ministerios implicados en la cuestión migratoria: Asuntos Exteriores y Trabajo[48]. En segundo lugar, se incide en la falta de recursos de España, lo que se pone en relación con un exceso de ambición ("saturation of ambition"). Asimismo, los autores destacan otro aspecto importante:

> A general feeling that the propitious moment had been missed ant that Spain was no longer so eager to enter at any cost in international organizations[49].

Impresión esta que remite a las ya referidas conversaciones entre Neiva y Bermejo y que demuestra que, aunque a la altura de 1955 España ya no se encontraba en una situación crítica de aislamiento internacional, la necesidad de entrar en organismos internacionales fue un elemento con el que ambas partes jugaron durante las negociaciones.

Tanto los países de América Latina en su mayoría como los Estados Unidos, por diferentes motivos, deseaban la adhesión de España. Los primeros fundamentalmente por incrementar un flujo inmigratorio de calidad; los segundos, principalmente por motivos estratégicos ya referidos anteriormente. Sin embargo, como se comentó más arriba, durante el proceso de negociación también hubo oposición a la entrada de España. Sometido a votación el borrador de la resolución sobre la adhesión de España al CIME, durante la 27ª Reunión del Consejo, el 21 de octubre de 1955, los representantes de varios países se abstuvieron de votar. Australia, Bélgica, Francia, Canadá, Israel y Luxemburgo alegarían que no habían sido informados con tiempo suficiente y, en consecuencia, no tenían instrucciones de los gobiernos de sus países al respecto[50]. La realidad es que estos países se sentían incómodos con la presencia de España en el organismo, lo que se muestra de manera explícita en una carta que el gobierno de

---

48. Asunto que ha sido tratado con detenimiento por Fernández Vicente en "Entre política 'sociolaboral' y 'Realpolitik': la política del régimen franquista en materia de emigración, 1946-1956", *Ayer*, 51, 2003, pp. 179-199.
49. Carta de G. Falchi y Jean Wiazemsky al director del CIME: Progress Deport on negotiations with the Spanish Government, Ginebra, 20 de febrero de 1956, Biblioteca de la OIM, Ginebra, Membership and agreements.
50. 27ª Reunión del Consejo del CIME, 21 de octubre de 1955, Ginebra, Biblioteca de la OIM, Ginebra, Actas del Consejo del CIME, MC/C/SR/27.

uno de esos países, Bélgica, dirige al director del CIME, manifestando su total oposición a la admisión de España en el Comité y en cualquier otro organismo internacional.

> A titre confidentiel, je vous signale que nous avons certaines raisons de croire qu'il se trouve dans une situation embarrassante étant donne d'une part son désir personnel de ne pas voir la Belgique se désolidariser d'un mouvement international et d'autre part la position rigide du parti socialiste belge. Il y a quelque semaines à peine, ce dernier a réaffirmé sa position et a prié le Ministre de s'opposer de toutes ses force à l'admission de l'Espagne aux Nations Unies, aux institutions specialises et à l'OTAN[51].

En cualquier caso, con ningún voto en contra, el borrador de la resolución sobre la adhesión de España saldría adelante y, el 24 de febrero de 1956, el Comité, durante la 37ª Reunión del Consejo[52], aprobaría la adhesión de España. En el mes de mayo de 1956, el ministro de Asuntos Exteriores manifestó en una carta dirigida al director del CIME la adhesión de España al organismo internacional, Y sería en octubre del mismo año cuando quedaría establecida una Misión de Enlace del Comité en Madrid.

El acuerdo alcanzado contemplaría el traslado de 10.000 migrantes de origen español durante los primeros años, siendo los destinos elegidos, por orden de importancia, Venezuela, Argentina, Brasil y Uruguay. En cuanto al transporte, el Comité se comprometía a dar prioridad a los barcos españoles. El coste de los pasajes debería ser acordado entre las compañía de los barcos y el CIME, sin superar nunca el precio autorizado por el gobierno español. Y la forma de pago de los pasajes, siempre en pesetas, debería canalizarse en todos los casos a través del Instituto Español de Moneda Extranjera. El apartado dedicado a los aspectos económicos distingue entre la contribución que España debería de realizar al presupuesto administrativo general del Comité, la contribución por migrante, la contribución "per capita" y la contribución por migrante. Por lo que respecta a la primera, el gobierno español debería pagar al Comité una cantidad que habría de ser acordada cada año, y que para 1956 se estableció en el 2,59% del presupuesto total de la organismo, y que era el equivalente a 64.736 dólares. Sin embargo, por no comenzar las operaciones hasta el segundo semestre de ese primer año, la suma que el gobierno hubo de

---

51. Carta del ministro belga de Asuntos Exteriores y Comercio Exterior, Bruselas, 9 de diciembre de 1955, Biblioteca de la OIM, Ginebra, Membership and agreements.
52. Resolution 124 (IV): Concerning the membership of Spain, adopted at the 37th Meeting, Ginebra, 27 de febrero de 1956, Biblioteca Pública de Nueva York, Nueva York, Actas del Consejo del CIME, MC/192.

abonar fue la mitad, equivalente a 32.398 dólares. La contribución "per cápita" consistía en el pago que el gobierno español debía pagar por el transporte marítimo de cada migrante, que fue fijado en el equivalente a 50 dólares. Por su parte, la contribución por migrante se refería a la cantidad que el gobierno debía pagar por la persona que desde el país de inmigración solicitara los servicios del programa de reagrupación familiar[53].

La conexión del CIME con la organización migratoria española se realizaría principalmente a través de los Ministerios de Asuntos Exteriores y el de Trabajo. Con el primero, a través de la Dirección de Emigración y Asuntos Sociales, cuyo director formaría parte de la delegación española en el Consejo del CIME. Con el segundo, a través del Instituto Español de Emigración (IEE), creado también en 1956. Este actuaría como planificador y ejecutor de la emigración española, concertando con el CIME las operaciones que tenían como destino algún otro país miembro del Comité y delegando en la Comisión Católica Española de Migración (CCEM) la organización de los programas de reagrupación familiar.

La actividad del CIME en España entre 1956 y 1960

La actividad del CIME en España se iniciaría entonces a mediados de 1956, con la puesta en marcha del programa Reagrupación Familiar y el de Préstamos de Viaje, ambos en colaboración con la Comisión Católica Española de Migración (CCEM). Durante los primeros años también se pondrían en marcha los programas de emigración de obreros rurales e industriales, así como los programas de envío de mano de obra a Australia. A continuación se mostrarán unos gráficos en los que puede observarse la evolución de los mencionados programas durante los primeros años de funcionamiento y otra información cuantitativa sobre los traslados de población efectuados bajo los auspicios del CIME. El período escogido abarca hasta 1960 por ser este un año en el que, presionado por las circunstancias, el Comité experimentaría grandes cambios, haciendo que el panorama fuera muy distinto en la década de 1960[54].

---

53. Los detalles completos del acuerdo pueden observarse en una Carta de Alberto Martín-Artajo a Harold H. Tittmann, Madrid, 4 de mayo de 1956. Biblioteca de la OIM, Ginebra, Membership and agreements.
54. Para satisfacer las demandas de los países de América Latina, el CIME pasaría de ser un organismo centrado en la organización del transporte y la asistencia básica al emigrante a ocuparse de cuestiones como la selección y formación profesional de futuros emigrantes. Dicho cambio de orientación se plasmaría en la Resolución 224, adoptada en la XIII Sesión del CIME, Ginebra, 14 de diciembre de 1960, Biblioteca Pública de Nueva York, Nueva York, Actas del Consejo del CIME, MC/439.

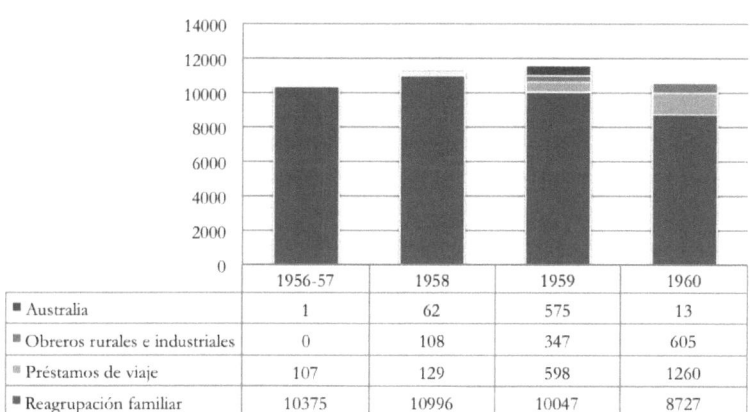

Emigrantes españoles trasladados por el CIME en función del programa

	1956-57	1958	1959	1960
Australia	1	62	575	13
Obreros rurales e industriales	0	108	347	605
Préstamos de viaje	107	129	598	1260
Reagrupación familiar	10375	10996	10047	8727

Fuente: Gaspar Gómez de la Serna, "El CIME en España", en *Primer curso hispanoamericano sobre migración*, 1963, Biblioteca de la OIM, Ginebra. Elaboración propia.

El total de emigrantes españoles acogidos a estos programas del CIME desde la adhesión española en 1956 hasta fines de 1960 es de 43.950, lo que muestra que, al menos durante los primeros años, el objetivo de 10.000 traslados anuales se cumplió. Puede observarse también que la cifra de

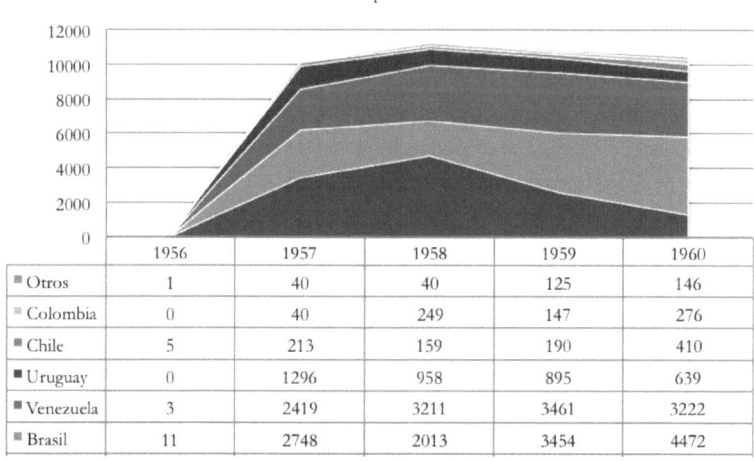

Migrantes españoles trasladados por el CIME en función del país de destino

	1956	1957	1958	1959	1960
Otros	1	40	40	125	146
Colombia	0	40	249	147	276
Chile	5	213	159	190	410
Uruguay	0	1296	958	895	639
Venezuela	3	2419	3211	3461	3222
Brasil	11	2748	2013	3454	4472

Fuente: Manual del CIME, 1962, Biblioteca de la OIM, Ginebra. Elaboración propia.

traslados se mantiene, pero la composición varía cada año. El más numeroso es sin duda el de Reagrupación familiar, el cual existió desde el momento de la creación, y también el más constante, en tanto que obedecía sobre todo a la demanda popular y no tanto a la puesta en marcha de programas puntuales, como la operación de envío de trabajadores a Australia.

Este segundo gráfico muestra exclusivamente las salidas de España hacia América Latina llevadas a cabo con la participación del CIME, en función del país de destino. Puede apreciarse que la cifra de traslados se mantiene en torno a los 10.000 emigrantes anuales, así como algunas tendencias, como el paulino descenso de salidas hacia Argentina mientras se incrementan las que marchan hacia Brasil. En total, son 42.822 traslados en cuatro años y medio.

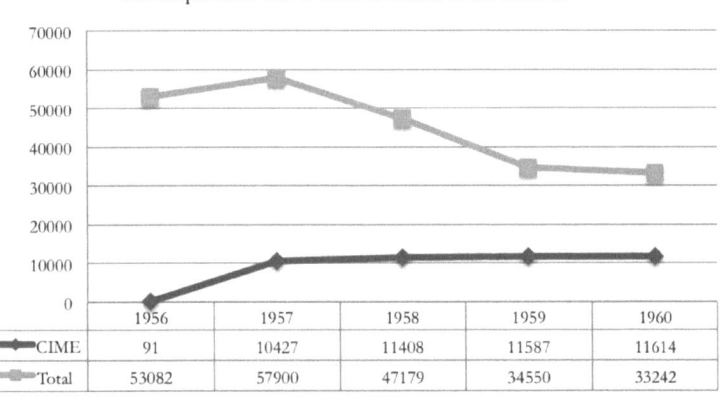

Fuente: Manual del CIME, 1962, Biblioteca de la OIM, Ginebra. Calvo Salgado, *Historia del Instituto Español de Emigración*. Elaboración propia

En este último gráfico, se muestra el peso relativo que tuvieron los traslados desde España efectuados bajo los auspicios del CIME respecto del total de salidas hacia los países de ultramar. 45.127 traslados de un total de 225.953, es decir, un 19,97% para esos cinco años. Además, puede observarse que, a lo largo del período, el número total de salidas hacia ultramar desciende mientras que la cifra de traslados del CIME se mantiene, llegando a alcanzar una relación de 34,93% en 1960.

Conclusiones

Como se decía al comienzo, a pesar de que en la historiografía sobre la emigración española a mediados del siglo XX existen aportaciones de calidad sobre la labor desempeñada por el CIME en relación con España, esta por lo general tiende a minusvalorarse. El presente trabajo propone una reconsideración de esta idea atendiendo a dos cuestiones: el significado político de la adhesión del gobierno español y la repercusión en el número de traslados a ultramar. En cuanto al primer punto, se ha visto que la adhesión al CIME no queda al margen del proceso de salida del aislamiento del régimen franquista; que guardó relación con la búsqueda de aceptación internacional lo demuestran tanto las súplicas de Bermejo a Neiva como posteriormente las declaraciones del gobierno Belga manifestando su rechazo a la participación de España en cualquier organismo internacional. En segundo lugar, el volumen de los traslados efectuados bajo los auspicios del CIME parece tener la suficiente entidad como para ser objeto de una atención más detallada. Por supuesto, ambas cosas requerirían de un estudio más minucioso del que ha sido posible llevar a cabo aquí.

Para terminar, sería conveniente preguntarse el porqué de un estudio de las migraciones que atienda a la perspectiva de las instituciones. Pues no deja de ser cierta la observación de Sánchez Alonso de que "la política se modifica e incorpora nuevos elementos después de que las corrientes migratorias experimentan cambios sustanciales que, en su mayor parte, son totalmente independientes de leyes y normativas[55]". Sin embargo, sería un error ignorar la incidencia de los Estados y las organizaciones intergubernamentales sobre las migraciones internacionales del siglo xx. Que las políticas llevadas a cabo por aquellos consistieran en gran medida en la respuesta ante una necesidad no implica que no tuvieran consecuencias sobre las personas migrantes ni que esas consecuencias no sean dignas de atención. Además, como ha indicado Merino Hernández, "el marco de análisis nacional sigue siendo fundamental para conocer las migraciones ya que precisamente es a lo largo del siglo xx cuando los estados han tomado más medidas y se han organizado mejor —y coordinado con los países vecinos— en el control de los flujos inmigratorios"[56].

La solución pasa por atender a la interrelación entre el movimiento migratorio tradicional y las políticas migratorias. La propia Sánchez Alonso así lo considera en un trabajo posterior en el que habla de la "complementariedad entre las regulaciones administrativas de la segunda mitad del siglo xx y los mecanismos clásicos de alimentación de las corrientes

---

55. Blanca Sánchez Alonso, "La política migratoria en España Un análisis de largo plazo", *Revista Internacional de Sociología*, 69/M1, 2011, p. 248.
56. María Asunción Merino Hernando, *Emigración, asociacionismo y retorno de los españoles en Argentina (siglos xx y xxi). El diseño y la práctica de su investigación*. Madrid, Editorial Trotta, 2012 p. 51.

migratorias"[57]. Haciendo referencia al objeto de estudio de este trabajo, uno de los ejemplos más claros de esa "complementariedad" sería la migración por carta de llamada entre España y Argentina durante la década de 1960, en la cual era frecuente que interviniera el CIME facilitando la comunicación y el traslado del migrante, y participando así en el fortalecimiento de las cadenas migratorias.

Bibliografía

Babiano, José y Ana Fernández Asperilla, *El fenómeno de la irregularidad en la emigración española de los años sesenta*. Documento de Trabajo 3/2002, Madrid, Fundación 1º de Mayo, 2002.
— *Emigración y articulación de la clase trabajadora durante la dictadura franquista*. Madrid, Fundación 1º de Mayo, 2009.
Calvo Salgado, Luis M. y otros, *Historia del Instituto Español de Emigración. La política migratoria exterior de España y el IEE del Franquismo a la Transición*. Madrid, Ministerio de Trabajo e Inmigración, 2009.
Ducasse-Rogier, Marianne, *The International Organization for Migration, 1951-2001*. Gèneve, International Organization for Migration, 2001.
Elie, Jerome, "The Historical Roots of Cooperation Between the UN High Commissioner for Refugees and the International Organization for Migration", *Global Governance*, XVI/13, 2010, pp. 345-360.
Espadas Burgos, Manuel, *Franquismo y política exterior*. Madrid, Ediciones Rialp, 1988.
Fernández Vicente, María José, "De calamidad nacional a baza del desarrollo. Las políticas migratorias del Régimen Franquista (1939-1975)", *Migraciones & Exilios: Cuadernos de la Asociación para el Estudio de los Exilios y Migraciones Ibéricos Contemporáneos*, 6, 2005, pp. 81-100.
— "Entre política 'sociolaboral' y 'Realpolitik': la política del régimen franquista en materia de emigración, 1946-1956", *Ayer*, 51, 2003, pp. 179-199.
Gambi Jiménez, Esther, *La migración castellano-leonesa a Brasil, 1946-1962*. Salamanca, Universidad de Salamanca, 2012.
García, Ignacio, *Operación Canguro. El programa de emigración asistida de España a Australia (1958-1963)*, Documento de Trabajo 1/1999, Madrid, Fundación 1º de Mayo, 1999.

---

57. Sánchez Alonso, *El final del ciclo migratorio español*, p. 148.

Granell Trías, Francesc, "La cuarta oleada de organismos económicos internacionales", *Revista de Economía Mundial*, 18, 2008, pp. 369-380.

González de Oleaga, Marisa, *El doble juego de la Hispanidad. España y la Argentina durante la Segunda Guerra Mundial*. Madrid, UNED, 2001.

Judt, Tony, *Postguerra: una historia de Europa desde 1945*. Madrid, Taurus, 2011.

Ladame, Paul Alexis, *Le rôle des migrations dans le monde libre*. Gèneve, Librairie Droz, 1958.

Lleonart, Alberto J., *España y ONU II (1947)*. Madrid, CSIC, 1978.

Medina Rodríguez, Valentín, *La emigración familiar española a América Latina. 1956-1964*. Las Palmas de Gran Canaria, Cabildo de Gran Canaria, 1999.

Merino Hernando, María Asunción, *Emigración, asociacionismo y retorno de los españoles en Argentina (siglos xx y xxi). El diseño y la práctica de su investigación*. Madrid, Editorial Trotta, 2012.

Murdock, Mary Anne, *An Analysis of the Intergovernmental Committee for Migration*. Princeton, Princeton University Press, 1983.

Oates, Robert y Laurent de Boeck, *The migration for development programmes of the International Organization for Migration. Historical Survey 1951-1998*. Gèneve, International Organization for Migration, 1998.

Perruchoud, Richard, "From the Intergovernmental Committee for European Migration to the International Organization for Migration", *International Journal of Refugee Law*, I/4, pp. 501-517.

Quijada Mauriño, Mónica, "El comercio hispano-argentino y el protocolo Franco-Perón, 1939-1949. Origen, continuidad y límites de una relación hipertrofiada", *Ciclos en la Historia, la Economía y la Sociedad*, I/1, 1991, pp. 4-40.

— "Política inmigratoria del primer peronismo. Las negociaciones con España", *Revista Europea de Estudios Latinoamericanos y del Caribe*, 47, 1989, pp. 43-64.

Sánchez Alonso, Blanca, "El final del ciclo migratorio español: desiderátum", *Historia y Política*, 23, 2010, pp. 135-162.

Sánchez Alonso, Blanca, "La política migratoria en España Un análisis de largo plazo", *Revista Internacional de Sociología*, 69/M1, 2011, pp. 243-268.

Sanz Díaz, Carlos, "Las relaciones España-Europa en la segunda mitad del siglo xx: algunas notas desde la perspectiva de la emigración", *Circunstancia: Revista de Ciencias Sociales del Instituto Universitario de Investigación Ortega y Gasset*, 25, 2011.

Serrano Carvajal, José "La internacionalización de las migraciones: estudio del Comité intergubernamental para las migraciones europeas", *Revista de Política Social*, 59, 1963, pp. 5-18.

El Consejo de Residentes Españoles de Buenos Aires y el Consejo General de la Ciudadanía Española en el Exterior: aspectos de la relación de España con la emigración a Argentina[1]

Asunción Merino Hernando
Departamento de Antropología Social y Cultural de la Facultad de Filosofía de la UNED, España

Introducción

Desde la fecha de la creación del Instituto Español de Emigración, en 1956, e incluso desde antes, España ha mostrado interés, en mayor o menor medida, hacia sus emigrantes. Los momentos de mayor atención, en los años cincuenta y hasta los ochenta, se combinan con otros de menor interés, en los noventa, para llegar al nuevo milenio cuando, poco a poco, la emigración irá recuperando un lugar más relevante –aunque no tan destacado–, al compás de la conversión de España en país receptor de inmigración, y la activación del aparato burocrático y estadístico necesario para controlar y gestionar los nuevos flujos migratorios. En los últimos años, este interés se va a percibir en el mayor rigor a la hora de cuantificar los nacionales españoles, emigrantes, hijos nietos, residentes en el exterior,

---

1. Este trabajo ha sido producido en el contexto del desarrollo de dos proyectos. Por un lado, el proyecto "Nuevos actores, viejas dinámicas: el retorno al lugar de origen de los emigrantes españoles en Uruguay y Argentina" financiado por el Ministerio de Ciencia e Innovación (I + D 2009). Por otro lado, el proyecto "Políticas, discursos y prácticas de protección al migrante: El caso de los españoles en Argentina y Brasil. 1948-2008", financiado por Programa Nacional De Proyectos de Investigación Fundamental (VI Plan Nacional de I+D+I 2008-2011), del Ministerio de Economía y Competitividad.

el afán por conocer la ubicación y características de estas poblaciones, la flexibilidad de las condiciones para conseguir la nacionalidad española, y la promulgación de un nuevo marco jurídico, con la Ley 40/2006, que vendrá a sustituir a la todavía vigente Ley 33/1971 de la época del franquismo[2]. Sin embargo, será precisamente en la década de los noventa, cuando el Estado español cree dos órganos consultivos: en 1989, el Consejo de Residentes Españoles (en adelante CRE) y en 1990, el Consejo General de la Emigración (Consejo General de la Ciudadanía Española en el Exterior desde 2007), para canalizar las demandas de los emigrantes y de sus descendientes nacionalizados españoles, que viven en el exterior.

El CRE es constituido como cauce de "participación política de los españoles residentes en el exterior"; órgano consultivo en el ámbito laboral, social, educativo y cultural, próximos a las oficinas consulares en las jurisdicciones con mayor número de emigrantes, con el fin de transmitir las preocupaciones y problemas de los "ciudadanos españoles" al jefe del consulado y, por otro, de informar a los compatriotas sobre las medidas adoptadas por las autoridades españolas en materia de emigración y sus programas sociales, económicos o culturales para el emigrante y su familia. Se puede constituir un CRE en cada una de las demarcaciones consulares de España en las que se registre una cifra superior a los setecientos nacionales inscritos en el Censo Electoral de Españoles Residentes en el Extranjero (CERA). Cada CRE, en su circunscripción consular, se compone de 7 miembros, si hay menos de 50.000 inscritos en el CERA, 11 miembros en las que hubiera entre 50.000 y 100.000, y 21, cuando se superase esa cifra[3].

Por supuesto que sin la iniciativa de la administración española no existirían estos órganos de representación, pero para constituir un CRE y darle continuidad, no solo hace falta un cierto volumen de población inscrita, sino, lo que es más importante, la voluntad de estos nacionales por organizarse y querer participar y, detrás de esa voluntad, el esfuerzo asociativo de la colectividad allí inscrita[4]. Por ello, damos aquí cuenta de

---

2. Asunción Merino Hernando, *Emigración, asociacionismo y retorno de los españoles en Argentina (s. xx y xxi)* Madrid, Editorial Trotta, 2012, pp. 55 y ss.; pp. 100-119.
3. España, Gobierno de España, Ministerio de la Presidencia, *Boletín Oficial del Estado* nº 262/1987, 2 de noviembre, "Real Decreto 1339/1987, de 30 de octubre, sobre cauces de participación institucional de los españoles residentes en el extranjero". España, Gobierno de España, Ministerio de la Presidencia, *Boletín Oficial del Estado* nº 53/1988, 2 de marzo, "Orden de 23 de febrero de 1988 por la que se regula la constitución, funciones, elección y funcionamiento de los Consejos de Residentes Españoles en el extranjero".
4. España, Gobierno de España, Ministerio de la Presidencia, *Boletín Oficial del Estado* nº 262/1987, y España, Gobierno de España, Ministerio de la Presidencia, *Boletín Oficial del Estado* nº 53/1988, Señal de la importancia de la voluntad de estos residentes, son los casos de Reino Unido e Irlanda. Mientras que en el Reino Uni-

la red asociativa que conforma la base del CRE de Buenos Aires, su dinamismo, así como el papel de esta institución en el Consejo General de la Ciudadanía Española en el Exterior (en adelante CGCCE). Sin estas entidades y su voluntad de intermediación, hubiera sido imposible ponerlo en marcha y darle continuidad y fuerza de interlocución.

En este artículo nos vamos a centrar en el activismo asociativo que fundamenta uno de estos CREs, el que han creado los emigrantes y sus descendientes registrados en el consulado español en Buenos Aires, así como en su destacado papel en el CGCEE, para mostrar aspectos del funcionamiento de uno de los sistemas de representación de los nacionales residentes en el exterior ante las autoridades españolas, tanto centrales como autonómicas[5]. Los miembros de los CRE de cada uno de los países trabajan en las propuestas que se llevarán después al Pleno que cada año convoca el CGCEE, así como a las comisiones que se crearán, al mismo tiempo que están próximos al consulado y a las asociaciones de emigrantes del país donde residen.

A través de este caso, se pretende dar a conocer algunos aspectos que revelan el papel de las asociaciones de emigrantes españoles en Buenos Aires, a través del lugar que ocupan en estos órganos consultivos y mediadores como son los CRE y el CGCEE. A su vez, estas entidades, creadas y compuestas por emigrantes, van a ser mediadoras de las prácticas institucionales españolas dirigidas a la colectividad. En este sentido, se trata de mostrar el lugar de estas instituciones en la relación entre España y los connacionales en el exterior.

Hay que aclarar que, desde sus orígenes, las asociaciones creadas por los emigrantes de España en Argentina, han sido el referente de sociabilidad por excelencia para los vecinos, paisanos y compatriotas que recién llegaban, al tiempo que servían de enlace con su tierra de origen. En el periodo de finales del XIX, principios del XX, momento de mayor flujo migratorio hacia ese destino, fue el periodo más popular de este tipo de instituciones, no solo por el elevado número de socios, sino también por sus

---

do, donde encontramos 63.048 inscritos, no existe un Consejo de Residentes; en el vecino país, con 4.139 electores inscritos, se ha constituido un CRE. Datos actuales de inscritos, recogidos en la siguiente fuente: Instituto Nacional de Estadística, *Censo electoral de españoles residentes en el extranjero (CERA)*, <http://www.ine.es/ss/Satellite?c=Page&cid=1254735793323&pagename=CensoElectoral%2FINELayout&> [última consulta, enero 2014]

5. La otra sigue siendo la participación en las elecciones generales, autonómicas y (hasta 2010) municipales. Es importante esta aclaración porque en la comparación con la presencia de los inmigrantes en España y sus cauces de participación, durante décadas, solo existió el Foro de la Inmigración. Para los inmigrantes, se les autoriza su participación en el voto municipal, desde 2011.

muy numerosas y diversas actividades, y por su capacidad de convocatoria. El último flujo migratorio que recuperó para ellas cierto dinamismo tuvo lugar tras la Segunda Guerra Mundial y hasta mediados de los años sesenta, cuando la emigración española escogiera los destinos europeos, más cercanos y con mayores posibilidades laborales.

A partir de ese momento, con el descenso del número de emigrantes, el envejecimiento de los socios, y ante el desinterés de la mayoría de los descendientes por afiliarse, muchas de estas entidades fueron perdieron su importancia, en los setenta y ochenta; llegando algunas a cerrar sus puertas. Con la constitución de las autonomías en España, a partir de mediados de la década de los ochenta, las asociaciones regionales lograrán cierta revitalización gracias al impulso y reconocimiento que les otorgarán los nuevos gobiernos autonómicos.

Cuando los gobiernos y los partidos políticos, nacionales y autonómicos, fueron asumiendo la necesidad de atender a la población residente fuera de sus fronteras, entendieron su importancia –central en casos como Galicia– en las votaciones locales, autonómicas y generales, de modo que en poco tiempo, se establecerá o intensificará el contacto con estos emigrantes, a través de las oficinas consulares y de las asociaciones de emigrantes. De este modo, estas entidades irán ocupando un lugar cada vez más central en la gestión de la información y la atención al nacional español que reside fuera de su país, tanto al emigrante propiamente dicho, como a sus descendientes capaces de reclamar esa condición. Las diferentes administraciones se apoyarán en ellas –a la vez que las apoyarán– para entrar en contacto con paisanos y compatriotas, y captar apoyos para sus partidos en las elecciones tanto municipales (hasta 2010[6]), autonómicas y generales[7].

En el nuevo milenio, la Administración española dirige su atención no solo a los emigrantes –cuyas cifras han mostrado una tendencia a la baja durante las últimas décadas– sino también a los descendientes que han obtenido la nacionalidad española en el extranjero y cuyo volumen, por el contrario, ha registrado un aumento constante, más aún desde que el Estado español facilitara las condiciones para su acceso, mediante la reforma del Código Civil en 2002 y la inclusión de la Disposición Adicional Séptima en la Ley 52/2007, conocida como "Ley de Memoria", en 2007[8].

---

6. España, Gobierno de España, Ministerio de la Presidencia, *Boletín Oficial del Estado*, nº 25/2011, 29 de enero, "Ley Orgánica 2/2011, de 28 de enero, por la que se modifica la Ley Orgánica 5/1985, de 19 de junio, del Régimen Electoral General". Esta ley restringe el voto del emigrante en las elecciones municipales.
7. Merino Hernando, *Emigración, asociacionismo y retorno de los españoles en Argentina (s. xx y xxi)*.
8. Ibídem, pp. 67-69.

Por su puesto esta política responde al creciente interés de estos hijos y nietos por solicitar la nacionalidad de sus antepasados emigrados en las oficinas consulares españolas en su país de nacimiento, principalmente en el continente americano. Entre las razones más destacadas que han impulsado esta demanda debe considerarse la inclusión de España en la Unión Europea, en la década de los ochenta; periodo en el cual Europa se convertía en continente de inmigración y América del Sur y Central se transformaba en polo de emigración. La posibilidad –hecha o no realidad– de emigrar a Europa, con pasaporte español, resulta, desde entonces, un recurso al alcance de muchas personas, que en ocasiones de crisis se utiliza intensivamente, como en el caso de la inmigración argentina a España en el 2001[9]; o simplemente se tramita como "resguardo" para los hijos, en caso de futura necesidad, opción facilitada por los tratados de doble nacionalidad firmados con los países latinoamericanos. Fruto de estas circunstancia, el 76% de los inscritos en los consulados de América Latina son descendientes, mientras que en el conjunto mundial, los hijos y nietos suman el 59%.

Cuadro 1. Nacionales españoles residentes en el extranjero, 1 de enero de 2013. Totales por continentes y regiones, y distribución porcentual de la relación entre emigrantes y descendientes

	Totales por lugar de nacimiento	España	%	País de residencia	%
Regiones	1.931.248	673.662	35%	1.141.836	59%
Europa	656.841	349.653	53%	256.215	39%
África	16.618	8.117	49%	6.852	41%
América	1.214.985	293.750	24%	863.601	71%
Asia	24.484	11.898	49%	8.801	36%
Oceanía	18.320	10.244	56%	6.367	35%
América Latina	1.106.771	244.440	22%	836.559	76%
Argentina	385.388	92.453	24%	288.494	75%

Fuente: Instituto Nacional de Estadística, *Padrón de Residentes Españoles en el Extranjero*, "País de residencia, sexo y lugar de nacimiento", 1- 1- 2013, <http://www.ine.es/inebmenu/mnu_cifraspob.htm>.

---

9. Elda González Martínez y Asunción Merino Hernando, *Historias de acá*. Madrid, CSIC, Colección América, 2007.

Otra característica del colectivo de nacionales a los que los CREs representan es que, en su mayoría —el 57% del total registrado— reside en América Latina; concentrándose solo en Argentina el 20% (Cuadro 2). En conclusión, América Latina es hoy para España, en términos de atención al emigrante, una plaza donde el colectivo de ciudadanos se halla dominado por los descendientes que, en el caso argentino, supone el 75% de los registrados. Sin embargo, este fenómeno no se refleja necesariamente en la composición de los liderazgos étnicos, ya que puede comprobarse que la dirección de las asociaciones y del CRE de Buenos Aires está actualmente en manos de una minoría de emigrantes que llegaron de España en la década de los cincuenta y sesenta.

A la vista del peso demográfico de los nacionales inscritos en América Latina, en el total de los treinta y seis CREs que participan del VI Mandato del CGCEE (2012-2016), solo 7 se encuentran en demarcaciones consulares de Europa —Ámsterdam, Bruselas, Dublín, Ginebra, Zúrich, Montpellier, Múnich—; 2 en Australia —Camberra y Melbourne—; 1 en África —Tánger—; mientras que 26 corresponden a América: Montreal, Nueva York, Washington, Bogotá, Caracas, La Habana, Managua, México, Guadalajara, Guatemala, Panamá, Santo Domingo, Río de Janeiro, Salvador-Bahía, São Paulo, San José de Costa Rica, Santa Cruz de la Sierra, La Paz, Lima, Montevideo, Santiago de Chile, y Bahía Blanca, Buenos Aires, Mendoza, Rosario y Córdoba[10].

Cuadro 2. Registros de empadronados en el extranjero, por continentes, América Latina y Argentina, y distribución porcentual respecto del total, 1-1-2013

	TOTALES POR REGIONES	PORCENTAJE
Europa	656.841	34%
África	16.618	1%
América	1.214.985	63%

---

10. En la actualidad, tras la promulgación del Estatuto de Ciudadanía y la nueva regulación del CRE, la cifra de registrados se ha ajustado al alza, se precisa un mínimo de mil doscientos inscritos para su formación. Por otro lado se ha revisado la relación entre el número de consejeros y el número de inscritos por demarcación: 7 miembros en las circunscripciones consulares en las que haya 40.000 registrados en el CERA, de 11 en las que lo estén de 40.000 a 80.000, y de 15 cuando haya más de 80.000. España, Gobierno de España, Ministerio de la Presidencia, *Boletín Oficial del Estado*, nº 2/2010, 2 de enero, "Real Decreto 1960/2009, de 18 de diciembre, por el que se regulan los Consejos de Residentes Españoles en el Extranjero". Web del Ministerio de Asuntos Exteriores y Cooperación. Gobierno de España. Consejo de Residentes Españoles, <http://www.exteriores.gob.es/Portal/es/ServiciosAlCiudadano/SiEstasEnElExtranjero/Paginas/ConsejoDeResidentesEnElExtranjero.aspx> [última consulta: 11 de enero de 2014].

Totales por regiones		Porcentaje
Asia	24.484	1%
Oceanía	18.320	1%
TOTALES	1.931.248	100%
América Latina	1.106.771	57%
Argentina	385.388	20%

Fuente: Instituto Nacional de Estadística, *Padrón de Residentes Españoles en el Extranjero*, "País de residencia, sexo y lugar de nacimiento", 1-1-2013, <http://www.ine.es/inebmenu/mnu_cifraspob.htm>.

Evidentemente, un elevado número de inscritos en el consulado, facilita la implantación de un número mayor de oficinas consulares y la creación de varios CREs dentro de un mismo país, así como aumenta el número de consejeros designados de un país en el CGCEE; serán los CREs los que elegirán entre ellos a los consejeros vocales y suplentes que los representen, aunque la decisión final sea del Ministerio de Empleo y Seguridad Social (en el VI Mandato), que cubrirá plazas hasta un máximo de 43, "de forma proporcional al número de españoles inscritos en el CERA, según los últimos datos publicados en Internet por la Oficina del Censo Electoral"[11]. En el caso de Argentina, el volumen tan elevado de nacionales congregados allí, consigue que cuatro consejeros argentinos formen parte del CGCEE durante el V Mandato (2007-2011) y el VI Mandato, de los cuales dos van a pertenecer a la demarcación consular de Buenos Aires[12].

El CRE de Buenos Aires

Delimitar la base asociativa que rodea al CRE de Buenos Aires, es una tarea compleja, en la medida en que no hay un grupo exclusivo de socieda-

---

11. España, Gobierno de España, Ministerio de la Presidencia, *Boletín Oficial del Estado* n° 41/2008, 16 de febrero, "Real Decreto 230/2008, de 15 de febrero, por el que se regula el Consejo General de la Ciudadanía Española en el Exterior". Web del Ministerio de Asuntos Exteriores y Cooperación. Gobierno de España. Consejo de Residentes Españoles, <http://www.exteriores.gob.es/Portal/es/ServiciosAlCiudadano/SiEstasEnElExtranjero/Paginas/ConsejoDeResidentesEnElExtranjero.aspx> [última consulta: 11 de enero de 2014].
12. Actas de los Plenos del V y VI Mandato. Web del Ministerio de Asuntos Exteriores y Cooperación. Gobierno de España. Consejo de Residentes Españoles, <http://www.exteriores.gob.es/Portal/es/ServiciosAlCiudadano/SiEstasEnElExtranjero/Paginas/ConsejoDeResidentesEnElExtranjero.aspx> [última consulta: 11 de enero de 2014]

des que siempre presenten candidatos sino, más bien, una densa red formada por las entidades, las federaciones y los partidos políticos. Si bien la Casa de Ourense respaldaba la lista "Todo por los españoles", en las elecciones de junio de 2011 —las que anticipan la constitución del VI Mandato del CGCEE—, comúnmente las listas de candidatos son confeccionadas por grupos de consejeros que proceden de distintas asociaciones, y son apoyadas por el Partido Popular de España en Argentina (en adelante PP de A), por el Partido Socialista Obrero Español de Buenos Aires (en adelante PSOE de A), por el Bloque Nacionalista Gallego (BNG), por la Federación de Sociedades Españolas (en adelante FSE), por Federación Unión de Sociedades Gallegas de la República Argentina (FUAGRA), o por la Federación de Sociedades Castellano Leonesas (en adelante, FSCL). Mientras el PSOE de A ha respaldado la candidatura de la lista Convivencia Democrática y el PP de A ha apoyado la de Españoles Unidos en las elecciones de 2001, 2005 y 2011, la FSE promovió la lista Unión de Sociedades Españolas en las elecciones de 2005, mientras que el Bloque Nacionalista Gallego apoyó la lista Españoles Autoconvocados.

Al mismo tiempo, encontramos a los dirigentes de las asociaciones ocupando cargos en las directivas de los partidos políticos y de las federaciones. Este es el caso de María Teresa Michelón, actual presidenta del CRE de Buenos Aires y consejera titular en el CGCEE, quien es miembro de la Asociación Civil Unión Residentes de Outes de Buenos Aires —en la que ocupa el cargo de vocal titular desde 2009—; y en cuya representación ocupa un puesto en la comisión directiva de la *FSE*, bajo la presidencia de Pedro Bello. Michelón también es socia del Centro Galicia y, desde 2000, forma parte del Tribunal de Honor del Club Español de Buenos Aires. En el 2000, ejerció de presidenta de las Mujeres del PP de A y en 2003, fue nombrada secretaria de Organización[13].

Otro caso similar es el del actual consejero, Horacio Pegito Lobato, quien encabezó la lista 3 Españoles Unidos en las últimas elecciones. Pegito ha formado parte de la directiva de la Sociedad Parroquial de Vedra durante más treinta años, siendo copresidente honorario hoy en día. En la FSE ocu-

---

13. Entrevistas a María Teresa Michelón: 19 de octubre de 2007, 6 noviembre de 2007; 25 de octubre de 2011, página web de la Federación de Sociedades Españolas en Argentina "Asociación Civil Unión Residentes de Outes", <http://www.fedespa.org.ar/clubes_detalle.php?clubID=74>; página web de la Federación de Sociedades Españolas en Argentina, "Integrantes de la Federación", <http://www.fedespa.org.ar/integrantes.php> [última consulta, 23-I-2014]. Mariana Ruiz, "La lista de María Teresa Michelón ganó las elecciones al CRE de Buenos Aires", *Crónicas de la Emigración*, 4 de julio de 2011, <http://www.cronicasdelaemigracion.com/articulo/cronicas/2011-07-04/maria-teresa-michelon-fue-reelegida-presidenta-cre-buenos-aires/13147.html> [última consulta 23-I-2014].

pó el cargo de secretario general durante cuatro años, y en la FUSG fue directivo entre 1998 y 2002; además de haber ejercido el puesto de secretario general del PP de A durante cinco años; paralelamente, en 2005[14].

Un ejemplo emblemático es el de José López Gama, quien fuera presidente del CRE de Buenos Aires, en los cuatro primeros mandatos, hasta 2005. López Gama fue miembro del Centro Pontevedrés y de la ejecutiva del PSOE de Buenos Aires, además fue fundador y tesorero de la Fundación Españoles en el Mundo, miembro del Instituto Argentino de Cultura Gallega y ocupó el cargo de relaciones públicas en el Club Deportivo Español[15]. Como puede verse en el Cuadro 3, estos casos son frecuentes el tejido asociativo que sustenta el CRE de Buenos Aires[16].

---

14. Mariana Ruiz, "Lista nº 3 'Españoles Unidos'", *Crónicas de la Emigración*, 23 de junio de 2011, <http://www.cronicasdelaemigracion.com/articulo/cronicas/lista-espanoles-unidos/20110623133437042669.html> [última consulta 23-I-2014]; página web de la Federación Unión de Asociaciones Gallegas de la República Argentina, "Historia", <http://www.launion.org.ar/index.php?option=com_content&view=article&id=50&Itemid=69> [última consulta 23-I-2014]; blog de la Sociedad Parroquial de Vedra de Mutualidad y Cultura, <http://sociedaddevedra.blogspot.com.es/> [última consulta 23-I-2014]; página web de la Federación de Sociedades Españolas en Argentina. "Sociedad Parroquial de Vedra", <http://www.fedespa.org.ar/clubes_detalle.php?clubID=145> [última consulta 23-I-2014]; Leo Vellés. "El presidente del PP en Argentina destacó la importancia de los CRE", *España Exterior*, 3 de junio de 2011, <http://www.espanaexterior.com/seccion/61-Emigracion/noticia/231747-El_presidente_del_PP_en_Argentina_destaco_la_importancia_de_los_CRE> [última consulta 23-I-2014]; Carmen de Carlos, "El futuro de Galicia también se decide en Argentina", *ABC*, 12 de junio de 2005, <http://www.abc.es/hemeroteca/historico-12-06-2005/abc/Nacional/el-futuro-de-galicia-tambien-se-decide-en-argentina_203106772618.html> [última consulta 23-I-2014].
15. *España Exterior*, "José López Gama, nuevo presidente del PSOE Buenos Aires", 2 de octubre de 2013 URL: <http://www.espanaexterior.com/seccion/61-Emigracion/noticia/328411-Jose_Lopez_Gama_nuevo_presidente_del_PSOE_Buenos_Aires> [última consulta 23-I-2014].
16. Sobre la lista de consejeros, véase Enrique F. Widmann "Notas de prensa. Elecciones al Consejo de Residentes Españoles en Buenos Aires", *Galicia Digital*, 25 de diciembre de 2012, <http://www.galiciadigital.com/nota.2712.php> [última consulta 23-I-2014]; Entrevista con Susana Ruiz y Teresa Michelón en el Centro Galicia, el 6 de noviembre de 2007. España, Ministerio de Trabajo y Asuntos Sociales, Dirección General de Emigración. *Carta de España* nº 622, Madrid, diciembre de 2006. Sobre la participación asociativa de los consejeros y su afiliación, véase blog del PSOE de Buenos Aires, <http://psoebuenosaires.blogspot.com.es/p/autoridades.html> [última consulta 23-I-2014]; *Diario Crítico de Argentina*, "Nueva Comisión Ejecutiva del PSOE en Buenos Aires", 22 de diciembre de 2008, <http://argentina.diariocritico.com/2008/Diciembre/noticias/118442/nueva-comision-psoe-buenosaires.html> [última consulta 23-I-2014]; *Crónicas de la Emigración*, "Beatriz Lagoa, al frente del Centro Betanzos", 8 de febrero de 2010, <http://www.cronicasdelaemigracion.com/articulo/galicia/beatriz-lagoa-al-frente-del-centro-betanzos/20100208122351018667.html> [última consulta 23-I-2014]; Mariana Ruiz, "La lista de María Teresa Michelón ganó las elecciones al CRE de

Cuadro 3. Consejeros del CRE de Buenos Aires, elecciones de mayo de 2005

Lista 1. Españoles Unidos

María Teresa Michelón   socia y directiva de la Asociación Civil Unión Residentes de Outes, Centro Galicia y Club

---

Buenos Aires", *Crónicas de la Emigración*, 4 de julio de 2011, <http://www.cronicasdelaemigracion.com/articulo/cronicas/2011-07-04/maria-teresa-michelon-fuereelegida-presidenta-cre-buenos-aires/13147.html> [última consulta 23-I-2014]. I. B. "Los votos para elegir al CRE de Buenos Aires doblan a los del 22-M", *La Región Internacional. Edición Digital*, 30 de junio de 2011, <http://laregioninternacional.mundiario.com/articulo/historia-de-los-cres/los-votos-para-elegir-alcre-de-buenos-aires-doblan-a-los-del-22-m/20110630062835075673.html> [última consulta 23-I -2014]. Daniel Barreiro. Blog "La ciudadanía española en el exterior, por Daniel Barreiro" <http://danbars1.blogspot.com/> [última consulta 23-I-2014]. Mariana Ruiz, "Lista N° 2 'Todo por los Españoles'", *Crónicas de la Emigración*, 23 junio de 2011, <http://www.cronicasdelaemigracion.com/articulo/cronicas/2011-06-13/lista-todo-espanoles-liderada-julian-enriquez-prometenuevo-modelo-gestion/12904.html> [última consulta 23-I-2014]; Leo Vellés "Un joven de 23 años se postula a la presidencia del Consejo de Residentes de Buenos Aires, 21 de junio de 2011", *España Exterior*, 21 de junio de 2011, <http://www.espanaexterior.com/hemeroteca/edicion/747-martes_21_de_Junio_de_2011/seccion/61-Emigracion/noticia/234755-Un_joven_de_23_anos_se_postula_a_la_presidencia_del_Consejo_de_Residentes_de_Buenos_Aires> [última consulta 23-I-2014]. Leo Vellés, "Tres representantes de la agrupación HyNE integran la lista del PSOE al CRE de Buenos Aires", *España Exterior*, 14 de junio de 2011, <http://www.espanaexterior.com/seccion/Emigracion/noticia/233900-Tres_representantes_de_la_agrupacion_HyNE_integran_la_lista_del_PSOE_al_CRE_de_Buenos_Aires> [última consulta 23-I-2014]; *Crónicas de la Emigración*, "Lista n° 3 'Españoles Unidos'", 23 junio de 2011, <http://www.cronicasdelaemigracion.com/articulo/cronicas/2011-06-23/lista-espanoles-unidos/13025.html> [última consulta 23-I-2014]; *Crónicas de la Emigración*, "Lista N° 1 'Unidos por Nuestros Derechos'", 23 de junio de 2011, <http://www.cronicasdelaemigracion.com/articulo/cronicas/2011-06-23/lista-unidos-nuestros-derechos/13027.html> [última consulta 23-I-2014]; Mariana Ruiz, "La lista N° 4 'Convivencia democrática' invitó a las demás a mantener un debate", *Crónicas de la Emigración*, 13 de junio de 2011, <http://www.cronicasdelaemigracion.com/articulo/cronicas/2011-06-13/lista-convivencia-democratica-invito-demas-mantener-debate/12907.html> [Última consulta 23-I-2014]. Mariana Ruiz, "La lista N° 2 'Todo por los españoles', liderada por Julián Enríquez, promete un nuevo modelo de gestión", *Crónicas de la Emigración*, 13 de junio de 2011, <http://www.cronicasdelaemigracion.com/articulo/cronicas/2011-06-13/lista-todo-espanoles-liderada-julian-enriquez-promete-nuevo-modelo-gestion/12904.html> [última consulta 23-I-2014]; Mariana Ruiz "'Macma' concientiza a las mujeres sobre la detección temprana del cáncer de mama", *Crónicas de la Emigración*, 2 de noviembre de 2009, <http://www.cronicasdelaemigracion.com/articulo/cronicas/-macma-concientiza-a-las-mujeressobre-la-deteccin-temprana-del-cncer-de-mama/20091102131400017858.html> [última consulta 23-I-2014]; Portal de la Ciudadanía Española en el Exterior, "Asociación de Mujeres Españolas en Argentina", <http://www.cext.es/index/accion/detalleAsociacion/id/35/> [última consulta 23-I-2014].

	Español; vocal de la FSE, secretaria del Centro Gallego de Jubilados y Pensionados de la R. A; cargos en el PP de A.
Ismael Prieto Canellada	dirigente del Centro Asturiano; miembro del PP de A.; patrono de honor del Museo de la Emigración en Asturias.
Manuel Reinoso Sobral	miembro de la Comisión de Prensa del Centro Galicia.
José Inocencio Pérez Pinar	directivo del Centro Castilla y León de Mar del Plata.
José Luis López Álvarez	dirigente de la Asociación Casa de Galicia.
Ernesto Sánchez Vaquero	secretario de la Asociación Gallega de Jubilados y Pensionados Españoles, creador y conductor del programa de radio *Vivencias y cantares de España*.

Lista 2. Unión de Sociedades Españolas

Marcial Sánchez González	directivo del Centro Lalín, Agolada y Silleda de Galicia en Buenos Aires; presidente de la FSE (2004-05).
Juan Marí Freire	directivo de la Casa Balear.
Susana Martínez Díez	secretaria del Centro Burgalés y secretaria de la Federación de Sociedades Castellano-Leonesas.
Antonio Iglesias Conde	directivo en la Asociación Casa de Galicia y del Centro Gallego de Buenos Aires.

Lista 3. Convivencia Democrática

M. Ángeles Ruisánchez	vocal de la Comisión Fiscalizadora del Club Tinetense Residencia Asturiana y secretaria general del PSOE de A (2008-2012).
Evaristo Oroña Marcote	apoderado de la Fundación Galicia Emigración y secretario de organización del PSOE de A en 2008.
Eusebio Azorín Fernández	dirigente del *Hospital Español*; presidente del Club Español de la Plata desde 2012.
Bernardo Rey González	vocal directivo del Centro Betanzos y secretario de Relaciones con la Comunidad en el PSOE de A en 2008.
Karina Ricciardi Canosa	vocal de la Asociación Hijos del Ayuntamiento de Puerto del Son y secretaría de Acción Electoral del PSOE Buenos Aires.
Manuel Sánchez de la Rosa	directivo del Rincón Familiar Andaluz y revisor de cuentas en del PSOE de A (2012-2016).
Liberto Álvarez Fernández	secretario general del PSOE de Mar del Plata.
Marta Buján Hernández	miembro de la Asociación Mujeres españolas en Argentina.
Moisés Narganes Varga	secretario del Centro Betanzos de Buenos Aires.

Lista 4. Jóvenes autoconvocados

Carlos Fernández Rial   directivo de la Federación de Sociedades Gallegas, creador de la Fundación Xeito Novo y vicesecretario general del PSOE de A, 2008-2012 (antes, secretario de comunicación).

Más de 600 entidades se hallan registradas hoy en día en toda la Argentina, de las cuales, 350 se ubican dentro de la demarcación del consulado de Buenos Aires, que comprende la Ciudad Autónoma de Buenos Aires y la Provincia de Buenos Aires[17] y es además el espacio asociativo del CRE de Buenos Aires[18]. Aunque la existencia nominal de estas entidades, no implica un intenso activismo en estos niveles de interlocución en el que nos centramos ni siquiera una intensa vida social es cierto que, muchas de ellas, participan indirectamente a través de sus socios directivos en las federaciones y en los partidos políticos. Es el caso de la Federación de Sociedades Españolas, que comprende más cien asociaciones[19] y cuya presencia en el CRE de Buenos Aires ha sido constante, desde la constitución del primero en 1989[20].

Cuadro 4. Resultados de las elecciones al CRE de Buenos Aires, 11 de diciembre de 2005[21]

Listas	Votos	Consejeros
1. Españoles Unidos (PP de A)	2.978	7
2. Unión de Sociedades Españolas (FSE)	2.018	4

---

17. Página web de la Federación de Sociedades Españolas de Argentina, <http://www.fedespa.org.ar/home.php> [última consulta 23-I-2014]; Lista facilitada por el consulado español en Buenos Aires en octubre de 2007; España, MTI, Secretaría de Estado de Inmigración y Emigración, Consejerías y Secciones de Trabajo e Inmigración, Argentina, Asociaciones y Centros Españoles en Argentina, <http://www.mtin.es/es/mundo/consejerias/argentina/emigracion/Asociaciones.htm> [última consulta 30-X-2011].
18. Ciudad de Buenos Aires, Avellaneda, Quilmes, Lanús, Temperley, Ramos Mejía, Ituzaingó, Vicente López, La Plata, Mar del Plata, Ayacucho, Azul, Bolívar, Chivilcoy, Junín, Lincoln, Necochea, Olavarría, Pergamino, San Nicolás, Santa Teresita, Tandil, Trenque Lauquen y Zárate.
19. Página web de la Federación de Sociedades Españolas de Argentina, <http://www.fedespa.org.ar/home.php> [última consulta 23-I- 2014].
20. Asunción Merino Hernando, *Emigración, asociacionismo y retorno de los españoles en Argentina (s. xx y xxi)*, pp. 100 y ss.
21. Datos facilitados en la *Revista del CRE BA*, editada en Buenos Aires, 2006. En cuanto al número de electores censados residentes en Buenos Aires, he seguido los datos actualizados del CERA.

Listas	Votos	Consejeros
3. Convivencia Democrática (PSOE)	4.127	9
4. Españoles Autoconvocados (Bloque Nacionalista Galego)	626	1
Votos totales	9.816	

Desde el fin del franquismo, tanto los funcionarios adscritos a la Dirección General de Migraciones como los políticos españoles, animaron no solo a la FSE a participar en la formación del CRE de Buenos Aires, sino también al Centro Asturiano, el Centro Gallego o la Federación de Sociedades Gallegas. Durante ese tiempo, la FSE ha mantenido su voluntad de representar al mayor número de asociaciones[22], y, desde la década de los ochenta, ha ido integrado y haciendo partícipes de sus decisiones, al Centro Gallego y al Centro Galicia, entre otros[23]. En la actualidad, la FSE ha aglutinado entidades de todas las autonomías del Estado español —algo que la diferencia del resto de Federaciones de corte autonómico—; convirtiéndose en una de las entidades con mayor número de socios, si sumamos los de sus entidades —cerca de 80.000, en palabras de uno de sus presidentes, Arturo Pérez— ya que cuenta tanto con entidades poderosas en términos de afiliados —el Centro Galicia, el Centro Gallego, el Centro Asturiano y el Hospital Español[24]— como además cuenta con las más antiguas de la colonia que subsisten —el Hospital Español y el Club Español[25]—.

Un ejemplo de ello fueron las elecciones del 11 de diciembre de 2005. En la composición del CRE de Buenos Aires, la FSE, y su lista Unión de

---

22. Poco a poco se habían ido incorporando asociaciones Gallegas, en los setenta a la FSE, como la A. Gallega de BA., o la Sociedad Parroquial de Vedra, sin embargo no accedían a los puestos directivos, hasta que los ocupa el C. Gallego y el C. Galicia. La única excepción era la Casa de Galicia —constituida formalmente en 1943 con el apoyo económico del general Franco—. Asociación Casa de Galicia, FSE, <http://www.fedespa.org.ar/clubes_detalle.php?clubID=29> [última consulta 19-VII-2011].
En cualquier caso, los "gallegos" siempre ha ocupado puestos en las directivas de la FSE, en la medida en que eran dirigentes de entidades tan importantes la Asociación Española de Socorros Mutuos, el Club Español, el Hospital Español o el Club Deportivo Español, algunos fundadores de la FSE e integrantes ya en los sesenta.
23. Andrade Cobas, José Ramón, *Galleguidad en la Argentina*, Santiago de Compostela, Xunta de Galicia, 1999.
24. El Hospital Español es una entidad de gran reconocimiento en la colectividad, que es fundada en 1857 por la Asociación de Socorros Mutuos de Buenos Aires (ya desaparecida). Las entidades mutualistas, apenas existen, como se indicaba en otra cita anterior, y apenas tienen peso en la FSE, suman el 15% de los socios federados y no participan en los comités directivos, salvo el Hospital Español y la Asociación Española de Socorros Mutuos de S. Isidro.
25. Web de la Federación de Sociedades Españolas, <www.fedespa.org.ar> [última consulta 23-I-2014].

Sociedades Españolas, conseguía 4 de los 21 consejeros, lo que significa que cuentan con directivos del Centro Lalín, Agolada y Silleda de Galicia, de la Casa Balear, del Centro Burgalés, de la Federación de Sociedades Castellano-Leonesas, de la Asociación Casa de Galicia y del Centro Gallego de Buenos Aires, así como con el respaldo del Centro Asturiano, el Club Español y el Hospital Español, entre otros[26]. Por su parte, en las listas del PSOE de A, Convivencia Democrática —9 consejeros— encontramos a directivos de la Asociación Gallega de Jubilados y Pensionados, el Centro Betanzos, el Centro Tinetense-Residencia Asturiana, el Rincón Familiar Andaluz y la Asociación Hijos del Ayuntamiento de Puerto del Son. En la lista del PP de A, Españoles Unidos —7 consejeros— hallamos directivos de la Asociación Civil Unión Residentes de Outes, el Centro Galicia, el Centro Asturiano, el Centro Castilla y León de Mar del Plata, la Asociación Gallega de Jubilados y Pensionados Españoles y la Asociación Casa de Galicia (Cuadros 3 y 4).

Tanto las federaciones y asociaciones ubicadas en la demarcación del consulado de Buenos Aires, como el CRE de Buenos Aires realizan labores asistenciales y de información y están próximos al consulado; de este modo, tanto los directivos de las entidades y de las federaciones, como los consejeros, transmiten —de manera conjunta o individual— los problemas de los emigrantes y sus familias al consulado e informan de los programas de la administración —central o autonómica— a la ciudadanía. Al mismo tiempo, transmiten las preocupaciones y defienden los derechos de sus afiliados, ante los gobiernos autonómicos y centrales[27]. De hecho, los dirigentes más combativos los encontramos unas veces ejerciendo su labor reivindicativa y solidaria como consejero del CRE y en otras, como presidentes de la asociación a la que pertenecen, en otras, como presidentes de alguna de las federaciones; es el caso de Michelón, López Gama o Pegito Lobato, que hemos presentado, pero también ocurre lo mismo con Francisco Lores Mascato, un personaje central en el CRE de Buenos Ai-

---

26. Hay más de cien entidades asociadas a la FSE en la actualidad. Vigo, Daniel (coord.), *Las instituciones fundadas por españoles en Argentina*. Buenos Aires, Federación de Sociedades Españolas de la República Argentina/Consejería de Trabajo y Asuntos Sociales de la Embajada de España, 2006.
27. A título personal, pero considerado como parte de su trabajo, los consejeros realizan una importante labor asistencial-caritativa, intercediendo en la búsqueda de soluciones para individuos en situación marginal; pero esta labor la realizan también los presidentes de las asociaciones. Por esta vía también se dan a conocer y ganan prestigio personal. Información facilitada en las entrevistas por María Teresa Michelón y Antonio Nespral. En el caso de Río de Janeiro, por ejemplo, es la Casa de España la que se ocupa de estas tareas asistenciales de tipo caritativo, mediante voluntarios que son socios de la entidad.

res durante la década de los noventa y comienzos del nuevo milenio, en la FUAGRA, desde su creación, hace veinticinco años, pero también en la Sociedad O Grove y en la ya antigua Federación de Sociedades Gallegas[28].

El Consejo General de la Ciudadanía Española en el Exterior

Si bien los Consejos de Residentes de Españoles se hallan vinculados a los consulados, y por tanto al Ministerio de Asuntos Exteriores y Cooperación, el CGCEE forma parte del Ministerio de Empleo y Seguridad Social, dentro de la Secretaría General de Inmigración y Emigración[29]. El CGCEE es un "órgano consultivo", entre cuyas funciones está la realización de estudios sobre cuestiones que afecten a los emigrantes y como consecuencia, la formulación de propuestas a través de las comisiones que se crean para tal fin. La receptora de sus propuestas es la secretaría o dirección general competente, pero también informan y conocen "los proyectos de norma" sobre emigración y retorno. En la práctica, el CGCEEE celebra varios plenos en Madrid a lo largo de los cuatro años que dura cada uno de sus mandatos y, a lo largo del año, los consejeros trabajan en las distintas comisiones: "educativa-cultural", "socio-laboral" y "derechos civiles y participación". En este órgano, el consejero no es solo el miembro elegido de los CREs, sino también los representantes de los Ministerios, de las Comunidades Autónomas, de los sindicatos y de las organizaciones empresariales más destacadas[30].

---

28. Mariana Ruiz, "La Unión de Sociedades Gallegas de Argentina premió a Francisco Lores como 'Gallego del Año'", *Crónicas de la Emigración*, 21 de diciembre de 2013, <http://www.cronicasdelaemigracion.com/articulo/galicia/union-sociedades-gallegas-argentina-distinguio-francisco-lores-gallego-ano/20131221123316055482.html> [última consulta 23-I-2014]; página web de la Federación de Asociaciones Gallegas de la República Argentina, "Francisco Lores será distinguido como 'Gallego del Año'", <http://www.fsgallegas.org.ar/?p=6038> [última consulta 23-I-2014]; Carmen de Carlos, "El futuro de Galicia también se decide en Argentina", *ABC*, 12 de junio de 2005, <http://www.abc.es/hemeroteca/historico-12-06-2005/abc/Nacional/el-futuro-de-galicia-tambien-se-decide-en-argentina_203106772618.html> [última consulta 23-I-2014].
29. Página web del Ministerio de de Empleo y Seguridad Social, Dirección General de Migraciones. <http://www.ciudadaniaexterior.empleo.gob.es/es/destacados/consejo/index.htm> [última consulta 23-I-2014]; página web del Ministerio de Asuntos Exteriores y Cooperación, <http://www.exteriores.gob.es/Portal/es/ServiciosAlCiudadano/SiEstasEnElExtranjero/Paginas/ConsejoDeResidentesEnElExtranjero.aspx> [última consulta 23-I-2014].
30. Serán incluidos treinta consejeros de los CRE, veinticuatro entre los elegidos por los CRE de cada país y seis, elegidos por el Ministerio de Asuntos Exteriores.

Durante el V Mandato del CGCEE (2007-2011) —en el que participaron los consejeros elegidos en las elecciones de 2005 para el CRE de Buenos Aires—, el nuevo marco normativo ha ampliado el número de representantes por Argentina, ante el constante incremento del número de electores en ese país[31], de modo que si antes le correspondían tres —uno de ellos por Buenos Aires— ahora serían cuatro —dos de ellos por Buenos Aires—[32].

La Dirección General de Ciudadanía Española en el Exterior, en 2008, incorporó, de manera novedosa, a ocho nuevos consejeros designados por las Consejerías de las embajadas, a considerar entre los dirigentes "asociativos" de las colectividades de emigrantes de todo el mundo. Entre ellos, uno de los designados fue el presidente de la *FSE*[33]. Con la conversión de los ex-

---

Ibídem. La duración de cada mandato del Consejo General de la Emigración es de cuatro años durante los cuales celebra una sesión ordinaria plenaria anual (Pleno); España, Gobierno de España, Ministerio de la Presidencia, *Boletín Oficial del Estado* n° 134/1998, 5 de junio, "Resolución de 3 de junio de 1998, de la Dirección General de Ordenación de las Migraciones, por la que se establecen las normas para la designación de miembros del Consejo General de Emigración".

31. El incremento de consejeros es un mecanismo de ajuste que viene revisando la administración desde que transcurriera el Primer Mandato del Consejo General de la Emigración [1990-1994], por el incremento del número de electores inscritos en el CERA. En el Segundo Mandato [1994-1998] se amplió de treinta consejeros (veinte elegidos por los CRE) a treinta y seis (elegidos por los CRE). España, Gobierno de España, Ministerio de la Presidencia, *Boletín Oficial del Estado* n° 93/1994, 19 de abril, "Real Decreto 597/1994, de 8 de abril, por el que se modifica el Real Decreto 1339/1987, de 30 de octubre, sobre cauces de participación institucional de los españoles residentes en el extranjero".

   En el Tercer Mandato [1998-2002], se amplió de nuevo a cuarenta y tres consejeros la participación de los CRE. España, Gobierno de España, Ministerio de la Presidencia, *Boletín Oficial del Estado* n° 14/1998, 16 de enero, "Real Decreto 2022/1997, de 26 de diciembre, por el que se modifica el Real Decreto 1339/1987, de 30 de octubre, sobre cauces de participación institucional de los españoles residentes en el extranjero".

32. En el IV Mandato [2003-2007] se distribuyen de manera normativa los puestos de los consejeros según el número de electores en cada país, de tal modo que de los cuarenta y tres, tres se adjudicaban a los CRE de Argentina. *Boletín Oficial del Estado* n° 239/2002, 5 de octubre, "Resolución de 12 de septiembre de 2002, de la Dirección General de Ordenación de las Migraciones, por la que se establecen las normas para la designación de miembros del Consejo General de la Emigración". En el V Mandato del CGCEE, la representación de los "ciudadanos españoles" de Argentina se incrementó a cuatro consejeros, *Boletín Oficial del Estado* n° 138/2007, 9 de junio, "Resolución de 31 de mayo de 2007, de la Dirección General de Emigración, por la que se establecen las normas para la designación de miembros del Consejo General de Ciudadanía Española en el Exterior".

33. Ministerio de Trabajo e Inmigración, Secretaría de Estado de Inmigración y Emigración, Dirección General de Emigración. "Resolución de 19 de junio de 2008, de la Dirección General de Emigración, por la que se designan las federaciones de asociaciones de ciudadanos españoles del exterior con representatividad para formar parte del Consejo General de la Ciudadanía Española en el Exterior, para el V Mandato".

pertos en consejeros, se da cumplimiento a uno de los objetivos de la actual política migratoria en relación a la emigración plasmada en el Estatuto: "fomentar el movimiento asociativo de los españoles en el exterior"[34].

En este mismo sentido, desde 2010, los CREs pueden incorporar como "invitados" a sus reuniones —aunque sin derecho a voto—, a los "miembros del CGCEE que residan en la circunscripción consular". Es decir, el presidente de la FSE va a poder tomar parte de las reuniones de trabajo del CRE de Buenos Aires.

En el V Pleno del V Mandato del CGCEE, que se celebró en Madrid los días 21 y 22 de septiembre de 2011[35], estaban presentes Teresa Michelón y Ángeles Ruisánchez (CRE de Buenos Aires); Nemesio García (CRE de Bahía Blanca) y Justino Nava (CRE de Córdoba)[36]. También acudió Pedro Bello Díaz (FSE)[37]. En esta etapa, la presidenta del CRE de Buenos Aires (Michelón) y el presidente de la FSE (Bello) han coincidido en la Comisión de Derechos Civiles y Participación; Ángeles Ruisánchez (CRE de Buenos Aires) preside la Comisión de Asuntos Sociolaborales y es miembro de la Comisión Permanente, y Justino Nava (CRE de Córdoba) es miembro de la Comisión de Jóvenes y Mujeres[38].

---

34. En el primer Pleno del V Mandato (24 -26 de septiembre de 2007) ya están presentes los ocho expertos, sin voto, a propuesta de las federaciones y asociaciones de emigrantes y retornados más representativas. *Boletín Oficial del Estado* n° 138/2007, 9 de junio, "Resolución de 31 de mayo de 2007…". En el Segundo Pleno del V Mandato (14-16 de julio de 2008) ya acuden como consejeros. *Boletín Oficial del Estado* n° 41/2008, 16 de febrero, "Real Decreto 230/2008, de 15 de febrero…".

    La figura del experto presente en el Consejo está considerada desde 1997, cuando la normativa refiere que el Consejo podrá contar con su asistencia. *Boletín Oficial del Estado* n° 14/1997, "Real Decreto 2022/1997…".

    Unos años antes, durante el IV Mandato, la DGOM ya había designado a algunas personas "que por su conocimiento y experiencia en materia de emigración" participaran en calidad de expertos en los Plenos. Boletín Oficial del Estado n° 239/2002, 5 de octubre, "Resolución de 12 de septiembre de 2002…". Incluso en el III Mandato, el presidente de la Federación de Sociedades Españolas, José Antonio Nespral, en 2000, acudirá como experto al V Pleno.
35. A este V Plenario del V Mandato del Consejo General de la Ciudadanía Española en el Exterior, asistí como invitada.
36. Votados entre los todos los consejeros en Argentina, para formar parte del CGCEE. España, Gobierno de España, Ministerio de la Presidencia, *Boletín Oficial del Estado*, n° 41/2008, 16 de febrero, "Real Decreto 230/2008, de 15 de febrero, por el que se regula el Consejo General de la Ciudadanía Española en el Exterior".
37. Secretaría de Estado de Inmigración y Emigración. Dirección General de Ciudadanía Española en el Exterior. Directorio del V Mandato del Consejo General de la Ciudadanía Española en el Exterior, <http://www.ciudadaniaexterior.mtin.es/es/pdf/cge/Directorio-V-MANDATO-CGCEE.pdf> [última consulta 20-IX-2011].
38. España, Ministerio de Trabajo e Inmigración. *Carta de España* 643, noviembre 2008, pp. 16-17.

En Buenos Aires, durante el 2010 y el 2011, tanto el CRE de Buenos Aires como las federaciones y las asociaciones se movilizaron para mostrar sus protestas ante la reforma de la Ley Orgánica del Régimen Electoral General (LOREG) y, tras su aprobación y publicación[39]. Con la reforma, no solo se modificaba el mecanismo de votación con la exigencia de solicitar el voto por correo —"voto rogado" que llaman popularmente—, y la reubicación de los lugares de votación en los consulados —en lugar de las sedes de algunas asociaciones ubicadas en determinados partidos de la capital, del Gran Buenos Aires y de la provincia— sino que también se ponía fin al voto de estos ciudadanos en las elecciones municipales en España. Todas las predicciones que apuntaban a un descenso drástico de los votos, por esta reforma de la ley electoral, se cu para sorpresa del gobierno español[40].

Tanto la FSE como el CRE de Buenos Aires avisaron de los problemas que esto generaría y se opusieron a la modificación del mecanismo de votación, junto a varias quejas más que expresaron como consejeros, en los Plenos del CGCEE durante el 2010 y 2011. En la demarcación consular de Buenos Aires, las elecciones para el CRE de Buenos Aires de junio de 2011 registraron 8.180 votos[41], siguiendo un mecanismo de votación ajeno a la reforma; mientras, en las elecciones autonómicas de mayo solo registraron 4.091 votos[42] y en las elecciones generales de noviembre solo

---

39. *Boletín Oficial del Estado*, nº 25/2011, 29 de enero, "Ley Orgánica 2/2011, de 28 de enero, por la que se modifica la Ley Orgánica 5/1985, de 19 de junio, del Régimen Electoral General".
"No esperábamos que la participación pudiese ser tan baja", *Crónicas de la Emigración*, 22-VIII-2011, <http://www.cronicasdelaemigracion.com/articulo/cronicas/2011-08-22/no-esperabamos-participacion-pudiese-ser-tan-baja/13582.html> [última consulta 25-VIII-2011].

40. *Boletín Oficial del Estado*, nº 25/2011, 29 de enero, "Ley Orgánica 2/2011, de 28 de enero…".
"No esperábamos que la participación pudiese ser tan baja", *Crónicas de la Emigración*, 22-VIII-2011, <http://www.cronicasdelaemigracion.com/articulo/cronicas/2011-08-22/no-esperabamos-participacion-pudiese-ser-tan-baja/13582.html> [última consulta 25-VIII-2011].

41. Mariana Ruíz, "La lista de María Teresa Michelón ganó las elecciones al CRE de Buenos Aires", *Crónicas de la Emigración*, 4-VII-2011, <http://www.cronicasdelaemigracion.com/articulo/cronicas/2011-07-04/maria-teresa-michelon-fue-reelegida-presidenta-cre-buenos-aires/13147.html> [última consulta 19-VIII-2011].

42. En mayo de 2011 hubo 9.209 solicitudes de documentación. "El nuevo procedimiento de voto, un obstáculo enorme para la participación política de los emigrantes", *España Exterior*, 24-V-2011, <http://www.espanaexterior.com/seccion/61-Emigracion/noticia/230038-El_nuevo_procedimiento_de_voto_un_obstaculo_enorme_para_la_participacion_politica_de_los_emigrantes> [última consulta 18-X-2011]. Para esas elecciones, se registraron 118.222 electores, inscritos en las provincias que

14.967[43], un número de votos muy reducido en comparación con elecciones generales anteriores.

Ejemplos como estos, aquí presentados, muestran la importancia del asociacionismo emigrante en Buenos Aires, como base del sistema de interlocución que ha activado el Estado español en su relación con la emigración en Argentina. Siempre han sido sus interlocutores: en la época del Instituto Español de Emigración, cuando alimentaba el contacto con la FSE, siempre vinculada al consulado; en la etapa democrática, con el interés de los gobiernos central y autonómico, por ampliar la bases de su electorado y contactar con las asociaciones regionales. A fines de la década de los ochenta, primero, con la constitución de los CREs y del CGCEE (entonces era el Consejo General de la Emigración) y en los últimos años, el Estatuto de la Ciudadanía Española en el Exterior ha ampliado la participación asociativa en el CGCEE, con el incremento del número de consejeros entre las federaciones. Todos estos mecanismos muestran un interés claro de la administración por contar con su presencia en los espacios donde se proponen —aunque no se deciden— las medidas hacia la emigración.

A su vez, las asociaciones han recibido financiación para sus entidades y sus actividades culturales, han sido promotoras y canalizadoras, en ocasiones, de las ayudas a los españoles: pensiones, medicinas, atención sanitaria, ayudas al retorno, programas de viajes. En igual medida han prestado su sede para campañas electorales de los partidos centrales y autonómicos, y lo que es más importante, son los socios de estas entidades los que trabajan en las directivas de las federaciones y son votados como consejeros. En definitiva forman una red institucional y asociativa densa y activa, que sirve de plataforma al vínculo entre España y su emigración.

---

participaban. INE. Oficina del Censo Electoral. Elecciones municipales y autonómicas de 22 de mayo de 2011. "Datos del CERA por países", <http://www.ine.es/jaxi/menu.do?type=pcaxis&path=/t44/p06/a2007&fi le=pcaxis> [última consulta 30-X-2011].

43. En las elecciones generales de noviembre de 2011 había registrados 325.326 electores en Argentina, de los cuales 24.415 solicitaron votar. INE. Oficina del Censo Electoral. Elecciones a Cortes Generales de 20 de noviembre de 2011. "Solicitudes de voto de electores residentes en el extranjero. Por provincias y países". "Número de electores residentes en el extranjero por países. Total nacional", <http://www.ine.es/oficina_censo/elecgral2011/elecgral2011_tab_def.htm> [última consulta 30-XI-2011].

Mariana Ruiz, "En Buenos Aires 2.285 españoles votaron en urna y 12.682, por correo", *Crónicas de la Emigración*, 21-XI-2011, <http://www.cronicasdelaemigracion.com/articulo/cronicas/2011-10-27/octubre-contabilizaban-018-solicitudes-votos-aceptadas-electores-cera/14349.html> [última consulta 21-XI-2011].

Bibliografía

Álvarez, Gabriel, *La emigración de retorno en Galicia (1970-1997)*. Santiago de Compostela, Xunta de Galicia, 1997.
— *De volta ao Lar. Relatos de vida sobre a emigración*. A Coruña, Edicios do Castro, 2001.
Bjerg, María y Hernán Otero, "Inmigración, liderazgos étnicos y participación política en comunidades rurales", en Bernasconi, Alicia y Carina Frid, *De Europa a las Américas: dirigentes y liderazgos (1880-1960)*. Buenos Aires, Editorial Biblos, 2006.
Blanco, Juan Andrés, *El asociacionismo en la emigración española a América*. Salamanca, UNED/Junta de Castilla y León, 2008.
Calvo Salgado, Luis M., "Las relaciones del IEE con Suiza", en Luis Calvo y otros, *Historia del Instituto Español de Emigración*. Madrid. Ministerio de Trabajo e Inmigración, 2009, pp. 189-210.
Da Orden, María Liliana, "Liderazgo étnico y redes sociales: una aproximación a la participación política de los españoles en la Argentina, 1880-1936", en Fernández, Alejandro y José C. Moya, *La inmigración española en la Argentina*. Buenos Aires, Editorial Biblos, 1999.
Dalla Corte, Gabriela y Gustavo H. Prado, "El movimiento americanista español en la coyuntura del Centenario. Del impulso ovetense a la disputa por la hegemonía entre Madrid y Cataluña", *Estudios Migratorios Latinoamericanos*, año 19, n°. 56, Buenos Aires, 2005, pp. 31-64.
— "Luces y sombras de dos paradigmas del americanismo español en la renovación del diálogo hispano-americano (1900-1912)", *Anuario de Estudios Americanos*, 63 (2), Sevilla, 2006, pp. 195-216.
Devoto, Fernando, "Las asociaciones mutuales españolas en la Argentina en una perspectiva histórica", en Llorden, Moisés (ed.), *Acerca de las migraciones centroeuropeas y mediterráneas a Iberoamérica: aspectos sociales y culturales*. Oviedo, Universidad de Oviedo, 1995.
— "Para una historia de las migraciones españolas e italianas a las regiones americanas sudatlánticas", en Carmagnani, Marcello; Hernández, Alicia y Romano, Ruggiero (coords.), *Para una historia de América*. México: El Colegio de México/Fondo de Cultura Económica, 1999.
— *Historia de la inmigración en la Argentina*. Buenos Aires, Editorial Sudamericana, 2003.
Díaz, Hernán, *Historia de la Federación de Sociedades Gallegas*. Buenos Aires, Editorial Biblos, 2007.
Duarte, Ángel, *La república del inmigrante. La cultura política de los españoles en Argentina (1875-1910)*. Lleida, Editorial Milenio, 1998.

Fernández, Alejandro E., "Mutualismo y Asociacionismo", en Vives, Pedro, Azancot, P. Oyamburu J. (coords.) *Historia general de la emigración española a Iberoamérica* Vol. 1. Madrid, CEDEAL/Ministerio de Trabajo y Seguridad Social, 1992, pp. 331-357.

— "Los gallegos dentro de la colectividad y las asociaciones españolas", en Núñez Xeijas, Xosé Manuel (ed.), *La Galicia Austral*. Buenos Aires, Editorial Biblos, 2001.

— "El asociacionismo español en Argentina: una perspectiva de largo plazo", en Blanco, Juan Andrés, *El asociacionismo en la emigración española a América*. Salamanca, UNED Zamora/Junta de Castilla y León, 2008.

Fernández, Alejandro E. y Moya, José C., "Introducción", en Fernández, Alejandro y Moya, José C. (eds.), *La inmigración española en la Argentina*. Buenos Aires, Editorial Biblos, 1999.

Fernández Vicente, Mª José, "La evolución del organigrama migratorio español: el papel del Instituto Español de Emigración", en Luis Calvo y otros, *Historia del Instituto Español de Emigración*. Madrid, Ministerio de Trabajo e Inmigración, 2009, pp. 35-62.

Fernández Vicente, Mª José y Axel Kreienbrink, "Las relaciones del Instituto Español de Emigración con los países de Ultramar", en Luis Calvo y otros, *Historia del Instituto Español de Emigración*. Madrid, Ministerio de Trabajo e Inmigración, 2009, pp. 231-252.

Fernández, Juan S., *et al.*, "El asociacionismo inmigrante en Andalucía: Diferentes Perspectivas", en Serra, L. (coord.), *II Seminario de la Investigación de la Inmigración Extranjera en Andalucía*. Sevilla, Dirección General de Coordinación de Políticas Migratorias-Junta de Andalucía, 2002.

García Sebastiani, Marcela (dir.), *Patriotas entre naciones. Elites emigrantes españolas en Argentina (1870-1940)*. Madrid, Editorial Complutense, 2010.

González Martínez, Elda y Asunción Merino Hernando, *Historias de acá*. Madrid, CSIC, Colección América, 2007.

González Martínez, Elda; Asunción Merino Hernando y Andrea Reguera (eds), *Descubriendo la nación en América: Identidad, imaginarios, estereotipos sociales y asociacionismo de los españoles en Argentina, Brasil, Chile y Uruguay, siglos XIX-XX*. Buenos Aires, Editorial Biblos, 2010.

Llordén Miñambres, Moisés, "Una explicación histórica de la acción mutuo-social de las sociedades españolas de emigrantes en América", en Llordén Miñambres, Moisés (ed.), *Acerca de las migraciones centroeuropeas y mediterráneas a Iberoamérica: aspectos sociales y culturales*. Oviedo, Universidad de Oviedo, 1995.

Marquiegui, Dedier N., "¿Españoles, gallegos o castellanos? La nacionalidad: ¿una identidad inventada?", en Fernández, Alejandro y Moya, José C. (eds.), *La inmigración española en la Argentina*. Buenos Aires, Editorial Biblos, 1999.

Merino Hernando, Asunción, *Emigración, asociacionismo y retorno de los españoles en Argentina (s. xx y xxi)*. Madrid, Editorial Trotta, 2012.

Moya, José C., "Immigrants and Associations: A Global and Historical Perspective", *Journal of Ethnic and Migration Studies*, 31 (5) 1995, pp. 833-864.

— "La fiebre de la emigración: el proceso de difusión en el éxodo transatlántico español 1850-1930", en Fernández, Alejandro y Moya, José C. (eds.), *La inmigración española en la Argentina*. Buenos Aires, Editorial Biblos, 1999.

— *Primos y Extranjeros. La emigración española a Argentina*. Buenos Aires, Editorial Biblos, 2004.

— "Immigration, Development, and Assimilation in the United States in a Global Perspective, 1850-1930", *Studia Migracyjne*. Przeglad Polonijny, XXXV (3), 2009, pp. 89-104.

Nuñez Seixas, Xosé Manoel, "Asociacionismo local y movilización sociopolítica: notas sobre los gallegos en Buenos Aires (1890-1936)", en Fernández, Alejandro y Moya, José C. (eds.), *La inmigración española en la Argentina*. Buenos Aires, Editorial Biblos, 1999.

— "Modelos de liderazgo en comunidades emigradas. Algunas reflexiones a partir de los españoles en América (1870-1940)", en Bernasconi, Alicia y Frid, Carina (eds.), *De Europa a las Américas: dirigentes y liderazgos (1880-1960)*. Buenos Aires, Editorial Biblos, 2006.

Oteiza, Enrique y Lattes, Alfredo, *Dinámica migratoria argentina (1955-1984): Democratización y retorno de expatriados,* Tomos I y II. Buenos Aires, CEAL, 1987.

Palazon Ferrando, Salvador, *El movimiento migratorio español a Latinoamérica durante el último siglo (1882-1990)*, Tesis doctoral. Dpto. de Geografía Humana, Universidad de Alicante, 1992, <http://hdl.handle.net/10045/16339> [última consulta 18-V-2011].

Vives Azancot, Pedro; Vega, Pepa y Oyamburu, Jesús (coords.), *Historia general de la emigración española a Iberoamérica*, Vol. 1. Madrid, CEDEAL/Ministerio de Trabajo y Seguridad Social, 1992.

Zubillaga, Carlos, "Participación política. Bases para su estudio", en Vives, Pedro, Vega, Pepa y Oyamburu, Jesús (coords.), *Historia General de la Emigración Española a Iberoamérica*. Madrid, Historia 16, 1992, pp. 359-388

Los polacos hacia América Latina. La política emigratoria del gobierno polaco en el período de entre guerras

Malgorzata Nalewajko
Instituto de Estudios Ibéricos e Iberoamericanos de la Universidad de Varsovia/Instituto de Historia de la Academia de Ciencias de Polonia

Los polacos que emigraron buscando mejor suerte fuera de su país no escogían mayoritariamente América Latina; sin embargo, los primeros en hacerlo llegaron a ese ámbito ya durante las guerras de independencia. Se trató de militares de carrera que sirvieron en las tropas que Napoleón Bonaparte envió a Haití. No pocos se pasaron luego al bando de los insurrectos y otros se alistaron como voluntarios en los ejércitos independentistas en América del Sur.

Otro grupo llegaría después de las fallidas insurrecciones polacas de 1830 y 1863 contra los rusos[1]. Se dirigieron a América Latina luego de ser forzados a abandonar su país para eludir la represión desatada contra ellos. Allí se insertaron en los mercados laborales trabajando como ingenieros, médicos, exploradores, científicos, contribuyendo al desarrollo de sus nuevas patrias[2].

---

1. En el período 1795-1918 Polonia no existía como Estado independiente, repartidas sus tierras entre Rusia, Prusia y Austria. En 1918 resurgió como la II República.
2. En especial vale mencionar el grupo de ingenieros polacos que actuaban en el Perú. El primero que llegó a este país fue Ernest Malinowski, en 1852. Participante en la insurrección de noviembre de 1830 y graduado en la École des Ponts et Chaussées francesa, construyó, entre otras obras encargadas por el gobierno peruano, la vía férrea transandina. Edward Habich, quien participó en la insurrección de enero de 1863, organizó la Escuela de Construcciones Civiles y de Minas del Perú. Estos personajes atrajeron al Perú en los años setenta a otros ingenieros: Władysław Kluger, Wladysław Folkierski, Aleksander Miecznikowski, Ksawery Wakulski, Aleksander Babiński, y más tarde llegaron Gerald Unger, Bolesław Majerski, Stanisław Golewski y Jan Rostworowski. Realizaron también sus investiga-

La etapa de esta emigración de carácter político, individual y elitista terminó alrededor de 1870, dando paso a una emigración económica, masiva y campesina. Esta, en su primera fase, hasta 1890, estuvo integrada sobre todo por habitantes de las tierras polacas ocupadas por Alemania, que se dirigían en su mayoría hacia Brasil. En esos años se intensificaron las salidas, de tal manera que el fenómeno fue conocido como "fiebre brasileña"[3]. Para entonces comenzaron también los viajes a la Argentina, en los que participaron los habitantes de las tierras polacas que se encontraban bajo dominio de Rusia y Austria.

En este período la emigración tuvo carácter permanente, viajaban familias enteras para asentarse de manera definitiva, y en ella desempeñaron un papel importante las compañías de transporte marítimo, que organizaban las salidas, y los así llamados "agentes" reclutadores. Este proceso de desplazamiento fue apoyado de manera intensa por las autoridades alemanas, que pensaban en los beneficios que podría acarrearles una disminución de la población polaca. Por el contrario, el Estado ruso, más interesado en las migraciones dentro del imperio, intentaba frenarlo, aunque sin tomar medidas radicales, y mucho menos eficientes. En cambio, el gobierno austro-húngaro se mostró tolerante con el proceso migratorio pero sin adoptar medidas para intensificarlo como en el caso alemán[4].

Interrumpida esta oleada migratoria por la Primera Guerra Mundial, a partir del cese del conflicto se reanudó, con especial destino hacia América Latina. Sin embargo, esa reanudación, que abarcó el período 1918-

---

ciones científicas en el Perú los naturalistas polacos Józef Warszewicz, Konstanty Jelski, Jan Sztolcman y Jan Kalinowski, seguidos más tarde por Witold Szyszłło y Feliks Woytkowski (I. Klarner-Kosińska, "Polonia w Peru", en M. Kula [ed.], *Dzieje Polonii w Ameryce Łacińskiej*. Wrocław, Ossolineum, 1983, pp. 182-188; M. y W. Tomaszewski, "Los polacos en el Perú", en F. Rodríguez [ed.], *Relaciones entre Polonia y Perú. Pasado y presente*. Warszawa, CESLA, 1998, pp. 70-78; M. Paradowska, *Podróżnicy i emigranci: szkice z dziejów polskiego wychodźstwa w Ameryce Południowej*. Warszawa, Interpress, 1984, pp. 111-129).

3. Con tres etapas de intensificación de salidas: 1890-1891, 1895-1896 y 1907-1908. El último contingente lo formaban en parte refugiados políticos que escapaban de las represiones después de la revolución de 1905 (M. Paradowska, *op. cit.*, p. 19; A. Walaszek, *Migracje Europejczyków 1650-1914*. Kraków, Wyd. Uniwersytetu Jagiellońskiego, 2007, p. 244).

4. R. Stemplowski, "Polska emigracyjna – Argentyna imigracyjna – Misiones osadnicze", en R. Stemplowski (ed.), *Polacy, Rusini i Ukraińcy, Argentyńczycy. Osadnictwo w Misiones 1892-2009*. Warszawa, Muzeum Historii Polskiego Ruchu Ludowego/Instytut Studiów Iberyjskich i Iberoamerykańskich UW, 2011, pp. 26-27. Los propios emigrantes confirman las dificultades que encontraron al salir en sus memorias; véase Ludwik Krzywicki, *Pamiętniki emigrantów. Ameryka Południowa*. Warszawa, Instytut Gospodarstwa Społecznego, 1939, pp. 205, 333 y 367.

1939, se dio con características bastante distintas. En primer lugar, se trató de una emigración dirigida, apoyada por el Estado polaco, renacido después de la guerra. En segundo, se reorientaron los flujos dirigiéndose un número más significativo de emigrantes a la Argentina, que sustituyó a Brasil como el principal país de destino. Por último, a los campesinos que buscaban tierras para asentarse se les sumaron los emigrantes que se dirigían a las grandes ciudades persiguiendo allí una ocupación, frecuentemente temporal, pues su propósito era regresar con ahorros a Polonia.

Resulta una tarea muy difícil calcular el volumen de esta emigración, no solo por las imperfecciones existentes en las estadísticas de entonces, sino también por el hecho de que antes de la Primera Guerra Mundial los emigrantes de las tierras polacas no aparecían en aquellas como ciudadanos polacos, pues se los registraba a menudo como rusos, alemanes o austriacos. Luego, recuperada la soberanía por Polonia, emigraban del país los ciudadanos polacos, pero muchos de ellos poseían nacionalidad judía y ucraniana. Asimismo, una parte de los emigrantes circulaba entre varios países latinoamericanos, por lo que muchas veces un emigrante podía aparecer registrado varias veces y en muchas ocasiones con un país de origen distinto del polaco. Por todas estas razones los cálculos de los estudiosos polacos acusan diferencias, y las cifras presentadas hay que tratarlas como aproximadas, aunque mantienen su utilidad para evaluar la dimensión general del fenómeno.

Se calcula, pues, que entre 1860 y 1914 emigraron de Polonia unos 10 millones de personas, de las cuales 3,6 millones lo hicieron de manera definitiva. En el período comprendido entre 1918 y 1939 marcharon otros 2 millones[5], orientándose hacia tres direcciones principales: a Alemania se encaminaron sobre todo los temporeros y obreros rurales; una oleada compuesta en especial por personas con formación, grupos de la *intelligentsia* y profesionales, que buscaban ascenso social y económico dentro del imperio, se dirigieron al interior de Rusia; un tercer grupo emigró hacia América, la mayoría de sus componentes se dirigió a los Estados Unidos y Canadá[6]. En comparación con aquellos 12 millones, los 350.000 emigrantes que entre 1869 y 1939 se trasladaron a América Latina, de ellos unos 210-230.000 en el período de entreguerras, resultan una cantidad realmente muy escasa. Brasil recibió entre 142.000 y 145.000 inmigrantes, Argentina 170.000-190.000, Paraguay más de 12.000, Uruguay alrededor

---

5. A. Walaszek, "Polska diaspora", en J. Zamojski (ed.), *Migracje i społeczeństwo*, vol. 6, *Diaspory*. Warszawa, Wyd. Neriton, 2001, p. 13.
6. Ibídem, p. 23; M. T. Koreywo-Rybczyńska, "Polityka Polski wobec emigracji w Ameryce Łacińskiej. Od mirażu ekspansji do polityki współpracy", en *Dzieje Polonii...*, *op. cit.*, p. 442.

de 8.500, México aproximadamente 4.500, Cuba unos 3.500, Perú menos de 500, y otros países una cifra que se acerca a los 2.000[7].

Los dos países receptores más importantes para la emigración polaca fueron Argentina y Brasil. Los primeros polacos que llegaron a este último país lo hicieron entre 1824 y 1829; posteriormente, en 1869, otros grupos se establecieron en la zona de colonización alemana en Santa Catarina. En 1871 un grupo de polacos de Silesia se orientó hacia Paraná, donde se fundó la primera colonia de esta nacionalidad, Pilarsinho, y en 1873 la segunda, Abranches. Además de Paraná, la colonización polaca se extendió también a Río Grande do Sul. Mientras que con la "fiebre brasileña" entre 1889 y 1914 el número de emigrantes polacos en Brasil aumentó hasta alcanzar las 100.000 personas. En cambio, en el período 1918-1939, la emigración resultó menos intensa: llegaron a Brasil unas 42.000 personas[8]. Esta disminución en el flujo se produjo a pesar de las iniciativas de las instituciones polacas destinadas a promover la colonización en Brasil, que consistían tanto en la ampliación de las colonias existentes en Paraná como en la creación de un nuevo centro de asentamiento en Espirito Santo, donde el gobernador del estado había concedido para este fin un terreno de 50.000 hectáreas. La colonia Aguia Branca fundada allí en 1929 dejó de funcionar en 1939 por falta de colonos y de capital que hiciera viable su desarrollo económico[9].

---

7. K. Smolana, "Za Ocean po lepsze życie", p. 64. T. Łepkowski calcula que en 1918-1939 emigraron a Argentina unos 100.000 polacos, a Brasil 60.000, más grupos diminutos a México, Cuba, Costa Rica, Colombia, Uruguay, Bolivia. Véase T. Łepkowski, "La presencia de la emigración polaca en América Latina y la política cultural de Polonia en este continente", *Estudios Latinoamericanos*, vol. 4, 1978, p. 223.
8. Smolana, "Za Ocean...", pp. 51-52; Smolana, "Polonia w Brazylii. Rys historyczny", pp. 334-335. Son más altas las cifras proporcionadas por otros autores: según Paradowska, *Podróżnicy i emigranci*, p. 40, en los años veinte del siglo XX en Paraná había 100.000 emigrantes polacos, en Santa Catarina 19.000 y en Río Grande do Sul más de 60.000. A. Walaszek, *Migracje Europejczyków*, p. 244, calcula en 100.000 el número de emigrantes polacos residentes a finales del siglo XIX solo en Paraná. Según los cálculos que al parecer incluyen no solo a emigrantes sino también la segunda y la tercera generación, antes de la Segunda Guerra Mundial residían en Brasil unos 250.000 polacos (más 22.500-36.000 ucranianos y 11.500-20.000 judíos provenientes de Polonia) (Smolana, "Za Ocean...", p. 55).
9. En 1929-1936 a la colonia llegaron 335 familias en vez de 1.800, la cifra estipulada en la concesión otorgada por las autoridades de Espirito Santo a la Sociedad de Colonización [Towarzystwo Kolonizacyjne, fundado en 1926] que organizaba la acción. La Sociedad no preparó el terreno para recibirlas, y tras un período de miseria extrema la mayoría abandonó la colonia, quedando en 1938 tan solo 81 familias. En esta situación las autoridades polacas cesaron la ayuda financiera a la Sociedad y tomaron la decisión de dejar los proyectos de colonización en Espirito Santo (M. T. Koreywo-Rybczyńska, "Polityka Polski wobec emigracji...", pp.

Uno de los fines que perseguían las autoridades polacas fue el de mantener el carácter étnico de las colonias. Este hecho produjo un proceso de asimilación lento. En ese sentido desempeñaron un papel importante tanto el aislamiento en que se encontraban las colonias polacas como las actitudes conservadoras de los campesinos. En general, se trataba de un grupo económicamente débil, de nivel cultural bajo, que no gozaba de prestigio en el país receptor, llegando a identificarse la palabra "polaco" con la figura de agricultor de clase baja, y por extensión, con una persona de origen rural, extraña y vulgar[10].

En sus memorias, los emigrantes se quejaban de ser calificados como *buru* ("burro"), *sužo* ("sucio"), aunque su indignación particular se acentuaba ante los comentarios que los definían como *polaco sem bandeira*, o sea, sin patria, desamparado, mostrenco, que por eso no merecía ningún respeto[11]. Sin embargo, al estudiar las memorias de aquel período, llama mucho la atención la opinión que algunos inmigrantes tenían sobre Brasil, al que caracterizaban como un país igualitario, sin marcadas diferencias sociales, donde los "señores" se relacionaban de una manera directa y afable con los "sirvientes", y donde el gobierno, que "tiene sentimientos humanos", trataba de una manera bastante igualitaria a las distintas colectividades y permitía una amplia libertad de pensamiento entre los miembros de cada uno de los distintos grupos nacionales de inmigrantes. "Por eso nosotros, los polacos, aunque abrazamos nuestra idea de la Polonia Libre e Independiente allí allende del océano, aquí nos sentimos bien, porque es el único país en el mundo donde se vive sin sentir coacción"[12].

La emigración polaca a Argentina se inició un cuarto de siglo más tarde que la que se dirigió a Brasil. En 1897 se produjo la llegada de 14 familias campesinas de Galitzia (la parte sur del país, bajo dominio austriaco)

458-459; M. Krasicki, "Polska "akcja kolonialna" w Ameryce Łacińskiej w latach 1929-1939", *Dzieje Najnowsze*, 1977, pp. 4-6).
10. W. Miodunka, "'O negro de Paraná é o polaco' czyli o przemianach tożsamości polskiej w Brazylii", en T. Paleczny (ed.), *Emigracja. Polonia. Ameryka Łacińska*. Warszawa, CESLA, 1996, pp. 172 y 174.
11. *Pamiętniki emigrantów...*, pp. 68, 74-75, 207, 263-264, 281, 302, 404. Utilizaban este apodo no solo los brasileños, sino también los inmigrantes alemanes. Según las memorias, las relaciones entre los colectivos polaco (también ruso) y alemán se hicieron particularmente tensas en 1914. Ibídem, pp. 404-406, 460-461.
12. Ibídem, pp. 85, 104-105, 344, 379. Encontramos una opinión parecida en las memorias de un emigrante polaco llegado en 1902 a Buenos Aires, quien no solo describe la riqueza del país, sino que también apunta: "A este pequeño agricultor con 20 hectáreas y a este que tiene 500 y hasta 1000 hectáreas, a todos se trata aquí de manera igual, la democracia aquí es tan grande que a la mesa se sientan juntos un agricultor, un médico, un juez, y también diputado, gobernador, senador, se trata a todos sin hacer diferencia de su condición social" (ibídem, p. 39).

que, desviadas en Hamburgo de su destino a los Estados Unidos, fueron llevadas a Misiones, donde pronto se fundó la primera colonia polaca, Apóstoles. Gracias al arribo posterior de familiares y conocidos, a través de lo que podríamos definir como "operación" llamada, la llegada de otros emigrantes polacos de distinto origen y el afianzamiento de una segunda generación de inmigrantes con lazos más firmes con el país receptor se fundó más tarde la segunda, Azara[13].

A los colonos establecidos en Misiones se sumaron otros trabajadores rurales polacos que se dirigieron en busca de empleo a las estancias situadas en el sur del país. También, ya en los años noventa, empezó la emigración polaca a la ciudad de Buenos Aires y sus alrededores. En las fábricas y talleres de la capital y en las obras de construcción trabajaron también algunos polacos venidos de Brasil. Estos formaron un colectivo mucho más heterogéneo que el existente en su primer país de residencia emigratoria. La culminación de esta oleada correspondió a los años 1902-1912, cuando se calcula que llegaron a la Argentina casi 32.000 emigrantes polacos. Una tercera parte de ellos se estableció en Misiones[14].

Fue mucho más intensa la emigración a Argentina en el período 1918-1939. Se destacaron los períodos 1926-1930 y 1937-1938, cuando llegaron, además de a las zonas tradicionales de asentamiento, a Rosario, Mendoza y Tucumán. Se trató de un grupo formado por unos 150.000 ciudadanos polacos[15], entre ellos se detectaban muchos judíos y ucranianos. Esta oleada fue reforzada con la incorporación de inmigrantes provenientes de Paraguay y Uruguay.

Otro factor que dificulta el cálculo del total de polacos que se estableció en Argentina fue el considerable número de inmigrantes "golondrina". Se trató de temporeros, obreros rurales que trabajaban en cosechas de trigo en La Plata o de algodón en el norte, y empleados urbanos que se incorporaron a mataderos, frigoríficos, cuadrillas de construcción y al transporte urbano. Una parte de estos inmigrantes golondrinas se quedó en Argentina transformándose en emigrantes definitivos. Los que se loca-

---

13. Paradowska, *Podróżnicy i emigranci...*, pp. 19, 84-85. En 1903 los inmigrantes de las tierras polacas (polacos y ucranianos) vivían en ocho colonias, además de las dos fundadas como primeras, también en San José, Corpus, Bonpland, Concepción, Cerro-Corá y San Ignacio (Łukasz, Stemplowski, "Polskie osadnictwo chłopskie", p. 251).
14. Smolana, "Polonia w Argentynie. Rys historyczny", p. 216. La emigración de las tierras polacas a Misiones la componían mitad a mitad polacos (5.000) y ucranianos (5.000) (Smolana, "Za Ocean...", p. 55).
15. Smolana, "Polonia w Argentynie...", 216. En otro lugar, el mismo autor habla de unos 158.000-167.000 emigrantes polacos llegados a Argentina en 1919-1938 (Smolana, "Za Ocean...", p. 56).

lizaron en Buenos Aires sufrieron las consecuencias de la crisis económica de los años treinta del siglo pasado[16]; solo en la segunda mitad de esa década, los polacos empezaron a recuperarse, comenzó a percibirse cierto ascenso económico-social del grupo visualizado a través de las compras que realizaron de inmuebles y talleres.

Confirman esta imagen los testimonios de los emigrantes, según los cuales los eslavos, y en particular los polacos, discriminados por los empresarios extranjeros que actuaban en Argentina, realizaban los trabajos más duros y peor remunerados. Hacen referencia también a cómo la buena opinión que se ganaban como trabajadores no facilitaba su ascenso laboral. Durante la crisis, en su gran mayoría perdieron hasta estos trabajos humildes, siendo condenados a buscar alimentos gratuitos y a construir chabolas para alojarse, concentrándose en un campamento de desempleados llamado Villa Esperanza, de donde las autoridades de Buenos Aires los removieron por la fuerza. No obstante, como ya indicamos, algunos lograron vencer los efectos negativos de la ardua situación económica y encontraron nuevas ocupaciones. Otros incluso alcanzaron a organizar sus propias empresas comerciales y talleres, lo que les permitió reunir algunos ahorros[17].

La situación fue diferente en Misiones; allí la mayoría de los emigrantes polacos, aunque seguían siendo pobres, disponían de una situación económica estable con ciertas excepciones, como fue el caso de la familia Szychowski, que "hizo las Américas"[18]. En la segunda mitad de los años treinta se notaba aún una tendencia de ascenso social: algunos campesinos polacos desplazados llegaron a convertirse en comerciantes e industriales.

Una vez superada la crisis del treinta, se establecieron en Misiones nuevas colonias que correspondieron a un programa de colonización organizada. En 1932-1935, aprovechando la presencia de inmigrantes en asenta-

---

16. Fue entonces cuando se los percibía de manera negativa. Pobres, desnutridos, enfermos, apáticos, y a la vez competidores en el mercado laboral, pronto perdieron la opinión de buenos trabajadores, laboriosos y tranquilos, de la que habían gozado antes. Las autoridades los tachaban también de subversivos, dada la actividad sindical de muchos judíos y ucranianos llegados de Polonia (Klarner-Kosińska, "Polonia w Buenos Aires", pp. 227 y 235).
17. Mandando sus ahorros a Polonia, depositándolos en bancos argentinos y luego (dada la cotización del peso desfavorable) invirtiendo en compra de inmuebles. *Pamiętniki emigrantów...*, pp. 24-28.
18. Otros productores de mate, familias ricas de Apóstoles, eran los Zubrzycki y los Wysocki, y en Corpus, los Rybiński y los Wagner. Stemplowski, "Słowiańskie gospodarstwo rolne w Misiones (1897-1939)", p. 172. Sobre la familia Szychowski véase M. Tuka, *La inmigración polaca en Misiones en Argentina en la primera mitad del siglo xx. El caso de la familia Szychowski*, tesina presentada en el Instituto de Estudios Ibéricos e Iberoamericanos, Universidad de Varsovia, 2004.

mientos polacos ya existentes, se fundaron las colonias Polana, Wanda y Gobernador Lanusse. La iniciativa correspondió en este caso a las autoridades polacas y a las sociedades privadas de colonización[19].

La orientación de la emigración polaca hacia otros destinos como Uruguay y Paraguay comenzó en el período de entreguerras. En el caso del primer país no existió una emigración campesina masiva, solo se instalaron unos 8.500 emigrantes, la mayoría de origen judío, ucraniano y lituano, aunque también arribaron algunos inmigrantes más antiguos procedentes de Argentina y Brasil que se emplearon como obreros y artesanos.

En Paraguay ejercieron las mismas profesiones que en Uruguay. En este ámbito, los inmigrantes fueron muy pocos hasta 1932, fecha en que comenzó el programa de emigración dirigida, apoyado por las autoridades polacas, que colonizó la zona de Encarnación. En la colonia Fram residían 350 de los 500 emigrantes existentes. Un 80% era de nacionalidad ucraniana y había llegado al país en 1935; los demás vivían en colonias vecinas. Fram fue el inicio de un programa de colonización más amplio, el proyecto de la Nueva Polonia, que se desarrolló en 1938 cuando arribaron a la zona 12.000 ciudadanos polacos, aunque una vez más se trataba en su gran mayoría de ucranianos[20].

Aunque la emigración proveniente de Polonia fue en realidad numéricamente insignificante en el Perú, este país desempeñó un papel importante en los planes gubernamentales de colonización polaca en América Latina. Aparte del grupo ya mencionado de ingenieros y exploradores polacos llegados en el siglo XIX, el Perú no atraía a los inmigrantes espontáneos y no fue hasta el año 1924 cuando las autoridades polacas recibieron la propuesta del presidente Leguía, que ofreció parcelas en la cuenca del Ucayali para ser colonizadas. En 1927 y 1928 se concedió un millón de hectáreas al Sindicato Polaco-Americano de Colonización [Polsko-Amerykański Syndykat Kolonizacyjny, fundado en 1924]. Este sindicato era una sociedad privada con fines de lucro, formada por terratenientes y banqueros polacos, apoyada por el Banco de la Economía Nacional polaca [Bank Gospodarstwa Krajowego]. Además, otras 350.000 hectáreas fueron entregadas a la empresa colonizadora de Kazimierz Warchałowski, promotora de otras acciones de colonización en Brasil[21].

---

19. Łukasz, Stemplowski, "Polskie osadnictwo chłopskie...", pp. 299-300.
20. Klarner-Kosińska, "Polonia w Paragwaju", pp. 327-328.
21. Klarner-Kosińska, "Polonia w Peru", pp. 188-189; Koreywo-Rybczyńska, "Polityka Polski wobec emigracji w Ameryce Łacińskiej...", pp. 459-460; Tomaszewski, "Los polacos en el Perú", pp. 78-79; Paradowska (*Podróżnicy i emigranci*, pp. 131-133) habla de unas 500.000 hectáreas (y no de 350.000) concedidas a Warchałowski.

A pesar de la opinión negativa de la comisión enviada por el Ministerio de Asuntos Exteriores polaco para evaluar la viabilidad del proyecto y la retirada del Banco de la Economía Nacional, el Sindicato inició los trabajos para instalar a los colonos. Contó para ello con la colaboración de la Liga Marítima y Colonial [Liga Morska i Kolonialna[22]], que reclutó voluntarios para la colonia Sepa. En 1930 llegaron alrededor de 20 colonos, una parte de ellos, al ver la total desorganización en que se encontraba el emprendimiento, se negó a quedarse y buscó el auxilio del cónsul Witold Szyszłło en Lima. Este hecho provocó comentarios críticos de la prensa peruana. Más tarde abandonaron la colonia también los administradores, sin poder llegar a un acuerdo con el Sindicato al que, en teoría, representaban[23].

Una vez concluido el proyecto de colonización polaca en Perú apoyado por el Estado polaco, Warchałowski, que también había estado involucrado en la instalación de la colonia Sepa, siguió organizando otras iniciativas de colonización con la ayuda de la sociedad privada Colonia Polaca [Kolonia Polska], en un terreno que le había sido concedido. A la colonia Cumaria, situada a relativamente poca distancia de Sepa, llegaron entre 1930 y 1934 unas 100 personas, que en gran parte no eran agricultores y que por tanto no sabían trabajar la tierra. Tampoco ellos encontraron las condiciones que les permitieran sobrevivir. Así fue cómo al poco tiempo los pocos que habían arribado empezaron a abandonar el lugar. Los últimos colonos se marcharon en 1934 a otras regiones del Perú y de forma casi simultánea un grupo de ellos fue trasladado a la colonia polaca Aguia Branca en Espírito Santo, Brasil.

Tampoco resultó exitoso el proyecto del gobierno peruano de impulsar la colonización europea en Satipo. Entre los colonos de múltiples nacionalidades que hacia allí se dirigieron se encontraba un número relativamente significativo de inmigrantes polacos. Estos, al igual que en el caso mencionado anteriormente, terminaron huyendo al no encontrar el terreno preparado para su asentamiento[24].

---

22. Organización social masiva (en 1939 casi 1 millón de miembros), fundada en 1918. Propagaba la problemática del mar y apoyaba el desarrollo de Polonia como potencia marítima, desde 1924 publicaba el mensual *Mar*. Con el tiempo se comprometió más en el programa de colonización ultramarina. Las marchas y manifestaciones masivas de sus miembros y simpatizantes con pancartas en las que se demandaba colonias ultramarinas para Polonia demostraban el grado de arraigo de la idea colonial en la sociedad polaca.
23. Klarner-Kosińska, *Polonia w Peru*, pp. 190-192. Paradowska (*Podrótimes nnicy i emigranci...*, p. 132) habla de 200 colonos polacos llegados en 1929.
24. Sobre las dramáticas condiciones de estancia y posteriores fugas de Cumaria y Satipo, véase Klarner-Kosińska, "Polonia w Peru", pp. 195-198. La opinión so-

El proyecto de colonización polaca en Perú formaba parte de la política oficial emprendida por el gobierno polaco, una vez que el país recuperó su independencia nacional, que intentó por distintos medios promover la emigración rural. Tal política tuvo un doble fin. Por un lado, proponía resolver los problemas internos, a saber, la cuestión agraria y el tema de las minorías. Se trataba de enviar al extranjero tanto a los campesinos que sufrían "hambre de tierra", problema que era irresoluble sin una reforma agraria, y que tampoco podían ser absorbidos en masa por la industria; como así también a ucranianos y judíos, representantes de las minorías más numerosas en el Estado recién recuperado. Se trataba ante todo en este caso de evitar tensiones de carácter nacional.

Por otro lado, el propósito de crear asentamientos compactos de población polaca fuera de las fronteras del país era una pieza de la política colonial e incluso imperial que en Polonia se formulaba el gobierno de esos años. A pesar del credo que exaltaba que "Polonia nunca ha tenido colonias ni ha esclavizado a otros pueblos", se trataba de una política expansionista dentro de la cual las colonias polacas podían actuar como una cabeza de puente para colonizar nuevos territorios.

La política polaca de emigración empezó a formarse ya a comienzos de los años noventa del siglo XIX. En reacción al aumento de la salida de emigrantes se comenzó a formular una tesis que enfatizaba la necesidad de frenar la emigración para preservar la "substancia nacional", ya amenazada por los intentos de rusificación y germanización. Según esta tesis, el mantenimiento de la población en sus tierras originarias fortalecía el carácter polaco del territorio y, por ende, de la nación. Sin embargo, dada la imposibilidad de prohibir los desplazamientos de familias y trabajadores, tanto por sus características fuertemente espontáneas como por falta de instrumentos legales, se cambió el enfoque y se pensó en hacer, en cierta

---

bre el Perú como país de bienestar y la información sobre buenas condiciones de vida para los colonos las negó también Feliks Woytkowski, participante del proyecto, quien luego se fue a Lima y empezó sus estudios sobre la naturaleza del Perú (citado en Paradowska, *Podróżnicy i emigranci*, pp. 134-135). Confirma su juicio el autor de una carta polaca anónima: "Voy a definir la Montaña con una sola palabra: miseria. Sus riquezas proverbiales son una ilusión, un cuento para gringos ingenuos. [...] Los peruanos creen que motivan la emigración polaca al Perú los temores de los 'polacos millonarios' ante el bolchevismo en Polonia, y como tienen allí muchos 'indios polacos' quieren trasladarlos al Perú, y adquiriendo aquí grandes terrenos salvar de esta manera sus capitales" (Expediente del Ministerio de Asuntos Exteriores, legajo 9712, Archiwum Akt Nowych, Varsovia). También en la prensa polaca de aquel entonces aparecieron advertencias ante la emigración a este país: "Los colonos polacos, después de italianos, húngaros, bávaros, constituyen un nuevo ejército de condenados a pagar con su vida los intentos fantásticos de colonizar la Montaña" (*Gazeta Gdyńska*, 23.12.1931).

medida, de la debilidad virtud. Se pasó así a tratar de aprovechar la propia emigración para fortalecer y enriquecer esa nación polaca que según anteriores pronósticos se estaba debilitando debido al éxodo de sus pobladores[25]. Las zonas de concentración de la población polaca en el extranjero pasarían así a contribuir al desarrollo de las relaciones comerciales con los países receptores. Con ello comenzó a formularse también la idea de la expansión territorial a través de la colonización.

En 1894 se fundó en la ciudad de Lvov, donde se había iniciado el debate sobre la política polaca de emigración, la Sociedad Comercial-Geográfica [Towarzystwo Handlowo-Geograficzne], cuyo objetivo era buscar nuevos mercados para los productos industriales polacos, sobre todo a través del mantenimiento de la cooperación económica con los centros de connacionales radicados en el extranjero. En 1899, también en Lvov, se creó la Sociedad de Colonización y Comercio [Towarzystwo Kolonizacyjno-Handlowe], que emprendió actividades de colonización. Esta sin embargo no logró reunir los recursos económicos necesarios para adquirir terrenos en Paraná, Brasil. Otra iniciativa fue la fundación en 1908 de la Sociedad Polaca de Emigración [Polskie Towarzystwo Emigracyjne] que se proponía diseñar una política emigratoria que beneficiara a los intereses nacionales y a la vez proteger a los emigrantes[26].

Recuperada la independencia, en 1920 se organizó dentro del Ministerio de Trabajo polaco la Oficina de Emigración [Urząd Emigracyjny]. Su tarea principal fue la de organizar la repatriación de los polacos que se habían quedado fuera de las fronteras del país. Sus objetivos iniciales pronto fueron ampliados, por lo que la oficina pasó a encargarse también de múltiples cuestiones vinculadas al proceso migratorio, como la investigación y el examen de las posibilidades que se presentaban para organizar empresas colonizadoras en el extranjero. En forma paralela se encargó de impulsar y presentar proyectos de leyes al respecto y de apoyar las iniciativas y las asociaciones dedicadas a impulsar el proceso de colonización. Muy rápidamente surgieron varias asociaciones con ese objetivo. Entre las más importantes cabe mencionar a la Sociedad Polaca Colonial [Polskie Towarzystwo Kolonialne, fundada en 1921], que iba a actuar en cooperación con el gobierno polaco manteniendo contactos con los centros de emigración, para proteger y organizar a sus habitantes, y la Sociedad de Colonización [Towarzystwo Kolonizacyjne, fundada en 1926]. Esta última, que cooperaba con la Oficina de Emigración, iba a encaminar a los emigrantes, de manera planificada, a las regiones elegidas en América La-

---

25. Mazurek, "Polacy w Ameryce Łacińskiej: Piśmiennictwo polskie", p. 43.
26. Koreywo-Rybczyńska, "Polityka Polski wobec emigracji...", pp. 445-448.

tina, a Francia y a sus territorios coloniales en el norte de África y a Canadá. Es decir, hacia ámbitos donde no fueran fácilmente asimilados, para, de tal forma, ampliar las fronteras de Polonia. En la práctica, esto significaba reclutar voluntarios, asegurarles transporte, preparar terrenos para su asentamiento y organizar la vida económica y social de los colectivos polacos en el extranjero[27].

En 1926 se fundó asimismo el Instituto de Investigación de los Asuntos de Emigración y Colonización [Instytut Naukowy do Badań Emigracji i Kolonizacji] que, sin embargo, a causa de las limitaciones financieras tuvo que cesar sus actividades pocos años más tarde, en 1932. El objetivo de la investigación del Instituto (que publicaba también una revista trimestral) era buscar nuevos terrenos para la colonización y evaluar la viabilidad de los proyectos presentados. Asimismo, en la Dieta polaca actuaba el Círculo parlamentario para los asuntos de emigración y colonización, que reunía a más de 50 diputados y senadores de varios partidos políticos.

Aunque, como se ha dicho, se estudiaban también las posibilidades de organizar la colonización polaca en África del Norte[28] y América del Norte, se consideraba a América Latina como el área más prometedora, por la abundancia de tierras, que era un factor clave de atracción para los campesinos polacos; por la presencia de núcleos polacos ya existentes y por la actitud inicialmente favorable de las autoridades de Brasil y Argentina, y también del Perú, hacia estos colonos. A la vez se tomaba en cuenta la supuesta debilidad de los gobiernos de los países mencionados, hecho que, según los cálculos de las autoridades polacas, facilitaría el fortalecimiento de los lazos entre las colonias polacas y la madre patria, por encima de las lealtades debidas al país de acogida.

El afán polaco de entrar en posesión de colonias ultramarinas aumentó en la década de los treinta; el hecho fue confirmado por la decisión que se tomó en 1932 de delegar la mayoría de las tareas de la Oficina de Emigración (hasta aquel momento dependiente del Ministerio de Trabajo) al Ministerio de Asuntos Exteriores. De esta manera, la política emigratoria del país pasó a formar parte de la política exterior. Dentro de ella se esgrimía la tesis de que a Polonia, a diferencia de otras potencias que las habían

---

27. Ibídem, pp. 456-458. La Sociedad de Colonización, además de trabajos de estudio, emprendió la acción de colonización en Espirito Santo cuyo fracaso ya se ha mencionado, y en Francia con efectos parecidos.
28. En 1937, Polonia aceptó con entusiasmo el proyecto del ministerio francés para los asuntos de las colonias de organizar la colonización polaca o judeo-polaca en Madagascar. Con el cambio de gobierno (la caída del gobierno del Frente Popular en 1938) Francia perdió interés en el proyecto.

conquistado antes, le faltaban colonias. De allí la necesidad de dominar nuevos espacios a través de la emigración y colonización y así, sin recurrir a guerras y conquistas, ampliar el territorio nacional.

La política de expansión en América Latina no fue declarada oficialmente, pero se la formulaba en términos claros en documentos internos del Ministerio de Asuntos Exteriores. De uno de ellos, elaborado en 1936, extraemos que "para la posición imperial de Polonia es indispensable la obtención de un factor de influencias políticas en los terrenos extraestatales, pero el objetivo, a larga distancia, es la obtención de la soberanía sobre los nuevos terrenos, fuera del único territorio soberano, hasta ahora, ubicado en la cuenca del Vístula"[29].

Así pues, se proponía la creación en el extranjero de asentamientos polacos económicamente fuertes. Estos núcleos desarrollarían su agricultura e industria que se relacionarían con Polonia mediante un intercambio comercial intenso. Luego, estos enclaves polacos con sus propias empresas, fábricas y oficinas iban a ser extraídos de los territorios bajo la jurisdicción de sus Estados respectivos formando la extensión ultramarina del territorio soberano polaco[30]. De acuerdo con esta idea surgida ya a finales del siglo XIX, entre 1933 y 1934 se diseñó el proyecto de fundar Nueva Polonia en la zona limítrofe de Brasil, Argentina y Paraguay, adonde, además de los emigrantes que partirían de Polonia (se preveía que solo se reubicarían los de nacionalidad polaca) se iba a trasladar gradualmente a todos los polacos ya residentes en América Latina[31].

En 1933, después de haber estudiado las posibilidades de realizar el proyecto, como es obvio sin que las autoridades brasileñas tuvieran conocimiento de ello, dentro del "pequeño plan de colonización" se empezó a comprar tierras en Paraná, y se establecieron allí nuevas colonias polacas. Tras el éxito relativo de este proyecto, apoyado fuertemente por la Liga Marítima y Colonial, se pasó al "gran plan de colonización", o sea, "la segunda etapa de la conquista de Paraná". Se planeó fundar en la zona decenas de colonias polacas, apoyar su desarrollo económico y luego introducir la administración colonial según el modelo francés[32].

---

29. Cit. en T. Łepkowski, "La presencia de la emigración polaca en América Latina", p. 224.
30. Parecía viable tal concepto, pues ya a finales del siglo XIX los políticos e intelectuales polacos esperaban que se produjera la desintegración del sur de Brasil dando lugar al surgimiento de Nueva Italia (São Paulo), Nueva Alemania (Santa Catarina) y, junto con ellas, Nueva Polonia (Paraná). Mazurek, "Polacy w Ameryce Łacińskiej...", p. 43.
31. Koreywo-Rybczyńska, "Polityka Polski wobec emigracji...", pp. 469, 472.
32. M. Krasicki, "Polska 'akcja kolonialna' w Ameryce Łacińskiej w latach 1929-1939", *Dzieje Najnowsze*, 1977, 4, pp. 11-14.

El Ministerio de Asuntos Exteriores, inicialmente cauteloso al recordar las acciones de colonización fracasadas anteriormente, apoyó en 1936 el "plan de gran concentración" que suponía organizar en la zona limítrofe, en la región de Iguazú, un centro de la emigración nacional, un enclave polaco soberano con su propia administración. Dentro de este plan que iba a ser realizado hasta los años cincuenta, la Sociedad Internacional de Colonización [Międzynarodowe Towarzystwo Osadnicze, fundada en 1936] cuyo capital accionista provenía del Banco Agrícola Nacional y del Ministerio de Asuntos Exteriores, y que tendría como subordinadas a las sociedades de colonización locales en Argentina y Paraguay, empezó a adquirir parcelas en estos países con el fin de ampliar las zonas de asentamiento polaco ya existentes. Aunque se logró comprar tales áreas, resultó más difícil atraer colonos ya que desde Polonia llegaron alrededor de un centenar de personas, a las que se unieron unos cuatro mil emigrantes polacos que ya residían en Brasil y Paraguay. Al no encontrar condiciones adecuadas para su asentamiento, ya que no estaba preparado el terreno para su llegada, muchos de ellos pronto abandonaron la zona. En tales condiciones la Sociedad Internacional de Colonización cesó en 1939 su actividad, liquidando la mayoría de los asentamientos recién organizados.

Desde 1937 también se llevaron a cabo emprendimientos de colonización polaca en Rio Grande do Sul, donde un año más tarde había alrededor de 80.000 emigrantes polacos, de los cuales más de una tercera parte era de nacionalidad ucraniana[33]. También en 1937 empezó una nueva etapa de colonización polaca en Paraná, mucho menos exitosa que en el período 1933-1936. Allí los colonos no solo abandonaron la zona desilusionados con las condiciones de vida que encontraron, sino que también tuvieron dificultades en la adquisición de sus parcelas. En esos años la política llevada a cabo por el presidente Getúlio Vargas dificultaba la inmigración. A ello se sumaba la desconfianza que en las autoridades del estado de Paraná despertaban las actividades de la Sociedad Internacional de Colonización y de la Liga Marítima y Colonial. En 1939 ambas instituciones se retiraron de dicho estado abandonando los planes de crear un enclave polaco en América Latina.

A pesar del fracaso de prácticamente todos los ambiciosos planes de colonización llevados a cabo hasta entonces, las autoridades polacas continuaron buscando nuevas oportunidades para realizar sus propósitos. En 1937 se negociaron acuerdos que permitirían la emigración polaca a Bolivia (el acuerdo firmado con este país no llegó a ser ratificado) y Paraguay

---

33. Ibídem, p. 16. En este estado ya a mediados de los años veinte residían más de 60.000 emigrantes de Polonia. Smolana, "Za Ocean…", p. 52.

y se intentó también reanudar la emigración al Perú. A la vez se iniciaron conversaciones con Venezuela, donde se pretendía concentrar emigrantes polacos de nacionalidad judía, y con Brasil. Este país se consideraba, según los nuevos planteamientos, el destino de los emigrantes ucranianos de Polonia[34]. Estos planes tardíos de emigración no llegaron a tomar cuerpo, y pronto el estallido de la Segunda Guerra Mundial puso fin a la política colonial y expansionista de Polonia.

Aun antes de esta derrota, que reveló la debilidad de la II República, tal política resultó un fracaso rotundo, a pesar de las iniciativas de colonizar nuevos territorios tomadas hasta los últimos meses de su existencia y, especialmente, de la creación de toda una red de instituciones comprometidas en su realización. El gobierno y también las empresas implicadas concebían los planes de emigración y colonización prescindiendo de sus posibilidades de ejecución. Se pretendía enviar polacos a ultramar para que trabajaran allí por el bien de su patria sin tomar en consideración que en los años treinta ya la tendencia emigratoria prácticamente se había agotado. De ahí que resultara tan difícil encontrar voluntarios-colonos en Polonia, cuestión esta a la que no pudieron poner remedio las iniciativas administrativas de "prestar" o trasladar de un país a otro a los emigrantes polacos ya residentes en América Latina. A este desfase con respecto al ciclo migratorio se sumaron las capacidades limitadas de Polonia, país que recién había recuperado su independencia y cuya tarea principal era reincorporar y en buena medida reunificar el territorio y la población repartidos antes de 1918 entre las tres potencias ocupantes. Faltó tanto el capital, público y privado, como también la experiencia para organizar y administrar este tipo de emprendimientos.

No facilitó la situación el menosprecio mantenido por parte de Polonia, como supuesta "potencia", con respecto a los Estados latinoamericanos, receptores potenciales de la emigración polaca, a los que consideraba "débiles". A esta actitud arrogante le acompañaba la postura despectiva mantenida con la población de estos países y de su cultura, sobre todo la brasileña, pero también la argentina. Las opiniones sobre la "misión civilizadora" de los europeos, los polacos incluidos, o la superioridad de la raza blanca expresadas por los representantes de las instituciones polacas encontraban su resonancia entre los emigrantes polacos, alimentando prejuicios étnicos y posturas xenófobas[35].

---

34. Koreywo-Rybczyńska, "Polityka Polski wobec emigracji...", pp. 470-471; M. Kula, *Wstęp*, en *Dzieje Polonii...*, *op. cit.*, p. 29.
35. T. Paleczny, "Kształtowanie się obrazu Polonii latynoamerykańskiej w świadomości społeczeństwa polskiego", en T. Paleczny (ed.), *Emigracja. Polonia, Ameryka Łacińska*. Warszawa, CESLA, 1996, pp. 20, 35; Kula, "Ameryka bliska i

El propósito de las autoridades polacas era desarrollar su cultura nacional, supuestamente superior, en el seno de sus comunidades en el extranjero, separarlas del contexto socio-cultural del país receptor, y por lo tanto hacerlas mantener a toda costa unos rasgos de identidad esenciales de la cultura polaca. El precio que los inmigrantes polacos pagaron por este rechazo a los lógicos procesos de asimilación a las culturas y sociedades receptoras fue alto. El retraso en asimilarse, consecuencia en buena medida inevitable de esas políticas, redundó en el mantenimiento de su aislamiento, lo que obstaculizó su ascenso social y acentuó la imagen del inmigrante polaco como extranjero, pobre y atrasado.

Estos inmigrantes, como se ha dicho, repetían en múltiples ocasiones las opiniones sobre el "Brasil maldito" y "el país salvaje" donde sufrían "trabajando como esclavos", expuestos, además, a "escarnios y maltratos de parte de los salvajes". Uno de los colonos que arribaron al Brasil en 1931, y que luego se asentaron en Espírito Santo debido a las condiciones insoportables creadas por los organizadores polacos en su primer destino, destacó la ingratitud de Brasil, "el país bruto" antes de la llegada de los polacos, quienes "lo enriquecieron e introdujeron la cultura". Esta persona evoca Polonia como "el país aún joven pero bello, desarrollado mentalmente, fuerte y cultural", describiéndola como "una señorita guapa y joven, dorada y vestida de seda", tan distinta de Brasil que es como "una bruja vieja, harapienta y además ciega, un país salvaje, sin ninguna cultura ni educación religiosa y moral"[36].

No obstante, como indica otro emigrante, se daba lentamente el proceso de asimilación: "Nuestros padres no disfrutaron en este país y no conocieron este país brasileño. Todavía hoy por varias colonias viven viejecitas que apenas hablan brasileño, pero nosotros, nacidos en Polonia y llegados de niños, no vemos ninguna diferencia entre los brasileños, y se entiende la costumbre y las leyes, no todos conocen las leyes, pero para nosotros todo aquí es simple, todo abierto"[37].

Tales procesos se desarrollaban a pesar de los propósitos de las autoridades polacas, cuya política de emigración pecó no solo de arrogante respecto a los países latinoamericanos de acogida, sino también de instrumental respecto a sus propios ciudadanos tratados como "carne de migración", al servicio de los intereses de su patria, y no como individuos cuya suerte estaba en juego. Se trataba de gente humilde que hubiesen requerido una atención y un apoyo especiales.

---

daleka", pp. 80-81; Łepkowski, "La presencia de la emigración polaca en América Latina", p. 224.
36. *Pamiętniki emigrantów...*, pp. 62-72.
37. Ibídem, p. 201.

En lugar de proteger los intereses de los emigrantes, facilitando las condiciones de vida en el nuevo país, se los mantenía aislados de la sociedad receptora, llegando inclusive a pretender segregar en diferentes colonias a los ciudadanos polacos de nacionalidad polaca, ucraniana y judía. Además, se los trasladaba de un país a otro, según los sucesivos planes de "concentración", o se los abandonaba a su propia suerte al retirarse las instituciones polacas cuando fracasaban los proyectos particulares. Aunque aún estaban más desamparados todavía los emigrantes polacos que no formaban parte de los planes oficiales de colonización[38].

La Segunda Guerra Mundial[39] y el cambio de régimen en Polonia originaron en 1947-1949 la última oleada de emigración a América Latina, la así llamada emigración militar, ya que estaba compuesta predominantemente por ex soldados del ejército polaco formado en Occidente. La gran mayoría de este grupo de más de 10.000 personas, compuesto sobre todo por polacos pertenecientes a la *intelligentsia*, se dirigió en especial a Argentina, y mayormente escogieron su capital, ya que para entonces y en comparación con otros países, esta república tenía vías de acceso más fácil para los refugiados.

Al principio, aquellos oficiales de carrera, ingenieros y médicos trabajaron como obreros sufriendo difíciles condiciones económicas, pero con el tiempo, una vez convalidados sus respectivos diplomas, muchos recuperaron sus profesiones, mientras que otros lograron una mejora económica estableciendo sus propios talleres o pequeñas fábricas[40]. Hostiles respecto al nuevo régimen polaco, no contaron con su apoyo, debiendo su ascenso gradual en la sociedad receptora a sus propios esfuerzos.

---

38. Tal fue el caso de la emigración espontánea de Polonia a Cuba (que frecuentemente iba a ser el país de tránsito en el camino hacia EE. UU.). Los emigrantes, gente pobre y sin cualificar, sufrían extrema miseria, sobre todo los de nacionalidad polaca y ucraniana, predominantemente agricultores, que constituían una minoría (comparado con un 70% de origen judío), sin que pudieran contar con cualquier forma de protección de parte de las instituciones polacas. La repatriación, organizada por fin en 1934, se limitó a financiar el regreso de tan solo 100 personas (casi exclusivamente polacos étnicos, y que no representaran "ideas subversivas"). Kula, "Polonia na Kubie", pp. 133, 140, 153.
39. Durante la cual se reclutaron en América Latina voluntarios al ejército polaco formado en Europa Occidental. Al llamamiento del general Sikorski contestaron unos 2.000 emigrantes y sus descendientes, sobre todo de Argentina (1.200) y de Brasil (580) (Koreywo-Rybczyńska, "Polityka Polski wobec emigracji", p. 478).
40. Smolana, *Za Ocean...*, p. 67; Smolana, *Polonia w Argentynie...*, p. 217. Otra autora calcula en 20.000 el número de ex militares polacos llegados solo a Argentina (Klarner-Kosińska, *Polonia w Buenos Aires*, pp. 240-241). Mientras tanto Łepkowski ("La presencia de la emigración polaca en América Latina", p. 226) afirma que en 1945-1950 llegaron a Argentina y Brasil unos 30.000 refugiados polacos.

Bibliografía

Klarner-Kosińska, Izabela, "Polonia w Peru", en Marcin Kula (ed.), *Dzieje Polonii w Ameryce Łacińskiej*. Wrocław, Ossolineum, 1983, pp. 181-201.
— "Polonia w Buenos Aires", en Marcin Kula (ed.), *Dzieje Polonii w Ameryce Łacińskiej*. Wrocław, Ossolineum, 1983, pp. 218-246.
— "Polonia w Paragwaju", en Marcin Kula (ed.), *Dzieje Polonii w Ameryce Łacińskiej*. Wrocław, Ossolineum, 1983, pp. 323-331.
Koreywo-Rybczyńska, Maria Teresa, "Polityka Polski wobec emigracji w Ameryce Łacińskiej. Od mirażu ekspansji do polityki współpracy", en Marcin Kula (ed.), *Dzieje Polonii w Ameryce Łacińskiej*. Wrocław, Ossolineum, 1983, pp. 442-480.
Krasicki, Marek, "Polska 'akcja kolonialna' w Ameryce Łacińskiej w latach 1929-1939", *Dzieje Najnowsze*. Warszawa, 1977/194, pp. 3-20.
Krzywicki, Ludwik, *Pamiętniki emigrantów. Ameryka Południowa*, Warszawa, Instytut Gospodarstwa Społecznego, 1939.
Kula, Marcin, "Wstęp", en Marcin Kula (ed.), *Dzieje Polonii w Ameryce Łacińskiej*. Wrocław, Ossolineum, 1983, pp. 7-37.
— "Polonia na Kubie", en Marcin Kula (ed.), *Dzieje Polonii w Ameryce Łacińskiej*. Wrocław, Ossolineum, 1983, pp. 128-156.
— "Ameryka bliska i daleka", en Tadeusz Paleczny (ed.), *Emigracja. Polonia, Ameryka Łacińska*. Warszawa, CESLA UW, 1996, pp. 55-83.
Łepkowski, Tadeusz, "La presencia de la emigración polaca en América Latina y la política cultural de Polonia en este continente", *Estudios Latinoamericanos*, vol. 4, Wrocław, 1978, pp. 221-232.
Łukasz, Danuta y Ryszard Stemplowski, "Polskie osadnictwo chłopskie w argentyńskim Misiones od końca XIX w. do lat trzydziestych XX w.", en Marcin Kula (ed.), *Dzieje Polonii w Ameryce Łacińskiej*. Wrocław, Ossolineum, 1983, pp. 246-308.
Mazurek, Jerzy, "Polacy w Ameryce Łacińskiej: Piśmiennictwo polskie", en Ryszard Stemplowski (ed.), *Polacy, Rusini i Ukraińcy, Argentyńczycy. Osadnictwo w Misiones 1892-2009*. Warszawa, Muzeum Historii Polskiego Ruchu Ludowego/Instytut Studiów Iberyjskich i Iberoamerykańskich UW, 2011, pp. 39-58.
Miodunka, Władysław, "'O negro de Paraná é o polaco' czyli o przemianach tożsamości polskiej w Brazylii", en Tadeusz Paleczny (ed.), *Emigracja. Polonia, Ameryka Łacińska*. Warszawa, CESLA UW, 1996, pp. 159-175.
Paleczny, Tadeusz, "Kształtowanie się obrazu Polonii latynoamerykańskiej w świadomości społeczeństwa polskiego", en Tadeusz Paleczny

(ed.), *Emigracja. Polonia, Ameryka Łacińska*. Warszawa, CESLA UW, 1996, pp. 13-35.

PARADOWSKA, Maria, *Podróżnicy i emigranci: szkice z dziejów polskiego wychodźstwa w Ameryce Południowej*. Warszawa, Interpress, 1984.

SMOLANA, Krzysztof, "Za Ocen po lepsze życie", en Marcin Kula (ed.), *Dzieje Polonii w Ameryce Łacińskiej*. Wrocław, Ossolineum, 1983, pp. 39-67.

— "Polonia w Brazylii. Rys historyczny", en Marcin Kula (ed.), *Dzieje Polonii w Ameryce Łacińskiej*. Wrocław, Ossolineum, 1983, pp. 332-336.

— "Polonia w Argentynie. Rys historyczny", en Marcin Kula (ed.), *Dzieje Polonii w Ameryce Łacińskiej*. Wrocław, Ossolineum, 1983, pp. 215-218.

STEMPLOWSKI, Ryszard, "Słowiańskie gospodarstwo rolne w Misiones (1897-1939)", en Ryszard Stemplowski (ed.), *Polacy, Rusini i Ukraińcy, Argentyńczycy. Osadnictwo w Misiones 1892-2009*. Warszawa, Muzeum Historii Polskiego Ruchu Ludowego/Instytut Studiów Iberyjskich i Iberoamerykańskich UW, 2011, pp. 135-194.

TOMASZEWSCY, Małgorzata i Wojciech, "Los polacos en el Perú", en Francisco Rodríguez (ed.), *Relaciones entre Polonia y Perú. Pasado y presente*. Warszawa, CESLA UW, 1998, pp. 69-89.

TUKA, Marta, *La inmigración polaca en Misiones en Argentina en la primera mitad del siglo* XX. *El caso de la familia Szychowski*, tesina presentada en el Instituto de Estudios Ibéricos e Iberoamericanos, Universidad de Varsovia, 2004.

WALASZEK, Adam, "Polska diaspora", en Jan Zamojski (ed.), *Migracje i społeczeństwo*, vol. 6 *Diaspory*. Warszawa, Neriton, 2001, pp. 9-39.

— *Migracje Europejczyków 1650-1914*. Kraków, Wyd. Uniwersytetu Jagiellońskiego, 2007.

Directrices matrimoniales en la economía cafetalera de São Paulo, 1860-1930[1]

Oswaldo Mario Serra Truzzi
Profesor asociado de UFSCAR e investigador del CNPq, Brasil

Introducción

El objetivo de este trabajo es presentar y discutir las directrices matrimoniales predominantes en São Carlos entre los años 1860 y 1930. Situada en el centro de São Paulo, São Carlos fue fundada en 1857 y se convirtió al final del siglo XIX en un municipio muy representativo de la economía cafetalera que se desarrolló en el estado. En 1884, por iniciativa de las élites agrarias locales, el ferrocarril había llegado a la región, constituyendo un poderoso incentivo para expandir sus cultivos. Contando con una fuente de trabajo compuesta, al principio, por esclavos negros, a partir de la década de 1880 la ciudad comenzó a recibir un número muy significativo de inmigrantes europeos –italianos, portugueses y españoles, especialmente– para trabajar en las plantaciones de café, de tal manera que en 1894 alcanzó el mayor contingente de inmigrantes de toda la economía cafetalera paulista[2].

Esta afluencia de inmigrantes representó un gran impacto en la composición de la población local, como se puede ver en la tabla 1, que resume sus contingentes, en términos absolutos y porcentuales, en las dos décadas posteriores a la abolición de la esclavitud.

---

1. Agradezco a la FAPESP, el CNPq, la Curia Diocesana de São Carlos y a su personal el acceso a los registros parroquiales de matrimonio. Una versión anterior del artículo fue publicada en portugués en la *Revista Brasileira de Estudos de População*, vol. 29, n.º 1, São Paulo, ene./jun. 2012.
2. Oswaldo Truzzi, *Café e Indústria: São Carlos, 1850-1950*. São Paulo/São Carlos, Imprensa Oficial do Estado/EdUFSCar, 3.ª ed., 2007.

Entre 1886 y 1907, la población del municipio, además de duplicarse, cambió considerablemente en cuanto a su composición racial, gracias a la gran afluencia de inmigrantes europeos y, en menor grado, a la salida de ex esclavos del lugar. En 1886, de las 16.104 personas que vivían en el municipio, el 37% fue inventariado como negro o pardo; en 1907, negros y mulatos no superaron una octava parte de la población. Los caboclos de 1886 fueran subsumidos en el año 1907, ya sea como blancos o mulatos, probablemente en función del color y de la posición social de cada individuo. Lo mismo, por supuesto, habrá ocurrido con la categoría de color *pardo*, una categoría que, en tiempos cercanos a la abolición, sirvió también para designar, en algunas zonas del país, la condición de libres.

Tabla 1. Población según nacionalidad y color, 1886 y 1907 (n° y %)

Año	Brasileños blancos	Extranjeros blancos	"Caboclos"	"Pardos"	"Mulatos"	Negros	Total
1886	5.209 (32,3)	2.039 (12,7)	2.906 (18,0)	1.957 (12,2)	-	3.993 (24,8)	16.104 (100)
1907	18.568 (48,1)	15.258 (39,4)	-	-	1.001 (2,6)	3.815 (9,9)	38.642 (100)

Fuente: Empadronamiento de 1886 y 1907, São Carlos.

Entre los 5.950 negros o pardos de 1886, más de la mitad (2.982) eran todavía esclavos, 1.277 *ingenuos* (niños de esclavas libres, beneficiadas por la Ley del Vientre Libre de 1871), mientras que 1681 eran libres o individuos ya nacidos libres. Esta población va a perder peso relativo, sobre todo con la llegada de los extranjeros. Estos, que en 1886 representaban el 12,7% de la población (más de la mitad italianos), en 1907 ascendieron el 39,4% (casi tres cuartas partes italianos), más que septuplicando su contingente en términos absolutos. Además, la población blanca fue también aumentada por la llegada de brasileños blancos (cuyo volumen absoluto fue más que triplicado) que llegarán al municipio atraídos por la prosperidad de sus cosechas. El gráfico 1 muestra las pirámides de edad de extranjeros y brasileños en 1907, la primera de ellas, conformada por una población inmigrante: más hombres que mujeres, pocos niños pequeños y un claro predominio de personas en edad productiva y reproductiva. Esto demuestra que, con la llegada de los inmigrantes, sobre todo a partir de la última década del siglo xix, se abrió un nuevo panorama demográfico.

DIRECTRICES MATRIMONIALES EN LA ECONOMÍA   151

Gráfico 1. Pirámides de edad de extranjeros y brasileños, São Carlos 1907

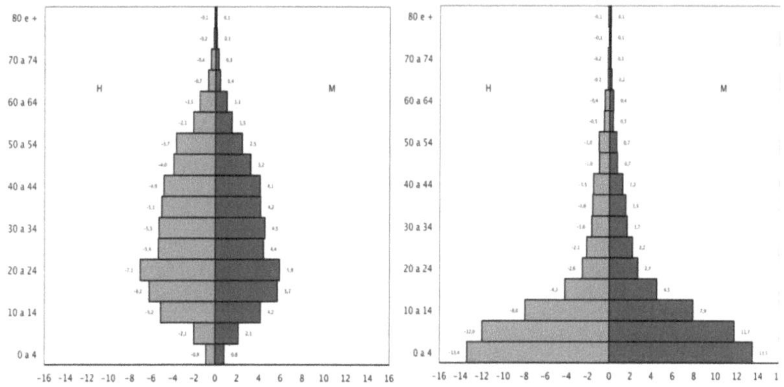

Fuente: Empadronamiento de 1907, São Carlos.

Entre los inmigrantes extranjeros, los italianos se impusieron ampliamente, alcanzando casi el 30% de la población del municipio en su conjunto. Pero no fueron solo los brasileños e italianos quienes dieron forma a la población. Además de estos grandes grupos, el 10% restante incluía españoles, portugueses, alemanes, turcos (en realidad sirios y libaneses) y otros grupos de personas numéricamente menos significativos. Una comparación entre los años 1907, 1920 y 1934 de los grupos nacionales más importantes se encuentra en la tabla 2.

Tabla 2. Población por nacionalidad, 1907, 1920 y 1934 (n° y %)

	Brasileños	Italianos	Portugueses	Españoles	Alemanes	Turcos	Otros	Total
1907	23.375 (60,5)	11.339 (29,3)	1.631 (4,2)	1.670 (4,3)	209 (0,5)	114 (0,3)	304 (0,8)	38.642 (100)
1920	40.894 (75,4)	8.235 (15,2)	1.948 (3,6)	2.141 (3,9)	202 (0,4)	212 (0,4)	593 (1,1)	54.225 (100)
1934	44.724 (86,6)	4.185 (8,1)	950 (1,8)	1.109 (2,1)	119 (0,2)	150 (0,3)	383 (0,7)	51.620 (100)

Fuente: Empadronamiento de 1907, São Carlos, Empadronamiento de 1920 y Empadronamiento de 1934, Brasil, São Paulo (los porcentajes no suman exactamente 100% debido a las aproximaciones decimales).

Si la distribución por nacionalidades registra que los brasileños constituían en 1907 más del 60% de la población del municipio y, en 1920, más del 75%, no se puede olvidar, sin embargo, que entre esos brasileños están inscritos muchos hijos de extranjeros nacidos en Brasil, debido a la norma vigente del *jus soli*[3]. En 1934, por supuesto, este proceso es más acentuado.

En cuanto al momento de la llegada de los inmigrantes extranjeros, se puede decir que los alemanes, aunque poco numerosos, fueron los primeros en la región, seguidos por los italianos, que han conformado la mayor parte de las huestes hasta principios del siglo xx. Desde entonces, los españoles constituyeron el grupo numéricamente más importante, seguidos por los portugueses, estos también presentes desde el inicio del período de la inmigración[4].

Nuestro interés es, por lo tanto, investigar el comportamiento matrimonial de los distintos grupos –especialmente de los inmigrantes extranjeros– que concurrieron a São Carlos, tratando de inferir, en la medida de lo posible, cómo evolucionaron las opciones maritales en la economía cafetalera de São Paulo en el período estudiado. Se intentará interpretar tales modelos en términos de sus consecuencias para la persistencia de las identidades étnicas de origen y el *timing* especifico de incorporación plena de los inmigrantes a la sociedad paulista.

Sociológicamente, el matrimonio lleva consigo toda una serie de significaciones: estrategia de selección de parejas, de negociación entre las familias, de reproducción del grupo, y –en el caso de los inmigrantes– señala la voluntad de permanecer en el país de destino y la fuerza de las identidades de origen. Aunque no haya una variable que pueda reflejar por sí sola el proceso de asimilación o la preservación de la identidad étnica de estos grupos, sin duda el matrimonio es una de las más importantes[5].

Interpretado como un momento de condensación y afinidades entre distintos grupos, el matrimonio presenta, en relación con otros indicadores, la ventaja de ser un acto específico que se puede medir objetivamente. Por lo tanto, en la medida en que la percepción (interiorizada) o presión (ejercida socialmente, por ejemplo, por la familia) de diferencias cultu-

---

3. Término latino que significa "derecho del suelo" e indica un principio por el que se concede la nacionalidad a un individuo en función de su lugar de nacimiento. El *jus soli* se contrapone al *jus sanguinis*, que determina el "derecho de la sangre". El *jus soli* se aplicó principalmente por los países que recibieron gran afluencia de inmigrantes, con la finalidad de crear vínculos permanentes entre estos nuevos ciudadanos y el territorio donde vivían.
4. Truzzi, *Café e Indústria*, p. 58.
5. Clásicamente, la bibliografía se utiliza, además de las directrices matrimoniales, del análisis de la distribución espacial (normas residenciales) de los grupos étnicos y de su sociabilidad, medida por la pujanza de las asociaciones étnicas. Véase Fernando Devoto, *Historia de la inmigración en la Argentina*. Buenos Aires, Sudamericana, 2004.

rales significativas entre distintos orígenes –regiones y países– influencia preferencias matrimoniales, el matrimonio puede ser tomado como indicador de la fuerza de la identidad étnica: "En el caso de los inmigrantes, su estudio ayuda a medir el grado de asimilación o de resistencia del grupo para con la tierra hospedera"[6].

Influenciar la preferencia matrimonial no significa determinar. En general, Míguez y otros[7] argumentan que hay al menos cuatro factores (aunque sea difícil aislar los mismos) que se articulan en la selección del cónyuge: el atractivo físico (plan instintivo), la complementariedad de personalidades (plan psicológico), la compatibilidad de directrices, valores y comportamientos culturales (plan cultural) y los factores de presión social externos al individuo (plan social). Como estos dos últimos factores están estrechamente relacionados a la identidad étnica de cada individuo o grupo de individuos, las directrices matrimoniales proporcionan cierta aproximación al grado de homogeneización étnico/racial de una sociedad receptora de inmigrantes, actuando a la vez como causa y consecuencia de los procesos de integración social.

Metodológicamente, el estudio compila y analiza los registros parroquiales de matrimonio relativos al municipio entre los años 1860 y 1930. Entre las fuentes disponibles, la Curia Diocesana resulta más apropiada que el Registro Civil por tener registros de mayor precisión del origen de los cónyuges. Además, en el período histórico investigado, los sacerdotes católicos eran parte de la minoría alfabetizada capaz de registrar los acontecimientos y la Iglesia católica desempeñaba un papel central, predominando en distintos aspectos de la vida socio-cultural de la gente del pueblo, tanto brasileños como extranjeros. En muchos casos, se puede considerar la actuación de la Iglesia más fuerte y constante que la de los notarios públicos, especialmente en el caso de los inmigrantes de origen latino-mediterráneo.

Las informaciones contenidas en los registros son: fecha y lugar de celebración del matrimonio, nombres de los cónyuges, sus edades y respectivas nacionalidades[8], nombres de los padres y padrinos y, muy raramente, las profesiones de los cónyuges. Para seleccionar los datos de la búsqueda,

---

6. María S. Bassanezi, "Sposarsi nel Brasile: alguns aspectos da nupcialidade entre imigrantes italianos", en Luis De Boni (org.), *A Presença Italiana no Brasil*, vol. III. Porto Alegre y Torino, EST y Fondazione Giovanni Agnelli, 1996, p. 267.
7. Eduardo Míguez *et alii*, "Hasta la Argentina nos una: reconsiderando las pautas matrimoniales de los inmigrantes, el crisol de razas y el pluralismo cultural", *Hispanic American Historical Review*, vol. 71, n°. 4, 1991, p. 783.
8. Hay pocas variaciones en las informaciones registradas, las principales se refieren a la minuciosidad del lugar de nacimiento y al registro o no de las edades de los cónyuges.

se elaboró una tabla con algunos de estos campos. Después de llenas, las tablas fueron digitalizadas en un *software* específico para facilitar el análisis de los datos reunidos.

Al igual que cualquier fuente documental, su empleo tiene ventajas y limitaciones. Entre las primeras, la principal es el registro relativamente detallado de informaciones sobre el lugar de nacimiento de los cónyuges (no solo de la nacionalidad), lo que permite inferir pautas endogámicas regionales para una misma nacionalidad.

Entre las principales desventajas del uso de tal fuente, la más grave es la relativa a la ausencia de informaciones acerca del color de los cónyuges (aunque haya mención a la condición de esclavos con anterioridad a 1888), lo que sería particularmente interesante desde el punto de vista del análisis racial de preferencias matrimoniales. Otras deficiencias, sin embargo, aunque menos importantes, deben ser mencionadas: a) la falta de distinción entre habitantes urbanos y rurales (de lo que sería posible poner a prueba la hipótesis de la influencia del lugar de domicilio acerca de las opciones maritales, particularmente la de una menor endogamia para los primeros, con sujeción a un mercado matrimonial más diversificado)[9], b) el hecho de que los registros no reflejen las llamadas uniones consensuales, que pueden tener cierta relevancia, sobre todo por tratarse de un municipio a que acudieron muchos inmigrantes[10] y, finalmente, c) la ausencia de informaciones sobre matrimonios de los no católicos, evaluada poco significativa debido a los grupos que constituyeron la población local.

Universo analizado y medición de la endogamia

En el período analizado, hubo 15 011 matrimonios en São Carlos, con la participación de 30.022 cónyuges. De este total, el 95,3% (28.603) tuvieron sus respectivas nacionalidades identificadas. Una visión general de la evolución del número de matrimonios católicos registrados en el período

---

9. Se sabe, sin embargo, que en el año 1907, la población de los hogares rurales representaron el 78% de la población total del municipio (cf. Oswaldo Truzzi y María S. Bassanezi, "População, grupos étnico-raciais e economia cafeeira: São Carlos, 1907", *Revista Brasileira de Estudos da População*, vol. 26, n°. 2, 2009, pp. 197-218). En 1934, después de la gran crisis cafetalera y el éxodo rural resultante, esa proporción disminuyó al 60% (Empadronamiento de 1934).
10. Un indicador aproximado de las uniones consensuales es la tasa de nacimientos ilegítimos, cuyo valor en 1886 fue de poco más del 20% para el municipio. Cf. María S. Bassanezi, (org.), *São Paulo do passado – dados demográficos*. Campinas, NEPO/Unicamp, CD-ROM, 2000.

se puede observar en el gráfico 2. La línea superior totaliza el número de matrimonios de esclavos (hasta 1888) y de libres, ocurridos en la iglesia matriz de São Carlos y en parroquias de Ibaté (desde 1906) y Santa Eudoxia (desde 1910), barrios alejados del núcleo urbano principal del municipio.

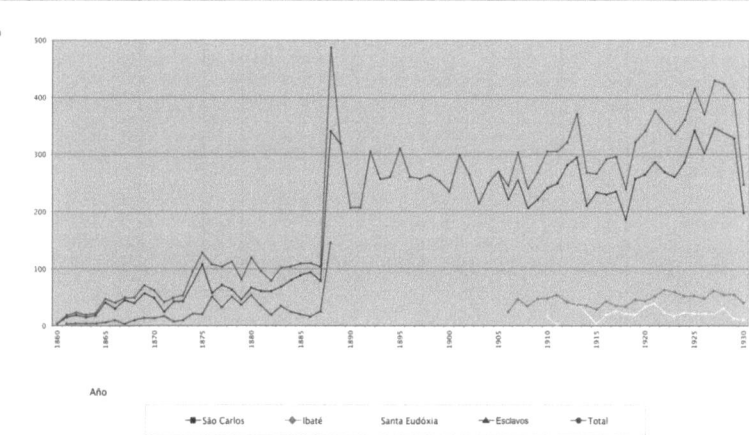

Gráfico 2. Número de matrimonios católicos celebrados en São Carlos, 1860-1930

Fuente: libros parroquiales de registro de matrimonios, 1860-1930.

Entre los aspectos más significativos cabe señalar, claramente: el aumento del número de matrimonios en las tres primeras décadas; el pico abrupto de matrimonios celebrados en ocasión de la abolición de la esclavitud y su posterior estabilización en un nivel considerablemente superior al del período anterior; la disminución relativa de los matrimonios durante la Primera Guerra Mundial, la reanudación del crecimiento en el número de matrimonios hasta la abrupta caída en el año (de crisis) de 1930.

¿En qué grado los miembros de un determinado origen se casaban entre sí y cómo este patrón ha cambiado con el tiempo? Existen en la literatura varios indicadores de la endogamia matrimonial (o exogamia) y, de entre ellos, los más utilizados son el porcentaje de endogamia, en función del sexo y el índice de endogamia, este calculado para todo el grupo, independientemente del sexo. Al tener ventajas y desventajas cada uno de estos indicadores, su empleo complementario es oportuno. Para ilustrar la diferencia entre los indicadores, es interesante comparar dos situaciones hipotéticas, resumidas en la tabla 3.

Tabla 3. Cálculo del porcentaje de endogamia: dos situaciones distintas

Situación 1					Situación 2				
		Mujeres		Endogamia masculina de 50 % (mitad de los hombres A se casan con mujeres A)			Mujeres		Endogamia masculina de 50 % (mitad de los hombres A se casan con mujeres A)
		A	Otras	Total homb.			A	Otras	Total homb.
Hombres	A	8	8	16		Hombres	A	8	8	16
	Otros	0	2	2			Otras	72	8	80
	Total mujeres	8	10	18			Total mujeres	80	16	96
	Endogamia femenina de 100% (las 8 mujeres A se casan con hombres A)					Endogamia femenina de 10% (solo 8 mujeres A se casan con hombres A)			

Fuente: elaboración propia del autor.

Hay que tener en cuenta que el cálculo del porcentaje de endogamia masculina para los de origen A produce el mismo resultado (50%) para las dos situaciones, aunque sean bastante distintas. En realidad, en la primera los 16 hombres de origen A aprovechan para casarse con las ocho mujeres disponibles del mismo origen (ocho de los hombres tienen que casarse con mujeres de otros orígenes). En el segundo caso, hay muchas más mujeres disponibles de origen A (80), a pesar de lo cual, de esos mismos 16 hombres, solo ocho se casan con ellas. Esto significa que la razón de sexo entre los cónyuges disponibles de un mismo origen no influencia el indicador (en el caso el porcentaje de endogamia masculina para el origen A). Así, aunque el cálculo sea muy simple, los porcentajes de endogamia no tienen en cuenta las "condiciones de oferta" del mercado matrimonial, lo que obviamente influye en las posibilidades de la endogamia.

El índice de la endogamia, a su vez, trata de solucionar tal problema tomando en cuenta el contingente como un todo, y por lo tanto se calcula para un determinado origen, y no por origen y sexo. Refleja la relación entre el número de matrimonios endogámicos ocurridos efectivamente y el número esperado, en caso de que los matrimonios se produjeran al azar (o sea, sin la influencia del origen). Si estos dos números son similares, el índice se aproxima a cero, si la endogamia es total, el índice asume el valor 1 y, por el contrario, cuando existan solamente uniones exogámicas, el índice se convierte al valor de -1[11]. En los ejemplos propuestos, los índices calculados son de 0,32 (modelo endogámico) para el primer caso y de -0,40 (modelo exogámico) para el segundo.

Los resultados obtenidos

Para analizar la evolución de los modelos de matrimonio observados, es interesante, en primer lugar, prestar atención al período comprendido entre 1860 y 1887[12]. Ocurrieron en este período 1.996 matrimonios, comprendiendo a 3.992 cónyuges, de los cuales 3.902 tuvieron sus nacionalidades identificadas. De estos, 2.553 eran brasileños libres, 1.072 eran esclavos y 277, extranjeros.

Gráfico 3. Condición de los cónyuges, 1860-1887

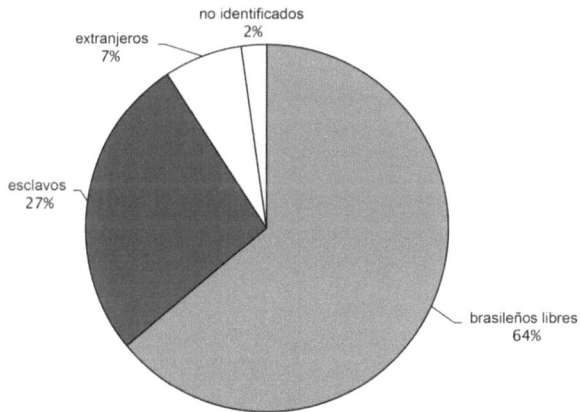

Fuente: libros parroquiales de registro de matrimonios, 1860-1930.

Como la variable color no se encuentra en los registros, es posible observar solamente que la condición de esclavo o libre define los modelos de matrimonio en el período. En realidad, en 1861 ocurrieron los tres primeros matrimonios de esclavos, que hasta 1887 sumaron 542 bodas en todo el municipio. La gran mayoría de estos matrimonios comprendía a cón-

---

11. El primer punto del anexo 1 explica la forma de calcular el índice de endogamia.
12. Los libros parroquiales de registro de matrimonios adoptan el término "ex esclavo" entre marzo y octubre de 1888. A partir de entonces, todos son mencionados simplemente como brasileños.

yuges en la misma condición de esclavos, aunque haya 12 excepciones: en estos casos, era más común que el esclavo se casara con una brasileña libre (uno en 1874, dos en 1878, uno en 1882, tres en 1884 y cuatro en 1887) a que el brasileño libre se casara con una esclava (un solo caso en 1883). De lo expuesto se concluye que hubo una fuerte endogamia en cuanto a la condición de esclavos o libres, lo que no es un resultado sorprendente.

Otros resultados derivan del análisis de los modelos matrimoniales entre nacionalidades predominantes (brasileños libres, italianos[13], portugueses y españoles) en el período comprendido entre 1883 y 1930. Tanto en 1886 como en 1907 y en 1920, tales nacionalidades sumaron alrededor del 98% de la población del municipio (véanse tablas 1 y 2).

En cuanto al porcentaje de endogamia masculina, los resultados obtenidos se muestran en el gráfico 4, construido a partir de los datos de la tabla 4 (véase el apéndice 1).

Gráfico 4. Porcentaje de endogamia masculina por nacionalidad, 1883-1930

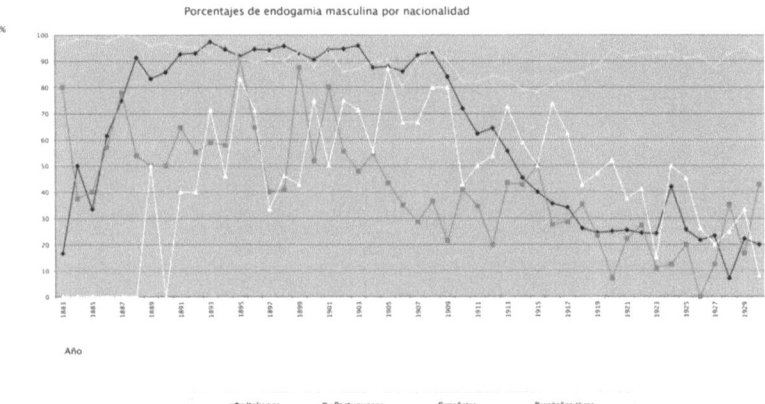

Fuente: libros parroquiales de registro de matrimonios, 1883-1930.

Para los grupos inmigrantes, los primeros años fluctúan considerablemente debido a que el número de matrimonios es todavía pequeño (en el caso de los españoles no hay). La carencia de mujeres en el período inicial inhibe un porcentaje mayor de endogamia, una tendencia que se estable-

---

13. En este grupo se incluyeron los austríacos, ya que algunas zonas de emigración como el Trentino, Tirol del Sur, Trieste e Istria se mantuvieron bajo el dominio austríaco hasta el final de la Primera Guerra Mundial, cuando partes de esas regiones fueron incorporadas a Italia.

cerá a partir de los años de mayor volumen migratorio para cada etnicidad: en el caso de los italianos, desde la abolición de la esclavitud; en el caso de españoles y portugueses, desde el cambio del siglo.

Para los italianos, se observa que entre los años 1888 y 1909 el porcentaje de endogamia masculina nunca es inferior al 80% –el promedio del período es de 91,5– lo que significa que por cada 100 italianos, 91 se casaban con italianas en este período. Se trata, por lo tanto, de una endogamia masculina muy significativa. Desde 1910, el porcentaje se reduce de manera consistente hasta 1930, cuando alcanza no más que el 20% (1924 y 1928 son los valores atípicos). Tal descenso da paso a dos hipótesis. En principio, podríamos interpretar tales datos como indicadores de que los italianos, a partir de 1910, se están mezclando progresivamente. Sin embargo, otra hipótesis más consistente es que desde la segunda década del siglo XX, los italianos pasaran cada vez más a disponer de hijas de italianos nacidas en Brasil (por lo tanto, brasileñas) con edad para casarse. En este caso, se observa lo que algunos autores llaman *endogamia oculta*, o sea, un modelo nupcial aún endogámico desde el punto de vista étnico cultural, pero no endogámico desde un punto de vista formal, debido a la legislación brasileña del *jus solis*. Volveremos sobre este punto más adelante.

Todo lo que aquí se ha dicho para los italianos se aplica a los españoles, con algunas especificidades. La curva de los españoles fluctúa más que la de los italianos, debido a un menor número de individuos presentes, pero su configuración es similar, excepto por el hecho de que se ha desplazado más hacia la derecha, en función de su llegada más tardía. En el caso de los portugueses, una razón de sexo más desequilibrada (véase la tabla 5) impone una tasa de endogamia masculina menor a lo largo de todo el período. Es similar a la que presentaban los italianos en los períodos iniciales, pero a continuación se asemeja a la de los españoles (en términos de oscilación), también debido al menor número de individuos observados.

Tabla 5. Razones de sexo para distintas nacionalidades, 1907 y 1920

	Italianos	Portugueses	Españoles	Extranjeros	Brasileños	Total población
1907	1,19	1,54	1,09	1,21	1,02	1,09
1920	1,13	1,54	1,24	1,20	1,04	1,07

Fuente: Empadronamiento de 1907, São Carlos
y Empadronamiento de 1920, Brasil.

Las más altas tasas exogámicas de portugueses, probablemente también fueron favorecidas por la precoz urbanización del grupo en relación con otros extranjeros (en ese punto, en agudo contraste con los españoles, más rurales), como se muestra en la tabla 6. El medio urbano era favorable a los matrimonios exogámicos por aumentar las opciones disponibles, mientras que en las fincas cafetaleras, a pesar de la movilidad geográfica de las familias de colonos en búsqueda de mejores condiciones de trabajo, el mercado matrimonial se presentaba más restringido a los límites de la propia finca o de los alrededores, en cuyo interior los contactos eran más frecuentes[14].

Tabla 6. Tasas de urbanización para distintas nacionalidades, 1907 y 1934

	Italianos	Portugueses	Españoles	Extranjeros	Brasileños	Total población
1907	15,8	23,7	12,7	17,0	25,5	22,2
1934	46,2	51,5	39,9	46,9	39,3	40,3

Fuente: Empadronamiento de 1907, São Carlos
y Empadronamiento de 1934, São Paulo.

Por fin, véanse los porcentajes persistentemente elevados de endogamia masculina para los brasileños, a lo largo de todo el período. Tal resultado refleja las dificultades que los hombres brasileños enfrentaban para casarse con mujeres inmigrantes en un contexto en el cual eran muy disputadas por los hombres de la misma nacionalidad, debido a su escasez relativa[15]. En realidad, entre extranjeros, una razón de sexo de 1,20 significa que el 17% de los hombres no encuentran mujeres del mismo origen disponibles para casarse.

El mismo tipo de análisis puede ser realizado para los porcentajes de la endogamia femenina por nacionalidad, presentados abajo en el gráfico 3 y en la tabla 7 (véase el apéndice 1). De inmediato se puede observar que las curvas para mujeres extranjeras parten de valores más elevados (confrontar con los porcentajes para hombres extranjeros, expuestos en el gráfico 2 y en la tabla 4). En contrapartida, los porcentajes de endogamia para brasileñas son menores que los de hombres. En un contexto de relativa escasez de mujeres extranjeras, los dos movimientos reflejan la ya aludida "reserva" de estas para hombres extranjeros y, al mismo tiempo, mayor predisposición de esos hombres inmigrantes para casarse con brasileñas. Las italianas, al igual que los italianos, presentan tasas de endogamia superiores a las de españolas y portuguesas, estas últimas situadas a medio término entre las dos primeras. También desde 1910, los porcentajes se re-

---

14. Bassanezi, "Sposarsi nel Brasile...", p. 274.
15. Para una confirmación del fenómeno en otro municipio (Río Claro), consultar ibídem, p. 270.

ducen en todas las mujeres extranjeras (aunque a un ritmo más lento que el de los hombres), en un modelo similar al ya analizado anteriormente. En cuanto a las brasileñas, los porcentajes de endogamia tienen una caída a un ritmo más agudo que para los brasileños hasta la Primera Guerra Mundial, pero a partir de entonces se elevan, reflejando probablemente la interrupción de la llegada de nuevos inmigrantes y la menor capacidad del municipio para atraer nuevos contingentes a partir de los años veinte.

Gráfico 5. Porcentajes de endogamia femenina por nacionalidad, 1883-1930

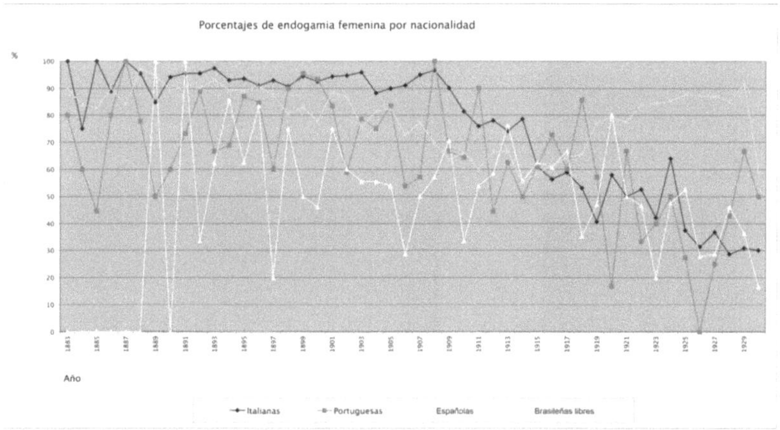

Fuente: libros parroquiales de registro de matrimonios, 1883-1930.

Por último, para complementar el análisis, obsérvese en el gráfico 6 y en la tabla 8 (apéndice 1) cómo han evolucionado los índices de endogamia para cada nacionalidad, variando entre 1 (endogamia total), 0 (donde no hay influencia de la nacionalidad) y -1 (exogamia total). La constatación más evidente es que durante los 48 años observados, la nacionalidad ejerció considerable influencia en la opción conyugal de todos los grupos analizados. En realidad, con la excepción de un único punto (el año 1927 para los de nacionalidad brasileña), en todos los demás años y para todos los grupos, el índice fue positivo, lo que significa que el matrimonio entre coterráneos tendió a ocurrir con más frecuencia de lo esperable, teniendo en vista las características numéricas de oferta de cónyuges.

A excepción del período inicial de mayor dispersión, a partir de la abolición y durante el resto del período, las curvas de italianos y brasileños son muy similares. Indican una endogamia bastante alta (índices mayores o cerca de 0,80) entre la abolición y 1909, una baja expresiva a partir de entonces hasta el final de la Primera Guerra Mundial (cuando los índices se encuentran cerca de 0,20) y una relativa estabilización hasta el final del período (entre 0,20 y 0,30). Dichos perfiles parecen confirmar la hipótesis de que desde 1909, y de modo creciente, se produce un incremento de matrimonios entre los italianos y brasileños hijos de italianos, configurando el fenómeno de la endogamia oculta. Esta tendencia ocurre hasta un cierto punto, a partir del cual el índice tiende a estabilizarse.

Gráfico 6. Índice de endogamia por nacionalidad, 1883-1930

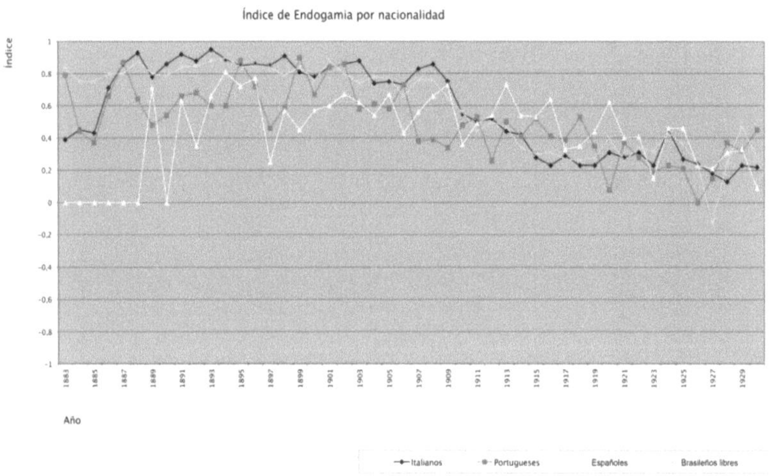

Fuente: libros parroquiales de registro de matrimonios, 1883-1930.

En cuanto a los portugueses y españoles, los índices tienden a ubicarse en niveles más bajos a los de italianos y brasileños, revelando una menor tendencia endogámica. Solo en el período correspondiente a la Primera Guerra Mundial, los índices endogámicos de portugueses y españoles tienden a ser más altos que los de italianos y brasileños, tal vez porque, con la entrada de Italia en el conflicto en 1915, los *oriundi* hayan abandonado antes sus expectativas de establecerse definitivamente en Brasil[16].

---

16. Entre los españoles, un fenómeno similar parece haber ocurrido hasta el estallido de la Guerra Civil.

Italianos: endogamia oculta

Los porcentajes de la endogamia masculina y femenina hasta ahora presentados, así como el índice de endogamia, no tienen en cuenta el fenómeno de la endogamia oculta, como mencionamos anteriormente[17]. Ella ocurre cuando el cónyuge, aunque nacido en Brasil, tiene padre o madre (o los dos), nacidos en el origen enfocado (el cálculo de la endogamia oculta para italianos[18] debe computar las categorías expresadas en la tabla 9). Se ha buscado investigar su relevancia, aunque los registros de matrimonio solamente apunten las nacionalidades de los cónyuges, y no las de sus padres. Aun así, se eligieron los años 1900[19], 1905, 1910, 1915, 1920 y 1925 para realizar un examen más detallado de los apellidos de los cónyuges y el resultado alcanzado se expresa en la tabla 9. Al rehacer los cálculos de los porcentajes de endogamia masculina y femenina, así como el índice de endogamia, para dichos años, teniendo ahora en cuenta la endogamia oculta, se llega a los perfiles descritos en los gráficos 5 y 6 a partir de los datos de las tablas 10 y 11 (véase el anexo 1).

Tabla 9. Endogamia oculta entre italianos (número de casos)

	1900	1905	1910	1915	1920	1925
Novio brasileño con apellido italiano casado con italiana	0	0	8	5	2	6
Novia brasileña con apellido italiano casada con italiano	2	3	20	35	14	14
Novia brasileña con apellido italiano casada con novio brasileño con apellido italiano	0	0	6	20	62	97
Total de casos	2	3	34	60	78	117

Fuente: libros parroquiales de registro de matrimonios, 1900, 1905, 1910, 1915, 1920 y 1925.

---

17. La no compilación de la endogamia oculta induce a evaluaciones equivocadas, como la de Franco Cenni que asigna a los italianos una mayor capacidad de fusión debido a la mayor proporción de matrimonios de estos con brasileñas. Como el flujo migratorio de los italianos precedió a la mayoría de la inmigración portuguesa y española, buena parte de esas brasileñas eran en realidad hijas de italianos. Cf. Franco Cenni, *Italianos no Brasil*. São Paulo, Edusp, 2002.
18. Para una estimación de la endogamia oculta fueron elegidos solo los italianos, tanto por formar el mayor contingente de inmigrantes como por el hecho de que sus apellidos eran más fácilmente identificables (en comparación a los brasileños) que los de portugueses y españoles.
19. Antes de 1900 no existen o son muy raros los hijos de italianos nacidos en Brasil con edad para casarse.

Gráfico 7. Porcentajes de endogamia masculina y femenina (simple y oculta) entre italianos, 1900-1925

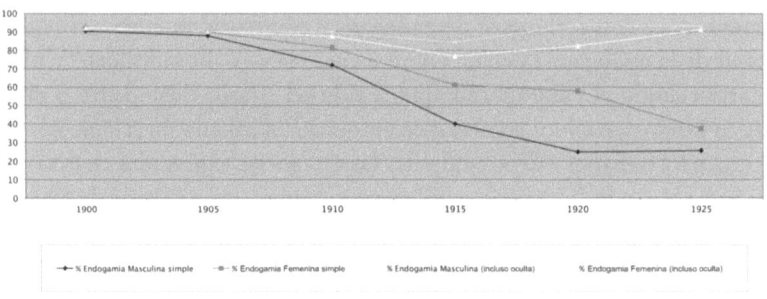

Fuente: libros parroquiales de registro de matrimonios, 1900, 1905, 1910, 1915, 1920 y 1925.

Gráfico 8. Índice de endogamia (simple y oculta) entre italianos, 1900-1925

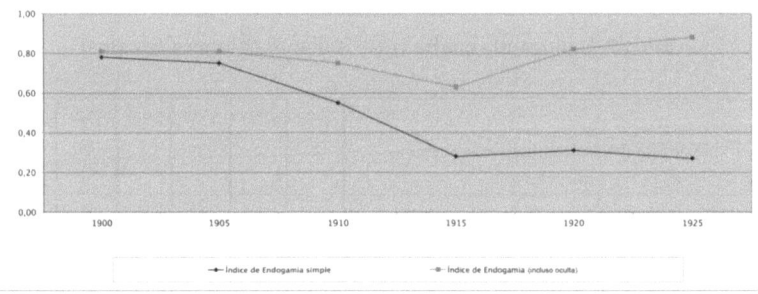

Fuente: libros parroquiales de registro de matrimonios, 1900, 1905, 1910, 1915, 1920 y 1925.

El gráfico 7 muestra que más del 80% de los cónyuges italianos o brasileños con padre o madre italiana optaron por casarse con una pareja en la misma condición, en los años examinados[20]. En el gráfico 8, la corrección del cálculo del índice de endogamia –que, se recuerda, tiene variación entre -1 y 1– igualmente lo pone en niveles superiores a 0,60. En el período analizado, todos esos datos muestran el efecto del origen étnico nacional en la elección de la pareja.

---

20. Solo en 1915, la endogamia masculina (incluyéndose la oculta) se encuentra abajo del 80%.

Italianos: endogamia regional

Otro orden de consideraciones proviene del examen de la endogamia en el grupo de italianos que se casaron entre ellos. Las enormes diferencias culturales entre las distintas regiones de Italia, marcadas por características geográficas peculiares, por el dominio histórico de distintas potencias sobre el territorio, por la unificación tardía del Estado italiano y por la práctica común de dialectos propios en cada región otorgaron identidades regionales muy específicas a cada grupo[21].

Gráfico 9. Orígenes macrorregionales de italianos, según el sexo, 1880-1914

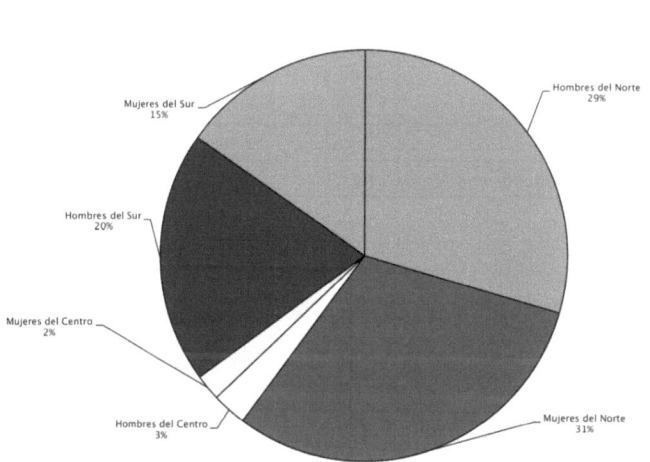

Fuente: libros parroquiales de registro de matrimonios, 1880-1914.

A ese respecto, se ha enfocado el período 1880-1914, en el cual se casaron 3112 italianos y 2914 italianas en el municipio. Dado el registro constante del lugar de nacimiento en los libros de matrimonio, se logró identificar sus orígenes macrorregionales[22] en el 81% de los casos (gráfico 9).

---

21. Cf. Zuleika Alvim, *Brava Gente. Os italianos em São Paulo*. São Paulo, Brasiliense, 1986; Angelo Trento, *Do outro lado do Atlântico – um século de imigração italiana no Brasil*. São Paulo, Nobel, 1989.
22. Fue adoptada como clasificación la clásica división de Italia en tres macrorregiones: Norte (incluyendo las regiones de Véneto, Lombardía, Trentino-Alto Adige, Friuli-Venezia Giulia, Emilia-Romagna, Liguria, Piemonte y Valle d'Aosta), Sur (Calabria, Campania, Abruzzo, Basilicata, Molise, Puglia y Sicilia) y Centro (Toscana, Lazio, Marche y Umbría).

Al hacer el cálculo de los porcentajes de endogamia masculina y femenina, como también el índice de endogamia por macrorregiones, tomando por universo los italianos que se casaron entre ellos en el período (2.512 casos), se obtienen los datos expuestos en las tablas 12 y 13.

Tabla 12. Porcentajes de endogamia masculina y femenina por macrorregiones en Italia, 1880-1914

	Norte	Centro	Sur
Hombres	91,4%	29,5%	75,3%
Mujeres	82,6%	35,1%	87,9%

Fuente: libros parroquiales de registro de matrimonios, 1880-1914.

Tabla 13. Índices de endogamia para distintas macrorregiones de Italia, 1880-1914

	Norte	Centro	Sur
Índice de endogamia	0,67	0,29	0,72

Fuente: libros parroquiales de registro de matrimonios, 1880-1914.

Los resultados indican expresivos índices de endogamia en las regiones del sur y del norte de Italia. En los matrimonios entre italianos, los hombres del norte (numéricamente inferiores a las mujeres del norte) presentaron el porcentaje de endogamia más elevado: de cada diez de ellos, más de nueve se casaron con mujeres de la misma macrorregión. A continuación aparecen las mujeres del sur, las mujeres del norte, los hombres del sur y, muy detrás, mujeres y hombres del centro. Como estos últimos representan no más del 5% de los italianos que se casaron entre ellos, podemos afirmar que, en el período de 1880 hasta la Primera Guerra Mundial, en el 95% de los casos, los porcentajes de endogamia masculina y femenina oscilaron entre el 75% (hombres del sur) y el 92% (hombres del norte), evidencia contundente de las afinidades macrorregionales en la elección del cónyuge.

En cuanto al origen regional de los cónyuges italianos que se casaron entre ellos mismos, en el mismo período 1880-1914, Véneto, Calabria, Campania, Lombardía y Abruzzo representan el 82% del total. Realizando el mismo análisis sobre esas cinco regiones, se obtienen los resultados presentados en el gráfico 10 y en las tablas 14 y 15.

DIRECTRICES MATRIMONIALES EN LA ECONOMÍA 167

Gráfico 10. Orígenes regionales de italianos, según el sexo, 1880-1914

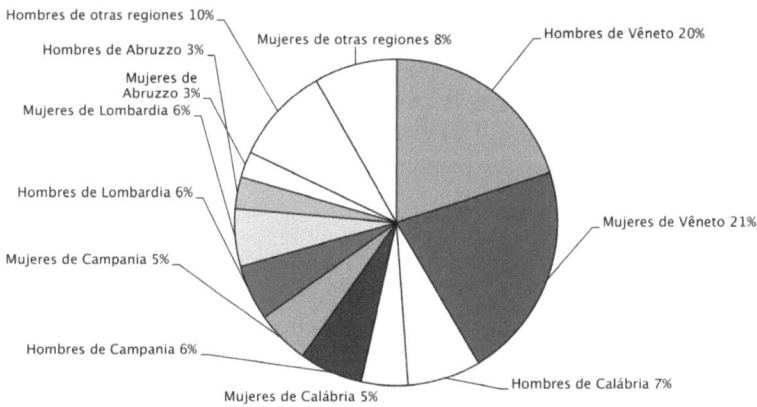

Fuente: libros parroquiales de registro de matrimonios, 1880-1914.

Tabla 14. Porcentajes de endogamia masculina y femenina para distintas regiones de Italia, 1880-1914

	Véneto	Calabria	Campania	Lombardía	Abruzzo
Hombres	76,4%	53,1%	53,2%	46,9%	53,0%
Mujeres	65,3%	77,3%	56,3%	44,5%	60,4%

Fuente: libros parroquiales de registro de matrimonios, 1880-1914.

Tabla 15. Índices de endogamia para distintas regiones de Italia, 1880-1914

	Véneto	Calabria	Campania	Lombardía	Abruzzo
Índice de endogamia	0,50	0,60	0,49	0,39	0,54

Fuente: libros parroquiales de registro de matrimonios, 1880-1914.

También acá los resultados apuntan a porcentajes de endogamia razonablemente altos, que van desde el 77,3% para las mujeres calabresas y el 76,4% para los hombres del Véneto, estos últimos los más disputados por parte de sus compatriotas. Es decir, que de cada 100 cónyuges de Calabria o del Véneto (que se casaron con italianos), alrededor de 77 lo hicieron con parejas de su misma región. En posiciones intermedias, pero aún por encima del 50%, se sitúan los otros grupos, mientras los lombardos –hombres y mujeres– presentan comportamiento más exogámico, probablemente debido a que muchos de ellos se casaron con cónyuges del vecino Véneto, muy abundantes en el municipio. Ya los índices de endogamia calculados para tales regiones revelan un comportamiento más endogámico para los inmigrantes provenientes del sur de Italia (Calabria, Abruzzi y Campania) y del Véneto, en contraste con lo observado para los lombardos. De cualquier manera, es inevitable llegar a la conclusión de que nacer en una determinada región de Italia, como ya se observó acerca de los orígenes macrorregionales, también influyó en gran medida en las preferencias matrimoniales.

Conclusiones

Al analizar cómo evolucionaron los modelos matrimoniales en São Carlos en las siete décadas comprendidas en el período 1860-1930, se puede observar en primer lugar una muy alta endogamia en cuanto a la condición de libre o esclavo de los cónyuges en el período anterior a la abolición.

Desde 1880, la enorme afluencia de inmigrantes extranjeros, sobre todo de origen italiano, cambió profundamente el perfil de la población de la región. Si tenemos en cuenta la nacionalidad de los cónyuges, observamos igualmente modelos endogámicos asaz acentuados a lo largo de todo el período analizado, mayor para mujeres extranjeras (en relación con hombres extranjeros o mujeres brasileñas), debido a su mayor escasez en regiones que en la época fueran receptoras de flujos migratorios relevantes.

La aparente caída en los indicadores de la endogamia desde 1909 refleja no más que los matrimonios de italianos/as con brasileñas/os hijas/os de italianos/as, lo poco que significa en términos de pérdida de la identidad étnica. Así, las altas tasas endogámicas persisten generalmente hasta el final del período analizado, sobre todo cuando son considerados los casos de endogamia oculta. Estos son menores en el caso de los portugueses, lo que sugiere que una razón de sexo muy dispar, asociada a un determinado grupo, parece imponer cierta cuota de exogamia, también favorecida en este caso por una urbanización más precoz en relación con otros contingentes extranjeros. En ese punto, aunque la inexistencia de datos sobre el lugar de morada en los registros parroquiales impida un análisis de la influencia del medio (rural o urbano) sobre los modelos nupciales, cabe esperar que el medio urbano, al propiciar una mayor variedad de interacciones, fomente comportamientos exogámicos.

Entre los italianos en particular, por lo menos hasta la Primera Guerra Mundial, los patrones endogámicos son igualmente muy significativos para las macrorregiones norte y sur, así como para las regiones que más inmigrantes proveían al municipio. La ausencia de datos sobre el color de los cónyuges en los registros parroquiales impide un análisis de la endogamia según criterios raciales. Pero si, para los italianos, los orígenes nacional, macrorregional y regional ya eran restrictivos, con mucho mayor énfasis lo fueron los raciales, aunque hubiera uniones interraciales y, como es esperable, provocaran el horror entre los conterráneos *oriundi*: "Los novios de color no desagradan a muchas de nuestras Desdémonas de la finca, y además son preferidos frente a los italianos de otros compartimentos. Esa singular perversión del gusto (me perdonen la expresión los negros, a quienes no los quiero mal desde que se entiendan el uno al otro) es un fenómeno no muy raro en São Paulo"[23].

De cualquier modo, los datos indican una fuerte identidad étnica en el ámbito de las relaciones familiares. ¿Cómo interpretarla? Estando el régimen de trabajo en las haciendas cafetaleras acordado sobre bases familiares, la supervivencia o movilidad socio-económica de estas unidades reposaba fundamentalmente en las actitudes de las personas hacia el trabajo. Y el matrimonio, de manera coherente, buscaba asociar capacidades de trabajo percibidas como prometedoras, entre cónyuges saludables, preparados físicamente para establecer una prole numerosa, y sobre todo, dispuestos a progresar en la vida por medio del trabajo. Para alcanzar tal objetivo era más fácil casarse con gente conocida, de confianza, del mismo origen y con predisposiciones comunes. De ahí las reservas, tan pronto convertidas en estereotipos en relación con los matrimonios con los brasileños, considerados como indolentes y poco dispuestos al trabajo. Entre muchos ejemplos ilustrativos de esa situación, se pueden destacar los versos conformados que un pretendiente recusado envió a su amada: "Tu padre mismo no quiere / Mismo él tiene mucha razón / Si yo fuera un italiano / Yo sería muy bueno / Porque soy brasileño / Él no me presta atención"[24]. En otras palabras, los inmigrantes buscaban –y eran presionados por la familia para ello– practicar opciones matrimoniales que tendían a potenciar las condiciones de supervivencia y movilidad socio-económica. Para eso, nada mejor que elegir, cuando estaban disponibles, parejas con perspectivas e identidades culturales en común.

Tales conclusiones no se alinean con la idea de una fácil asimilación, de un *melting pot* virtuoso. Los datos expuestos en este estudio parecen indi-

---

23. Arrigo De Zettiry, "I coloni italiani nello stato di S. Paolo", *La Rassegna Nazionale*, 70 (15), 1893, pp. 66-70; Trento, *Do outro lado*, p. 205.
24. C. Favaro, "Amor à italiana", en Luis De Boni (org.), *A Presença Italiana no Brasil*, vol. III. Porto Alegre y Torino, EST y Fondazione Giovanni Agnelli, 1996, pp. 281-286.

car que no hubo un rápido proceso de homogeneización, como hace creer la bibliografía clásica disponible, la mayoría de las veces dispuesta a enfatizar la eficiencia de asimilación étnica en Brasil y, en particular, en São Paulo[25]. Si tomamos la selección del cónyuge como parámetro para evaluar la integración social de los inmigrantes, o, en contraposición, para atestiguar el vigor con que las identidades étnicas se han reproducido en la nueva tierra, una alta endogamia es indicativa de una débil integración social y de lazos étnicos persistentes. Al contrario, el presupuesto de un crisol de razas funcionando a todo vapor y alineado por patrones de rápida asimilación debería venir acompañado de bajos índices endogámicos, o sea, estos no deberían superar en mucho el nivel que la aleatoriedad impone como normal.

Sin embargo, al menos en el municipio analizado, que puede servir de referencia a áreas significativas de recibimiento de inmigrantes en el interior de São Paulo, no fue lo que pasó. Así, la selección de cónyuges no solo expuso una fuerte escisión entre brasileños y europeos, sino evidencias de una fuerte preferencia endogámica dentro de cada grupo nacional. Todos los datos analizados indican que, en primer lugar, la condición social (de esclavo o libre), y después los orígenes nacional, macrorregional y regional (estos dos últimos en el caso de los italianos) actuaron como condicionantes muy significativos de las opciones matrimoniales efectivamente concretadas, por lo menos hasta el final de los años veinte.

Tales evidencias sugieren la necesidad de repensar la vigencia del modelo de asimilación clásico, dilucidando las características étnicas de cada grupo inmigrante en el período analizado. Si consideramos São Carlos como indicativo, los resultados obtenidos no respaldan la creencia de que, de manera general, desde el inicio de la gran migración no ocurrieran tensiones étnicas envolviendo proyectos familiares en el estado de São Paulo. Contrariamente, los datos recogidos sugieren la existencia de amplias distancias sociales y culturales que hubieron de ser acortadas a lo largo de por lo menos dos generaciones antes de que pudieran efectivamente mezclarse y vivir juntos. Si eso tiene sentido para un grupo como los italianos (y, hasta cierto punto, como vimos, también para portugueses y españoles), en mucho mayor proporción lo hace para otros grupos culturalmente más distantes, como alemanes, sirios y libaneses, o más tarde, japoneses.

---

25. Entre otros autores, consúltense Alfredo Ellis Jr., *Populações Paulistas*. São Paulo, Cia. Editora Nacional, 1934, pp. 85 y 124; Trento, *Do outro lado*, p. 204; Flavia A. M. de Oliveira, "Italianos na cidade de Jaú por volta do início do século xx", en Luis De Boni (org.), *A Presença Italiana no Brasil*, vol. III. Porto Alegre/Torino, EST/Fondazione Giovanni Agnelli, 1996, p. 224; Marvin Marger, *Race and Ethnic Relations. American and Global Perspectives*. Belmont, Wadsworth, 1994, p. 429 y Cenni, *Italianos no Brasil*, pp. 293-297.

Las evidencias indican que al menos las dos primeras generaciones de personas de origen italiano que vivieron en el interior de São Paulo hasta la Gran Depresión del final de los años veinte, se han mostrado bastante resistentes al proceso de asimilación, por lo menos desde la perspectiva de las directrices matrimoniales. Si el sistema de reclutamiento en las haciendas paulistas mezclaba inmigrantes de distintos orígenes, dificultando aglomeraciones étnicas (e incluso el surgimiento de barrios étnicos en zonas urbanas) y la prepotencia de los propietarios de haciendas tampoco permitía la organización en asociaciones, el vigor de los lazos étnicos resistió en el ámbito de las relaciones familiares, particularmente en las estrategias matrimoniales, respaldadas por una fuerte endogamia.

A partir de los años treinta y cuarenta, lo más probable es que las nuevas generaciones hayan reformado tales conductas, no solo porque los lazos de origen se hicieron más distantes en el tiempo, sino también porque la revolución de 1932 en São Paulo (uniendo nativos e inmigrantes en el mismo lado), el abrupto descenso de la inmigración extranjera y la llegada de nuevos inmigrantes de Minas Gerais y del Nordeste, la campaña de nacionalización encarada por Vargas durante el Estado Novo, la derrota de Italia en la Guerra Mundial y, por último, las nuevas oportunidades de participación en el sistema político formal de posguerra, todos estos elementos contribuyeron a desarmar la fuerza del origen étnico como criterio de conducta social. Solo entonces –y, vale decir, en contraste con los negros– los inmigrantes fueron definitivamente incorporados en la estructura social paulista, integrando de forma plena no solo las clases medias en expansión, sino incluso las élites del interior de cada municipio del estado impactado por el fenómeno de la inmigración masiva en el medio siglo transcurrido entre 1880 y 1930.

ANEXO I

Cálculo del índice de endogamia

La tasa de endogamia para un rasgo dado (en este caso, el origen) se calcula por la siguiente fórmula:

$I = [(AB)(AB) - (AB)(AB)] / \sqrt{(A)(B)(a)(b)}$

donde: A = novios brasileños (o italianos o portugueses u otros)
B = novias brasileñas (o italianas o portuguesas u otras)
a = otros novios
b = otras novias
AB = bodas de brasileños con brasileñas (o italianos + italianas u otros)
Ab = bodas brasileños con otras novias
ab = bodas de otros novios con brasileñas
ab = bodas de otros novios con otras novias

Fuente: Franco Savorgnan, "Matrimonial Selection and Amalgamation of Heterogeneous Groups. In: International Union for the Scientific Study of Population (IUSSP)", en *Cultural Assimilation of Immigrants*. London, 1950, pp. 59-67.

Tabla 4. Porcentaje de endogamia masculina por nacionalidad, 1883-1930

Año	Itals	Ports	Esps	Bras	Año	Itals	Ports	Esps	Bras	Año	Itals	Ports	Esps	Bras
1883	16,7	80,0	0,0	96,4	1899	93,2	87,5	42,9	93,5	1915	40,0	50,0	50,0	78,3
1884	50,0	37,5	0,0	98,4	1900	90,5	51,9	75,0	87,5	1916	35,6	27,6	73,9	81,4
1885	33,3	40,0	0,0	98,4	1901	94,4	80,0	50,0	94,5	1917	34,1	28,6	62,5	84,3
1886	61,5	57,1	0,0	97,2	1902	94,7	55,6	75,0	85,7	1918	26,2	35,3	42,9	85,4
1887	75,0	77,8	0,0	100,0	1903	95,9	47,8	71,4	87,0	1919	24,5	23,5	47,1	87,8
1888	91,3	53,8	0,0	98,8	1904	87,6	54,5	55,6	89,7	1920	25,0	7,1	52,2	94,4
1890	85,7	50,0	0,0	97,0	1906	86,2	35,0	66,7	80,3	1922	24,4	27,3	41,2	93,1
1891	92,6	64,7	40,0	95,4	1907	92,3	28,6	66,7	90,0	1923	24,2	11,1	15,4	93,2
1892	93,0	55,2	40,0	95,4	1908	93,3	36,4	80,0	94,1	1924	42,1	12,5	50,0	93,6
1893	97,3	58,8	71,4	93,1	1909	84,0	21,4	80,0	90,3	1925	25,7	20,0	45,5	91,1
1894	94,4	57,9	46,2	97,6	1910	71,9	40,9	42,9	82,4	1926	21,7	0,0	26,3	91,8
1895	91,7	90,9	83,3	90,8	1911	62,4	34,6	50,0	82,0	1927	23,3	12,5	20,0	87,8
1896	94,5	64,7	71,4	89,7	1912	64,5	20,0	53,8	84,5	1928	7,1	35,3	25,0	92,8
1897	94,2	40,0	33,3	90,9	1913	55,6	43,5	72,7	83,2	1929	22,2	16,7	33,3	95,7
1898	95,7	40,9	46,2	90,4	1914	45,4	42,9	58,8	79,2	1930	20,0	42,9	8,3	91,9

Fuente: libros parroquiales de registro de matrimonios, 1883-1930.

Tabla 7. Porcentajes de endogamia femenina por nacionalidad, 1883-1930

Año	Itals	Ports	Esps	Bras	Año	Itals	Ports	Esps	Bras	Año	Itals	Ports	Esps	Bras
1883	100,0	80,0	0,0	90,0	1899	94,4	95,5	50,0	82,9	1915	61,0	61,1	62,5	58,4
1884	75,0	60,0	0,0	83,8	1900	92,5	93,3	46,2	77,8	1916	56,4	72,7	60,7	61,5
1885	100,0	44,4	0,0	82,7	1901	94,4	83,3	75,0	88,5	1917	58,8	60,0	66,7	64,5
1886	88,9	80,0	0,0	89,7	1902	94,7	58,8	60,0	86,7	1918	53,1	85,7	35,3	65,4
1887	100,0	100,0	0,0	84,1	1903	95,9	78,6	55,6	75,8	1919	40,6	57,1	47,1	77,4
1888	95,5	77,8	0,0	97,1	1904	88,3	75,0	55,6	81,4	1920	57,9	16,7	80,0	79,1
1889	84,7	50,0	100,0	94,6	1905	89,9	83,3	53,8	82,3	1921	50,0	66,7	50,0	77,5
1890	94,1	60,0	0,0	89,5	1906	91,1	53,8	28,6	72,6	1922	52,6	33,3	46,7	83,9
1891	95,5	73,3	100,0	90,4	1907	95,0	57,1	50,0	77,1	1923	42,1	40,0	20,0	84,4
1892	95,5	88,9	33,3	90,1	1908	96,6	100,0	57,1	69,6	1924	64,0	50,0	47,6	85,4
1893	97,3	66,7	62,5	93,1	1909	90,1	66,7	70,6	63,6	1925	37,5	27,3	52,6	87,7
1894	92,9	68,8	85,7	89,2	1910	81,3	64,3	33,3	66,1	1926	31,7	0,0	27,8	87,2
1895	93,5	87,0	62,5	89,2	1911	75,9	90,0	53,8	60,3	1927	36,8	25,0	28,6	87,1
1896	91,0	84,6	83,3	90,7	1912	78,0	44,4	58,3	66,5	1928	28,6	42,9	46,2	85,1
1897	92,9	60,0	20,0	87,5	1913	74,1	62,5	76,2	66,7	1929	30,8	66,7	36,4	91,5
1898	90,6	90,0	75,0	80,5	1914	78,6	50,0	55,6	55,1	1930	30,0	50,0	16,7	58,8

Fuente: libros parroquiales de registro de matrimonios, 1883-1930.

Tabla 8. Índice de endogamia por nacionalidad, 1883-1930

Año	Itals	Ports	Esps	Bras	Año	Itals	Ports	Esps	Bras	Año	Itals	Ports	Esps	Bras
1883	0,39	0,79	0,00	0,84	1899	0,81	0,90	0,45	0,84	1915	0,28	0,52	0,53	0,30
1884	0,45	0,44	0,00	0,75	1900	0,78	0,67	0,57	0,76	1916	0,23	0,41	0,64	0,31
1885	0,43	0,37	0,00	0,75	1901	0,84	0,84	0,60	0,88	1917	0,29	0,39	0,33	0,27
1886	0,71	0,66	0,00	0,80	1902	0,86	0,86	0,67	0,80	1918	0,23	0,53	0,35	0,26
1887	0,86	0,87	0,00	0,80	1903	0,88	0,58	0,62	0,74	1919	0,23	0,35	0,44	0,28
1888	0,93	0,64	0,00	0,88	1904	0,74	0,61	0,54	0,78	1920	0,31	0,08	0,62	0,40
1889	0,78	0,48	0,71	0,80	1905	0,75	0,58	0,67	0,77	1921	0,28	0,37	0,40	0,26
1890	0,86	0,54	0,00	0,79	1906	0,73	0,73	0,43	0,66	1922	0,31	0,28	0,41	0,34
1891	0,92	0,66	0,63	0,84	1907	0,83	0,38	0,56	0,76	1923	0,23	0,19	0,15	0,32
1892	0,88	0,68	0,35	0,85	1908	0,86	0,39	0,66	0,76	1924	0,45	0,23	0,46	0,43
1893	0,95	0,60	0,66	0,88	1909	0,75	0,34	0,73	0,65	1925	0,27	0,21	0,46	0,36
1894	0,89	0,60	0,81	0,90	1910	0,55	0,48	0,36	0,56	1926	0,24	0,00	0,23	0,24
1895	0,85	0,88	0,72	0,84	1911	0,50	0,53	0,49	0,44	1927	0,18	0,15	0,21	-0,13
1896	0,86	0,72	0,77	0,85	1912	0,52	0,26	0,54	0,50	1928	0,13	0,37	0,31	0,25
1897	0,85	0,46	0,25	0,84	1913	0,44	0,50	0,73	0,47	1929	0,23	0,32	0,33	0,47
1898	0,91	0,59	0,57	0,79	1914	0,42	0,41	0,54	0,34	1930	0,22	0,45	0,09	0,28

Fuente: libros parroquiales de registro de matrimonios, 1883-1930.

Tabla 10. Porcentajes de la endogamia masculina y femenina (simple y oculta) entre los italianos, 1900-1925

	Endogamia masculina simple	Endogamia femenina simple	Endogamia masculina (incluso oculta)	Endogamia femenina (incluso oculta)
1900	90,5	92,5	92,0	92,6
1905	87,9	89,9	90,1	90,1
1910	71,9	81,3	87,6	89,9
1915	40,0	61,0	76,8	84,2
1920	25,0	57,9	82,4	93,7
1925	25,7	37,5	91,3	93,3

Fuente: libros parroquiales de registro de matrimonios, 1900, 1905, 1910, 1915, 1920 y 1925.

Tabla 11. Índice de endogamia (simple y oculta) entre los italianos, 1900-1925

	Índice de endogamia simple	Índice de endogamia (incluso oculta)
1900	0,78	0,81
1905	0,75	0,81
1910	0,55	0,75
1915	0,28	0,63
1920	0,31	0,82
1925	0,27	0,88

Fuente: libros parroquiales de registro de matrimonios, 1900, 1905, 1910, 1915, 1920 y 1925.

BIBLIOGRAFÍA

ALVIM, Zuleika, *Brava Gente. Os italianos em São Paulo*. São Paulo, Brasiliense, 1986.

BASSANEZI, María S., "Sposarsi nel Brasile: alguns aspectos da nupcialidade entre imigrantes italianos", en Luis De Boni (org.), *A Presença Italiana no Brasil*, vol. III. Porto Alegre/Torino, EST/Fondazione Giovanni Agnelli, 1996.

— *São Paulo do passado – dados demográficos*. Campinas, NEPO/Unicamp, CD-rom, 2000.

CENNI, Franco, *Italianos no Brasil*. São Paulo, Edusp, 2002.

DEVOTO, Fernando, *Historia de la inmigración en la Argentina*. Buenos Aires, Sudamericana, 2004.

DE ZETTIRY, Arrigo, "I coloni italiani nello stato di S. Paolo", *La Rassegna Nazionale*, 70 (15), 1893.

ELLIS Jr., Alfredo, *Populações Paulistas*. São Paulo, Cia. Editora Nacional, 1934.

FAVARO, Cleci, "Amor à italiana", en Luis De Boni (org.), *A Presença Italiana no Brasil*, vol. III. Porto Alegre/Torino, EST/Fondazione Giovanni Agnelli, 1996.

MARGER, Marvin, *Race and Ethnic Relations. American and Global Perspectives*. Belmont, Wadsworth, 1994.

OLIVEIRA, Flavia A. M. de, "Italianos na cidade de Jaú por volta do início do século XX", en Luis De Boni (org.), *A Presença Italiana no Brasil*, vol. III. Porto Alegre/Torino, EST/Fondazione Giovanni Agnelli, 1996.

TRENTO, Angelo, *Do outro lado do Atlântico – um século de imigração italiana no Brasil*. São Paulo, Nobel, 1989.

TRUZZI, Oswaldo, *Café e Indústria: São Carlos, 1850-1950*. São Paulo/São Carlos, Imprensa Oficial do Estado/EdUFSCar, 3.ª ed., 2007.

TRUZZI, Oswaldo/María S. BASSANEZI, "População, grupos étnico-raciais e economia cafeeira: São Carlos, 1907", *Revista Brasileira de Estudos da População*, vol. 26, n°. 2, 2009, pp. 197-218.

Las trayectorias étnicas de los descendientes de inmigrantes. El caso de la comunidad polaca en Argentina[1]

Katarzyna Porada
Instituto de Historia. Consejo Superior de Investigaciones Científicas, Madrid, España

La comunidad polaca en Argentina, fruto de movimientos migratorios a gran escala iniciados en la última década del siglo XIX y finalizados tras la Segunda Guerra Mundial, es, junto con la de Brasil, una de las más numerosas en el continente latinoamericano de este origen. Han pasado ya casi siete décadas desde que prácticamente se detuvo la emigración entre Polonia y Argentina. La distancia temporal que nos separa de la última fase migratoria se ha reflejado en la composición interna de la actual colectividad, integrada mayoritariamente, hoy, por los hijos, nietos o bisnietos de los inmigrantes, de los que una parte predominante nacieron de matrimonios mixtos. El tiempo transcurrido, las características internas del grupo, así como los cambios recientes tanto en el país de origen como en el de residencia, han provocado que la actual comunidad polaca en Argentina se haya convertido en escenario de muy interesantes procesos de (re)construcción de la identidad étnica.

Los descendientes de inmigrantes han despertado numerosos debates a nivel académico, han sido objeto de estudio dentro de diferentes ramas de las ciencias sociales y, como resultado, han protagonizado, aunque partiendo de supuestos teóricos diferentes, una considerable producción científica. Independientemente de la época y del país en los que se hayan realizado dichos análisis, en las líneas investigativas sobre las denominadas "segundas"

---

1. Este artículo se inserta en el marco de los proyectos de investigación: "Políticas, discursos y prácticas de protección al migrante: el caso de los españoles en Argentina y Brasil. 1948-2008". Ministerio de Economía y Competitividad. HAR2012-33147 y "Viejos actores y nuevas dinámicas: el retorno al lugar de origen de los emigrantes españoles en Uruguay y Argentina". Ministerio de Ciencia e Innovación. HAR2009-10625.

–y en menor grado "terceras" o "cuartas"– generaciones ha predominado la dimensión colectiva desde la que se ha intentado abordar las particularidades de un determinado grupo en un momento concreto, dejando de lado la dimensión individual y el carácter procesual que la identificación étnica adquiere entre los descendientes de inmigrantes. Las experiencias individuales, lo que podríamos denominar las trayectorias étnicas personales por las que pasan los descendientes de inmigrantes hasta convertirse en integrantes de un determinado colectivo y las motivaciones que influyen en su incorporación, no han sido tratadas, a nuestro juicio, con suficiente atención.

Es por ello por lo que en el presente análisis nos centraremos en la dimensión individual del proceso de la (re)construcción de la identificación étnica entre los descendientes de inmigrantes polacos en Argentina y, particularmente, entre aquellos residentes en Buenos Aires y en Misiones. Nos proponemos poner especial énfasis en analizar cómo se ha ido manteniendo o recuperando la vinculación con el origen polaco entre distintos integrantes del grupo, cuáles han sido sus trayectorias personales dentro de la comunidad y cómo los mismos individuos explican los motivos que les han conducido a formar parte de un determinado grupo. Consideramos que este enfoque, el análisis de la dimensión individual, abre nuevos caminos que se vislumbran en este campo multidimensional, permite revelar ciertas contradicciones que forman parte de los procesos identitarios, al tiempo que arroja otra luz al análisis de la forma y contenido de la expresión cultural y dinámicas internas dentro de la comunidad polaca en Argentina.

Movimientos migratorios desde Polonia hacia Argentina

Polonia ha sido, tradicionalmente, una nación de emigrantes. Entre los países receptores, Argentina, aunque nunca llegó a convertirse en el destino principal, ocupa un lugar destacado en la historia de los movimientos emigratorios polacos. El desplazamiento poblacional a gran escala desde tierras polacas hacia Argentina fue iniciado en la última década del siglo XIX y perduró, con mayor o menor intensidad, hasta el segundo lustro de los años cuarenta del siglo XX. Durante estas cinco décadas, las circunstancias, tanto políticas como económicas, que incitaron a los polacos a emprender el viaje transoceánico y el perfil de los respectivos grupos migratorios fueron transformándose[2], al tiempo que diferentes fueron los lugares donde se iban estableciendo.

---

2. Andrzej Dembicz, y Krzysztof Smolana, *La presencia polaca en América Latina*. Warszawa, Centro de Estudios Latinoamericanos, 1993.

La provincia de Misiones recibió en el período indicado a miles de campesinos polacos que se dedicaron a la colonización de esta infrapoblada y selvática región del nordeste argentino. Su llegada se reflejó en el desarrollo de los pocos núcleos poblacionales ya existentes y la fundación de otros nuevos. En el año 1901, cerca de Apóstoles, donde inicialmente se asentaron los recién llegados, fueron fundadas Azara, San José, Corpus y en los siguientes años Cerro Corá (1910), Bombland (1917), Gobernador Roca (1928), Polana (1932), Campo Grande (1934), Campo Verde (1934) y, finalmente, Colonia Wanda (1936) y Colonia Gobernador Lanusse (1937)[3]. De esta forma, dada una fuerte presencia de los campesinos polacos y un creciente número de sus hijos, nacidos ya en el territorio argentino, Misiones, con el tiempo, se ha convertido en el lugar de residencia de una numerosa comunidad polaca.

Paralelamente a la emigración rural, a partir de los primeros años del siglo XX, empezó a ser cada vez más visible la migración urbana, compuesta por los obreros polacos que se iban estableciendo en ciudades del cono urbano bonaerense, tales como Valentín Alsina, Dock Sud, Llavallol o Berisso. Muchos de los pertenecientes a este grupo encontraron trabajo en las grandes fábricas, frigoríficos, mataderos, curtiembres, y talleres localizados en la zona que, debido a un importante crecimiento de la producción industrial registrado en esta época, constantemente requerían una abundante mano de obra[4].

En el período de entreguerras el movimiento migratorio siguió creciendo, alcanzando –en aproximadamente dos décadas– un número de entre 157.000 y 167.000 ingresos[5]. Junto con la inmigración arriba señalada, empezaron a establecerse pequeñas comunidades polacas en las ciudades de Córdoba, Tucumán, Rosario y en Mendoza[6]. Algunos incluso decidieron probar suerte en la Patagonia, en la ciudad de Comodoro Rivadavia,

---

3. Ryszard Stemplowski, "Liczebność i rozmieszczenie geograficzne osadników słowiańskich oraz ich dzieci w Misiones (1892-1945)", en Ryszard Stemplowski (coord.), *Polacy, Rusini i Ukraińcy, Argentyńczycy Osadnictwo w Misiones 1892-2009*. Warszawa, Muzeum Historii Polskiego Ruchu Ludowego e Instytut Studiów Iberyjskich i Iberoamerykańskich UW, 2011, p. 122.
4. Izabela Klarner-Kosińska, "Polonia w Buenos Aires", en Marcin Kula (coord.), *Dzieje Polonii w Ameryce Łacińskie: zbiór studiów*. Wrocław, Zakład Narodowy im. Ossolińskich, 1983.
5. Krzysztof Smolana, "Za ocean po lepsze zycie", en Marcin Kula (coord.), *Dzieje Polonii w Ameryce Łacińskie: zbiór studiów*. Wrocław, Zakład Narodowy im. Ossolińskich, 1983, p. 56.
6. Jerzy Mazurek, *Kraj a emigracja. Ruch lodowy wobec wychodźstwa chłopskiego do krajów Ameryki Łacińskiej (do 1939 roku)*. Warszawa, Instytut Studiów Iberyjskich/Iberoamerykańskich Uniwersytetu Warszawskiego/Muzeum Historii Polskiego Ruchu Ludowego w Warszawie, 2006, p. 93.

donde, después del descubrimiento del petróleo, encontraron trabajo en la nueva industria.

Finalmente, la última etapa migratoria corresponde al período posterior a la Segunda Guerra Mundial. En los primeros años de posguerra, llegaron al puerto de Buenos Aires 19.000[7] soldados desmovilizados acompañados, en algunos casos, por sus familias. Los representantes de este grupo, debido a los cambios producidos en Polonia al concluir el conflicto bélico y su colocación bajo la influencia de la URSS, no podían o no querían regresar al país[8]. El fin de la guerra, además de poner freno a los movimientos poblacionales, provocó la interrupción de relaciones entre la comunidad polaca y el país de origen, lo que se reflejó en una abierta hostilidad de parte la primera hacia las autoridades de la Polonia Popular. La prolongada actitud de rechazo desapareció, definitivamente, después de 1989, año en que fue iniciada la transición democrática en Polonia. Como consecuencia, el cambio en la escena política dio lugar, a su vez, a un paulatino restablecimiento de contactos mutuos.

Los cambios recientes en Polonia y en Argentina

Recientemente, la comunidad polaca en la Argentina, después de varios años de estancamiento, ha registrado una importante reactivación de la vida comunitaria que se ha reflejado en un creciente número de actividades y eventos desarrollados, así como en una mayor participación de los descendientes de inmigrantes en los actos organizados. Esta revitalización ha sido definida por sus miembros como un intento de recuperar las "raíces" y de no permitir que desaparezca "el legado cultural de los antepasados". Consideramos que en esta reactivación desempeñaron un papel significativo los cambios recientes hacia las colectividades polacas repartidas por el mundo producidos tanto en Polonia como en la Argentina con respecto a los distintos grupos étnicos.

En los últimos años, desde la colectividad polaca en la Argentina y con la participación activa de sus miembros, pero también con un importante apoyo oficial por parte de las autoridades polacas, han surgido nuevas iniciativas de colaboración –enfocadas principalmente en la difusión de la cultura y las tradiciones, así como en el aprendizaje del idioma polaco– que no habían sido posibles llevar a cabo en la Polonia Popular. A los proyectos de carácter oficial se ha sumado, en los últimos años, una ma-

---

7. Dembicz y Smolana, *La presencia polaca en América Latina*, p. 43.
8. Ídem.

yor circulación de personas –turistas, estudiantes, profesores o investigadores– que han viajado entre ambos países y que han contribuido a que se establezcan contactos más fluidos entre la comunidad polaca y Polonia. Además, la reciente entrada de Polonia en la Unión Europea en 2004 y las ventajas que hoy en día supone el hecho de poseer el pasaporte polaco pudieron haber influido en el creciente interés por aquel país lejano observado entre los descendientes de inmigrantes polacos.

Por otra parte, y centrando nuestra mirada en el país receptor, es obligado señalar un importante giro en la actitud hacia diferentes comunidades étnicas por parte de las autoridades argentinas. Si bien las migraciones internacionales han constituido desde la segunda mitad del siglo XIX y durante gran parte del XX un elemento de gran peso en los proyectos políticos del Estado argentino, estos, durante el período señalado, se caracterizaron por unas fuertes tendencias asimilacionistas y la implementación de una serie de medidas que pretendían combatir el cosmopolitismo existente[9]. Dichas tendencias reflejaron una fuerte preocupación de las clases dirigentes por asegurar la "unidad nacional" y la necesidad de inculcar a las masas de inmigrantes los referentes comunes que, supuestamente, iban a garantizar la homogeneidad de la población compuesta por personas de orígenes muy heterogéneos.

No obstante, en las últimas décadas y, más específicamente, a partir de 1983, se ha observado[10] un notable cambio en esta orientación unificadora. La recuperación de la democracia dio paso a que se empezara a promover la idea de la Argentina como una nación plural, tanto a nivel político como étnico-cultural y religioso. La particularidad de este reconocimiento de la diversidad se ha basado, principalmente, en la escenificación de la pluralidad étnica en los espacios de acceso público, tales como plazas, calles o parques. De esta manera, con el apoyo de las autoridades, recientemente empezaron a ser organizadas distintas fiestas, exhibiciones o festivales protagonizados por distintas colectividades de origen inmigrante[11], en los que también se involucró la comunidad polaca.

---

9. Fernando J. Devoto, *Historia de la inmigración en la Argentina*. Buenos Aires, Editorial Sudamericana, 2009, pp. 276-277.
10. Fernando Fischman, "Para nosotros y para los otros. Celebraciones y conmemoraciones públicas judías argentinas". Buenos Aires, ponencia presentada durante el X Congreso Argentino de Antropología Social, 29 de noviembre al 2 de diciembre de 2011, p. 2.
11. Entre los numerosos eventos organizados en Buenos Aires, podríamos mencionar el "Patio Gastronómico de las Colectividades", actividad que, como su nombre indica, se centra principalmente en los aspectos culinarios y pretende dar a conocer a los asistentes la variedad de los platos típicos de cada una de las colectividades participantes. Paralelamente, el "Patio Gastronómico" cumple la función de un acto

Características de la actual comunidad polaca

La distancia temporal que nos separa desde que se detuvieron los movimientos migratorios entre ambos países y la consecuente ausencia de inmigrantes nuevos desde la década de los años cincuenta se han traducido en la conformación interna de la actual comunidad polaca. Los nacidos en Polonia, de edad ya muy avanzada, constituyen un pequeño porcentaje dentro de la misma, siendo la gran mayoría los descendientes de inmigrantes. De esta forma, hoy en día, las distintas asociaciones, clubes o colectivos fundados en Buenos Aires y en Misiones están conformados por personas de rasgos muy heterogéneos –diferentes edades, nivel de educación, estado civil, etc.– y cuyo principal rasgo común es que al menos uno de sus antepasados había emigrado desde Polonia en una de las etapas migratorias anteriormente señaladas[12].

Por otra parte, teniendo en cuenta que los matrimonios exogámicos desde hace décadas se han convertido en un fenómeno frecuente tanto en-

---

inaugural para otra celebración bautizada "Buenos Aires Celebra" organizada en la Avenida de Mayo, un lugar emblemático de Buenos Aires donde, a lo largo del año y durante un día del fin de semana, a cada una de las colectividades se le cede el espacio para que pueda compartir con los espectadores los elementos que considera más representativos de su cultura de origen. A estos dos eventos, celebrados en espacios públicos bonaerenses, se suman el "Teatro por la diversidad", que pretende apoyar y difundir el trabajo artístico que desarrollan las colectividades, y un programa de radio que lleva el nombre de "Mosaico Urbano" o el festival de música típica de las colectividades denominado "Do Re Mi Ciudad". En la provincia de Misiones también ha aparecido, últimamente, un número importante de fiestas y celebraciones enfocadas en divulgar el conocimiento sobre las diferentes colectividades de origen inmigrante radicadas en la zona. El evento con mayor difusión es "La Fiesta del Inmigrante", organizada en Oberá, durante diez días en el mes de septiembre. A lo largo de las jornadas que conforman la celebración, se desarrollan numerosas actividades culturales, deportivas y recreativas, como, por ejemplo, exhibiciones de danzas populares, conciertos y espectáculos, que anualmente atraen a miles de espectadores. El acontecimiento que despierta mayor interés entre el público es, indudablemente, la noche de la elección de la reina nacional del inmigrante. A esta fiesta multitudinaria de Oberá, hay que añadir varios eventos organizados en otras ciudades misioneras que conmemoran la fundación y el papel que en el desarrollo de la provincia han desempeñado los inmigrantes europeos. Además, el día 8 de junio, las distintas comunidades polacas, celebran el Día del Colono Polaco, acto con el que pretenden rendir homenaje a la llegada de los primeros polacos a Misiones.

12. La participación en uno de los centros polacos fue el principal criterio de selección a la hora de acordar la entrevista. Por lo tanto, quedaron excluidos del presente análisis los testimonios de las personas que, aunque se identifiquen con sus raíces polacas, en el momento en que fue realizado el trabajo de campo no participaban en la vida asociativa, así como aquellas que no sienten mayor vinculación con el origen polaco y, por ende, nunca se han sentido atraídas por pertenecer a la colectividad.

tre los propios inmigrantes como entre sus descendientes, una parte importante de los que hoy en día forman parte de la colectividad polaca proceden de familias mixtas[13]. Cabe destacar que dentro del grupo estudiado el conocimiento del polaco es muy reducido y son pocos los que han desarrollado la capacidad de comunicarse en la lengua de sus antepasados. Además, la mayoría no mantiene lazos directos con sus familiares en Polonia y muchos no han tenido la posibilidad de visitar el país.

A continuación, al centrarnos en el caso de los descendientes de inmigrantes polacos en Buenos Aires y en la provincia de Misiones, vamos a examinar las distintas trayectorias étnicas recorridas por sus miembros y la variedad de motivaciones personales que les han conducido a formar parte del colectivo. Al ubicar nuestra mirada, en el proceso de la (re)construcción de la identificación étnica y dada la especificidad del grupo analizado, en el presente artículo, nos apoyaremos en el concepto de la etnicidad simbólica, al tiempo que intentaremos establecer diálogo con algunas de las propuestas teóricas existentes que abarcan la problemática de los descendientes de inmigrantes.

La etnicidad simbólica, término originalmente acuñado por Herbert Gans[14], se caracteriza, en palabras del autor, por una actitud nostálgica que adoptan los descendientes de inmigrantes hacia el país o la cultura de sus antepasados, el amor y orgullo hacia una tradición que puede ser sentida sin que tenga que ser incorporada en la conducta diaria de los individuos. Esta forma simbólica de expresar la pertenencia étnica raras veces interfiere, según Gans, en los aspectos cotidianos de la vida, ocupando un lugar relativamente marginal en el comportamiento social de los actores involucrados. Por lo tanto, frecuentemente, se convierte en una actividad realizada en el tiempo libre o que es evocada durante algunas celebraciones especiales. Además, requiere del uso de símbolos visibles, fácilmente reconocibles, que poseen un significado inconfundible para los integrantes de un colectivo específico[15].

---

13. El presente trabajo se basa en las entrevistas realizadas en marzo-abril de 2012 y abril-mayo de 2013 a 65 descendientes de inmigrantes polacos residentes en Buenos Aires y en la provincia de Misiones (Oberá, Posadas, Apóstoles y Colonia Wanda). Dentro de este grupo, 33 personas son de procedencia endogámica y 32, exogámica.
14. Herbert J. Gans, "Symbolic ethnicity: The future of ethnic groups and cultures in America", *Ethnic and Racial Studies*, 2 (1), 1979, pp. 1-20.
15. La línea conceptual trazada por Gans fue, posteriormente, seguida y desarrollada por numerosos autores, entre ellos, Mary Waters y Ricardo Alba. El aporte de estos últimos consiste en analizar, con mayor detenimiento, los casos de las llamadas terceras, cuartas y quintas generaciones de los descendientes de inmigrantes europeos, la mayoría nacidos de matrimonios mixtos, en Estados Unidos. Véase al respecto Mary Waters, *Ethnic Options: Choosing Identities in America*. Los Angeles,

Trayectorias étnicas: entre continuidades, rupturas y recuperaciones

Al examinar las particularidades que adoptan las trayectorias étnicas desarrolladas por los descendientes de inmigrantes polacos, en primer lugar, nos hemos encontrado con una variedad de períodos vitales en los que se ha producido la inserción de los distintos individuos a las estructuras colectivas. Según los testimonios reunidos, hemos podido distinguir dos tendencias principales que reflejan las vicisitudes que adopta la afiliación étnica de este grupo específico y cuyo análisis más detallado ha reflejado una gran variedad de matices que ésta puede experimentar.

Si bien en el momento de realizar la entrevista los pertenecientes a ambos grupos se identifican con su origen polaco, identificación que se traduce en su involucración –aunque con un grado de compromiso variable– en las actividades colectivas, las experiencias relatadas demuestran características bien diferentes que han adoptado sus trayectorias étnicas. De esta forma, por un lado, están las personas que definen su participación como "continua" desde la niñez o temprana adolescencia y, por el otro, los que reconocen haberse interesado por sus "raíces polacas" ya en la vida adulta o inclusive tras haber alcanzado la tercera edad. Aunque consideramos que en dicha "recuperación de interés" ha influido, en gran medida, el surgimiento de las iniciativas arriba señaladas, en el presente artículo, intentaremos analizar cómo los propios actores describen sus experiencias, en qué términos explican esta necesidad de preservar la cultura y tradiciones de sus antepasados y qué significa para ellos la pertenencia a un colectivo determinado.

Continuidades

Al indagar acerca de los períodos vitales en los que se ha producido la incorporación a la colectividad polaca, una parte de los entrevistados ha definido su participación en términos "desde siempre" o "desde que tengo uso de la razón". La colectividad, según afirman, se ha convertido en un elemento integral de su desarrollo personal y ha estado presente, de forma ininterrumpida, en todas las etapas de su vida. Con estas palabras algunos de nuestros informantes relatan su temprana integración a un determinado centro y explican los motivos de su permanencia:

University of California Press, 1990 y Richard Alba, *Ethnic Identity: The Transformation of White America*. New Haven, Yale University Press, 1990.

...Yo digo: ¿Por qué vengo acá? Porque mi mamá me metió en la cabeza de venir acá y es la verdad. En tu casa te metieron esto en la cabeza... Entonces te vas incorporando a este grupo y te armas tus programas con este grupo. Y poquito a poco, te vas metiendo... (hombre, 70 años, hijo de ambos padres polacos, Buenos Aires).

Yo tengo dos hermanos, uno más grande y el otro más chico, nos llevamos 5 años para arriba y para abajo y desde chiquititos, yo desde que tengo un año y pico voy a la Colonia Polaca que está en Córdoba.... Y después de chiquitita empecé a bailar en conjunto "Nasz Balet" [grupo de danzas folclóricas] y hace 17 años que bailo, así que ya estoy muy en contacto. Y después con los años me fui metiendo en otras organizaciones... (mujer, 28 años, un abuelo polaco, Buenos Aires).

...nosotros íbamos a la casa de mis abuelos y mi abuelo tocaba el acordeón, cantaba en polaco las canciones de la guerra y nos explicaban qué significaban y es como desde chiquitita yo escuché eso y mis hermanas también (...) y nosotros nos criamos con esa cosa de Polonia, de cómo vinieron y cómo sufrieron y cómo vivían allá y qué sé yo; y como que, a pesar de que tengo una parte alemana, una italiana, y qué sé yo, decidimos venir acá. Y creo que es por mi papá, por mi abuelo... (mujer, 50 años, un abuelo polaco, Oberá).

Los testimonios citados demuestran claramente que en la temprana vinculación étnica de los entrevistados un papel esencial lo desempeñaron los padres, abuelos o hermanos mayores. La familia –o al menos uno de sus miembros– se nos presenta como un agente primordial en la transmisión de la identificación étnica del individuo que, a su vez, se traduce en su adscripción desde la niñez a uno o varios grupos que conforman la comunidad. En estos casos, los lazos establecidos en la infancia han perdurado y han sido desarrollados, sin aparente interrupción, hasta la vida adulta. De ahí, la historia personal se entrelaza estrechamente con la del centro en el que se vieron crecer y la participación en la vida comunitaria es asumida por los individuos como una especie de herencia familiar, un rasgo transmitido generacionalmente, que han sabido cultivar y reproducir a lo largo de los años.

Rupturas y recuperaciones

De la misma manera que la colectividad está conformada por personas que perciben su participación en la colectividad como continua desde su infancia, un porcentaje importante de sus miembros ha reconocido que su integración a las estructuras comunitarias se ha producido ya en la vida adulta. Los testimonios de los que pertenecen a este grupo, al presentar padrones de conducta diferentes, nos han permitido establecer ciertas particularidades que puede adoptar la identificación étnica entre los descendientes de inmigrantes polacos en Argentina.

De este forma, dentro del grupo analizado se encuentran personas que afirman que en la temprana edad, sus padres o abuelos intentaban inculcarles las costumbres polacas, enseñarles el idioma o estimularlos a que formaran parte de la colectividad; al mismo tiempo, reconocen que se mostraron bastante reacios ante sus insistencias o, por alguna razón, tras una corta experiencia dejaron de concurrir a los eventos organizados. Sin embargo, en los últimos años, por voluntad propia, han decidido retomar las actividades que no les resultaron atractivas en el primer momento. Con estas palabras los que hoy en día participan activamente en la comunidad expresan sus experiencias y la inicial actitud negativa hacia la misma:

> …Antes porque no tenía tiempo. Estudiaba y trabajaba al mismo tiempo, entonces no tenía tiempo para venir acá y no se me había pegado mucho lo polaco (…) porque yo iba a ver a mi mamá mucho antes y (…) veía los trajes, eran medio… me daban un poco de vergüenza los trajes…, pero cuando me lo puse [a los 20 años] y vi que el significado de ponerse este traje y bailar este baile era representar la cultura de mis abuelos, allí creo que nació el orgullo y la pasión de sentirse polaco. (…) Pues puede ser porque necesitaba un cambio en mi vida. Me movilizaron mucho mis raíces polacas. Me gustó ser nieto de polacos (hombre, 27 años, un abuelo polaco, Buenos Aires).

> …en ningún club polaco, en la época que yo era pequeño, tenía 8-10 años, se hablaba en castellano, ni una palabra, me hablaban a mí porque sabían que yo no entendía el polaco. Mi padre me empezó a enseñar (el polaco), pero con poco tiempo y la poca paciencia de él y mi poca voluntad por aprenderlo… hoy me arrepiento…mi papá hoy tendría ciento y pico de años si viviera… Falleció en el 79… entonces, después que falleció el papá, me agarré más a eso, a lo polaco (hombre, 66 años, padre polaco, Buenos Aires).

Las experiencias relatadas hasta el momento, pese a que se han desarrollado de forma diferente, presentan un elemento común. Independientemente de si los entrevistados han participado en la comunidad polaca de manera continua desde la adolescencia u optaron por alejarse de la misma en una etapa determinada, todos afirman haber mantenido una relación afectiva con los miembros o el miembro de la familia que ha pretendido actuar como "transmisor" de las pautas de comportamiento étnico. Es por ello por lo que, en ocasiones, esta vinculación emocional –frecuentemente con un familiar ya fallecido, como podemos ver en el último testimonio– es la que les ha conducido a retomar las actividades étnicas. Así lo refleja la siguiente entrevistada:

> [mi padre] lastimosamente falleció muy joven, porque se casó con mucha edad, se casó con 36 años y éramos 6 hermanos, y cuando nosotros fuimos adultos que podíamos interesarnos, en otras cosas, hacerle preguntas, ya no estaba (…) y entonces yo recién ahora también me siento realmente orgullosa de mis raíces. Antes era decir, bueno, sí, mi padre era polaco, pero ahora decir, no, yo soy descendiente de los polacos… sí, pero es el conocimiento de todo que me ha llevado a eso, porque es esta etapa de cuando perdés a tu padres y hay un vacío… (mujer, 66 años, padre polaco, Colonia Wanda, Misiones).

Como consecuencia, el hecho de retomar las actividades desarrolladas en la comunidad –como la incorporación al grupo de danza folclórica o apuntarse al curso de polaco– se convierte, para muchos, en una forma simbólica de homenajear a sus antepasados y es percibida como una especie de tributo rendido a los antepasados:

> Aprendo polaco para poder viajar a mi querida Polska y poder expresarme mejor con mi familia y amigos, pero, sobre todo, aprendo el idioma polaco para rendirle un homenaje a quien me crió como un hijo y me dio todo, mi abuelo, de quien estoy muy orgulloso (hombre de 43 años, un abuelo polaco, residente en Buenos Aires).

> Es casi imposible poder explicar esa sensación de orgullo que se siente cada vez que uno se sube al escenario, cada acorde musical que nos llena el alma y llevamos en nuestra sangre, cada paso que nos permite decir "la tierra de nuestros antepasados está presente, su historia vive a través de nosotros (hombre, 24 años, nieto de polacos por parte paterna y materna, Buenos Aires).

La preservación o recuperación de algunos elementos de la cultura étnica, y el peso que dentro de este proceso desempeñan los lazos familiares, han sido ampliamente abordados y se han reflejado en la producción de una vasta literatura sobre el tema[16]. La familia, al generar víncu-

---

16. Alba, *Ethnic Identity: The Transformation of White America*, p. 164.

los y afectividades, ha sido tratada como un actor privilegiado dentro del proceso de la transmisión del bagaje cultural y de las tradiciones étnicas. No obstante, si bien una parte de los entrevistados confirman la interrelación estrecha entre el núcleo familiar más cercano y su vinculación étnica, esta no siempre es decisiva y, en ocasiones, no ha operado como un factor determinante en la recuperación de la identificación étnica.

Lo comprueban los testimonios de las personas que admiten no haber experimentado en su infancia lazos de ningún tipo con la cultura polaca y reconocen estar desvinculadas de sus "raíces" durante una parte importante de su vida. En estos casos, por motivos diferentes, sus familiares no demostraron mayor interés por inculcarles las costumbres y tradiciones polacas; algunos incluso percibieron un cierto rechazo hacia la comunidad polaca y hacia Polonia. A pesar de no haberlo vivido en su entorno más próximo, una vez alcanzada la adultez se sintieron atraídos por saber más acerca de su origen. Como consecuencia, esa necesidad de descubrir la historia familiar, les condujo a que empezaran, primero, a investigar sobre sus antepasados y, posteriormente, a desarrollar la actividad étnica. Así relata su experiencia un joven que se ha incorporado recientemente a la colectividad polaca:

> …es algo muy curioso lo que sucede en mi casa, porque a pesar de que mi papá es hijo de dos polacos, (…) pero él como que fue muy rebelde en este sentido… No, nunca nos inculcó nada de Polonia. Yo a mi abuelo polaco no lo conocí, falleció antes de que yo naciera, y sí, me crié con mi abuela polaca, pero con ella yo tuve una muy mala relación. (…) Recién a los 18 años me empecé a interesar. Primero, buscando, rastreando a los familiares de mi padre, porque al ser él hijo único, nosotros somos una familia muy pequeña. Primero rastreé vía Internet a la familia de mi papá. He establecido el contacto vía carta y eso me motivó más a querer aprender el idioma y a conocer más sobre la vida de mis abuelos (hombre de 31 años, nieto de polacos por parte paterna, Buenos Aires).

El testimonio citado claramente pone en duda la importancia que tradicionalmente se ha concedido al papel del núcleo familiar más cercano –observada en los ejemplos anteriores– en la transmisión intergeneracional de las pautas de comportamiento étnico. La desvinculación de la cultura polaca en la adolescencia o las relaciones familiares con un bajo nivel de afectividad entre los miembros no necesariamente provocan un alejamiento definitivo de la comunidad y la tendencia de recuperar los lazos con las tradiciones étnicas entre los nietos de inmigrantes queda confirmada también por otras personas entrevistadas:

Yo te digo, lo que yo viví en mi familia, con mis padres que no participaron (…) Yo creo que los hijos de los inmigrantes trataron de pasar por ser lo menos raros posible. Y esto te lo digo de lo que veo de familias amigas. Vivir las situaciones de que tus padres no entiendan el idioma y vos, bueno, sos argentino, pero de pronto no te gusta estar catalogado de raro, y estos padres dependen de este hijo para insertarse. Creo que, bueno, eso quizás llevó a que, de pronto, este hijo no participara en la colectividad por estar intentando insertarse, pero esa es una hipótesis mía. Luego los hijos de esta gente [nietos de inmigrantes], valorizaron de otra manera, quizás, a su abuelo polaco… (mujer, 37 años, un abuelo polaco, residente en Buenos Aires).

…y yo sigo participando y me estoy metiendo cada vez más. Por allí a otros amigos míos les pasa lo mismo, no se involucran los padres de ellos, pero los abuelos sí están involucrados y ellos están involucrados, como que hay una generación que falta allí en el medio (mujer, 28 años, un abuelo polaco, Buenos Aires).

Como demuestran los testimonios reunidos entre los integrantes más jóvenes, es notoria la falta de participación de sus padres en la comunidad polaca que vaya más allá de la asistencia a los actos en los que intervienen sus hijos, creando la sensación de "una generación que falta allí en el medio", según las palabras de la última entrevistada.

Las discontinuidades relatadas parecen confirmar, a primera vista, el clásico y muy divulgado en la literatura académica modelo trigeneracional formulado por Marcus Hansen[17], que pretende esquematizar la transmisión de pautas de comportamiento étnico desarrollado entre los inmigrantes, sus hijos y nietos. Según la tesis hanseniana, mientras que los inmigrantes, generalmente, mantienen las pautas culturales del país de origen, sus hijos, al tener que lidiar entre dos culturas diferentes y debido a una fuerte voluntad de insertarse en la sociedad dominante, tienden a rechazar el pasado étnico de sus progenitores. Posteriormente, los nietos, libres ya de las tensiones que, según el autor, supone el dualismo cultural y étnico –al que a diario tenían que enfrentarse sus padres– experimentan la necesidad de rescatar del olvido sus raíces y retornan, de manera voluntaria, a la cultura de sus abuelos. En su famosa frase: "What the son wishes to forget, the *grandson* wishes to remember"[18], Hansen da cuenta del corte que se produce en la transmisión intergeneracional y la posterior recuperación del legado cultural ("ethnic revival") que se efectúan entre las dos primeras generaciones nacidas en el país receptor.

---

17. Marcus Hansen, *The problem of the third generation immigrant*. Rock Island, Illinois, Augustana Historical Society, 1938.
18. Ibídem, p. 9.

En este punto, llama la atención que de la misma forma que los miembros más jóvenes de la comunidad polaca apuntan la ausencia de sus padres, los integrantes mayores –nacidos ya en Argentina o que llegaron a la Argentina siendo niños– lamentan la poca participación de sus propios hijos en las estructuras colectivas. Según hemos podido comprobar, la discontinuidad producida en el núcleo familiar también ha sido identificada como motivo de una gran preocupación para muchos de los integrantes con mayor antigüedad en la comunidad, incluidos aquellos que han destacado en su labor colectiva y han desempeñado cargos importantes dentro de la misma. Con estas palabras el presidente de la Unión Polaca en la República Argentina –la entidad principal de la comunidad– se refiere a los distanciamientos observados entre los hijos de sus coetáneos:

> Pero, fijate, o sea, seamos objetivos. Yo tengo cuatro hijas, ninguna viene acá. Hablo con X, tiene dos hijos, no vienen acá. Hablo con Y, ninguno de sus hijos viene. (…) Sí, mis hijas también estaban en el escenario acá, una vez en el *balecik* [grupo juvenil de danzas folclóricas], pero no, no… A ver, hoy no están acá. No se les arraigó estar acá (hombre, 70 años, hijo de polacos, residente en Buenos Aires).

El frecuente empleo del término "la generación pérdida" ha demostrado que la discontinuidad intergeneracional es un fenómeno común dentro de la comunidad polaca. Pese a que esta se ha convertido, hoy en día, en un lugar de encuentro de personas de diferentes edades, en muy pocas ocasiones, reúne miembros del mismo núcleo familiar. De esta forma, aunque es poco frecuente la participación simultánea en los centros polacos de varias generaciones pertenecientes a la misma familia, no se ha podido comprobar que esta tendencia sea propia de una "generación" determinada; es decir, que sean los hijos o los nietos de inmigrantes los que tienden a alejarse con mayor frecuencia y de forma definitiva de la vida asociativa.

Aunque no comprueban el modelo de Hansen, los testimonios proporcionados por los integrantes de la comunidad polaca revelaron algunos patrones comunes entre estas ausencias referidas. Una mirada más detallada al fenómeno, acompañada por la observación participativa, nos ha permitido registrar la poca participación en las actividades y actos desarrollados por la comunidad de las personas que tienen entre 30 y 45-50 años, independientemente de que sean hijos, nietos o bisnietos de inmigrantes. Si bien la distancia temporal que nos separa desde el momento de la inmigración y la progresiva inserción del grupo en la sociedad dominante son factores que claramente inciden en la pérdida de la fuerza numérica de cualquier colectividad de origen inmigrante, la llamativa ausencia de esta cohorte de edad en el caso estudiado nos ha permitido detectar ciertas particularidades que adquiere la identificación étnica en el grupo estudiado.

En este sentido, al estudiar las permanencias y recuperaciones que experimentan las distintas trayectorias étnicas entre los descendientes de inmigrantes polacos en Argentina, ha resultado significativo el testimonio de un hombre que, en un primer momento, ha definido su participación como constante, pero que ha reconocido, a lo largo de la entrevista, que dicha continuidad se ha visto interrumpida por un período prolongado en alguna etapa de su vida. En una pregunta directa en la que se le ha pedido que definiera cuánto tiempo ha estado presente en la colectividad polaca, el informante ha comentado: "Desde que tengo uso de memoria". No obstante, a continuación, al referirse a los cambios presenciados durante este período, ha aclarado:

…(estuve) hasta los 19-20 años. Allí me puse de novio, empecé la facultad y allí dejé. Y después durante más de 20 años no participé y bueno y me reintegré nuevamente (…) hace unos 10 años más o menos (hombre, 55 años, padres polacos, Buenos Aires).

Este testimonio refleja, por un lado, el carácter subjetivo y relacional que puede adoptar la autopercepción de la participación étnica, que, frecuentemente, no corresponde con la experiencia real. A pesar de más de dos décadas durante las que el entrevistado estuvo alejado de la actividad comunitaria, su trayectoria étnica queda, en un primer instante, definida como constante y permanente y la ausencia que se ha producido se minimiza o directamente desaparece. Por otro lado, el relato comprueba el papel secundario que la identificación con el origen étnico desempeña en la vida de la mayoría de los descendientes de inmigrantes polacos.

Como hemos señalado, entre los rasgos que caracterizan la etnicidad simbólica destaca el lugar relativamente secundario que esta ocupa en el comportamiento social de los actores involucrados y, por lo tanto, la expresión de la pertenencia étnica no suele interferir en las obligaciones cotidianas de la vida, quedando subordinada a los compromisos escolares, profesionales o personales del individuo. En el caso contrario, como demuestra el último testimonio, la vinculación con un determinado grupo puede quedar suspendida. Esta peculiaridad de los procesos estudiados explica, a su vez, la existencia de la "generación perdida" y da cuenta del carácter instrumental que la identificación étnica adquiere entre los descendientes de inmigrantes polacos. Es decir, si los servicios brindados por un determinado centro resultan menos ventajosos para sus miembros –sea eso a nivel económico, material, emocional o educacional– o, debido al tiempo requerido, entran en conflicto con otros proyectos personales, la comunidad pierde la fuerza de atracción.

En otras palabras, cuando la relación coste-beneficio que supone la participación en las actividades desarrolladas se torna negativa, se produce el alejamiento del individuo de las estructuras comunitarias. Aunque dicha interrelación no es propia de la cohorte de edad mencionada –y puede ser aplicada a todos los miembros del grupo– en este grupo etario resulta más evidente. Al iniciar las carreras profesionales y al formar sus propias familias, frecuentemente con personas que no pertenecen a la comunidad, esta deja de proporcionarles ventajas que justifiquen la dedicación requerida. En este punto cabe destacar que el alejamiento que se produce, aunque en muchos casos sea irreversible, no siempre es definitivo. La vinculación étnica puede ser recuperada, como hemos visto en el último caso, una vez que no suponga mayor "interferencia" para las actividades habituales del individuo o también cuando, por algún motivo, la participación resulte nuevamente atractiva.

Opciones étnicas

Una acentuada dosis de plasticidad de la identificación étnica entre los descendientes de inmigrantes, su carácter procesual, dinámico e instrumental no consiste únicamente en que esta puede ser experimentada por el individuo con mayor o menor intensidad según la etapa vital, dependiendo de las circunstancias específicas o nacer como resultado de inquietudes personales que surgen en un momento determinado. Los testimonios recolectados nos han demostrado que la adscripción a un determinado grupo étnico –en el caso de las personas procedentes de familias exogámicas– no siempre es exclusiva y puede cambiar a lo largo de la vida. Así lo demuestran aquellos entrevistados que antes de integrarse a la comunidad polaca han tenido una experiencia previa en otros centros étnicos:

> Bailé en la colectividad alemana y allí entré por una amiga, no por mi familia. Mi amiga me dijo: "¿Querés bailar en el *ballet* de la colectividad alemana?" Y justo el *ballet* polaco no estaba. Bailé dos o tres años y lo dejé. Y después vuelvo a retomar la colectividad polaca (…) y de allí no me quiero ir más (mujer, 27 años, bisabuelos maternos polacos, Oberá, Misiones).

...entonces sí, primero acompañé a mi vieja y a mis hermanas, que siempre han estado en la cocina de la colectividad ucraniana. Después, es una etapa, viste, que te vas cansando, vas cambiando, vas renovando. Entonces, como tengo apellido checo, me puse con los checos, cuando recién me puse a estudiar abogacía, me acuerdo...Y después entré en los polacos... (hombre, 25 años, bisabuelos maternos polacos, Oberá, Misiones).

Mientras que en el caso de los individuos procedentes de familias endogámicas la elección de la afiliación étnica resulta relativamente sencilla y se reduce al hecho de participar o no en un determinado colectivo y, eventualmente, qué grado de compromiso asumir, los individuos cuyos antepasados provienen de grupos étnicos diferentes se encuentran ante una elección adicional. Si bien, como se ha intentado demostrar, en la identificación con un determinado origen étnico puede influir tanto la familia como las amistades que uno va contrayendo a lo largo de la vida, las motivaciones que guían al individuo a la hora de afiliarse a un colectivo específico responden, muchas veces, a mecanismos mucho más complejos.

Entre los factores que influyen en la inclinación del individuo por un origen étnico y no por el otro, Waters[19] apunta como esencial el nivel de la información general que uno posee sobre la historia familiar y, particularmente, sobre el origen de los antepasados inmigrantes. Este conocimiento suele ser más amplio y mejor conservado cuanto menos tiempo ha pasado desde su llegada y establecimiento en el país receptor. También está estrechamente relacionado con el prestigio que tiene un determinado grupo étnico dentro de la sociedad mayoritaria y depende, en gran medida, de la aceptación social con la que cuenta la pertenencia al mismo. Finalmente, la autora subraya la importancia que en dicha elección pueden desempeñar el aspecto físico y el apellido. Ambos elementos suelen ser empleados por los demás para la categorización del individuo, lo que, consecuentemente, puede marcar de forma considerable la elección y predilección personal. Lo refleja el testimonio del último entrevistado ("como tengo apellido checo, me puse con los checos"), aunque, como se ha podido observar, la adscripción en este caso no ha resultado definitiva.

A los elementos factores señalados, hay que añadir también, a nuestro juicio, la oferta cultural desarrollada por una determinada colectividad, que claramente pude influenciar que el individuo se interese por un determinado origen ("Bailé en la colectividad alemana [...] Y justo el *ballet* polaco no estaba"). Además, la elección puede quedar determinada por los intereses y expectativas personales y depende de si estas son cumpli-

---

19. Waters, *Ethnic Options*, p. 57.

das o no por la colectividad. Este último aspecto lo comprueba el relato de una entrevistada que describe la experiencia de su hija, integrante durante años del grupo de danza de la colectividad polaca en Oberá (Misiones):

> …ella desde chiquitita bailaba en el *ballet* polaco y ella querría ser reina de los polacos, digamos, pero ¿qué pasa? Nunca le elegían, viste, (…) y hacía dos años que los italianos sabían que tenía descendencia [sic], por parte de mi marido también, la abuela de mi marido vino de Italia, qué sé yo, y está el cuadrito en la casa italiana de bisabuelo de mi hija. Y ya cuando otra vez le pedían [de la colectividad italiana], por favor, si ella querría ser reina y ella dijo: "¿Mami, qué hago?" Bueno, manda una nota a la comisión [comisión directiva de la colectividad polaca] diciendo que no vas a bailar este año… no sabíamos si va a salir, ¿entendés? Y te volvés el año que viene. Si total, al ser crisol de razas, ¿cuál es el impedimento? Si en tu familia hay de todos lados. Y fue, se presentó… y bueno, fue reina y allí los polacos medio que se enojaron. (…) Bueno, la cuestión es que ella no volvió a la colectividad [polaca], porque ya siendo la reina de los italianos, ya no, viste… (mujer, 50 años, un abuelo polaco, Oberá, Misiones).

La joven, tras haber sentido que no se cumplían sus expectativas –en este caso al no ser elegida como representante de la colectividad en las elecciones de la reina del inmigrante, evento que se organiza anualmente durante la Fiesta del Inmigrante–, optó por afiliarse a la colectividad italiana en la que sí se vieron satisfechas sus necesidades. Su experiencia pone en evidencia el peso que en el proceso de la construcción identitaria tienen los factores interindividuales. Al mismo tiempo, demuestra que la identificación étnica es un fenómeno fuertemente marcado por la historia personal y las tendencias y gustos particulares. Es por ello por lo que, en ocasiones, dos personas que han tenido experiencias familiares iguales o parecidas viven su identidad étnica de forma totalmente diferente e inclusive optan por identificarse con orígenes distintos:

> …en mi casa siempre se mantuvieron como las tradiciones, pero sin exagerar… Bueno, en mi casa se hablaba otro idioma y además las costumbres eran diferentes, y además, teníamos el espíritu crítico sobre la Argentina, pero mi hermana mayor sentía rechazo por los polacos… (mujer de 72 años, ambos padres polacos, residente en Buenos Aires).

> …soy la única de la familia que queda en la colectividad, de lo que fueron mis abuelos, la única que quedó. Por ejemplo, a mi hermana no le interesa… venir acá a trabajar sin tener una contraprestación monetaria, a

LAS TRAYECTORIAS ÉTNICAS DE LOS DESCENDIENTES 195

ella no le interesa… (mujer, 27 años, bisabuelos maternos polacos, Oberá, Misiones).

Mi hermana salió bien alemana (…) y mi hermano y mi hermana por allí tiran más… mi hermano es medio alemán, y mi hermana también. (…) Por allí, a veces, mi hermana agarra y dice: sí, porque en mi país, Alemania, no pasan estas cosas (hombre, 25 años, bisabuelos maternos polacos, Oberá, Misiones).

Lazos sanguíneos y lazos afectivos

A pesar del reconocimiento expreso de la discontinuidad que se había producido en la transmisión intergeneracional de las pautas de comportamiento étnico en el núcleo familiar de algunos de los entrevistados o la evidencia del carácter altamente dinámico, voluntario y opcional de la identificación con el origen polaco, la pertenencia a la comunidad es percibida por sus integrantes como un rasgo heredado y una cualidad que se transmite a través de los lazos sanguíneos. A la hora determinar el porqué de la participación en un determinado centro, los términos como "es la sangre que tira" o "uno lo lleva en los genes" son frecuentemente empleados tanto por los procedentes de las familias endogámicas como por los nacidos en las exogámicas. La adscripción a un colectivo dado queda frecuentemente asumida como una obligación moral, como un imperativo involuntario e instintivo:

> Yo pienso que uno lleva los genes de los antepasados… dicen los psicólogos que los descendientes de los inmigrantes tenemos en los genes este desarraigo, que vivimos esa añoranza que vivieron nuestros padres. Eso algunos psicólogos lo dicen (mujer, 52 años, bisabuelo polaco, Posadas).

> …hay algo que no tiene explicación, yo creo que es la sangre que a veces tira. (…) En mí siempre surge tal necesidad de participar y conocer más sobre mis raíces polacas (hombre, 31 años, nieto de polacos por parte paterna, Buenos Aires).

Esa visión esencialista que apunta hacia la existencia de un vínculo genéticamente determinado se contradice, claramente, con las experiencias relatadas por los descendientes de inmigrantes polacos. No obstante, la aparente disonancia, que hemos intentado demostrar, no resulta contradictoria inclusive para aquellos integrantes de la comunidad que se han integrado tardíamente o han tenido experiencias previas en otras organizaciones étnicas. Por el contrario, el hecho de pertenecer en el momento de la entrevista a la colectividad polaca, confirma, a los ojos de los informantes, el carácter hereditario de la identificación étnica. En este sentido, podemos hablar de la percepción de la existencia de lazos primordiales, o apegos primordiales en términos empleados por Geertz, que son experimentados como vínculos inefables y obligatorios en sí mismos y que surgen como resultado no solo "del afecto personal, de la necesidad práctica o de los comunes intereses, sino en gran parte por el hecho de que se asigna una importancia absoluta e inexplicable al vínculo mismo"[20].

Por otro lado, y retomando el, anteriormente señalado, papel secundario que la identificación étnica desempeña en la vida diaria de los individuos, a no ser que ellos mismos decidan otorgarle un espacio privilegiado, consideramos que dicha afirmación requiere en este punto una cierta matización. Aunque no interfiera en la vida cotidiana, la comunidad ocupa, indudablemente, un lugar excepcional en la esfera emocional de los entrevistados. Al mismo tiempo, es capaz de generar un fuerte sentimiento de apego y lealtad que va más allá de los intentos de mantener la ya mencionada vinculación simbólica con los antepasados que hace décadas emigraron desde Polonia. Esta ambigua sensación que experimentan los integrantes de la comunidad polaca no solo resulta difícil de explicar, sino que también, en ocasiones, es percibida como incontrolable. Paralelamente, las actividades en las que participan, frecuentemente, logran despertar en ellos unas emociones muy profundas:

> ¿Por qué se siente eso? Realmente no lo sé. Es como con las pasiones; las pasiones no se pueden explicar. Yo me metí acá en la colectividad polaca, también fue una pasión. Es algo que me motiva venir los miércoles y viernes a ensayar con el *ballet*, me motiva escuchar canciones modernas en polaco, sacarlas, ensayarlas con los chicos, presentarlas en eventos grandes (hombre, 27 años, un abuelo polaco, Buenos Aires).

> Y fuimos, y cuando salimos a bailar, como que salís, y está todo el mundo bailando, entonces está todo el público prestando atención a eso, se hace toda la coreografía, (…) en este momento me puse a llorar de una forma, arriba de escenario, no me pude aguantar. (…) Es como que es una energía que te llena, es, no sé, una cachetada. Increíble, increíble (mujer, 28 años, un abuelo polaco, Buenos Aires).

---

20. Geertz, Clifford, *La interpretación de las culturas*. Barcelona, Editorial Gedisa, 1992, p. 222.

Algunas consideraciones finales

Según hemos podido observar, el reconocimiento del origen étnico y la participación en la colectividad no interfieren en el caso de los descendientes de inmigrantes polacos en la elección del lugar de residencia ni determinan la profesión que estos ejercen. Tampoco influyen en el origen étnico de los amigos o de la pareja, como lo prueba claramente el muy alto porcentaje de matrimonios exogámicos contraídos entre los integrantes del grupo. Además, las actividades de diferentes centros suelen desarrollarse en el tiempo libre –las tardes o fines de semana– por lo que no alteran, en la mayoría de los casos, sus obligaciones habituales. Sin embargo, a pesar de no interferir en las obligaciones cotidianas, la variedad de experiencias con las que nos hemos encontrado al estudiar las trayectorias étnicas individuales pone en evidencia la complejidad de los procesos a los que están sujetos los descendientes de inmigrantes polacos en Argentina. Si bien la diversidad señalada nos impide trazar un modelo único que englobe todos los posibles itinerarios, los testimonios reunidos nos han permitido registrar ciertas características que adopta la identidad étnica dentro del grupo estudiado.

Como hemos intentado demostrar, esta no es una esencia "inmutable", que permanece inalterable a pesar de los cambios y transformaciones que los sujetos experimentan a lo largo de su vida, sino que es un fenómeno dinámico y con un importante grado de flexibilidad. Al dinamismo de los procesos registrados hay que añadir el carácter altamente opcional de la identificación étnica; fenómeno que puede reflejarse en varios aspectos y a distintos niveles. La adscripción a un determinado grupo de origen inmigrante y el compromiso asumido por el individuo dentro de las estructuras comunitarias suelen modificarse según la etapa vital, "activándose" y "desactivándose" en un determinado momento y dependiendo de las circunstancias personales. De la misma forma, la predilección por un origen específico entre los individuos procedentes de familias exogámicas, al depender de muchos factores –incluidas las necesidades e intereses individuales que varían según la etapa vital–, no siempre es definitiva y, en ocasiones, puede cambiar.

Estamos, indudablemente, ante un fenómeno complejo y en muchas ocasiones contradictorio. Por un lado, el lugar marginal que ocupa en los itinerarios escolares o profesionales no significa que la etnicidad sea vivida por los entrevistados con menor intensidad a nivel sentimental; por el contrario, una de las características principales es que suele despertar emociones profundas. Por otro lado, pese a ser dinámica y modificable, es percibida por los descendientes de inmigrantes polacos como una característica primordial, fija, como una especie de herencia recibida a través de los lazos sanguíneos. No obstante, aunque la identificación étnica está claramente limitada por la ascendencia y la historia familiar, en gran medida depende de la elección y circunstancias personales, al tiempo que surge como resultado de las inclinaciones y gustos individuales, pero también dependiendo del contexto en el que está inserto el individuo.

En este sentido, la mencionada promoción de la diversidad en Argentina, observada en los últimos años, junto con el reflorecimiento de las relaciones mutuas entre la comunidad polaca en Argentina y los organismos de Polonia, son factores que indudablemente han influido en el desarrollo de las trayectorias étnicas experimentadas por los descendientes de inmigrantes polacos. Los cambios recientes y el hecho de que "lo étnico" se haya convertido en un fenómeno que está de moda son factores que han acentuado, a nuestro juicio, el carácter dinámico de la identificación étnica entre los descendientes de los inmigrantes polacos, produciendo numerosas "activaciones" y "recuperaciones" en las que nos hemos centrado en el presente artículo.

Bibliografía

Alba, Richard, *Ethnic Identity: The Transformation of White America*. New Haven, Yale University Press, 1990.

Bialogorski, Mirta, "Performance e identidad: nuevas formas de coreaneidad en la sociedad argentina actual". Buenos Aires, ponencia presentada durante el X Congreso Argentino de Antropología Social, 29 de noviembre al 2 de diciembre de 2011.

Dembicz, Andrzej y Smolana, Krzysztof, *La presencia polaca en América Latina*. Warszawa, Centro de Estudios Latinoamericanos, 1993.

Devoto, Fernando J. *Historia de la inmigración en la Argentina*. Buenos Aires, Editorial Sudamericana, 2009.

Fischman, Fernando, "Para nosotros y para los otros. Celebraciones y conmemoraciones públicas judías argentinas". Buenos Aires, ponencia presentada durante el X Congreso Argentino de Antropología Social, 29 de noviembre al 2 de diciembre de 2011.

Gans, Herbert J., "Symbolic ethnicity: The future of ethnic groups and cultures in America", *Ethnic and Racial Studies,* n°. 2 (1), 1979, pp. 1-20.

Geertz, Clifford, *La interpretación de las culturas*. Barcelona, Editorial Gedisa, 1992.

Hansen, Marcus, *The problem of the third generation immigrant*. Rock Island, Illinois, Augustana Historical Society, 1938.

KLARNER-KOSIŃSKA, Izabela, "Polonia w Buenos Aires", en Marcin Kula (coord.), *Dzieje Polonii w Ameryce Łacińskie: zbiór studiów*. Wrocław, Zakład Narodowy im. Ossolińskich, 1983.

MAZUREK, Jerzy, *Kraj a emigracja. Ruch lodowy wobec wychodźstwa chłopskiego do krajów Ameryki Łacińskiej (do 1939 roku)*. Warszawa, Instytut Studiów Iberyjskich/Iberoamerykańskich Uniwersytetu Warszawskiego/Muzeum Historii Polskiego Ruchu Ludowego w Warszawie, 2006.

SMOLANA, Krzysztof, "Za ocean po lepsze życie", en Marcin Kula (coord.), *Dzieje Polonii w Ameryce Łacińskie: zbiór studiów*. Wrocław, Zakład Narodowy im. Ossolińskich, 1983.

—— "Juntos a través de la historia. Boceto histórico de las relaciones polaco-argentinas", en Andrzej Dembicz (coord.), *Relaciones entre Polonia y Argentina: pasado y presente*. Warszawa, Centro de Estudios Latinoamericanos, 1996.

STEMPLOWSKI, Ryszard (comp.), *Polacy, Rusini i Ukraińcy, Argentyńczycy Osadnictwo w Misiones 1892-2009*. Warszawa, Muzeum Historii Polskiego Ruchu Ludowego e Instytut Studiów Iberyjskich i Iberoamerykańskich UW, 2011.

WATERS, Mary, *Ethnic Options: Choosing Identities in America*. Los Angeles, University of California Press, 1990.

Cadenas de tinta y eslabones de papel: correspondencias intercambiadas entre portugueses (São Paulo, Brasil-Portugal, 1890-1950)

Maria Izilda Santos de Matos
PUC/SP e CNPq, São Paulo, Brasil

>...yo para mí tengo fe en dios brevemente estaremos abrazándonos uno al otro que solo así sosegaré mi espíritu así que tenga mi amor a mi lado que tan poca alegría he tenido al verme tan lejos de quien más estimo en esta vida que he pasado del purgatorio en este mundo con tu ausencia no imaginas cómo ando siempre con mis ojos llenos de lágrimas por causa de mi amor del corazón... recibe mil abrazos y mil besos de este tu esposo muy humilde adiós y que dios nos deje abrazarnos.

En esta carta, enviada por Antonio de Almeida a Teresa da Costa de Oliveira, fechada el 8 de julio de 1910, se observa el sentimiento de *saudade* y las relaciones afectivas de una pareja separada por el Atlántico. Como ocurre con otras correspondencias, este ejemplo presenta un amplio potencial de análisis de los desplazamientos de los portugueses, sobre diferentes perspectivas.

Las misivas utilizadas en esta investigación fueron localizadas en el Memorial del Inmigrante de São Paulo (antigua Hospedería de los Inmigrantes) y en archivos portugueses (Archivo Distrital de Porto y de Braga). Se trata de un trabajo de historia cultural donde se discute la presencia de los inmigrantes portugueses en São Paulo, Brasil (1890-1950). Entre las varias cuestiones abordadas, se recuperan los deseos de reunión familiar, los preparativos del viaje, las redes y las sensibilidades.

Desplazamientos: presente y pasado

Los procesos migratorios recientes vislumbran el establecimiento de nuevas características en los desplazamientos, aunque no se pueda prever todo su desarrollo y amplitud; sin embargo, constituyen puntos de partida y polos de atracción. Las facilidades y agilidades de los viajes, sumadas a las múltiples posibilidades de comunicación, dinamizan la emigración haciéndola perceptible y provocando tensiones, hostilidades, rechazos, conflictos y xenofobia en las sociedades receptoras. Estas tensiones actuales llevan al reconocimiento de la importancia temática de las movilidades, se amplían sus estudios con diferenciadas perspectivas de análisis, iluminando interpretaciones, enriqueciendo abordajes y contribuyendo a revisar estereotipos.

Los desplazamientos carecen de nuevos análisis fuera de los establecidos en los condicionamientos demográfico-económicos y en el paradigma de la miseria; no obstante, las movilidades no deben ser vistas apenas como respuesta a la pobreza, o fruto de las presiones del crecimiento de las poblaciones o de mecanismos impersonales de *push-pull*[1]. Los procesos de las migraciones superan los límites de las necesidades estrictamente económicas, incluyendo cuestiones étnico-raciales, culturales, políticas (refugiados, perseguidos y expulsados), religiosas, familiares, generacionales y de género[2].

Una amplia gama de sujetos históricos encontró en la emigración una alternativa; algunos, integrados en flujos familiares y de grupos; otros, en recorridos individuales; alcanzando procesos de migración contratada o voluntaria y diversos estratos sociales, levas y generaciones; envolviendo a agentes inspirados por estrategias y motivos diferenciados, incluso culturales y existenciales. Entre las múltiples motivaciones que llevaron a la movilidad se encuentran la búsqueda de la realización de sueños, la apertura de nuevas perspectivas, las huidas de presiones cotidianas y la búsqueda por "hacer las Américas", en variadas representaciones construidas y vitalizadas en este universo.

Entre los mecanismos que viabilizaron estos procesos merece destacarse la constitución de redes[3], con el establecimiento de relaciones in-

---

1. No basta con que existan dificultades económicas para que los desplazamientos ocurran; estas dificultades tienen que estar vinculadas a la percepción de que la emigración es una alternativa aceptable y los canales necesarios tienen que estar construidos para viabilizar las salidas. Véase Maria Ioannis Baganha, *Migração transatlântica: uma síntese histórica*, in: *Desenvolvimento econômico e mudança social*. Lisboa, Imprensa de Ciências Sociais, 2009.
2. Paola Corti, *Storia delle migrazioni internazionali*. Roma, Editori Laterza, 2007.
3. La categoría red de e/inmigración incorpora tanto las acciones familiares y comunitarias como las estructuras impersonales de información, difusión y apoyo, articulándose la noción de cadena propuesta por J. Macdonald y Leatrice Macdonald, "Chain Migration Ethnic Neighborhood Formation and Social Networks", *The Milbank Memorial Fund Quartely*, XLII (1), 1964, pp. 82-97. Fernando Devoto, "Las cadenas migratorias italianas: algunas reflexiones a la luz del caso argentino",

terpersonales e institucionales (representantes, incitadores, aparatos de propaganda, medios de comunicación), además de la organización del sistema de navegación comercial que viabilizó el transporte transoceánico en masa. Así, se cuestionan los vínculos establecidos, los circuitos de sustentación en las regiones de salida y de acogida, las expectativas y los sueños construidos en los procesos de desplazamientos, tensiones y frustraciones, posibilidades de reencuentros y reconstitución familiar.

Desplazamientos: historias e historiografías

En Brasil, la temática de la inmigración viene siendo privilegiada por la historiografía, tiene una producción amplia, diversificada y enriquecida por abordajes que analizan aspectos diferenciados de la cuestión. Los desplazamientos de los portugueses solo muy recientemente han instigado a los investigadores[4], sin embargo, una parte significativa de los trabajos dirige la mirada hacia Río de Janeiro, donde la presencia lusitana fue significativa y sobresaliente[5].

Los estudios sobre inmigración en São Paulo priorizan ciertos grupos, en particular, los italianos y japoneses. Recientemente aparecieron trabajos que analizan a los portugueses[6], pero las investigaciones de cuño cultural son pocas.

Estudios Migratorios Latinoamericanos, n.º 8, CEMLA/Buenos Aires, 1988, pp. 103-123.
4. Para la producción en Portugal destacaríamos el libro de Miriam Halpern Pereira, *A política portuguesa de Emigração, 1850-1930*. Bauru, EDUSC, 2002; Maria Antonieta Cruz, *Agruras dos emigrantes portugueses no Brasil*. Porto, 1987; Henrique Rodrigues, *Alto Minho no século XIX, contextos Migratórios, socioculturais e familiares, doutoramento*. Porto, FLUP, 2003; Jorge Fernandes Alves, *Os Brasileiros*. s/e, Porto, 1994.
5. Gladys S. Ribeiro, *Mata Galegos - Os portugueses e os conflitos de trabalho na República Velha*. São Paulo, Brasiliense, 1990; ídem. *"Cabras" e "Pés de chumbo": os rolos do tempo. O antilusitanismo na cidade do RJ, 1889-1930*, tesis de maestría, Niterói, UFF, 1987; M. Helena Beozzo Lima, *A missão herdada. Um estudo sobre a inserção do imigrante*, mestrado, Curitiba, UFPR, 1978; Luis Filipe Alencastro, "Proletários e escravos - Imigrantes portugueses e cativos africanos no RJ (1850-1872)", *Novos Estudos Cebrap*, jul. 1988, n.º 21:30; Manuela R. S. Silva, *Ambição e horror à farda ou a Saga dos imigrantes portugueses no Brasil segundo a Gazeta Luzitana (1883-1889)*, tesis de doctorado, FFLCH-USP, 1991; Fernando Sousa y M. Izilda S. Matos, *Nas Duas Margens: os portugueses no Brasil*. Porto, CEPESE, 2009; I. Martins y Fernando Sousa, *Portugueses no Brasil: migrantes em dois atos*. Rio de Janeiro/Porto, Muiraquitã/CEPESE, 2006; Fernando Sousa, *A emigração Portuguesa para o Brasil*. Rio de Janeiro/Porto, CEPESE, 2007.
6. M. Suzel G. Frutuoso, *A Emigração Portuguesa e sua influência no Brasil: O Caso de Santos (1850-1950)*, tesis de maestría, FFLCH/USP, 1989; Sonia M. Freitas, *Pre-*

La ferrovía Santos-Jundiaí (1863) conectó la ciudad de São Paulo al puerto exportador (Santos) y a la zona productora de café (interior del estado). Los ferrocarriles no solo transportaban rápida y eficientemente el café, sino que también traían de varias partes del mundo, particularmente, de Europa, una amplia gama de inmigrantes, además de toda una variedad de productos e influencias, generando y dinamizando un "vector modernizador"[7].

En este período, la expansión urbana de São Paulo estuvo vinculada directamente a los sucesos y/o dificultades de la economía del sector del café, la ciudad se consolidó como centro económico y político, polo de desarrollo industrial, mercado distribuidor y receptor de productos y servicios. En 1872, la población de São Paulo era de 31.385 personas; de acuerdo con el censo de 1890, se elevó a 63.934 habitantes; ya en 1900, alcanzó los 239.820 moradores. En 1920, la población de la ciudad no solo se dobló, sino que llegó a 579.033 personas[8].

El "sueño americano" y la atracción ejercida por la capital proseguían, concentrando un significativo contingente de trabajadores. Unos se dirigían al comercio, otros se establecían en actividades por cuenta propia o fueron empujados hacia el trabajo asalariado en diversos ramos: industria, comercio, obras públicas y servicios.

Entre 1920 y 1940, la población de la ciudad saltó a 1.326.261 habitantes. En 1934, totalizaban 287.690 extranjeros (de estos 79.465 eran portugueses)[9], que formaban un mosaico diversificado de grupos étnicos con sus descendientes, que junto con los migrantes constituyeron una multiplicidad de culturas, tradiciones y acentos.

Entradas de extranjeros en São Paulo (mayores grupos)

Años	TOTAL GENERAL	Portugueses	Italianos	Españoles
1885-1809	1.059.199	134.594	744.244	180.361
1910-1934	654.637	263.063	187.558	204.016
1935-1959	311.987	156.536	90.130	65.321

---

sença Portuguesa em São Paulo. São Paulo, Imprensa Oficial, 2006; Izilda S. Matos y Fernando Sousa, Deslocamentos & Histórias: os portugueses. Bauru/Porto, EDUSC/CEPESE, 2008; Aparecida Pascal, Portugueses em São Paulo. São Paulo, Expressão e Arte, 2005.
7. Norbert Elias, O processo civilizador. Rio de Janeiro, Jorge Zahar, 1994.
8. Ministério da Agricultura, Indústria e Comércio, Recenseamento do Brasil, 1920, Synopse do Recenseamento. Rio de Janeiro, Typ. da Estatística, 1926.
9. Censo Estadual de 1934. Oscar Egídio de Araújo, "Enquistamentos étnicos", Revista do Arquivo Municipal, v. LXV, mar. 1940.

Años	TOTAL GENERAL	Portugueses	Italianos	Españoles
1960-1961	31.665	14.982	4.144	12.539
Total	2.057.488	569.175	1.026.076	462.237

Fuente: Departamento de Inmigración y colonización. São Paulo, 1962, p. 44[10].

Desplazamientos de los portugueses: movilidad, políticas y acciones

La inmigración portuguesa hacia Brasil fue un proceso continuo que conllevó experiencias múltiples y diversificadas, abarcando varias levas, de diferentes regiones del continente y de las islas. Unos vinieron subvencionados, otros, por cuenta propia; algunos llegaron al comienzo del proceso (en los últimos años del siglo XIX y en los primeros del XX); otros, después de la Primera Guerra Mundial o durante el período salazarista.

Entre 1887 y 1900, los portugueses representaron el 10% del total de las entradas en São Paulo, proporción que entre 1900 y 1920 subió a más del 29%. En términos de período, los años de 1910 a 1914 marcaron la llegada del mayor contingente lusitano (111.491), en función de la crisis económico-social y de las dificultades políticas con el fin del régimen monárquico portugués, y también por la preferencia de los paulistas controladores de la inmigración por ese grupo[11].

Los portugueses emigraban por varios motivos: dificultades económicas, sociales y familiares, fugas del reclutamiento militar, pocas oportunidades de trabajo, bajos sueldos, tipo de propiedad y su explotación, tensiones políticas, atraso tecnológico, además del deseo de "hacer las Américas". Por lo tanto, las partidas fueron continuas y frecuentes, vinculadas a la insatisfacción, a las estrategias familiares, a las búsquedas de otras posibilidades y a las realizaciones de sueños.

---

10. Se observan diferencias numéricas entre las salidas (Portugal) y las entradas (Brasil), la tendencia y el número más elevado de las entradas, posiblemente, debido a los clandestinos y a los embarques de lusitanos por españoles, también cabe recordar las diferencias en la captación y presentación de datos entre las estadísticas de Brasil y de Portugal.
11. Después del decreto Prinetti (1902), por el cual el gobierno italiano prohibió la emigración subvencionada a São Paulo y de una medida similar del gobierno español, se redujeron considerablemente las entradas de italianos y españoles, pasando a priorizarse a los lusitanos. *Boletins do Serviço de Imigração e Colonização*, n.º 2, octubre de 1940. Secretaria da Agricultura, Indústria e Comércio do Estado de São Paulo.

Mientras que para atraerlos se organizó una red regular de propaganda, divulgación de informaciones (noticias en la prensa, folletos, cartas), representantes y transporte, con la participación de compañías y reclutadores, algunos recibían subsidios del gobierno brasileño y/o paulista o trabajaban para ellos. Se constituyó una cadena que tenía como eslabones a los habitantes de las aldeas, los religiosos, las autoridades y los empresarios. Esta red funcionó entre el Portugal continental, las islas y Brasil, y pasó a intensificarse para el puerto de Santos en los primeros años del siglo xx.

La política portuguesa de emigración es considerada ambigua, a veces represiva (específicamente en relación con los jóvenes, las mujeres solas y las salidas clandestinas) y otras, permisiva. La emigración sufría la oposición de los grandes propietarios rurales para los cuales significaba la evasión de brazos, y por eso presionaban para contener las salidas; por otro lado, el gobierno veía en ella una posibilidad de limitar las tensiones en el campo, además de que las remesas adquirieron importancia en las finanzas portuguesas, estimulando inversiones y volviéndose decisiva para la balanza de pagos[12].

Los emigrantes eran mayoritariamente del norte de Portugal, áreas de predominancia de la pequeña propiedad[13]; los que venían del noroeste eran en su mayor parte hombres solos (solteros y casados); ya entre los del nordeste predominaba la emigración familiar. En el sur, el interés por las salidas se hizo más expresivo a partir de la Primera Guerra Mundial[14]. Analizando el perfil de los emigrados se observan tendencias claras: en la primera se notan los que venían por cuenta propia, destacándose los jóvenes solteros, alfabetizados, con algún capital, en busca de constituir una trayectoria profesional, y que generalmente poseían contactos en Brasil. Un segundo grupo de hombres adultos, muchas veces casados, artesanos de profesión, que se establecían en las grandes ciudades (preferentemente en São Paulo y Santos); muchos de ellos intentaban regresar a Portugal después de juntar algún peculio[15]. Otro conjunto estaba integrado por los

---

12. Pereira, *op. cit.*.
13. M. Luisa N. de Almeida, Paschkes, "Notas Sobre os Imigrantes Portugueses no Brasil (sécs. xix e xx)", *Revista Histórica*, USP, SP, n.º 123-124, ago./jul., 1990/1991, pp. 88-89.
14. Joaquim da Costa Leite, "O Brasil e a Emigração Portuguesa (1855-1914)", en Boris Fausto (coord.), *Fazer a América*. São Paulo, Edusp, 2000.
15. Estos retornados recibían la alcurnia de "brasileños del regreso", procuraban integrarse en la comunidad, invirtiendo y realizando beneficios en sus regiones, generaban reacciones ambiguas, aceptados por unos y menospreciados por otros.

que venían subvencionados, embarcaban en familia, motivados por las dificultades cotidianas, sin entrever posibilidades efectivas de regreso[16].

La emigración masculina continuamente sobrepasó a la familiar. Las salidas de las unidades familiares eran el centro de las preocupaciones de las autoridades portuguesas, pues además de provocar la desaceleración del crecimiento demográfico (con el envejecimiento de la población y la falta de perspectivas matrimoniales), afectaba a las remesas, que se volvieron fundamentales para superar el déficit de la balanza de pagos portuguesa.

La práctica de los hombres de salir primero crea condiciones para llamar a los familiares, lo que se podría identificar como una acción preventiva frente a los posibles infortunios. No obstante, estas salidas afectaron la estructura familiar, ampliando la responsabilidad de las mujeres que pasaron a hacerse cargo, además de las actividades domésticas, de los cuidados y el sustento de los hijos, el mantenimiento de la propiedad y de los negocios.

Si la emigración portuguesa fue en principio prioritariamente masculina, el contingente femenino creció gradualmente, observándose un aumento en el número de mujeres casadas, ampliando la emigración familiar de acuerdo con los parámetros de la política inmigratoria paulista. En la primera década del siglo XX, el porcentaje de mujeres alcanzaba más del 25% del total de las entradas y al inicio de la segunda década osciló entre el 35% y el 40%. De este modo, la inmigración lusitana caracterizada como individual, masculina y temporal, se volvió, tendenciosamente, familiar y permanente.

Durante el gobierno de Vargas (1930-1945) se crearon medidas restrictivas a las entradas, se ampliaron las preocupaciones en filtrar a los considerados "inmigrantes deseables". A pesar de la política antiinmigratoria, los desplazamientos portugueses fueron defendidos por las autoridades brasileñas y portuguesas[17], que pregonaban la exclusión del sistema de cuotas, concretizándose en leyes que favorecieron a los lusitanos en detrimento de otros extranjeros[18].

---

16. Leite, *op. cit.*, pp. 193-194.
17. A través de varias manifestaciones de políticos, empresarios y de la propia Federación de las Industrias del Estado de São Paulo pidieron la igualdad de los portugueses con los brasileños natos. Se destacaban los méritos de los portugueses: capacidad de asimilación, adaptabilidad y "su incontestable valor eugénico", lo que motivó la preferencia por los trabajadores cualificados con formación técnica, así como artesanos, frente a la escasez de esta mano de obra. Véase Nuno Simões, *Portugueses no Mundo*. Portugal, Minerva, 1940.
18. Hubo varias restricciones en la política de inmigración desde 1930, consistente en la "Ley de 2/3" (Decreto 19.482 del 12/12/1930) que garantizaba la cuota de 2/3

Cabe destacar que no hubo un único patrón de desplazamiento; muchos inmigrantes eran cabezas de familia que llegaron antes que sus familiares, que aguardaban las llamadas; otros llegaron niños o jóvenes, sin la familia nuclear; en otros casos, la familia llegó junta, algunas de ellas no permanecieron unidas en el nuevo contexto o nunca se encontraron y/o no volvieron a constituirse, generando una complejidad de situaciones vivenciales.

Desplazamientos: discutiendo la documentación

La inmigración portuguesa constituyó "el resultado histórico de un encuentro entre el sueño individual y una actitud colectiva"[19], de tal modo, se sintetiza la importancia de las historias de vida para entender el conjunto de las experiencias individuales y las transformaciones sociales. Esta investigación sobre los inmigrantes portugueses se inserta en una corriente que pretende establecer las articulaciones entre relaciones sociales, étnicas, de género, de generaciones, de prácticas de vida, cesando de considerarlos como objeto dado, para conocerlos como sujetos históricos que se construyen en y por la experiencia cotidiana.

Se reconoce la investigación empírica como elemento indispensable, valorizándose el uso de diversas fuentes, un mosaico de referencias del pasado, entre las que destacan las correspondencias. La dificultad enfrentada por el investigador está más en la fragmentación que en la ausencia documental, requiriendo una paciente búsqueda de indicios, señales y síntomas, enriquecida por el análisis detallado para desglosar lo implícito y oculto, reparando en los múltiples significados de la documentación.

Los estudios de las cartas han privilegiado las escrituras de figuras de destaque intelectual y político. En la actual investigación, las misivas enviadas y recibidas envolvieron sujetos históricos populares y anónimos –

---

partes de los trabajadores nacidos en Brasil en todas las categorías ocupacionales. Decreto n.º 406, art. 2: "El gobierno se reserva el derecho de limitar o suspender por razones de entrada de tipo económico o social de las personas de ciertas razas u orígenes". Ya el Decreto n.º 3010, de 20 de agosto de 1938, art. 1, que regulaba el anterior, dice que "tendrá el objetivo de preservar la Constitución de Brasil, las formas políticas étnicas y de sus intereses económicos y culturales", lo que favoreció la inmigración lusa. Al mismo tiempo, la Resolución del Consejo de 34 de Inmigración y Colonización (22/4/1939) revocó las restricciones numéricas a la entrada de portugueses, y también, como buscaban atraer lusos, el gobierno asumió los gastos de desembarque y alojamiento durante seis días. Véase José Ramos Sacchetta Mendes, *Laços de sangue; privilégio e intolerância á imigração portuguesa no Brasil*. Porto, CEPESE, 2010.

19. Pereira, *op. cit*, p. 9.

inmigrantes lusitanos–, haciendo el análisis más complejo, pero con gran potencial para descubrimientos. Las cartas de los inmigrantes se caracterizan por ser un verdadero "tesoro documental" de escritura popular, testigo precioso de fragmentos de diálogos entre dos mundos, pero, a pesar de su potencialidad[20], su reconocimiento historiográfico en Brasil aún es restringido, especialmente si es comparado con las investigaciones realizadas en Europa[21] o en otros países receptores, como Estados Unidos y Argentina.

Las misivas componen un cuerpo documental irregular pues a pesar de estar dirigidas a un destinatario (con el cual se desea establecer una práctica interactiva), muchas veces no se obtenía respuesta, o se extraviaron y no se conservan[22]. Aunque focalizan experiencias individuales, aportan luces sobre lo social y cultural, con aspectos casi imposibles de percibir en otros documentos, permitiendo observar las dificultades cotidianas en el campo y en la ciudad, las tácticas de supervivencia, las posibilidades de as-

---

20. Inicialmente, estos documentos aparecen en la historiografía como fuentes alternativas y/o complementarias; su uso se difundió con el surgimiento de las "otras historias", lo que generó la necesidad de nuevos cuerpos documentales que permitiesen observar las experiencias históricas de las clases populares, incluyendo su cultura escrita, comportando descubrimientos fructíferos, con la valorización de los denominados "escritos ordinarios". Roger Chartier, "Avant-propos", en *La correspondence, les usages de la lettre au XIXe siècle*. S.l., Flayard, 1991.

21. Desde 1892, el comisario de emigración de Italia, Luigi Bodio, utilizó misivas provenientes de Brasil para analizar las condiciones de los emigrantes ("Sulla emigrazione italiana e sul patronato degli emigranti", en *Atti Del primo Congresso geográfico italiano tenuto in Genova dal 18 al 25 settembre 1892*, vol. II, Genova, Tipografia Del Regio Istituto sordo-muti, 1894, pp.109-148). En 1913, el médico y literato Filippo Lussana destacó aspectos de la epistolografía de la emigración (*Lettere di illetterati. Note di psicologia sociale*. Bologna, Zanichelli, 1913). William Isaac Thomas y Florian Znatniecki (1918-1920) recopilaron en cinco volúmenes las cartas de los inmigrantes de Estados Unidos; la introducción de la obra contempla un abordaje metodológico sobre las fuentes de referencia constante (*The polish peasants in Europa and America*. Chicago, University of Chicago Press, 1918-1920). Actualmente, destacan los estudios desarrollados en el SIECE (Seminario Interdisciplinar de Estudios sobre la Cultura Escrita/Universidad de Alcalá/España), mereciendo mención los trabajos de Verónica Blass y Laura Martínez Martín, que priorizan las cartas de emigrantes españoles a América Latina. También en España, en el Centro de Estudos da Emigração Galega de la Universidad de Santiago de Compostela, destacan las investigaciones de Xosé M. Núñez Seixas y de Raúl Soutelo Vázquez. En Italia, en el Archivio Ligure della Scritura Popolare, de la Universidad de Génova, destacan las investigaciones capitaneadas por Antonio Gibelli y Fabio Caffarena y para los emigrantes italianos en Brasil los estudios de Federico Croci. En Portugal, merecen mención las investigaciones de Henrique Rodrigues y de Carmen de Morais Sarmento Cunha.

22. Las clases populares produjeron sus propios documentos; sin embargo, pocos se encuentran preservados en archivos públicos, y están guardados en sótanos y baúles con un sentido afectivo y la función de preservar la memoria familiar o de grupo.

censión social, las relaciones afectivas y las sensibilidades, permitiendo internarse en el universo de las subjetividades[23].

Todas estas escrituras cotidianas, en sus múltiples manifestaciones y tipologías, vinieron a cumplir unas funciones determinadas, entre las que predominaron la necesidad de mantener la unión y la identidad del grupo familiar y la cultura de procedencia en la distancia; y la voluntad de registrar y transmitir informaciones esenciales, no solo de tipo personal (como la salud, las impresiones o los sentimientos), sino también concernientes a las condiciones de vida y de trabajo (como los salarios, los precios, las posibilidades de ascenso económico o los envíos de dinero). El estudio de las escrituras migrantes nos permite comprender la variedad de los usos y las funciones de lo escrito en este momento histórico, dependiendo de los lugares en los que se escribe y de los motivos por los que se hace; y en función de todo ello, de las diferencias materiales que presentan los distintos documentos. Volver la mirada hacia los protagonistas de este fenómeno y emplear como fuentes las producidas por ellos mismos llevan al historiador a contemplar la emigración desde una perspectiva nueva y fundamental. A comprender, en suma, que estos documentos no solo nos hablan de la experiencia de los hombres y mujeres corrientes, sino que son el producto y la consecuencia directa de ella[24].

En esta investigación, las cartas destacan no solo por la cantidad, sino también por la riqueza de sus relatos; fueron localizadas en la Hospedaría del Inmigrante de São Paulo[25] y en archivos portugueses (Archivo Distrital de Porto y de Braga). En estos archivos se encontraron misivas variadas: cartas oficiales y de llamada, cartas de luto y de amor, corresponden-

---

23. Fabio Caffarena, "Introducción", en Fabio Caffarena y Laura M. Martín, *Escrituras migrantes: una mirada italo-española*. Genova, Franco Angeli, 2012, p. 19.
24. Verónica Blass, "Puentes de papel: apuntes sobre las escrituras de la emigración", *Horizontes Antropológicos*. Porto Alegre, año 10, n.º 22, jul./dic. 2004, pp. 93-119.
25. Fundada en 1886-1887, la Hospedaría alojaba a los recién llegados a la ciudad de São Paulo, y se les permitía permanecer en el local hasta ocho días; había una zona en la cual los inmigrantes se encontraban con los empleadores para firmar los contratos de trabajo (Soraya Moura e Odair da Cruz Paiva, *Hospedaria de Imigrantes de São Paulo*. São Paulo, Paz e Terra, 2008). En su trayectoria histórica la Hospedaría estuvo vinculada y/o subordinada a varias inspecciones, secretarías y departamentos. De la misma forma, junto a ella actuaban otros organismos ocupados en sus servicios de inmigración, colonización y tierras. Esta inserción produjo una amplia documentación; algunos fondos merecen destacarse: el de la Inspección de Inmigración del Puerto de Santos, con documentos producidas por las compañías armadoras, como las listas de embarque de navíos que atracaron en Santos; también los libros de registro de inmigrantes y de migrantes alojados en la Hospedaría y, particularmente, las cartas y correspondencia intercambiadas entre los inmigrantes y sus países.

cia familiar y de negocios, algunas explicando gastos, otras meramente informativas. Estos escritos, que se encuentran marcados por los deseos de mantenimiento de los vínculos con los orígenes, privilegiaron cuestiones de vida doméstica y de lo cotidiano. Relataban tensiones familiares, hacían referencia a remesas[26] y a sus aplicaciones. Otros escritos eran personales y hasta íntimos, exponiendo relaciones afectivas, desahogos y confidencias, posibilitando captar sensibilidades.

Cruzando los mares: democratización de la escritura

A pesar de su antigüedad, la escritura epistolar se extendió con la ampliación de las comunicaciones y la intensificación de las movilidades. Facilitados por la expansión de los transportes a vapor (trenes y navíos), los desplazamientos se volvieron "fenómenos" de masas, lo que se denomina la gran emigración[27]. Esta experiencia histórica amplió las distancias entre personas, dilatando la sensación de ausencia y suscitando sentimientos de nostalgia que generaron la necesidad de la comunicación con esfuerzos de aproximación. Como bálsamos a la separación, las cartas se difundieron, extendiéndose la práctica a los sectores populares, en un desafío para la masa poco letrada que con gran esfuerzo procuraba mantener los vínculos. De este modo, se diseminaron nuevas experiencias de la práctica epistolar democratizando la escritura[28]. Las cartas pueden ser consideradas paradigmas de los desplazamientos, de las separaciones, de los inten-

---

26. Los envíos de dinero se convirtieron en una obligación para la familia, fuera de los hijos para sus padres o del marido para la esposa e hijos, volviéndose significativos para el sustento familiar, de la comunidad y también para la economía portuguesa; las referencias a estos envíos son constantes en la correspondencia, muchas veces justificando la imposibilidad de hacerlos (reales o no), y también señalizaban (u ocultaban) el éxito o el fracaso.
27. Un conjunto de manuales y guías, impresos, folletos, periódicos, revistas, indicaciones de viaje y de las condiciones en los países de destino, orientaciones sobre los trámites burocráticos (pasaporte y autorizaciones); este amplio espectro que pasó a circular contribuye a la difusión y consolidación de la escritura y de la lectura. Caffarena, *op. cit.*, p. 21.
28. Desde mediados de la época moderna, los sectores populares ejercitaron la escritura frente a las necesidades de enfrentar las exigencias burocráticas del Estado moderno, lo que coincidió con cierta difusión de los procesos de alfabetización y escolarización. A pesar de reconocerse las relaciones entre la aceleración de los procesos de alfabetización/escolarización y el aumento de las escrituras populares, indiscutiblemente, el motivo central para tal expansión fueron los distanciamientos familiares que llevaron a los sectores populares a enfrentarse al desafío de la escritura, transformándose en una práctica cotidiana, en una obligación moral y hasta ritual. Blass, *op. cit.*

tos de anular las distancias, de las necesidades de comunicación, testimonios y pruebas de las múltiples experiencias de movilidad.

Los vapores cruzaban los mares transportando personas, mercancías, ideas e incluso trasladaban la valija postal, repleta de mensajes. Las misivas traían las buenas y las malas noticias, comunicaban alegremente nacimientos y bodas, y también enfermedades y muertes, enviaban declaraciones de amor y de fidelidad, fotos de familia[29], encaminaban consejos de los mayores, peticiones de ayuda y de dinero, enviaban cartas bancarias y de llamada. Con el correo, múltiples historias escritas atravesaban el océano buscando noticias de hijos y padres, hermanos, maridos y esposas, novios y novias; estas correspondencias se encontraban plenamente marcadas por múltiples sentimientos: saudade, esperanza, amor, odio, rencor, sueños y miedos, ilusiones y desilusiones.

Constituyendo un movimiento entre la ausencia y la búsqueda de la presencia, quien escribía buscaba mantener contactos, lazos afectivos, esperaba noticias y/o comunicaba novedades. Escribir cartas atenuaba la soledad y la ausencia, pero exigía tiempo, dedicación y reflexión; como gran parte de los sectores populares estaba poco familiarizada con el texto, lo que para ellos era un desafío, escribir era un verdadero fardo. Para enfrentarse a esos obstáculos se creaban estrategias y así, cuando no se sabía escribir o se escribía mal, se apelaba a otra persona para que lo hiciera.

La composición de las cartas seguía un protocolo establecido y difundido por los manuales epistolares, que divulgaban los dispositivos que regulaban unas prácticas que pasaron a ser reconocidas y aprendidas[30]. Se instituyó una estructura, cierta fórmula de uso continuado, caracterizada por elementos como: fechas, tratamientos, saludos, elogios y aperturas, deseos de salud, despedidas, finalizaciones, firmas, sobres e identificación del destinatario; en el caso de misivas analizadas con fuertes marcas de la religiosidad se encuentran bendiciones, agradecimientos y referencias de protección (gracias a Dios, con las bendiciones de Dios, que Dios te bendiga).

---

29. Las fotos que acompañaban las cartas se convirtieron en un elemento destacado en la casa del emigrante, un esfuerzo por mantener viva la memoria de los ausentes. Véase Antonio Gibelli, "Fatemi un po sapere...: scrittura e fotografia nella corrispondenza degli emigrante liguri", en *La via delle Americhe: l'emigrazione ligure tra evento e racconto*. Genova, Catalogo della mostra, Sagep Editrice, set.-dic.1989, pp. 87-94.
30. Los modelos textuales y las características gráficas pueden atribuirse a formas de aprendizaje por imitación y copia; la transmisión de modelos se hizo a través de manuales de correspondencia, guías, revistas y periódicos, también aprendidos en las aulas escolares. (Antonio Gibelli, Fabio Caffarena, "Le lettere degli emigrante", en Piero Bevilacqua, Andreina De Clementi y Emilio Franzina, *Storia dell'emigrazione italiana*. Roma, Donzelli, vol. 1, 2001, pp. 563-574).

Imagen 1

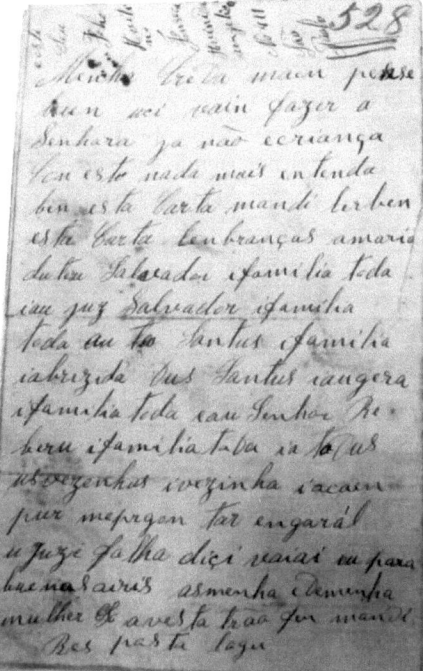

Acervo del memorial de los imigrantes de São Paulo, APESP.

Las prácticas de intercambiar cartas propagaron nuevos indicadores de comunicación y expresión, permitiendo rediscutir las fronteras entre la oralidad y el registro escrito. A pesar de que los sectores populares no dominaban plenamente estos códigos, pasaron a ejercitar cierto "derecho a la escrita"[31], aunque fuera a través de un escribiente. La mayoría de las veces, el papel de escribiente/lector fue asumido por el maestro de la escuela, el párroco o un letrado de la aldea, que podía hacer la lectura/escrita "a ruego", a cambio de un favor o de un pago. Ellos fueron protagonistas estratégicos para suplir las necesidades tanto de la correspondencia burocrática como de las cartas particulares. En varias misivas se justifica la demora del envío de noticias por la dificultad de encontrar a alguien que estuviera dispuesto a escribir, mereciendo mención los esfuerzos de las mujeres, por el mayor grado de analfabetismo femenino. De esta forma, se creó toda una comunidad de escribientes/lectores, destacándose que mu-

---

31. Federico Croci, "O chamado das cartas: migrações, cultura e identidade nas cartas de chamada dos italianos no Brasil", *Revista Locus*, v. 14, n.º 2, jul./dic. 2008, p. 21.

chas veces esa lectura era compartida con otras personas, realizada en voz alta y en público, exponiendo intimidades, preocupaciones, conflictos, dificultades económicas y financieras[32].

En el análisis de las correspondencias, no se puede separar el contenido de la forma de la escritura. Las correspondencias revelan diferentes niveles de escolarización, hay pocos casos que presenten una caligrafía esmerada, bien contornada y firme, siendo raras las dactilografiadas, en la mayoría de ellas la letra es poco cuidadosa, rústica e irregular, haciéndose muy difícil su comprensión.

Las misivas investigadas presentan un portugués fonético, marcado por la oralidad, con errores de ortografía, uso aleatorio de las mayúsculas y minúsculas, dificultades o inexistencia de puntuación, separación y/o articulación indebida de palabras, cambio de consonantes (v por b), expresiones en desuso, denotando conocimientos escasos de la cultura letrada y exigencia de esfuerzo mental y físico en la escritura. Otros aspectos formales demuestran la baja escolarización, por ejemplo, el uso desordenado del papel, las dificultades para mantener la letra alineada, texto o apretado o alargado, en la secuencia de las hojas, con un discurso espontáneo, improvisado, muchas veces con ausencia de estructura lógica.

Sobre el tipo de papel utilizado, su elección fue más ocasional que intencional; cuando faltaba espacio, se escribía en los márgenes y en las orillas de la hoja. Aparecen en las correspondencias diversos tipos de papel, como los de orla negra en las misivas de luto. El uso de papel con membrete (en general, en el ángulo superior izquierdo) era considerado un elemento de prestigio, demostraba vínculo profesional, prosperidad en los negocios. En pocos casos se encuentran timbres de hoteles o de compañías de navegación, que también demostraban estatus, el del viajante de comercio[33].

---

32. Cécile Dauphin, "Questions à l'histoire culturelle des femmes. Les manuels épistolaires au XIX siècle", *Genèses*, vol. 21, n.º 21, 1995, pp. 96-119.
33. La difusión de la industria de papel posibilitó una mayor accesibilidad al producto y a la oferta de toda una diversidad de papel en el mercado (diferentes tipos, tamaños y colores).

Imagen 2. Carta de luto

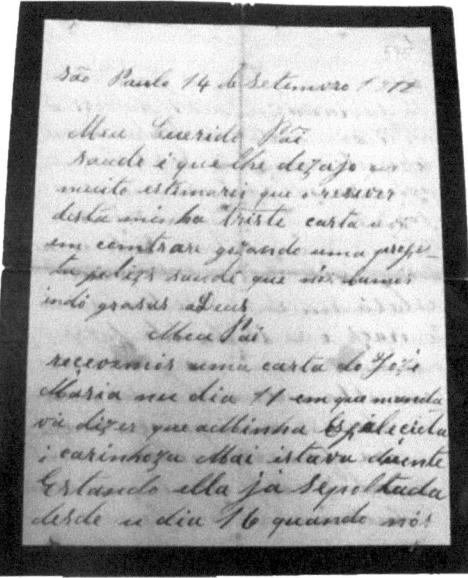

Acervo del memorial de los imigrantes de São Paulo, APESP.

Imagen 3

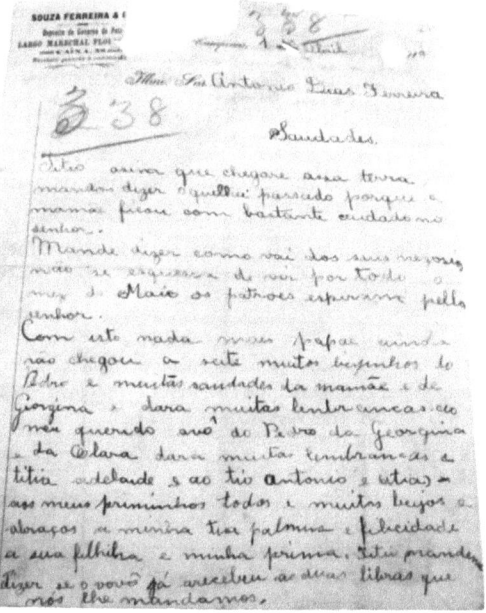

Acervo del Memorial de los Imigrantes de São Paulo APESP.

CARTAS DE LLAMADA: EXIGENCIAS BUROCRÁTICAS
Y DESEOS DE REUNIÓN FAMILIAR

Entre las misivas intercambiadas por los emigrantes se distinguen diferentes tipos, como las cartas rituales (comunican nacimientos, muertes, bodas, etc.), cartas informativas (transmiten noticias no rituales), cartas sentimentales (de amor, ruptura, aspectos más íntimos), cartas literarias (lectura pública, con intereses estéticos) y cartas de negocio o trabajo[34], incluyéndose también las cartas de llamada.

Las correspondencias de llamada son específicas del proceso migratorio, son una documentación especial y ofrecen grandes indicios. Tienen su origen en las exigencias de la burocracia en el control de las salidas o entradas, pretenden facilitar los trámites burocráticos, componiendo fragmentos aislados, fortuitos, que formaban parte de la solicitud de pasaporte en Portugal y respondían a las exigencias del gobierno brasileño, como comprobación de la existencia de conocidos que podrían acogerlos, posibilitando ayuda, hospedaje y empleo.

En Portugal, los procesos de solicitud de pasaporte eran una forma de control del gobierno sobre las salidas[35]; están constituidos por el término de abono de identidad y otros documentos o, cuando se trataba de pasaporte colectivo/familiar, de todos sus miembros, excepcionalmente, incluían los billetes del viaje.

Frecuentemente se incluían misivas que eran enviadas por familiares con los cuales pretendían juntarse. El candidato emigrante aguardaba la carta para iniciar los trámites con la burocracia lusitana; cuando ya la poseían, debían registrarla en una notaría, reconociendo su legitimidad con la presencia y la firma de dos testigos[36].

La legislación portuguesa (en diferentes momentos, particularmente, a partir de la ley 25/4/1907) determinaba que toda mujer casada precisaba el permiso del marido para viajar; de igual manera, los hijos menores necesita-

---

34. William Isaac Thomas y Florian Znaniecki, *The polish peasant in Europa and America*. Chicago, University of Chicago Press, 1918-1920.
35. Se restringían las salidas al extranjero, ya que la permanencia de los lazos conyugales y el mantenimiento de la familia en Portugal funcionaban como un soporte ampliando las posibilidades del regreso y facilitaban los flujos de los envíos, que se volvieron esenciales para la familia y para la economía del país.
36. Cuando la esposa no recibía la correspondencia porque el marido no sabía escribir o por otro motivo cualquiera, excepcionalmente, el consentimiento podía obtenerse a través de la presentación de una declaración de una persona jurídicamente capaz, familiares o del propio párroco, comprobando la voluntad del marido para que la cónyuge se reuniese con él. Véase Carmen Alice Aguiar de Morais Sarmento Cunha, *Emigração familiar para o Brasil-Concelho de Guimarães 1890-1914 (Uma perspectiva microanalítica)*. Mestrado, ICS, Universidade do Minho, 1997.

ban autorización de sus padres, tal consentimiento se concretizaba a través de la carta de llamada. A partir del decreto n.º 7427 del 30/3/1921, cambiaron las prácticas con nuevas formalidades; la carta fue sustituida por un tipo de impreso consular, en el cual se rellenaban objetivamente los datos.

En Brasil, el recién llegado entregaba las "llamadas" en manos de los funcionarios de la Inspección de Inmigración en el puerto de desembarque. Estas cartas podían ser oficiales, utilizaban un formulario propio, como los de la Inspección de Inmigración del puerto de Santos, concedidos por la autoridad consular o registrados en el DEOPS (Departamento Estadual de Orden Pública e Social); o bien eran cartas privadas manuscritas, testigos de la existencia de un contacto en Brasil, como si fuera una carta de llamada informal[37].

Una pequeña parte de estas correspondencias fue localizada en los acervos de la Hospedería de los Inmigrantes, ya que los recién llegados entregaban estos documentos en el puerto de Santos, directamente a la Inspección de Inmigración, y estos se adjuntaban a las listas de desembarque que eran archivadas en la Hospedería. Este acervo está compuesto por aproximadamente 8.000 cartas, entre las que fueron localizadas 600 de portugueses. Los remitentes identificados son variados, en general de parientes; entre ellos hay maridos y esposas, primos, amigos y ahijados, destacando hijos, yernos y nueras, sobrinos, y nietos que, acompañando las exigencias de la legislación, llamaban a parientes de edad avanzada y/o no aptos para el trabajo. Un ejemplo es la carta, fechada en 1914, de João Maria Campamedo llamando a su padre:

Santos – Brazil – 2 – 2 – 1914

Al señor Antonio de Miranda Caetano
Mira Portugal

Mi querido padre
Le deseo una feliz salud que la mía y de todos nosotros vamos bien.
Padre mío, Como está ahí alojado en la casa del Sr. Costa y como estamos bien le pedimos que venga para acá [...] sería conveniente que viniera hasta el Fin de marzo a fin de que el Sr. Costa le consiga un empleo en su oficina porque *Mismo viejo y usando gafas controla cualquier cuenta y eso da poco trabajo y para usted sería una diversión.*

---

37. A pesar de la práctica anterior de la "llamada", a partir de 1911, la legislación brasileña requirió un documento obligatorio para los mayores de 60 años y no aptos para el trabajo. Véase M. Silvia Bassanezi *et alii*. *Repertório de legislação brasileira e paulista referente à imigração*. São Paulo, EDUNESP, 2008, p. 59. Decreto 9081 de 3 de noviembre de 1911.

> Con esto no lo enfado más acepte muchos
> Recuerdos de todos muchos besos de sus
> Nietos y nosotros aguardamos su llegada por la
> Que quedamos como siempre a su disposición.
> Su hijo obediente,
>
> João Maria Campamedo[38].

La mayoría de las veces, las misivas tenían como objetivo consentir el desembarque, pero, en ciertos casos, los remitentes desalentaban la partida hacia Brasil relatando dificultades. Algunas veces, los yernos manifestaban explícitamente que querían contar con la venida de las suegras; en otras usaban subterfugios para desanimarlas para emprender el viaje, denotando resentimientos e imponiendo condiciones: en caso de que la suegra fuera a Brasil, la situación seria diferente y ella debería someterse al yerno.

Cartas: lazos de sangre

Las partidas ampliaban la sensación de separación, inclusive antes de que la visión del puerto de salida desapareciera en el horizonte. La escritura se iniciaba como un antídoto contra la nostalgia y como una forma de mantener los vínculos; quien se quedaba esperaba ansiosamente las cartas y se quejaba de la falta de respuestas, evidenciando el deseo del diálogo.

> El momento de la separación, el alejamiento físico de casa, la sensación de lejanía, cuando se ha llegado ya al país de acogida, desencadena el impulso decisivo para coger pluma y papel y enfrentarse a la escritura. A menudo los intercambios epistolares con los parientes empiezan ya a bordo de los barcos, o en el momento de la partida, física y mental, de quien abandona el contexto familiar y social[39].

Durante los primeros meses se respondía con rapidez y se escribían largos textos llenos de detalles y explicaciones que narraban las primeras impresiones; con el pasar del tiempo, la regularidad y la extensión disminuían, las temáticas se centraban en el trabajo, en los negocios y en las nuevas relaciones. A pesar de todos los esfuerzos de aproximación, gradualmente se establecían distancias culturales debido a experiencias trans-

---

38. Carta acervo del Memorial dos Imigrantes de São Paulo, APESP.
39. Caffarena, *op. cit.*, p. 19.

formadoras como cruzar el océano, la llegada a un territorio desconocido, enfrentarse a desafíos y a privaciones.

A través de los escritos se comunicaban noticias, se formulaban preguntas, se transmitían orientaciones y se manifestaban preocupaciones, se explicaban las estrategias personales y familiares. Algunas parejas y parientes mantenían una correspondencia regular; en otros casos, no se daban noticias generando aflicción, cobranza, toda una trama de cuestiones que tenían como tónica principal el reagrupamiento familiar.

Como ya he señalado, en los desplazamientos portugueses hacia Brasil la emigración masculina fue mayoritaria. Así, el grueso de las cartas localizadas en los procesos de pasaporte portugués era de hombres llamando a sus esposas e hijos. Algunos lo hacían afectivamente, demostrando sentimientos de nostalgia y tristeza, con expresiones de amor y cariño, deseosos de la reunificación familiar. Otros maridos declaraban que las mujeres hacían falta en la vida cotidiana, ya que los quehaceres domésticos (comida y lavandería) causaban gastos que se sumaban a las remesas.

Determinados maridos esperaban pacientemente; otros presentaban un ultimátum. Decían que no escribirían más, que aquel sería el último intento y las intimidaban con el abandono, en caso de que ellas no fueran. Manuel de Sousa Monteiro utilizando subterfugios relataba:

> ...Y porque había una mulatita conmigo muy bonita hasta tú mismo si la vieses te habrías encantado por ella y no quería que tú llegases de sopetón y peleases conmigo... y como veía que no daría en nada bueno y así como ya acabé y fui obligado a ir a los campos para no estar siempre cambiando de escribir ahora ya sabes la razón que querías saber. Ya que vienes no demores porque no puedo con tanto gasto...[40].

Circulaban en Portugal representaciones de Brasil como un país de mujeres bellas e insinuantes, lo que difundía la inseguridad y los celos y ampliaba la sensación de abandono. Las mujeres que se quedaban se enfrentaban a una vida cotidiana ardua, de mucho trabajo, ocupándose de la agricultura y de los animales, responsabilizándose de los negocios, sumado todo ello a los cuidados de la casa y los hijos. Los conflictos familiares se ampliaban con la distancia, perceptibles a través de las quejas de las esposas, que se sentían despreciadas, desamparadas, solas con los hijos, muchas veces pasando necesidades. En las correspondencias acusaban a los maridos de mostrarse indiferentes a los problemas y se manifestaban celo-

---

40. Carmen Alice Aguiar de Morais Sarmento Cunha, "'Minha querida marida' subsídios para o estudo da família emigrante através de cartas de chamada 1890-1914". *Actas do Congresso Maia, história regional e local*, 1999, pp. 285-296.

sas frente a los cotilleos y las maledicencias. Ya otras esposas no deseaban unirse a sus maridos, y su partida, a pesar de los múltiples quehaceres, representaba cierto alivio,

> ...pero señoras de sí, libres del embarazo no deseado. Muchas de ellas regresaban a la casa de sus padres... la economía campesina de Minho giraba alrededor de la mujer. El gobierno de la casa les pertenecía... estaban acostumbradas a manejar dinero y pequeños negocios... con la emigración masculina, y la ausencia prolongada de los maridos, su papel de gestora de asuntos familiares se hacía más notoria[41].

Había mujeres que manifestaban recelos con el viaje, de vuelta a la sumisión doméstica y a las incertidumbres de un país desconocido. Inventaban excusas para no ir (enfermedad suya, de sus hijos o de sus padres), buscaban escapatorias para retrasar el viaje. Algunas gastaban el dinero enviado y no partían; otras embarcaban, después de muchas amenazas y reclamaciones de los maridos. Otras esposas anhelaban el reencuentro, insistían, presionaban por la llamada, amenazaban partir para Brasil, incluso sin autorización, buscaban brechas y alternativas. Algunos maridos respondían con mensajes apaciguadores, otros imponían condiciones (no traer a su madre, no venir con hermanos, contener el mal genio), y varios acababan cediendo a las solicitudes y las mandaban llamar. Solas, enfrentaban la saga del desplazamiento transatlántico, la llegada a un país desconocido, embarcaban con los hijos menores, en busca del sueño de volver a reconstruir la familia.

En algunos casos, en los cuales los maridos no manifestaban ningún deseo por el reencuentro, viajaban solas o con amigos, se reunían con paisanos establecidos, encontraban actividades, gozaban de libertad (algo imposible en la sociedad de la cual venían), no deseaban volver a la situación anterior, se referían de modo indefinido a la reunificación familiar. En las misivas eran pocas las referencias al regreso, algunos hombres no llamaron a sus esposas, nunca regresaron, dejaron de enviar noticias, constituyendo nuevas familias en Brasil. Las mujeres se quedaron envueltas en la nostalgia y en una espera sin fin, se transformaron en "viudas de maridos vivos".

En la correspondencia se observa cómo los maridos se preocupaban y buscaban orientar a sus familiares (particularmente a sus esposas) en las cuestiones de la vida cotidiana, en los negocios, en los problemas con las tierras y la ganadería. Las cartas se convirtieron en una representación de

---

41. Cunha, *op. cit.*

la autoridad ausente y, a pesar de la distancia, reproducen relaciones y jerarquías familiares.

A través de las misivas se perciben las afectividades y rivalidades entre parientes, paisanos y vecinos, principalmente las amistades, destacando los lazos de compadrazgo. Con la madrina se dejaba a los niños, cuando no se les podía traer; se contaba con un compadre para la intermediación en los negocios y en el viaje. Algunos maridos, o por cuidados o demostrando poca confianza en las mujeres en relación con el trato con el dinero, preferían enviar las remesas a los compadres, en quienes delegaban el poder de dirigir sus negocios, pagar cuentas y otras acciones, también la compra de los billetes, providencias burocráticas de la documentación (pasaporte) y del embarque de la familia.

Las cartas no solo retrataron los alejamientos, sino que también fueron producto de estos; el gesto epistolar era considerado privilegiado, y así, secreto, íntimo; sin embargo, se hacía público, constituyendo vínculos y estableciendo sociabilidades[42]. A través de estas misivas se buscaba superar distancias, perpetuar efectos, censurar silencios, hacerse presente en la ausencia y combatir la añoranza.

Leídas y releídas en público, las cartas funcionan como un boletín informativo, elementos de divulgación y propaganda de las representaciones de Brasil como un país de posibilidades; alimentando sueños, estimulaban partidas y provocaron el dinamismo de los desplazamientos. Las cartas constituyen un registro y una señal de la constitución de redes[43], vehículos de difusión de la emigración favoreciendo salidas, estructurando circuitos que envolvían parientes, amigos, paisanos, a través de llamadas e invitaciones, estableciendo bases de apoyo que ayudaban a la integración, ampliando las posibilidades de encontrar colocación, de establecer negocios y de enfrentar las amarguras de la vida cotidiana en la sociedad de acogida.

Travesía: acciones, cuidados y recomendaciones

Todas las historias de emigrantes, independientemente del soporte en que se registren, empiezan a bordo de un barco. El viaje representa el pri-

---

42. Chartier, *op. cit.*
43. Se observaban redes institucionales (subvencionadas o no), envolviendo representantes, reclutadores, sistema de propaganda y medios de comunicación (hechas por las propias instituciones del gobierno en el exterior o por particulares), agencias y compañías de navegación, como redes informales con la difusión de información, llamadas, acogida, establecimiento de relaciones interpersonales.

mer paso del proceso migratorio y, para muchos, la toma de conciencia de la realidad de ser emigrante; el viaje se convierte en la metáfora del pasaje y del cambio de estatus existencial, profesional, mental y cultural. En la travesía oceánica se concentra y expresa un valor simbólico entre el antes y el después de la emigración. El viaje es, además de un topos propio de la literatura de emigración, el tema con el que se inician miles de cartas, diarios, memorias o autobiografías de emigrantes. Como los diarios, las cartas, cuyo tema central es la salida de casa, la despedida de los suyos y la narración del viaje, tienen siempre un trasfondo traumático; el mito de cruzar el océano, el miedo a lo desconocido y la incertidumbre que provoca abandonar la seguridad del ámbito doméstico y enfrentarse a un nuevo mundo, a una nueva vida, quedan patentes en estos escritos. El emigrante narra el largo trayecto y las peripecias del mismo con todos los pormenores, registra los lugares por los que pasa, apunta las fiestas que tienen lugar a bordo, los mareos y las enfermedades, y se queja de la incomodidad, del frío, del hambre, de estar lejos de casa[44].

Marco temporal y de cambio espacial, el viaje era una experiencia memorable que generaba transformaciones culturales significativas; en las misivas eran frecuentes las referencias y orientaciones para el viaje. El conocimiento contraído por el emigrante durante la travesía transatlántica, sumado a las experiencias adquiridas en Brasil, los llevaban a guiar a sus parientes sobre los procedimientos y cuidados con los preparativos de la partida, la compra de pasajes, providencias con la documentación, embarque y en el viaje transoceánico.

Algunas veces los pasajes eran remitidos desde Brasil para evitar oportunistas y falsos agentes que engañaban a los incautos, y en otros casos, era cuidadosamente explicado dónde y cómo comprarlos, y para ello se enviaban los valores necesarios.

> Cuando compren los pasajes de mar, no se fíen en conversas de otros vayan a coimbra al encuentro de antonio fernandez y con avilio lagoas es donde les darán más barato porque es nuestro amigo; no traigan objetos para nadie porque no saben lo que sucedió conmigo, con ese hombre del sur entregue los objetos y después quedé en mala reputación a cualquier uno de los primos para andar junto en lo que sea preciso que a él después le agradezco a pesar de pagarle[45].

> yo les envío el dinero para los dos pasajes, y además de los gastos, es preciso sacar el pasaporte y ahí presentarse en Lisboa en el gobierno civil

---

44. Blass, *op. cit.*
45. Carta de 11/3/1916, APESP, n.º 398.

que es para poder sacar los pasajes y venir para acá, es necesario tener mucho cuidado con las compra de los pasajes a los correctos suelen robarles porque no saben. Es necesario dejar una persona conocida para cuidar de las cosas o vender o arrendar o dejar un procurador de confianza ahí los pasajes deben ser hasta Santos que es donde yo los voy a esperar le pido mande decir cuánto precisa para los gastos de todos los pasajes[46].

Se incluía también la indicación de la compañía de navegación que se juzgaba de mayor credibilidad y seguridad, y que proporcionara mayor comodidad. Se detallaban los trámites para la solicitud y obtención del pasaporte:

> ...hoy mismo te mando los pasajes de aquí es solo tu sacar el pasaporte y correr hoja los pasajes que te mando son de malla real inglesa que son los mejores vapores es para embarcar en el puerto de leixões... si tuvieras algún conocido que venga para acá aprovecha para venir junta no teniendo bien tú y los hijos[47].

> Ve con tu padre y saca los certificados y vienes a Guimaraes en la administración corres hoja y después vienes para Braga al gobierno civil Cuando salga el vapor del puerto tú vienes y el mismo día compras el pasaje no es necesario encomendar persona alguna. Yo quiero que tú vengas en maleta Real Egleza que es de mucho respeto no temas por venir que en el Vapor vas a conocer otras familias[48].

Se orientaba sobre varias otras acciones, como hacer el camino hasta el puerto de embarque y los cuidados antes de tomar el vapor. Mujeres, niños y ancianos deberían ir acompañados o con apoyo de conocidos, familiares, vecinos, personas de confianza, honestas y respetuosas; de preferencia con experiencia, que supieran leer. En ese sentido se hacían las indicaciones:

> No vengas como oveja sin pastor. Habla con el hijo de Meco de las Porreiras, que yo ya le escribí pidiéndole que tú vinieras en la compañía de su señora, porque él parece que debe venir luego y a mí me gustaría que vengas con él[49].

---

46. Carta de 10/8/1921. APESP, n.º 896.
47. Carta de Manuel Novais Rodrigues a su esposa Maria da Silva, *apud* Carmen de Morais Sarmento Cunha, *Emigração familiar para o Brasil-Concelho de Guimarães 1890-1914, (Uma perspectiva microanalítica)*, tesis de maestría, ICS, Universidade do Minho, 1997.
48. Carta de Jerónimo Fernandes a su esposa Maria das Dores Fernandes, 3/1904, *apud* Cunha, *op. cit.*
49. Carta de 31/10/1896, ADVC, Processo do Passaporte n.º 715. *Apud* Henrique Rodrigues, "Imagens da emigração oitocentista na correspondência enviada ao Bra-

Si el cuñado José viene, entonces mejor todavía, porque sabe leer para preguntar dónde debes ir o no, porque siempre es cuñado y amigo[50].

Eran frecuentes las preocupaciones por reglamentar comportamientos, normas de conducta y reglas de sociabilidad durante el viaje, especialmente, para las mujeres, con orientaciones sobre el cuidado en la embarcación, de cómo portarse a bordo, siendo conveniente evitar exposiciones, peligros y promiscuidades.

...date al respeto para que nadie te falte el respeto pero embarca sin miedo son solo 12 días de viaje[51].

En el vapor pórtate bien, siempre seria con toda la gente. Cuando yo vine, vine con la cabeza mala por unas mujeres[52].

Se prevenía sobre posibles accidentes a bordo, señalando los cuidados que se deberían tomar con los niños y los ancianos.

En cuanto al viaje te pido que tengas todo cuidado principalmente en el vapor principalmente con la madre que no dé algún golpe en las escaleras del vapor solo después de que estés dentro examina bien el cuidado que debes tener al pisar de la lancha para el vapor[53].

Algunas descripciones que circulaban en las ciudades y aldeas alimentaban los temores de enfrentar el viaje transatlántico. Aun con el establecimiento de líneas regulares de vapores que garantizaban recorridos más seguros y rápidos, persistían las historias de travesías difíciles y de naufragios. En las misivas, las palabras de aliento intentaban tranquilizar al viajero para enfrentar el largo viaje, y se recordaban las acciones de solidaridad y cooperación con posibilidades de construir amistades.

Traiga unos 2 juegos de ropa ordenaditos y no muy gruesos y tenga mucho coraje para atravesar el mar: para ganar más ánimo acuérdese que viene a abrazar a todos sus hijos[54].

---

sil", *Cadernos de história*, Belo Horizonte, <http://periódicos.pucminas.br/index.php/cadernoshistoria/article/view/2213>, 2010.
50. Processo do Passaporte n.º 143, 12/3/1898. *Apud* Rodrigues, *op. cit.*
51. Carta de Chamada de Manuel Novais Rodrigues a Maria da Silva. *Apud* Cunha, *op. cit.*
52. Carta de 22/5/1893, ADVC, Passaporte n.º 516. *Apud* Rodrigues, *op. cit.*
53. Carta de 3/6/1913, APESP, n.º 205.
54. Carta de 10/5/1919. APESP, n.º 438.

Debido a las constantes denuncias sobre las condiciones de viaje, desde mediados del siglo XIX (1855) se implantaron acciones reguladoras, objetivando el control del exceso de pasajeros y de carga, además de posibilitar la ayuda a los viajeros en situaciones de enfermedad a bordo (las naves necesitarían tener una botica y apoyo médico). El reglamento de 7 de marzo de 1863 determinaba que los vapores deberían garantizar alojamientos en condiciones de salubridad e higiene, alimentación de buena calidad y en cantidad y agua bien acondicionada. No obstante, a pesar de estas medidas legales, persistían las irregularidades, que eran constantemente denunciadas por la prensa, ya que la mayoría de los inmigrantes se encontraba durante la travesía en situación de subalternos y desamparados.

Las irregularidades hacían el viaje precario, debido a la falta de higiene, malos alojamientos, alimentación mal preparada y en poca cantidad. En este sentido, aparecen varias recomendaciones, tendentes a evitar privaciones y a paliar la falta de comida, como llevar algunos alimentos para consumir durante la travesía, se indicaban acciones para disminuir el malestar y los vómitos (llevar limones y azúcar, frente a las cuestiones del agua).

> ...trae también un poco de bacalao, así como también una media docena de chorizos para que ustedes coman en el viaje y si necesitas también comer un poco de queso y todo lo demás que te apetezca[55].

> ... compra un baúl no necesita ser muy grande para que lo traigas a tu lado con frutas y aquello que desees...[56].

Se alertaba de cuidar el dinero y los objetos de valor, manteniéndolos escondidos y a buen recaudo:

> el dinero ponle un alza a la falda blanca y cóselo un cordón y tráelo en el cuello[57].

> mete en el bolso que te hagas para el viaje tu cordón y las argollas guárdalas contigo de manera que no te las roben[58].

Previniendo pérdidas o extravíos de maletas ("haga tres cruces negras en el baúl"), se indicaba colocar en la maleta de mano accesorios y ropas prácticas para utilizar a bordo y en el momento del desembarque:

---

55. Carta de 1/8/1912. APESP, n.º 255.
56. Carta de 8/1/1912. ADP, *processo* n.º 987.
57. Carta de 13/4/1912. ADP, *processo* n.º 691.
58. Carta de 10/8/1912. ADP, *processo* n.º 389.

...compra una maleta de mano para que traigas alguna ropa mejor para desembarcar en tierra para que no parezcas una Patricia y no traigas pañuelo de cabeza que en esta tierra no se usa y se ve mal[59].

Compra botas para ti y para las hijas para no parecer una María que llega de la tierra al desembarcar aquí[60].

La llegada era un momento especial de reencuentro, por eso debían presentarse con ropa nueva o con el traje dominguero. En las correspondencias aparecen las orientaciones de vestirse "a la brasilera" y no aparentar "costumbres de aldea":

> Te envío ese catálogo para que veas más o menos cómo debes vestirte así como viste la chica las ropas de aquí son otras toma nota de todo lo que gastaste Lucelia intenta vestirte más o menos como las costumbres de la ciudad y no de la aldea[61].

Compra un jersey y ropas brasileñas, pañuelos de cabeza y de cuello son solo para el viaje[62].

Sobre las vestimentas, en las misivas se pedía que llevasen americanas, trajes, chaquetas, camisas, calzoncillos, zapatillas de andar por casa, calcetines, medias, zapatos, sombreros y paraguas; se recomendaba que las ropas fueran de calidad en relación con las telas y modelos. Algunos inmigrantes que conocían los trámites aduaneros aconsejaban llevar telas cortadas e hilvanadas y las suelas de los zapatos sucias, evitando así que los retuvieran a la entrada.

En las correspondencias se especifica detalladamente lo que debería llevarse o dejarse, vendido o donado. Los objetos que presentaran posibilidades de uso en Brasil eran transportados, como herramientas de oficios (lápiz de carpintero, escuadra, martillo, serrucho, chaflán, lima, cincel), utensilios agrícolas (hoz, pala, azada, hacha), incluyendo instrumentos musicales (guitarra, violín, guitarra portuguesa, pandero, pandero árabe, castañuelas, acordeón, flauta y gaita).

> En cuanto a ropas tanto gruesas como finas todo es necesario tanto de cama como de cuerpo, herramientas trae un chaflán ½ kilo y trae una cuchara grande de acero que sea buena para revocar trae uno o dos metros

---

59. Carta de 9/4/1912. ADP, *processo* n.º 599.
60. Carta de 1/8/1912. ADP, *processo* n.º 255.
61. Carta de 6/7/1912. ADP, *processo* n.º 951.
62. Carta de 13/7/1912. ADP, *processo* n.º 1060.

de resortes, tres limas de las más largas hechas en cincel que llamamos tala deja el martillo compra acá no precisas de más herramientas[63].

Eran varios los pertrechos y maquinaria considerados de servicio; por carta, Antonio Fernandes le pedía a su esposa que llevase su máquina de costura bien embalada; igualmente, aparecen referencias a husos de hilar, telares y utensilios de costura.

Que no olviden bordados e hilos bonitos y compra para tu cuñada 6 piezas de renda de lino, 2 de ancho de un dedo, 2 de dos, 2 de tres dedos, de la misma calidad de la que vino en la sotana que mandaste con Simón para tu cuñada. Compra 6 juegos de agujas amarillas para enseñar a tus sobrinas a hacer medias y trae dos carretes de algodón fino para medias, tal vez un carretel sea suficiente. Que mi hermana que te dé muestras de croché[64].

Mira si traes un ovillo de lino y agujas para arreglar una porción de botas militares que tengo acá[65].

Entre los objetos que se llevan en la maleta del inmigrante se encuentran diversos utensilios de uso doméstico como lozas, cubiertos, ropas de cama y manteles, almohadas, mantas, colchones y muebles; estos componentes sugieren el mantenimiento de las costumbres y hábitos de la tierra.

Anna trae contigo las sábanas que tengas, y trae 2 mantas, y toda tu ropa, y trae la cuchilla que era mía, y toallas y una almohada o 2; los colchones, todo esto que venga lavado, trae todo esto dentro de mi caja, y 2 mantas de las mejores, y el resto que tengas vende todo a quien te pague rápido[66].

La cama si puedes mándala encajonar, mesa no traigas alguna loza métela dentro de las maletas y tráela junto contigo[67].

En varios mensajes aparecen pedidos para que se llevaran objetos de valor, joyas, cadenas, medallas, aros, broches y anillos de oro, así como relojes. Sin embargo, se recomendaba guardarlos con cuidado durante el

---

63. Carta de 3/6/1913, APESP, n.º 205.
64. Carta de 1/4/ 1884. ADP, *processo* n.º 241.
65. Carta de 19/7/1865. ADP, *processo* n.º 93.
66. Carta de 10/8/1912. ADP, *processo* n.º 482.
67. Carta de 1/8/1912. ADP, *processo* n.º 198.

viaje. Estos valores podrían significar una forma de transportar un capital, o el deseo de poseer el bien o de regalarlo:

> También le dirás que si ella viene que traiga unos aros para D. María (la española) sabes bien que tienen un valor de 2$500 reis más o menos porque ella será la primera mujer amiga que aquí tendrás[68].

Eran comunes los pedidos de productos alimenticios de la tierra, como jamón, embutidos, almendras, nueces, aceites, vinos, salpicón, piñones, entre otros. Era la oportunidad de saciar los deseos de los sabores de ultramar; en la experiencia del desplazamiento, la alimentación era la última costumbre abandonada, pudiendo ser considerada hasta un factor de resistencia.

En las epístolas se pedía la confirmación del nombre del vapor y la fecha de la llegada para que en el puerto o en la estación ferroviaria hubiera alguien que recibiera al recién llegado y lo ayudara en la tierra desconocida.

> Si no estuviera en Santos y la sra. no puede sacar las cajas o el equipaje que traiga vaya a la estación del camino de tierra y compra pasaje para Pirituba allí yo tengo dadas instrucciones lleva el control del equipaje que al día siguiente yo voy a buscarlos[69].

Estas correspondencias se presentan como una documentación con gran potencial. Revelan relaciones personales, familiares (desagregación, distanciamiento y reencuentro), lazos de parentesco, compadrazgo y connacionalidad; envolviendo solidaridades, exponiendo intereses, perspectivas y posibilidades en la sociedad de salida y de acogida; nuevas experiencias y proyectos, cambios y permanencias, dificultades, desafíos, perspectivas y posibilidades. Descubren cobranzas, compromisos, desahogos, conflictos, confidencias, secretos, intrigas, amores y rupturas, celos, miedos, saudades y esperanzas, así como otros sentimientos, sensibilidad, sueños y opiniones. De esta manera, las misivas permiten recuperar diversas cuestiones que envuelven los desplazamientos, cabiendo destacar que el mayor sentido observado en la documentación era el deseo de reunificación familiar.

Para el investigador, las correspondencias provocan muchas inquietudes sobre los desdoblamientos de las trayectorias, si la reunificación familiar fue posible, si maridos y esposas se reencontraron, o si Manuel se unió

---

68. Carta de 8/7/1912. ADP, *processo* n.º 983.
69. Carta de 22/7/1912, APESP, n.º 126.

a la bella mulata brasileña o volvió con su esposa portuguesa, si las relaciones entre suegras y yernos se calmaron en la sociedad de acogida. Pero, infelizmente, se hace difícil responder a todas las inquietudes. Si la misión del historiador es cuestionar el pasado contando sus historias, cabe encerrar esta narrativa, con una adaptación del dicho popular: "Entre una carta y otra, quien quiera que cuente otra".

Bibliografía

Alves, Jorge Fernandes, *Os Brasileiros*. s/e, Porto, 1994.
Baganha, Maria Ioannis, *Migração transatlântica: uma síntese histórica, in: Desenvolvimento econômico e mudança social*. Lisboa, Imprensa de Ciências Sociais, 2009.
Bassanezi, M. Silvia *et alii*, *Repertório de legislação brasileira e paulista referente a imigração*. São Paulo, EDUNESP, 2008.
Blass, Veronica, "Puentes de papel: apuntes sobre las escrituras de la emigración", *Horizontes Antropológicos*. Porto Alegre, año 10, n.º 22, jul./dic., 2004, pp. 93-119.
Bodio, Luigi, "Sulla emigrazione italiana e sul patronato degli emigranti", en *Atti Del primo Congresso geográfico italiano tenuto*, vol. II. Genova, del 18 al 25 de septiembre 1892, Genova, Tipografia Del Regio Istituto sordo-muti, 1894, pp. 109-148.
Caffarena, Fabio, "Introducción", en Fabio Caffarena y Laura M. Martín, *Escrituras migrantes: una mirada ítalo-española*. Genova, Franco Angeli, 2012.
Chartier, Roger, "Avant-propos", en *La correspondence, les usages de la lettre au xixe siècle*. s. l., Flayard, 1991.
Corti, Paola, *Storia delle migrazioni internazionali*. Roma, Editori Laterza, 2007.
Croci, Federico. "O chamado das cartas: migrações, cultura e identidade nas cartas de chamada dos italianos no Brasil", *Revista Locus*, vol. 14, n.º 2 jul./dic., 2008.
Cunha, Carmen Alice Aguiar de Morais Sarmento, *Emigração familiar para o Brasil-Concelho de Guimarães 1890-1914, (Uma perspectiva microanalítica)*, tesis de maestría, ICS, Universidade do Minho, 1997.
— "'Minha querida marida' subsídios para o estudo da família emigrante através das cartas de chamada 1890-1914", en *Actas do Congresso Maia, história regional e local*, 1999, pp. 285-296.
Dauphin, Cécile, "Questions à l'histoire culturelle des femmes. Les manuels épistolaires au xixe siècle", *Genèses*, vol. 21, n.º 21, 1995, pp. 96-119.

DEMARTINI, Zeila B. F., "Imigração, Família e Educação", *V Congresso Luso-brasileiro de História da Educação*. Évora, s. e., 2004.

DEVOTO, Fernando, "Las cadenas migratorias italianas: algunas reflexiones a la luz del caso argentino", en *Estudios Migratorios Latinoamericanos*, n.º 8, CEMLA/Buenos Aires, 1988, pp. 103-123.

ELIAS, Norbert, *O processo civilizador*. Rio de Janeiro, Jorge Zahar, 1994.

GIBELLI, Antonio, "Fatemi unpo sapere...: scrittura e fotografia nella corrispondenza degli emigrante liguri", en *La via delle Americhe: l'emigrazione ligure tra evento e racconto. Catalogo della mostra*. Genova, Sagep Editrice, 1989, pp. 87-94.

GIBELLI, Antonio y Fabio CAFFARENA, "Le lettere degli emigrante", en Piero Bevilacqua, Andreina De Clementi e Emilio Franzina, *Storia dell'emigrazione italiana*. Roma, Donzelli, 2001, vol. 1, pp. 563-574.

LEITE, Joaquim da Costa, "O Brasil e a Emigração Portuguesa (1855-1914)", en Boris Fausto (coord.), *Fazer a América*. São Paulo, Edusp, 2000.

LOBO, Eulália Maria L., *Imigração portuguesa no Brasil*. São Paulo, Hucitec, 2001.

LUSSANA, Filippo. *Lettere di illetterati. Note di psicologia sociale*. Bologna, Zanichelli, 1913.

MACDONALD, J. y MACDONALD, L., "Chain Migration Ethnic Neighborhood Formation and Social Networks", *The Milbank Memorial Fund Quartely*, XLII (1), 1964, pp. 82-97.

MATOS, M. Izilda S. de, *Cotidiano e Cultura*. Bauru, EDUSC, 2002.

— *Deslocamentos & Histórias: os portugueses*. Bauru/Porto, EDUSC/CEPESE, 2008.

MENDES, José Sacchetta Ramos, *Laços de sangue; privilégio e intolerância á imigração portuguesa no Brasil*. Porto, CEPESE, 2010.

MOURA, Soraya y Odair da CRUZ PAIVA, *Hospedaria de Imigrantes de São Paulo*. São Paulo, Paz e Terra, 2008.

PASCAL, Maria Aparecida, *Portugueses em São Paulo*. São Paulo, Expressão e Arte, 2005.

PASCHKES, M. Luisa N. de Almeida, "Notas Sobre os Imigrantes Portugueses no Brasil (sécs. XIX e XX)", *Revista Histórica*, USP, São Paulo, n.º 123-124, ago./jul., 1990/1991, pp. 88-89.

PEREIRA, Miriam Halpern, *A política portuguesa de Emigração, 1850-1930*, Bauru, EDUSC, 2002.

RODRIGUES, Henrique, "Imagens da emigração oitocentista na correspondência enviada ao Brasil", *Cadernos de História*, Belo Horizonte, <http://períodicos.pucminas.br/index.php/cadernoshistoria/article/view/2213>, 2010.

— "Escrita de Emigrantes: Abordagem à Correspondência Oitocentista", en *Escritas das Mobilidades*. Funchal, Centro de Estudos de História do Atlântico, 2011.

SILVA, Brasilina da Assunção Oliveira Almeida Pereira da, *Cartas de chamada a dimensão familiar da emigração Sernancelhe no início do séc. xx*. Porto, Mestrado em História Universidade Portucalense, 2006.

SIMÕES, Nuno, *Portugueses no Mundo*. Lisboa, Minerva, 1940.

THOMAS, William Isaac y Florian ZNANIECKI, *The polish peasant in Europa and America*. Chicago, University of Chicago Press, 1918-1920.

Estadounidenses en México.
Un recuento histórico de su migración
1945-1980

Mónica Palma Mora
Dirección de Estudios Históricos INAH, México

¿Por qué estudiar a los vecinos del norte?

En contraste con la migración mexicana hacia Estados Unidos, muy examinada en los últimos años, el reverso de la moneda, la migración estadounidense a México no ha sido tan investigada en el medio académico especializado, pese a que, desde 1950 hasta la fecha, los vecinos del norte componen el grupo más numeroso de todos los extranjeros radicados en el país. Es difícil precisar cuáles han sido los motivos de tal desatención. Quizá el factor que más ha pesado ha sido la asimetría y el desacuerdo histórico que han caracterizado las relaciones entre México y Estados Unidos.

Puesto que el desacuerdo y el conflicto han predominado en las relaciones entre ambos países, los historiadores y otros especialistas se han ocupado y preocupado mucho más por examinar los enfrentamientos históricos y le han prestado menos atención a la investigación de los encuentros entre mexicanos y estadounidenses o, como dice el historiador David Weber, le han dado menos crédito a la fuerza del acomodo, por lo que el autor entiende las relaciones pacíficas, de cooperación, de amistad, de parentesco que también se entablaron entre angloamericanos y mexicanos a lo largo de la frontera norte durante el régimen colonial y la primera mitad de vida independiente del país, período estudiado por Weber[1].

---

1. David Weber, "Conflictos y acuerdos. Las fronteras hispanomexicanas y angloamericanas en su perspectiva histórica (1670-1853)", en Manuel Ceballos Ramí-

La historiadora Josefina Z. Vázquez plantea, por su parte, que la propia historia de Estados Unidos estuvo largo tiempo olvidada en el campo de la docencia e investigación en México[2]; este desinterés prevalecía aún a finales de la década de 1960. Por esos años, la falta de estudios sobre la historia del vecino país del norte llamó la atención de Daniel Cosío Villegas; este historiador recomendaba a sus colegas atender más al estudio del proceso histórico de Estados Unidos, por dos razones que consideraba centrales: la primera, porque el compartir una historia en común supone intereses semejantes y antagónicos, y la segunda, por "el inmenso lugar que ocupa la sociedad norteamericana en el mundo de hoy, especialmente como modelo de este mundo. Pero también podría justificarse si se piensa en las fallas de la sociedad americana que no son pocas ni menores"[3].

Hacia la década de 1970, anota la citada Josefina Z. Vázquez, el único acontecimiento que se destacaba en los libros oficiales era la guerra entre México y Estados Unidos de 1846-1849. Este suceso, agrega la misma autora, había generado sentimientos encontrados en muchos mexicanos, los cuales habrían de repercutir en la falta de interés sobre la historia de los Estados Unidos[4]. Poco a poco, debido al empeño de algunos académicos, por supuesto del propio Cosío Villegas[5], interesados en el análisis de dicho proceso histórico, y sobre todo, como consecuencia del propio contexto estadounidense de la década de 1960 –el movimiento por los derechos civiles, las luchas estudiantiles, las protestas en contra de la guerra de Vietnam, las manifestaciones contraculturales, entre otros acontecimientos–, el estudio de la historia de Estados Unidos cobró mayor interés en el medio académico mexicano, y para la década de 1980 estaba ya afianzado.

Pero si del proceso histórico del vecino país del norte se ocupan en la actualidad varios historiadores y otros especialistas de distintos centros de investigación y docencia, públicos y privados, y se cuenta con una abun-

---

rez (coord.), *Encuentro en la frontera: mexicanos y norteamericanos en un espacio común*. México/Tijuana/Ciudad Victoria, El Colegio de México/El Colegio de la Frontera Norte/Universidad Autónoma de Tamaulipas, 2001, pp. 76-77.

2. Josefina Z. Vázquez, "La enseñanza e investigación de la historia de Estados Unidos en México", *Secuencia, Revista de Historia y Ciencias Sociales*, México, n°. 20, mayo-agosto de 1991, pp. 145-162.
3. Daniel Cosío Villegas, "De la necesidad de estudiar a Estados Unidos", *Anglia, Anuario de Estudios Angloamericanos*, v. I, 1968, citado en Vázquez, "La enseñanza e investigación", p. 146.
4. Vázquez, "La enseñanza e investigación", pp. 146-147.
5. Acerca del interés académico de este autor por el estudio de la historia de los Estados Unidos, véase también Cosío Villegas, *Ensayos y notas*. México, Ed. Hermes, (s. f.), pp. 185-217.

dante bibliografía realizada por académicos mexicanos[6], este no ha sido el caso de la migración estadounidense a México. Dicho de otro modo, si bien esta migración ha sido tema de estudio de algunas investigaciones, no ha sido tan examinada como si lo han sido otras, por ejemplo, la española, la judía, la libanesa, la china, la francesa, la guatemalteca o la propia migración mexicana a Estados Unidos.

¿Por qué dedicarle más atención a la historia de los estadounidenses en el país? Por varias razones, algunas de las cuales pueden parecer muy obvias, pero no por ello se tienen que soslayar: porque al igual que los guatemaltecos y caribeños, los estadounidenses son nuestros vecinos, y por tanto, compartimos con ellos, como decía Daniel Cosío Villegas, intereses y problemas comunes; por tratarse de inmigrantes de larga trayectoria, muy diversos respecto a los motivos de su establecimiento, incorporados a diferentes ámbitos de la vida del país, varios de ellos como empresarios, inversionistas o ejecutivos de alta dirección de las compañías estadounidenses. En el caso de otros, su vida en México se ha desarrollado en el medio académico, en el campo de la investigación científica, en el terreno de la cultura, de los espectáculos, de los deportes o de los servicios religiosos, entre otros ámbitos; y porque al igual que otros inmigrantes, los estadounidenses también han echado raíces en México, muchos de ellos han formado una familia, un nuevo hogar. Su presencia, numerosa y diversa desde finales del siglo XIX, ha estado vinculada, además, al desarrollo del propio contexto mexicano.

El presente trabajo tiene como propósito recapitular la historia de los estadounidenses que ingresaron al país entre los años de la Segunda Guerra Mundial y finales de la década de 1970, con fundamento en documentación resguardada por el Archivo Histórico del Instituto Nacional de Migración (AHINM), fuente que consigna la historia migratoria del país en el siglo XX, pero que hasta hace unos cuantos años no estaba disponible para su consulta[7]. La información revisada, tanto en el Registro Nacional

---

6. Al respecto consúltese Marcela Terrazas y Basante (coord.), *Dos siglos de relaciones México-Estados Unidos. Guía Bibliohemerográfica 1974-2005*. México, Instituto de Investigaciones Históricas, Universidad Nacional Autónoma de México, 2006 (Serie Instrumentos de Consulta, 6). Disco compacto. Una nueva y vasta obra realizada por académicos mexicanos se publicó a finales de 2012, véase Terrazas y Basante y otros. *Las relaciones México-Estados Unidos 1756-2010*, 2 vols. México, Universidad Nacional Autónoma de México, Secretaría de Relaciones Exteriores, 2012.

7. Hasta la fecha, aunque su consulta ha sido autorizada, sigue siendo un acervo de acceso restringido por tratarse de información clasificada como reservada y confidencial.

de Extranjeros (RNE)[8], como en varias series temáticas correspondientes al citado acervo, a la vez que confirma ciertas tendencias de la migración estadounidense bosquejadas en algunas investigaciones, proporciona nuevos datos que permiten renovar el análisis de las características de dicha migración, en particular en la Ciudad de México. De este modo, el presente trabajo contiene un breve análisis de las oleadas de estadounidenses a México más representativas del período estudiado, tiempo durante el cual las relaciones entre México y Estados Unidos registraron una mayor armonía y cooperación. Estas circunstancias permiten inscribir a la migración de muchos estadounidenses de ese tiempo, más dentro de la "fuerza del acomodo", como plantea David Weber, y menos en la del conflicto.

Un atractivo y hospitalario vecino del sur

Años antes del inicio de la Segunda Guerra Mundial, el gobierno de Estados Unidos al vislumbrar su inminente participación en el conflicto empezó a desplegar una política de "buena vecindad" hacia Latinoamérica, en particular hacia su vecino del sur, la cual se tradujo en asistencia militar y económica con la finalidad de resguardar la seguridad de su frontera sur y de abastecerse de materias primas y de mano de obra indispensables a su producción bélica.

El gobierno mexicano de esos años, por su parte, se solidarizó con la causa de los países aliados, apoyó los esfuerzos bélicos del vecino del norte y aprovechó su asistencia económica para emprender la modernización del país, en la que ocupaba un papel central el desarrollo del sector industrial y la urbanización. En 1942, los gobiernos de Estados Unidos y México signaron varios acuerdos de cooperación: militar, bracero, comercial, de petróleo y deuda externa[9]. Aunque estos acuerdos no estuvieron exentos de dificultades y desigualdad, la amistad predominó. La llamada

---

8. La Ley General de Migración de 1926 inauguró el RNE con la finalidad de llevar un control y seguimiento de los extranjeros que entraban y salían del país. Los datos solicitados (de identidad, socio-demográficos y migratorios) se registraban en Tarjetas de Identificación Individuales. En 1942, las Tarjetas fueron sustituidas por un formato estadístico: la Forma Migratoria 1 (FM 1), que estuvo vigente hasta la primera década del presente siglo. Los datos consignados en este formato permiten elaborar un perfil socio-demográfico de los estadounidenses que ingresaron y/o se establecieron en México durante el período estudiado.

9. Susana Chacón, *Las relaciones entre México y los Estados Unidos (1940-1955). Entre el conflicto y la cooperación*, prol. de Lorenzo Meyer. México/Monterrey, Fondo de Cultura Económica/Tecnológico de Monterrey, 2008, pp. 148-208.

política de "buena vecindad" desarrollada por Franklin D. Roosevelt durante los años de la guerra (1939-1945) y que Harry Truman (1945-1953) sustituyó por otra de "buena voluntad" al término del conflicto, prevaleció hasta fines de la década de 1960. De acuerdo con Josefina Z. Vázquez y Lorenzo Meyer, los gobiernos mexicanos de estos años consideraron que tal vez la tirantez del pasado reciente entre México y Estados Unidos, primero por las reivindicaciones nacionalistas plasmadas en la Constitución de 1917 y más tarde por las expropiaciones cardenistas:

> Habían dado paso en definitiva a una relación nueva, estrecha y positiva y que, sin estar enteramente exenta de contradicciones, era tan diferente de la del pasado que se le podía calificar de 'relación especial', misma que se podría mantener a pesar de las extraordinarias diferencias entre México y Estados Unidos en cuanto a historia, poder, niveles de desarrollo e intereses internacionales[10].

Sin embargo, este período "especial" no duraría más allá de los inicios de la siguiente década, la de 1970. A partir del sexenio de Luis Echeverría (1970-1976) la armonía cedió paso de nuevo al desencuentro y a la falta de entendimiento.

Por otro lado, el nuevo contexto internacional de la posguerra marcado, por la confrontación entre los Estados Unidos y la Unión Soviética por la hegemonía militar y la extensión de su dominio geopolítico e ideológico en el mundo, tuvo varias repercusiones, entre ellas, la política anticomunista que el gobierno estadounidense desplegó, tanto en el interior de sus fronteras como en el plano internacional. Por su parte, la antigua Unión Soviética trató de influir en los diversos movimientos sociales que se desarrollaron en estos años. La rivalidad entre las potencias, más exacerbada en las dos primeras décadas de la posguerra y más fría hacia fines de los años 60[11], perduró por más de treinta años.

---

10. Josefina Z. Vázquez y Lorenzo Meyer, *México frente a Estados Unidos. Un ensayo histórico 1776-2000*, 4.ª reimp. México, Fondo de Cultura Económica, 2011 (Sección de Obras de Historia), pp. 199-200.
11. La fase más tensa se desarrolló al término de la guerra y hasta la década de 1960, aproximadamente. Entre otros acontecimientos se observó en las discrepancias respecto al reparto del territorio alemán, la doctrina Truman y el Plan Marshall destinado a la reconstrucción de la economía de Europa occidental formulados en 1947, la creación de organismos multilaterales de defensa como la OTAN y el Pacto de Varsovia, la guerra de Corea y luego la guerra de Vietnam, la carrera armamentista y nuclear. Esta fase dio paso a un lapso de menor tensión entre ambas potencias o de distensión que se inició con la firma en julio de 1968 del Tratado de No Proliferación de Armas Nucleares y más tarde con los tratados SALT I de 1973 y SALT II en 1974. Además, la guerra fría se extendió a otras regiones del mundo. Al respecto consúl-

El acontecer internacional se combinó en el plano interno con el proceso de modernización económica impulsado por los gobiernos mexicanos de ese tiempo, entre cuyos principales objetivos destacaba el tratar de "convertir a México de un país agrícola y exportador de materias primas a otro cuya base económica fuera un capitalismo industrial"[12], por medio de la política de sustitución de importaciones, de bajas tasas impositivas al capital y de la inversión pública en la ampliación de la infraestructura y de los servicios urbanos. La modernización se llevó a cabo en el marco de una relativa estabilidad socio-política que distinguió al país hasta el movimiento estudiantil de 1968. Las nuevas circunstancias nacionales y mundiales apenas esbozadas en este trabajo, en términos muy generales, condujeron a los gobiernos de México y Estados Unidos a asumir una postura más flexible y de concordia en las relaciones bilaterales, no obstante las posiciones divergentes que en materia de política exterior se suscitaron durante este tiempo[13].

En los años 40 y 50, el impulso modernizador se notó más en las ciudades. Una de las más beneficiadas fue la capital del país. La dotación de los servicios públicos –drenaje, pavimentación, alumbrado– aumentó o mejoró, se realizaron obras para evitar las inundaciones, se inauguraron nuevas colonias y avenidas en las que circulaban más vehículos, la radio se convirtió en un aparato básico en los hogares, años más tarde sería la televisión. Símbolos de la modernidad de este tiempo fueron los aparatos electrodomésticos que empezaron a importarse y el automóvil.

La urbanización repercutió en el aumento de los servicios ligados al entretenimiento y al turismo masivo, en particular al estadounidense, el cual comenzó a llegar por los años de la guerra, incrementándose hacia el segundo lustro de la década de 1940. El historiador Stephen Niblo anota que, mientras en 1940, 139.000 turistas visitaron México; en 1949 fueron 305.561[14].

---

tense, entre otras obras, Walter Laqueur, *La Europa de nuestro tiempo. Desde el final de la segunda guerra mundial hasta la década de 1990*. Buenos Aires, Javier Vergara Editor, 1994; Eric Hobsbawm, *Historia del siglo xx*. Buenos Aires, Crítica, 1998, pp. 229-399; y Walter Astié-Burgos, *Encuentros y desencuentros entre México y Estados Unidos en el siglo xx. Del Porfiriato a la posguerra fría*. México, Miguel Ángel Porrúa, 2007, pp. 215-219.

12. Vázquez y Lorenzo Meyer, *México frente a Estados Unidos*, p. 177.
13. La política exterior mexicana del período se basó en los principios de autodeterminación y no intervención. Acorde con ellos, el gobierno mexicano no apoyó el embargo comercial a Cuba y su expulsión de la OEA impulsado por EE. UU. y otros países del sistema interamericano. Así mismo, llevó una política de más cautela respecto al enfrentamiento entre este-oeste. Astié-Burgos, *Encuentros y desencuentros entre México y Estados Unidos*, pp. 180-181 y 205.
14. Stephen R. Niblo, *México en los cuarenta. Modernidad y corrupción*, trad. Enrique Mercado. México, Océano, 2008, p. 48.

Agencias mexicanas y de los Estados Unidos dedicadas a promover el turismo, difundían los atractivos que ofrecía el país al visitante: monumentos arqueológicos, pueblos y ciudades coloniales, un clima templado en varias regiones, playas y artesanías. En la Ciudad de México el visitante podía admirar el arte colonial, la obra plástica de los muralistas y otros artistas plásticos, recorrer sus plazas, mercados y calles –como el rumbo aledaño al paseo de la Reforma y a Chapultepec–.

Nuevos hoteles y numerosos restaurantes abrieron sus puertas. Severo de la Mancha, periodista de una revista especializada en turismo, destacaba el rasgo cosmopolita de la Ciudad de México en el segundo lustro de la década de 1940, el cual, de acuerdo al periodista, lo componía una diversidad de nacionalidades extranjeras que vivían entre más de dos millones de capitalinos. El elemento cosmopolita de la ciudad había repercutido en la apertura de una gran variedad de restaurantes. Al respecto, decía:

> Para los americanos allí están el Sanborn's, el Cadillac Grill Bar, Lady Baltimore, Hamburger Heaven; para aquellos que les gusta la comida francesa, están el Galia Restaurant, La Vie Parisienne, Sep's de París, Henri, Club Papillon y el Ambassadeurs. Un alemán puede sentirse en casa comiendo en el Autsnitz y el Franz Restaurant, o en el Bellinghaussen, o en el Jadermann's. En el Mignon es posible degustar comida húngara. Los italianos comen pizzas en el Betis, Biarritz, Paolo's y Monte Carlo. De estilo español están el Tupinamba, Centro Vasco y otros más. Y hay que agregar los pequeños restaurantes en donde sirven comida estilo turco, estilo sirio, estilo egipcio, estilo armenio, estilo ruso, estilo sueco y otros estilos de cocinas exóticas[15].

La ciudad contaba con varios teatros de revista: Apolo, Salón Colonial, Tívoli, Follies Bergere, Iris; salones de baile, bares y algunos cabarés o centros nocturnos que gozaban de gran prestigio, como El Casanova y el Ciro's[16], este último era uno de los centros nocturnos más glamorosos y refinados de esos años. Celebridades mexicanas y estadounidenses integraban el grupo de artistas. El público que asistía a dicho cabaré se componía de mexicanos adinerados, inmigrantes europeos y turistas esta-

---

15. Severo de la Mancha, "Night Life in Mexico", *Pemex Travel Bulletin*, v. VI, nº. 165-A, mayo-junio de 1946, pp. 1-14. Sobre la modernización de la capital mexicana consúltese también a Salvador Novo, *Nueva Grandeza Mexicana. Ensayo sobre la Ciudad de México y sus alrededores. Con anotaciones especiales del autor*. México, Populibros La Prensa, División de Editora de Periódicos, S. C. L., 1956, pp. 15-21.
16. Guadalupe Loaeza, "La era dorada del Ciro's", en *Caleidoscopio. Reflejo de palabras*. México, Ediciones B México, 2009, pp. 82 y 84.

dounidenses[17]. Aparte del Ciro's estaban el Brick top's Minuit, Bar 1-2-3, Tony's Bar, San Souci, El Patio, el Waikiki.

Uno de los principales atractivos que la capital del país ofreció a los turistas durante estos años fue, en efecto, su vida nocturna. Las revistas destinadas al turismo, como *Pemex Travel Bulletin*, solían destacar la imagen moderna y cosmopolita de la Ciudad de México, en particular, su cotidiano y bullicioso ambiente nocturno[18]. De este modo, el país al sur del río Bravo despertó de nueva cuenta el interés de los estadounidenses, muchos de los cuales llegaban con la finalidad de vacacionar en el diferente, pero atractivo vecino del sur.

La fama y *glamour* de la vida nocturna atrajeron, además de a los turistas, a otros extranjeros interesados en trabajar en los teatros de revista y centros nocturnos de la capital mexicana: los artistas de espectáculos. La documentación compilada en el AHINM consigna la recurrente migración de estos extranjeros a México desde 1939 a 1965[19]. Una de las novedades contempladas en la información consiste en el significativo número de artistas estadounidenses que se integraron al ambiente artístico de la capital en dicho período.

En contra de lo que pudiera suponerse por la proyección y éxito que han tenido artistas de otras nacionalidades, por ejemplo, los cubanos[20], la migración de artistas nacidos en el vecino país del norte fue más numerosa y cotidiana. De un total de 5.915 expedientes correspondientes a la Serie Artistas y Bailarines del acervo ya citado, 2.694 son de artistas estadounidenses, 487 de cubanos, 450 de españoles, 231 de argentinos y 169 de franceses; el resto se distribuye entre otras nacionalidades.

La documentación incluye expedientes de varios artistas vinculados a la industria del cine, ya que la política de cooperación y apoyo económico desarrollada por el gobierno estadounidense hacia Latinoamérica, en particular hacia el vecino del sur durante los años de la guerra, incluyó también fortalecer la relación entre las industrias cinematográficas de México y Estados Unidos, uno de los factores del éxito de la llamada época de

---

17. Armando Jiménez, *Sitios de rompe y rasga en la ciudad de México. Salones de baile. Cabarets. Billares. Teatros*. México, Océano, 1998, p. 169.
18. Dina Berger, "A Drink between Friends: Mexican and American Pleasure Seekers in 1940's Mexico City", en Nicholas Dagan (ed.), *Adventures into Mexico. American Tourism beyond the Border*. Lanham, Rowman and Littlefield Publishers Inc., 2006, pp. 13-34.
19. *Archivo Histórico del Instituto Nacional de Migración, Serie Artistas y Bailarines* (en adelante *AHINM-AB*), 1939-1965. Las autoridades migratorias permiten la consulta de la documentación solo hasta el año de 1965.
20. Gabriela Pulido Llano, *Mulatas y negros cubanos en la escena mexicana 1920-1950*. México, Instituto Nacional de Antropología e Historia, 2010.

oro del cine mexicano[21]. Sin embargo, la gran mayoría de los artistas estadounidenses que llegaron a trabajar en estos años y en los subsecuentes, no eran estrellas del cine hollywoodense. De acuerdo a la documentación citada, se trató de artistas de menor fama, que carecían de renombre, con excepciones claro está, pero que eran muy demandados por los teatros de revista, centros nocturnos o cabarés y circos.

Bailarinas, contorsionistas, malabaristas, ilusionistas, acróbatas, coristas, cantantes, músicos de los Estados Unidos llegaban a la Ciudad de México atraídos por la oportunidad de trabajo que prometía el ambiente nocturno de las décadas de 1940 y 1950. Esta corriente migratoria se integró tanto por hombres como por mujeres, aunque predominó el sexo femenino. Mujeres jóvenes, bellas, nacidas en diferentes estados de la Unión Americana, las cuales resultaban muy atractivas a la clientela que noche a noche asistía a los centros nocturnos.

Para poder trabajar, los artistas requerían un permiso de entrada al país y un contrato de trabajo, los cuales eran formulados por las empresas contratantes, previa revisión de los sindicatos respectivos[22]. Si no cumplían con estos requisitos, la autorización no procedía, ya que la legislación migratoria de estos años establecía que las solicitudes de trabajo a los extranjeros solo se permitirían en tanto no desplazaran a los mexicanos de sus fuentes de empleo. Por este motivo, las solicitudes de entrada iban acompañadas de la autorización de las organizaciones sindicales.

En los años 50, otras empresas se sumaron a los cabarets y teatros de revista que ya los contrataban, como el Salón Versalles del Hotel del Prado, el Hotel Regis, Publicidad D'Arcy, la XEW y la Asociación Musical Daniel, esta empresa contrataba especialmente cantantes y músicos de ópera para presentarse en el Palacio de Bellas Artes.

La mayoría de estos artistas se concentraban en la Ciudad de México; solo algunos trabajaban en centros nocturnos del interior del país; esta situación comenzó a modificarse a fines de los años 50 y para la década de los 60 varias empresas dedicadas a la diversión establecidas en las ciudades fronterizas del norte –el Cabaret Club 21 y el Ritz de Tijuana; el Café Nuevo Charmant, La Fiesta, La Cucaracha y el Folies Bergère de Ciudad

---

21. Al respecto consúltese Francisco Peredo Castro, *Cine y propaganda para Latinoamérica. México y Estados Unidos en la encrucijada de los años cuarenta.* México, Universidad Nacional Autónoma de México, Centro Coordinador y Difusor de Estudios Latinoamericanos, Centro de Investigaciones sobre América del Norte, 2004, pp. 30-31.
22. Federación de Uniones Teatrales y Espectáculos Públicos de la República Mexicana, Sindicato de Trabajadores de la Industria Cinematográfica, Similares y Conexas de la RM (STIC) y a partir de 1945 también el Sindicato de Trabajadores de la Producción Cinematográfica de la RM (STPC).

Juárez, por ejemplo– solían contratar a estos artistas con regularidad. En la Ciudad de México, los principales espacios laborales de dichos artistas en los años sesenta fueron estaciones de radio y programas de televisión, sin faltar algunos centros nocturnos como el Terraza Casino y contratos en la industria del celuloide como artistas de reparto.

Casi todos ellos se internaron al país como no inmigrantes con permiso de permanecer en el país hasta por seis meses, a cuyo término podían gestionar por una sola vez la extensión del permiso por otra temporalidad igual[23]. Pero muy pocos renovaron sus permisos ya que sus contratos de trabajo duraban entre dos y cuatro semanas y no todos eran prorrogables. La mayoría al término de su contrato salía del país; algunos retornaban poco después contratados por la misma empresa en donde ya habían trabajado, o bien, por otras. Los menos, pero a la vez los más famosos o que más éxito habían alcanzado durante sus presentaciones, prolongaban su estancia lo más posible ya que las empresas extendían el tiempo de sus contratos o nuevos teatros y centros nocturnos los solicitaban. Esta situación atañía sobre todo a los cantantes y músicos[24].

Hacia 1945, al finalizar la Segunda Guerra Mundial, un nuevo grupo de estadounidenses se agregó a los que ya migraban al país: los estudiantes del Mexico City College (MCC). Al amparo de la Ley de Veteranos, mejor conocida como G. I. Bill, expedida por el gobierno estadounidense en 1944 con el fin de apoyar la reinserción de los excombatientes de la guerra a la vida civil, numerosos jóvenes arribaron a la Ciudad de México. Entre los beneficios que su gobierno les había otorgado, uno de ellos fue el pago de pensiones y becas para cursar una carrera universitaria. Pero como el monto de las becas no era muy alto, muchos de ellos optaron por emigrar a otros países en donde el costo de los estudios fuera menor. El Mexico City College se presentó entonces como una opción. Esta institución fundada en 1940 como escuela preparatoria (*junior college*) por dos profesores estadounidenses, Henry L. Caine y Paul V. Murray, en 1950 había

---

23. Hasta el año 2011, la legislación mexicana en materia de inmigración consideró tres amplias categorías: No inmigrante, o sea, extranjeros que se internan al país en forma temporal; Inmigrante es el que ingresa de manera legal y condicionada al país con la intención de radicarse en él; Inmigrado corresponde a los extranjeros que adquieren derecho de radicación definitiva. Por lo que respecta a los años entre 1945 y 1965, consúltese "Ley General de Población de 1947", en Instituto Nacional de Migración (INM). *Compilación histórica de la legislación migratoria de México, 1821-2000*. México, INM, 2000, pp. 225-228.
24. Acerca de esta migración consúltese Mónica Palma Mora, "Estadounidenses en México durante la posguerra. Una migración recurrente", Ponencia presentada en el "Tercer Coloquio de Migración Internacional" organizado por el INM, Universidad Autónoma de Chiapas, OIM, CEPAL, en San Cristóbal de Las Casas, Chiapas, México, 10 de noviembre de 2011.

alcanzado ya reputación como uno de los pocos colegios americanos en el exterior dedicado a la enseñanza de artes y ciencias liberales en el que se impartían cursos de Historia, Antropología, Literatura, Lógica, Ética, Arte, Música, Geografía, tanto en inglés como en español[25].

Además de su reputación, el MCC era una institución cercana a los Estados Unidos, localizada en una ciudad en donde el costo de la vida era más barato y su ambiente nocturno sumamente atractivo. Estos factores decidieron el establecimiento de muchos jóvenes veteranos de la Segunda Guerra Mundial en la Ciudad de México con la finalidad de proseguir sus estudios, pero también con el propósito de divertirse en los bares, restaurantes y centros nocturnos que formaban parte de la afamada vida nocturna de la capital. Acerca del ambiente nocturno festivo de ese entonces, dice Jorge García Robles de manera un tanto irreverente, pero certera, lo siguiente:

> México, mitad del siglo xx. ¡Maaamboooo...uh! Cabarets por doquier, burdeles en cada esquina, exuberante vida nocturna. En escena: Pérez Prado, el chaparro cubano inventor del mambo, cara de foca, barba luciferina a quien un día el gobierno deporta por tocar el Himno Nacional Mexicano en mambo. No importa. ¡Nada interrumpe la fiesta! Qué rico cha cha cha...uuuhh. Sea el jolgorio. Aaron Copland entra al Salón México, se embelesa, bajan las musas y compone una de sus mejores piezas sinfónicas. Venga, que el presidente Miguel Alemán lo permite todo. No hay pedo, nos amanecemos hasta la madre, los antros nunca cierran: Ciro's. Catacumbas. Las Veladoras. La Rata MuertA. El Waikiki. Leda. Lola. Tato's... La cultura del reventón, todo se vale[26].

Por supuesto, no todos los jóvenes estudiantes frecuentaron estos centros nocturnos o cabarés, pero en efecto, la vida nocturna capitalina de esos años representó un poderoso factor de atracción, en particular para los que habían participado en la guerra y estaban deseosos de diversión.

Aunque la inmensa mayoría de los jóvenes estadounidenses que se establecieron en la ciudad a partir del segundo lustro de los años 40 y en la década de 1950, estudió en el MCC, no faltaron los que prefirieron inscribirse en la Universidad Nacional Autónoma de México, en particular en las facultades de Medicina y de Filosofía y Letras, así como en el Instituto Politécnico Nacional, según datos consignados por el Registro Nacional de Extranjeros[27].

---

25. *The Mexico City College Story: The History 19*, <www.mexicocitycollege.com>.
26. Jorge García-Robles, con la colaboración de James Grauerholz, *La Bala Perdida. William S. Burroughs en México (1949-1952)*. México, Ediciones del Milenio, 1995, p. 25.
27. *RNE del INM, Estadounidenses, 1945-1965*.

Los estudiantes, lo mismo que los artistas, luego de hospedarse los primeros días en hoteles localizados en el centro histórico y en rumbos cercanos a este como las colonias Juárez y Cuauhtémoc –en los hoteles Del Prado, Majestic, Regis, Ritz Reforma y Geneve, entre otros– se mudaban a departamentos o casas de las colonias Roma y Condesa, muy cercanas a las instalaciones del MCC, en ese entonces localizado en la colonia Roma[28].

La afluencia de estudiantes a México prosiguió en la década de 1960, pero la oferta educativa se amplió. Al MCC convertido en 1963 en la Universidad de las Américas (UDLA)[29] se sumaron otras instituciones educativas de provincia; este fue el caso de la Universidad Autónoma de Guadalajara (UAG) a donde llegaban a cursar las carreras de medicina y arquitectura ya que el costo de los estudios en este centro educativo era más barato que en las universidades de Estados Unidos. Algunos se instalaban en la capital tapatía entre uno y dos años por el interés de cursar algunos semestres, otros, en cambio, estudiaban la carrera completa en la UAG por lo que su estancia se prolongaba entre cuatro y cinco años.

Para la década de 1980, el arribo de estudiantes persistía, pero para estos años, la UDLA, la UAG junto la Universidad del Noreste (UNE) localizada en Tampico, Tamaulipas, la Universidad Autónoma de Ciudad Juárez, la Universidad Autónoma de Monterrey, la UNAM, el Instituto Politécnico Nacional y la Universidad Iberoamericana eran las instituciones educativas receptoras de dichos estadounidenses, según datos consignados en el RNE[30].

La migración estadounidense a México en los años inmediatos al fin del segundo conflicto mundial se compuso, además de artistas y estudiantes, de otros dos tipos distintos de estadounidenses: los escritores más representativos de la generación *beat*, es decir, del movimiento literario contracultural que se desarrolló en Estados Unidos en la posguerra, en particular durante los años 40 y 50. El otro grupo lo integraron varios vecinos del norte inconformes y opositores a la política anticomunista aplicada por el gobierno de Estados Unidos al término del conflicto.

Sobre los escritores *beat* que llegaron a México por estos años: William S. Burroughs, Jack Kerouac, Allen Ginsberg, Neal Cassidy, Gre-

---

28. *RNE del INM, Estadounidenses*. Una versión más amplia de la migración de artistas y estudiantes durante la posguerra se puede consultar en Mónica Palma, "Estadounidenses. Vecinos, enemigos, a veces amigos", en Carlos Martínez Assad (coord.), *La ciudad cosmopolita de los inmigrantes*, t. 1. México, Gobierno de la Ciudad de México, 2010, pp. 211-235.
29. En 1970 se mudó a Cholula, Puebla.
30. *RNE del INM, Estadounidenses, 1945-1965*. Las autoridades del AHINM y del Centro de Estudios Migratorios del INM facilitaron a la autora del presente texto la consulta del RNE hasta el año de 1980.

gory Corso y Lawrence Ferlinghetti entre otros más; vale la pena comentar de manera breve que uno de ellos, W. S. Burroughs, se instaló en la capital mexicana entre 1949 y 1952 con "doscientos dólares de su familia y setenta y cinco más de la G. I. Bill"[31]. Durante la guerra, Burroughs se había enrolado en el ejército estadounidense, pero a los pocos meses fue diagnosticado con problemas psiquiátricos y liberado. Eso sí, llegó a México becado para estudiar en el MCC historia azteca y maya. Pero Burroughs, más que a estudiar se dedicó a la vida bohemia, a ingerir drogas y a escribir. Tal fue el común denominador de la vida de estos escritores en México.

Ellos rechazaron el ambiente anticomunista, conservador y puritano de la sociedad estadounidense de la posguerra, cuestionaron el *american way of life* y rechazaron los valores de la clase media que representaba esa forma de vida. A estos escritores, dice Gunn D. Wayne[32], les atraía lo diferente, lo primitivo, lo exótico, lo alucinante. Por eso "escapaban" hacia el vecino país del sur. Ya en la Ciudad de México vivieron alejados tanto de su comunidad de origen como del ambiente artístico y cultural mexicano. En contraste, se involucraron con mexicanos del mundo sórdido, violento, *underground*[33], ambiente que Jack Kerouac recreó en algunas de sus novelas, por ejemplo, en *Tristessa*. Por su parte, William S. Burroughs escribió durante su festiva y alocada estancia en la capital mexicana[34], dos de sus obras más emblemáticas: *Junky* y *Queer*. De acuerdo a la especialista en literatura hispana, Norma Klahn, para Kerouac, Burroughs y otros escritores "de esa generación de vanguardia" México representó un lugar ajeno a las leyes estadounidenses. El país vecino del sur "era el lugar para volar en un 'viaje' alucinógeno en el que la aventura y el sexo se convertían en experiencias alucinantes. Sin duda un lugar para jugar"[35].

Los escritores *beat*, excepto William S. Burroughs, ingresaron varias veces a México en el curso de la década de 1950, instalándose en la capital

---

31. Jorge García-Robles, *Burroughs y Kerouac: Dos forasteros perdidos en México*. México, Librería de Bolsillo, 2007, p. 47.
32. Gunn D. Wayne (selec.), *Escritores norteamericanos y británicos en México*. México, Fondo de Cultura Económica/Secretaría de Educación Pública, 1985, p. 191 (Lecturas mexicanas, 87).
33. García-Robles, *Burroughs y Kerouac*, pp. 57 y 258-259.
34. Salió definitivamente de México en diciembre de 1952 luego de haber sido detenido y procesado en un juicio legal por el asesinato accidental de su esposa Joan Vollmer.
35. Norma Klahn, "La frontera imaginada, inventada o de la geopolítica de la literatura a la nada", en Ma. Esther Schumacher (comp.), *Mitos en las relaciones México-Estados Unidos*. México, Secretaría de Relaciones Exteriores/Fondo de Cultura Económica, 1994, pp. 466-467 (Sección de Obras de Historia).

por unos cuantos meses. Solo Jack Kerouac prolongaba más sus estancias y no dejó de visitar la Ciudad de México hasta 1961.

Por lo que respecta al grupo de los inconformes políticos o expatriados, así caracterizados por la escritora Diana Anhalt[36] porque no solicitaron asilo o refugio del gobierno mexicano[37], su ingreso ocurrió por la frontera norte, en su mayoría por Nuevo Laredo –como solían entrar al país los estadounidenses en los años 40 y 50– bajo el argumento de ser turistas o inversionistas. Sin embargo, el verdadero móvil de su migración fue escapar de la política anticomunista impulsada por el senador Joseph McCarthy, y de ese modo evitar ser detenidos por izquierdistas.

Alrededor de 60 o 70 familias integraron esta migración política, la cual se formó de tres pequeños grupos: uno lo representaron los guionistas y directores de cine que habían sido delatados y acusados de pertenecer o haber pertenecido al Partido Comunista Americano, llamados los 10 de Hollywood[38]; otro grupo lo constituyeron izquierdistas militantes del American Communist Party y del Partido Laborista; y el tercer grupo se compuso de activistas del movimiento de los derechos civiles y del movimiento obrero. El tiempo de estancia de los expatriados no fue igual; mientras algunos de ellos regresaron casi de inmediato después de su arribo a México, otros vivieron por algunos años y varios más se establecieron en forma definitiva. Estos últimos, poco a poco, y a pesar de sus ideología izquierdista, se fueron integrando a la añeja comunidad estadounidense de la Ciudad de México fundada ya desde el Porfiriato y con una postura política conservadora, diferente a la de los expatriados. Varios de ellos se incorporaron como profesores del Colegio Americano y del MCC, otros invirtieron en pequeños negocios ligados a la distribución de productos elaborados por empresas estadounidenses, y uno que otro prefirió alejarse de la Ciudad de México e instalarse en ciudades de provincia en donde se incorporaron a labores sociales y de atención médica a la comunidad.

De todas las oleadas de estadounidenses hasta aquí presentadas, los expatriados fueron los únicos que se establecieron en el país de modo definitivo, si bien varios de ellos ya en su vejez regresaron a radicar a su país de origen.

---

36. Diana Anhalt, *Voces fugitivas. Expatriados políticos norteamericanos en México 1948-1965*, trad. de Nelly Wolf y Leonor Tejeda Conde-Pelayo. México, Secretaría de Gobernación/Instituto Nacional de Migración/Centro de Estudios Migratorios/DGE Ediciones, 2005 (Colección Migración).
37. En estos años la legislación no contemplaba la característica migratoria del Refugiado. Esta se inaugura hasta 1990.
38. Albert Maltz, Lester Cole, Ring Lardner Jr., John Howard Lawson, Adrian Scout, Samuel Ornitz, Alvah Bessie y Dalton Trumbo, los directores y guionistas Herbert Biberman y Edgard Dmytryck.

Por lo que respecta a los artistas y estudiantes, una vez que finalizaban sus contratos de trabajo y becas, regresaban a su país. No se sabe con exactitud cuántos de ellos decidieron establecerse en México. Se tiene noticia de que algunos de los estudiantes del MCC regresaron tiempo después al país por motivos turísticos o con fines de trabajo. Del mismo modo, uno que otro artista retornó años más tarde a México como jubilado o como empleado de alguna empresa estadounidense y algunas bailarinas contrajeron matrimonio con mexicanos. En ambos casos, artistas y estudiantes, se trató de corrientes migratorias acotadas a cierta temporalidad, entre seis meses y cuatro años; sin embargo, las dos registraron durante el período estudiado una cotidiana recurrencia. Hasta la fecha, el arribo de jóvenes estudiantes con el fin de cursar o proseguir sus estudios universitarios en diferentes instituciones educativas mexicanas persiste, a pesar de la violencia que desafortunadamente caracteriza a varias regiones del país, aunque cabe reconocer que esta migración ha disminuido.

Negocios y confort

Al finalizar la década de 1950, los estadounidenses conforman ya, como se ha podido apreciar, un grupo muy diverso en cuanto a los motivos de su migración a México y el más numeroso de todos los extranjeros radicados en el país. De acuerdo a los Censos Generales de Población, mientras en 1950, el 45,64% del total de los extranjeros en esa fecha corresponde a los estadounidenses, para 1970 representan ya la mitad de la población extranjera total, y en 1980 son ya un poco más de la mitad, 58,42%. Aunque en 1990 los estadounidenses aumentaron en números absolutos, registraron cierta baja en su proporción del total, 57,10%, como resultado del notorio aumento de otras poblaciones de origen americano residentes en México[39]. Sin embargo, para el año 2000 su número se incrementó hasta alcanzar el 69,74% de la población extranjera total (véase cuadro 1).

Este trabajo no contempla el análisis de los varios factores que, desde 1950 a la actualidad, han convertido a los estadounidenses en el grupo más numeroso de todos los extranjeros radicado en el país; no obstante, cabe apuntar que un factor ha sido el alto porcentaje de niños y adolescentes que nacidos en Estados Unidos, residen en los estados de la frontera norte mexicana. Se trata de hijos/as de mexicanos que viven en esa zona,

---

39. Mónica Palma Mora, *De tierras extrañas. Un estudio sobre la inmigración en México 1950-1990*. México, Instituto Nacional de Antropología e Historia/Instituto Nacional de Migración/DGE Ediciones, 2006, pp. 382-384 (Colección Migración).

aunque su trabajo, actividad económica o estudios se desarrollen al norte del río Bravo. En otras palabras, se trata de residentes fronterizos. Esta tendencia fue registrada desde el año 2000. En ese año, según cálculos elaborados por el Consejo Nacional de Población (CONAPO) como por el Centro de Estudios Migratorios del INM, el porcentaje más alto del total de estadounidenses (56,8%) correspondía a los grupos de edad de entre 0 y 4 años y de 5 a 9[40]. Por ello, no es improbable que cierta proporción de los estadounidenses considerados por los censos de 1950 a 1990 fueran igualmente hijos/a de mexicanos, pero al no consignar la edad de los extranjeros, el parentesco y el lugar de nacimiento de los padres no se pueden comprobar.

En cambio, es posible afirmar que el incremento de estadounidenses en el país durante el período de estudio abordado en este trabajo (1945-1980) no solo resultó del arribo de los grupos antes analizados, sino también de la llegada de otros vecinos del norte ya tradicionales en México desde el Porfiriato, a saber, hombres de negocios, técnicos contratados por las empresas transnacionales de Estados Unidos o por compañías de capital mexicano, es decir, personal cualificado, el cual incluye también a académicos e investigadores que a partir de la década de 1970 comienzan a incorporarse con más recurrencia a diversos centros educativos y de investigación[41], empleados del servicio diplomático, misioneros de diversas iglesias del protestantismo, y sobre todo jubilados.

El establecimiento de hombres de negocios, como se anotó en el párrafo anterior, ocurre desde tiempo atrás. El proceso armado de 1910 alejó por algunos años a estos estadounidenses, pero una vez que la lucha terminó regresaron a reclamar el daño ocasionado a sus propiedades durante la lucha revolucionaria. En la siguiente década, 1930, las medidas nacionalistas decretadas por el gobierno del general Lázaro Cárdenas, limitaron su presencia, mas no su interés por los recursos naturales del país y el mercado mexicano. En el primer lustro de los años 40, la guerra mundial desvió el interés de las empresas y de los hombres de negocios hacia la producción de armamentos, uno de los factores que favoreció también el proceso industrial mexicano de estos años, pero una vez que el conflic-

---

40. Ernesto Rodríguez Chávez, "La inmigración en México a inicios del siglo XXI" y Mónica Palma, "Los vecinos del norte en México. Aspectos de su inmigración en la segunda mitad del siglo XX", en Ernesto Rodríguez Chávez (coord.), *Extranjeros en México. Continuidades y aproximaciones*. México, Centro de Estudios Migratorios/Instituto Nacional de Migración/DGE Ediciones, 2010, pp. 103 y 206-207.
41. La Ley General de Población de 1974 establece que se permitirá preferentemente el ingreso de estos extranjeros, véase INM, *Compilación histórica*, p. 250.

to finalizó y a pesar del interés del gobierno de los Estados Unidos por financiar la reconstrucción de la economía capitalista europea, el interés de las empresas de ese país por el mercado latinoamericano y mexicano retornó.

Durante la posguerra el capitalismo estadounidense consolidó su hegemonía en el plano internacional, proceso en el que desempeñó un papel central la ampliación y diversificación del campo de operaciones de las compañías transnacionales de este origen a las economías de diversas regiones del mundo. En el contexto de este proceso económico, el interés de los hombres de negocios por el mercado mexicano regresó, sin embargo, al interior de esta corriente migratoria dejaron de predominar los hombres de negocios independientes, es decir, los empresarios e inversionistas individuales característicos del medio siglo anterior, lo que no significa excluir su presencia, y en cambió empezó a aumentar la afluencia de ejecutivos o personal directivo –directores, subdirectores, presidentes, vicepresidentes, administradores, contralores, consejeros– ocupados por las filiales de las transnacionales estadounidenses en México, aunque también algunos llegaban contratados por empresas mexicanas.

Los nuevos hombres de negocios o ejecutivos ingresaban a México mediante la característica migratoria de inmigrante-cargo de confianza, diseñada desde 1947 para regular la entrada de los extranjeros que llegaban a ocupar puestos directivos de confianza en empresas e instituciones establecidas en el país. Desde los primeros años de la posguerra a la actualidad, su estancia se ha caracterizado por acotarse a lapsos específicos, entre cuatro y cinco años, ya que ha sido política de las transnacionales rotar de modo frecuente a su personal de alto rango, disposición que no ha excluido lapsos de estancia más largos.

Hasta donde han reportado algunas investigaciones[42], los ejecutivos no acostumbran entablar relaciones estrechas con miembros de la sociedad receptora. Por el tipo de cargo que desempeñan, ellos suelen estar en contacto con funcionarios públicos, con mexicanos que participan en el ámbito de los negocios y con el personal que trabaja en las compañías que representan. Pero aparte de estos sectores, sus contactos con otros mexi-

---

42. Carmen Bueno, Kathy Denaman y Carmen Icazuriaga, "Empresarios norteamericanos en el México actual", en *Simposio sobre extranjeros en México. Empresarios mexicanos y norteamericanos y la penetración del capital extranjero (siglo XX)*, v. III. México, Centro de Investigaciones Superiores del INAH, 1979; Mónica Palma, "Una inmigración bienvenida. Los ejecutivos de empresas extranjeras en México durante la segunda mitad del siglo XX", en Rosa María Meyer y Delia Salazar (coords.), *Los inmigrantes en el mundo de los negocios*. México, Instituto Nacional de Antropología e Historia/Plaza y Valdés, 2003, pp. 235-231.

canos se reducen a familias de medianos y altos ingresos que asisten a los deportivos y clubes de los cuales sus esposas o hijos son socios, y a sus empleados domésticos. Su vida social se desarrolla básicamente al interior de su propia comunidad de origen. Ellos asisten a las iglesias que dan los servicios religiosos en inglés, envían a sus hijos al Colegio Americano, institución educativa fundada desde el Porfiriato y destinada a educar a los hijos de los estadounidenses conforme al modelo educativo de EE. UU., y son miembros de varias de las asociaciones que conforman la comunidad, en particular son socios de deportivos y clubes recreativos y sociales. Precisamente, su posición como empleados de alto rango los ha llevado a ocupar los puestos honoríficos en varias de las organizaciones que componen la comunidad estadounidense de la Ciudad de México.

Los ejecutivos suelen estar casados con mujeres de su propia nacionalidad, sin embargo, varios de ellos han contraído matrimonio con mujeres mexicanas y sus hijos han nacido en México, factor que los ha arraigado al país. Claro está, estas familias son las menos. Son más frecuentes los matrimonios de mujeres estadounidenses con ejecutivos o empleados de alto rango mexicanos y que participan en el ámbito de la comunidad.

Hacia el segundo lustro de la década de 1990, el arribo de ejecutivos estadounidenses –y de otras nacionalidades– creció, como consecuencia de la incorporación de México al Tratado de Libre Comercio de América del Norte (TLC). Incluso, a partir de este acontecimiento, las autoridades migratorias diseñaron dos nuevas formas migratorias para cubrir y regular expresamente el ingreso de los hombres de negocios. Una de ellas destinadas a estadounidenses y canadienses (FMN), la otra, para los ejecutivos de otras nacionalidades (FMNVC). Así mismo, a raíz del TLC, las autoridades migratorias llevan un conteo casi cotidiano de las entradas y salidas de los hombres de negocios y de sus lapsos de estancia. Pero este conteo no se efectuaba con tanta precisión en los años entre 1945 y 1980, y aunque existen registro de la entrada al país de estos estadounidenses, las fechas de salida o los lapsos de estancia son muy difíciles de localizar, ya que las FM 1 correspondientes al Registro Nacional de Extranjeros del período, no consigna, en la mayoría de los casos, este dato.

A pesar de la falta de información estadística oficial sobre el personal ejecutivo o directivo de origen estadounidense en México en el período ya citado, es posible plantear que se trata de una migración de larga trayectoria y de carácter recurrente. Y que algunos de los ejecutivos que han radicado en el país por motivos de trabajo, una vez retirados de la vida productiva han optado por establecerse en México como jubilados.

Los jubilados, precisamente, constituyen la oleada más repetida, nutrida y diversa de estadounidenses en México desde la década de 1950 a la fecha. Estos estadounidenses retirados de las actividades productivas y que por los años de trabajo desempeñados en su país perciben una pensión, o bien cuentan con ahorros propios para su sostenimiento económico una vez que deciden retirarse del trabajo productivo, han representado una de las principales migraciones internacionales a México.

Aunque en fechas recientes algunos países centroamericanos, especialmente, se han sumado como sitios receptores de jubilados estadounidenses, su afluencia a México no ha concluido, por el contrario, se ha mantenido e incluso ha ido en aumento desde la década de 1990. A partir de esta década, extranjeros de otras nacionalidades –canadienses, en particular– se han incorporado a esta corriente migratoria[43].

Desde los inicios de esta migración internacional, los jubilados o pensionados han buscado vivir en lugares que cuentan con un clima más saludable, con un medio físico pintoresco, agradable, tranquilo, pues en su mayoría, se trata de una población de adultos, algunos de ellos adultos mayores, que, por lo general y hasta la década de 1980, llegaban a radicar sin la compañía de familiares o parientes. Otros de los motivos de su inmigración han sido poder realizar una vida más solvente y confortable con el monto de sus pensiones o ahorros y más tranquila en el plano emocional, lejos de los contrastes de la agitada vida de su país de origen. Varias ciudades o lugares de la provincia mexicana han posibilitado la realización de estos propósitos. Si a ello se suma que por la cercanía geográfica pueden regresar o visitar con regular frecuencia su país, México ha representado para estos estadounidenses un lugar atractivo para vivir.

Los primeros estadounidenses retirados que se internaron a México a finales de los años 40 y primeros de la década de 1950, fueron artistas plásticos y escritores, los cuales eligieron los poblados localizados en la ribera del lago de Chapala, en particular Ajijic en el estado de Jalisco, y al pueblo de San Miguel de Allende en el estado de Guanajuato, para radicar. Lugares que todavía hoy en día se distinguen por su belleza física, su clima saludable y en donde podían desarrollar su trabajo artístico. Para las décadas de 1960 y 1970 el ingreso de jubilados continuó y aumentó, pero su composición social cambió, ya no se trató de artistas plásticos o escritores sino de jubilados de empresas privadas, de dependencias gubernamentales y de veteranos de guerra pensionados por la Administración de Veteranos de los Estados Unidos o por las fuerzas armadas de ese país. Por ejemplo, a principios de los años 80, un pequeño pero singular grupo de excomba-

---

43. "Caleidoscopio: Prevén auge inmobiliario. Jubilados de EE. UU. vivirán en América Latina", *Milenio*, 6 de marzo de 2006.

tientes, formado por veteranos de la Segunda Guerra Mundial, la Guerra de Corea y la de Vietnam, era visible en la ciudad de Guadalajara[44].

Del mismo modo que con los ejecutivos, hasta la fecha no se cuenta con información estadística oficial confiable sobre el número de jubilados que se estableció en el país entre 1950 y 1980. Pero en 1978, la embajada de Estados Unidos informaba a través del *Boletín* de *The American Society of México* (AmSoc) que cerca de 45.000 residentes recibían mensualmente los beneficios de la Seguridad Social de Estados Unidos en ese año, y muchos otros de los que vivían en el país estaban próximos al retiro[45].

La migración de jubilados es contemplada por la legislación en la materia desde 1936, año en el que se inauguró la característica migratoria de inmigrante-rentista y que desde esa fecha norma su establecimiento. Las autoridades migratorias autorizaron su ingreso por tratarse de estadounidenses con recursos económicos propios, traídos de su país de origen y, por tanto, no representar una competencia desleal para la mano de obra nacional. La legislación, incluso, les impedía el ejercicio de actividades remunerativas o lucrativas. Esta disposición siguió vigente en las siguientes décadas, pero desde 1976 quedaron autorizados para prestar servicios como profesores, científicos, investigadores o técnicos siempre y cuando los responsables migratorios consideren que dichas actividades "resulten benéficas para el país"[46]. No se tiene noticia de cuántos de ellos se incorporaron a estas ocupaciones, en cambio, es más sabido que en fechas recientes varios jubilados han invertido en pequeños negocios ligados a la distribución de artesanías y otros se han vinculado a proyectos ecológicos o de servicio a la comunidad[47].

Muchos de los retirados o jubilados que arribaron a México entre 1950 y 1980 se establecieron como inmigrantes-rentistas, pero muchos otros se internaron como simples turistas, según han informado algunos de ellos, porque no tenían la seguridad de radicar en el país de manera permanente, en otros casos, por lo engorroso de los trámites y algunos más porque no cumplían bien a bien con los requisitos fijados a los rentistas. En la década de 1980, sin embargo, muchos de ellos radicaban en el país como inmigrados, es decir, se habían establecido de manera permanente. Se les encontraba en la ciudad de Guadalajara y Puerto Vallarta en el estado de

---

44. Consúltese Mónica Palma Mora, *Veteranos de guerra norteamericanos en Guadalajara*. Guadalajara/México, Gobierno de Jalisco, Instituto Nacional de Antropología e Historia, 1990 (Colección Regiones de México).
45. William M. Archuleta, Federal Benefits Officer, American Embassy, Mexico City. "Retirement and U. S. Social Security", *Bulletin of American Society of Mexico*, v. IV, nº. 8, México, D. F., June 1978, p. 14.
46. "Ley General de Población de 1974" en INM, *Compilación histórica*, p. 253.
47. Silvia Hernández, "Se maravillan con la historia, paisajes y costumbres. Eligen México para vivir", *El Universal*, México, 25 de septiembre de 2011, p. F2.

Jalisco, en la ciudad de Cuernavaca, Morelos y en poblados de la península de Baja California, pero sus lugares preferidos para radicar continuaban siendo Ajijic y San Miguel de Allende.

Hacia el segundo lustro de los años 80, pocos de los establecidos en la ciudad de Guadalajara vivían en compañía de sus cónyuges e hijos, algunos eran viudos o divorciados. En su mayoría se trataba de adultos entre 50 y 70 años, pero varios de ellos correspondían a una edad más avanzada, los menos eran más jóvenes. La mayoría decía hablar poco español, esta situación no era aplicable a los ex combatientes ya que ellos, por su deplorable estado de salud –varios estaban lisiados– habían tenido que recurrir a trabajadores domésticos, y por tanto, se habían visto en la necesidad de dominar más el español. Por los mismos años, la composición religiosa de la población jubilada que vivía en Ajijic y San Miguel de Allende, en su gran mayoría protestante, se modificó con la incorporación de judíos procedentes del área metropolitana de Nueva York. Asimismo, en ambas poblaciones y en la ciudad de Guadalajara, la composición étnica se amplió con el arribo de jubilados canadienses.

En las poblaciones de la república mexicana en donde se han asentado, estos estadounidenses han representado un factor de expansión urbana por tratarse de una población altamente demandante de servicios; su establecimiento ha repercutido en la aparición y desarrollo de negocios ligados a la compra-venta de bienes raíces, construcción de fraccionamientos y al turismo. De igual manera, han constituido una fuente de empleo para la población local, ellos acostumbran contratar a trabajadores domésticos y de diversos oficios (enfermeros, jardineros, plomeros, carpinteros). Su presencia, sin embargo, ha acarreado serios problemas como han sido el acaparamiento y fraccionamiento de tierras, el encarecimiento de los bienes raíces y de los servicios.

La migración de jubilados a México constituye una migración de norte a sur, no solo desde el punto de vista geográfico, sino particularmente económico, ellos están en la búsqueda constante de mejores perspectivas de vida. La vecindad geográfica entre México y Estados Unidos les ha permitido visitar su país con regularidad y en muchos casos radicar un tiempo más corto allá y más largo acá. Esta situación ha obstaculizado, entre otros factores, que no sean del todo cuantificables por las autoridades migratorias.

Algunas conclusiones

En síntesis, en las tres décadas posteriores al fin del segundo conflicto armado mundial, los estadounidenses se convirtieron en la primera población de origen extranjero radicada en el país, a la vez que reafirmaron su variedad migratoria. Por un lado, la "relación especial" que se entabló entre los gobiernos de Estados Unidos y México en ese tiempo, y por otro, el proceso de modernización económica y urbana, mejor conocido como "el milagro mexicano" que registró el país por más de 30 años, y al correr de estos, la mayor dependencia de la economía del país al capitalismo estadounidense, constituye, a muy grandes rasgos, el marco histórico en el que ocurrieron las diversas oleadas de estadounidenses a México.

En ese tiempo, los estadounidenses modificaron su percepción de México; de un país rijoso, sin orden, peligroso, convulsionado por luchas internas, imagen que compartían muchos estadounidenses por los conflictos habidos entre México y Estados Unidos en años previos, el vecino del sur se convirtió en un país estable, más seguro, con monumentos arqueológicos, ciudades coloniales y playas –Acapulco, Zihuatanejo, la costa de la península de Baja California– que visitar, un país con un clima agradable y poblaciones apacibles. México representó no solo un país para invertir y hacer negocios, también un lugar en donde era posible trabajar, estudiar, refugiarse y vivir de manera confortable con pocos ingresos. Es muy probable que no todos compartieran esta imagen y que muchos de ellos pronto hayan resentido vivir, aunque fuera por unos cuantos años, en una sociedad con hábitos, costumbres y tradiciones diferentes, que les desagradaron o a las que no se adaptaron. Pero muchos otros conservaron una imagen nostálgica o romántica del México de los años entre 1945 y 1980.

A pesar del nacionalismo oficial, de los resentimientos históricos, de lo irritante, chocante o injusto que a muchos mexicanos les ha parecido el dominio económico y la penetración ideológica del vecino del norte, principalmente a través de los medios de comunicación masiva, el vecino del sur pasó a ser, en el tiempo del milagro mexicano, un país más "amigable", o mejor dicho, más hospitalario. Es necesario considerar que la difusión del estilo de vida estadounidense caracterizado, entre otros aspectos, por su consumo, confort, por disfrutar el tiempo libre, empezó a ser un referente para muchos mexicanos de la clase adinerada y de los sectores medios desde los años 50.

Las diversas oleadas de estadounidenses que entraron a México durante el período de estudio abordado en este texto no se establecieron en forma definitiva o por lapsos prolongados; sin embargo, los que abandonaban el país eran reemplazados por nuevos migrantes. Por ello, es posible plantear que se trató de distintas corrientes migratorias más de carácter temporal que definitivo, pero muy recurrentes. En otras palabras, no se trató propiamente de inmigrantes sino de residentes temporales. De estas características hay que excluir a los expatriados y a los pensionados; los primeros, como ya se ha dicho, vivieron en el país casi hasta su muerte. Muchos de los jubilados, por su parte, han radicado en el país por décadas o por largos períodos, tal era el caso, en particular, de los que habían llegado en el transcurso de los años 60 y que en la década de 1980 todavía permanecían en la capital tapatía[48], en Ajijic y en San Miguel de Allende. La cercanía geográfica y el contar con sus propios medios de transporte (camionetas, casas rodantes) les habían permitido visitar su país con cierta regularidad. Otros jubilados, en cambio, han optado por radicar un tiempo más corto en Estados Unidos y otro más largo en su casa mexicana; esta situación atañe, sobre todo, a los que se han internado en las últimas dos décadas. Por ello, en fechas recientes la migración de jubilados ha sido más de índole circular.

Los estadounidenses, al igual que muchos otros inmigrantes, han experimentado las dificultades de la integración económica y de la adaptación al estilo de vida mexicano, en opinión de algunos de ellos, "más subjetivo y emocional", en contraste con "el individualismo y la racionalidad de los estadounidenses"[49]. Varios de ellos han superado el desencuentro inicial y se han casado con mexicanos o mexicanas, y han formado una familia en México que los ha arraigado al país.

La interacción cotidiana entre estadounidenses y mexicanos, particularmente en la faja fronteriza del norte de México y en otras poblaciones del interior del país en donde tiene lugar, en términos de David Weber, "el acomodo"[50] –por ejemplo, Ajijic, Chapala, Guadalajara, San Miguel de Allende, Puerto Vallarta, Cuernavaca, Cancún– ha llevado, si no a todos los mexicanos y estadounidenses, sí a algunos de ellos, a suavizar los resentimientos históricos, los prejuicios mutuos. Quizá en un futuro no muy lejano, dos procesos migratorios que en nuestros días han cobrado una gran notoriedad, no solo por la estadística, sino por las consecuencias, económicas, socio-demográficas y culturales que conllevan: la emigración de mexicanos a Estados Unidos y la inmigración estadounidense en México, logren, si no borrar, por lo menos atemperar las diferencias culturales, los estereotipos mutuos, el desencuentro histórico. A ello, me parece, pueden contribuir las investigaciones sobre la inmigración de nuestros vecinos del norte en el país.

---

48. Mónica Palma Mora, "Un paraíso al sur de la frontera. Los pensionados estadounidenses en Guadalajara", en Carlos Martínez Assad (coord.), *De extranjeros a inmigrantes en México*. México, UNAM, 2008, pp. 567-580.
49. Miryam Audifred. "En busca del sueño mexicano", en *Excélsior, Sección Comunidad*, México, 29 de agosto de 2006, p. F-03.
50. Weber, "Conflictos y acuerdos", pp. 75-77.

Bibliografía

Anhalt, Diana, *Voces fugitivas. Expatriados políticos norteamericanos en México 1948-1965*, trad. de Nelly Wolf y Leonor Tejeda Conde-Pelayo. México, Secretaría de Gobernación/Instituto Nacional de Migración/Centro de Estudios Migratorios/DGE Ediciones, 2005.

Archuleta, William M., "Federal Benefits Officer, American Embassy, Mexico City. "Retirement and U. S. Social Security", *Bulletin of American Society of Mexico*, vol. IV, n°. 8, México, 1978, p. 14.

Astié-Burgos, Walter, *Encuentros y desencuentros entre México y Estados Unidos en el siglo xx. Del Porfiriato a la posguerra fría*. México, Miguel Ángel Porrúa, 2007.

Audifred, Miryam, "En busca del sueño mexicano", *Excélsior, Sección Comunidad*, 29 de agosto de 2006, pp. 1-3.

Berger, Dina, "A Drink between Friends: Mexican and American Pleasure Seekers in 1940's Mexico City", en Nicholas Dagan (ed.), *Adventures into Mexico. American Tourism beyond the Border*. Lanham, Rowman and Littlefield Publishers Inc., 2006, pp. 13-34.

Bueno, Carmen; Denman Kathy y Carmen Icazuriaga, "Empresarios norteamericanos en el México actual", en *Simposio sobre extranjeros en México. Empresarios mexicanos y norteamericanos y la penetración del capital extranjero (siglo xx)*, vol. III. México, Centro de Investigaciones Superiores del INAH, 1979.

Cosío Villegas, Daniel, *Ensayos y notas*. México, Ed. Hermes, 1966.

Chacón, Susana, *Las relaciones entre México y los Estados Unidos (1940-1955). Entre el conflicto y la cooperación*, prol. de Lorenzo Meyer. México/Monterrey, Fondo de Cultura Económica/Tecnológico de Monterrey, 2008.

García-Robles, Jorge (con la colaboración de James Grauerholz), *La Bala Perdida. William S. Burroughs en México (1949-1952)*. México, Ediciones del Milenio, 1995.

— *Burroughs y Kerouac: Dos forasteros perdidos en México*. México, Librería de Bolsillo, 2007.

González Navarro, Moisés, *Los extranjeros en México y los mexicanos en el extranjero*, vol. II. México, El Colegio de México, 1994 (Centro de Estudios Históricos).

Hart, John M., *Empire and Revolution. The americans in Mexico since the Civil War*. Berkeley/Los Angeles, California University Press, 2001.

Hernández, Silvia, "Se maravillan con la historia, paisajes y costumbres. Eligen México para vivir", *El Universal*, México, 25 de septiembre de 2011, p. F2.

Hobsbawm, Eric, *Historia del siglo xx.* Buenos Aires, Crítica, 1998.

Instituto Nacional de Estadística, Geografía e Informática (INEGI), *XI Censo General de Población y Vivienda 1990, Resumen General, Tabulados Complementarios.* México, Instituto Nacional de Estadística, Geografía e Informática, 1990.

— *XII Censo General de Población y Vivienda 2000*, México, Instituto Nacional de Estadística, Geografía e Informática, 2013, <htpp://www.inegi.org.mx/lib/Olap/consulta/gneral_ver4/MDXQueryDatos.asp?#Regreso&c=10261>.

— *XIII Censo General de Población y Vivienda 2010*, México, Instituto Nacional de Estadística, Geografía e Informática, 2013, <http://inegi.org.mx/lib/olap/consulta/general_ver4/MDXQueryDatos.asp?proy=cpv10_pt>.

Instituto Nacional de Migración (INM), *Compilación histórica de la legislación migratoria de México, 1821-2000.* México, INM, 2000.

Jiménez, Armando, *Sitios de rompe y rasga en la ciudad de México. Salones de baile. Cabarets. Billares. Teatros.* México, Océano, 1998.

Klahn, Norma, "La frontera imaginada, inventada o de la geopolítica de la literatura a la nada", en María Esther Schumacher (comp.), *Mitos en las relaciones México-Estados Unidos.* México, Secretaría de Relaciones Exteriores/Fondo de Cultura Económica, 1994, pp. 460-480 (Sección de Obras de Historia).

Laqueur, Walter, *La Europa de nuestro tiempo. Desde el final de la segunda guerra mundial hasta la década de 1990.* Buenos Aires, Javier Vergara Editor, 1994.

Loaeza, Guadalupe, "La era dorada del Ciro's", en *Caleidoscopio. Reflejo de palabras.* México, Ediciones B, 2009, pp. 79-101.

Mancha, Severo de la, "Night Life in Mexico", *Pemex Travel Bulletin*, vol. VI, n°. 165-A, mayo-junio de 1946, pp. 1-14.

The Mexico City College Story: The History 19, <www.mexicocitycollege.com>.

Niblo, Stephen R., *México en los cuarenta. Modernidad y corrupción*, trad. Enrique Mercado. México, Océano, 2008.

Novo, Salvador, *Nueva Grandeza Mexicana. Ensayo sobre la Ciudad de México y sus alrededores. Con anotaciones especiales del autor.* México, Populibros La Prensa, División de Editora de Periódicos, 1956.

Ojeda, Norma, "Familias transfronterizas y familias transnacionales: algunas reflexiones", *Migraciones Internacionales, Revista de El Colegio de la Frontera Norte.* Tijuana, vol. 3, n°. 2, julio-diciembre, 2005, pp. 167-174.

Palma Mora, Mónica, *Veteranos de guerra norteamericanos en Guadalajara.* Guadalajara/México, Gobierno de Jalisco/Instituto Nacional de Antropología e Historia, 1990 (Colección Regiones de México).

— "Una inmigración bienvenida. Los ejecutivos de empresas extranjeras en México durante la segunda mitad del siglo xx", en Rosa María Meyer y Delia Salazar (coords.), *Los inmigrantes en el mundo de los negocios*. México, Instituto Nacional de Antropología e Historia/Plaza y Valdés, 2003, pp. 235-251.

— *De tierras extrañas. Un estudio sobre la inmigración en México 1950-1990*. México, Instituto Nacional de Antropología e Historia/Instituto Nacional de Migración/DGE Ediciones, 2006 (Colección Migración).

— "Un paraíso al sur de la frontera. Los pensionados estadounidenses en Guadalajara", en Carlos Martínez Assad (coord.), *De Extranjeros a inmigrantes en México*. México, Universidad Nacional Autónoma de México, 2008, pp. 567-580.

— "Estadounidenses. Vecinos, enemigos, a veces amigos", en Carlos Martínez Assad (coord.), *La ciudad cosmopolita de los inmigrantes*, vol. 1. México, Gobierno de la Ciudad de México, 2010, pp. 211-235.

— "Estadounidenses en México durante la posguerra. Una migración recurrente", ponencia presentada en el Tercer Coloquio de Migración Internacional organizado por el INM, Universidad Autónoma de Chiapas, OIM, CEPAL, en San Cristóbal de Las Casas, Chiapas, México, 10 de noviembre de 2011.

PEREDO CASTRO, Francisco, *Cine y propaganda para Latinoamérica. México y Estados Unidos en la encrucijada de los años cuarenta*. México, UNAM/Centro Coordinador y Difusor de Estudios Latinoamericanos/Centro de Investigaciones sobre América del Norte, 2004.

PULIDO LLANO, Gabriela, *Mulatas y negros cubanos en la escena mexicana 1920-1950*. México, Instituto Nacional de Antropología e Historia, 2010 (Colección Científica).

RIGUZZI, Paolo/Patricia DE LOS RÍOS, *Las relaciones México-Estados Unidos 1756-2010. ¿Destino no manifiesto 1867-2010*, vol. 2. México, Universidad Nacional Autónoma de México, Secretaría de Relaciones Exteriores, 2012.

RODRÍGUEZ CHÁVEZ, Ernesto, "La inmigración en México a inicios del siglo XXI", en Ernesto Rodríguez Chávez y María del Socorro Herrera Barreda (coords.), *Extranjeros en México. Continuidades y aproximaciones*. México, Centro de Estudios Migratorios/INM/DGE/Ediciones, 2010, pp. 89-132.

SALAZAR ANAYA, Delia, *La población extranjera en México. (1895-1990). Un recuento con base en los Censos Generales de Población*. México, Instituto Nacional de Antropología e Historia, 1996 (Colección Fuentes).

TERRAZAS Y BASANTE, Marcela (coord.), *Dos siglos de relaciones México-Estados Unidos. Guía Bibliohemerográfica 1974-2005*. México, Instituto de Investigaciones Históricas, Universidad Nacional Autónoma de México, 2006 (Serie Instrumentos de consulta, 6).

VALENZUELA, Juan Manuel, "Metáforas y debates teóricos sobre la frontera México-Estados Unidos", en íd., *Por las fronteras del norte. Una aproximación cultural a la frontera México-Estados Unidos*. México, Consejo Nacional para la Cultura y Artes/Fondo de Cultura Económica, 2000, pp. 32-67.

VÁZQUEZ, Josefina Z., "La enseñanza e investigación de la historia de Estados Unidos en México", *Secuencia, Revista de Historia y Ciencias Sociales*, México, n°. 20, nueva época, mayo-agosto de 1991, pp. 145-162.

VÁZQUEZ, Josefina Z. y Lorenzo MEYER, *México frente a Estados Unidos. Un ensayo histórico 1776-2000*, 4.ª reimp. México, Fondo de Cultura Económica, 2011 (Sección de Obras de Historia).

WAYNE, Gunn D., *Escritores norteamericanos y británicos en México (Selección)*. México, Fondo de Cultura Económica/Secretaría de Educación Pública, 1985 (Lecturas mexicanas, 87).

WEBER, David, "Conflictos y acuerdos. Las fronteras hispanomexicanas y angloamericanas en su perspectiva histórica (1670-1853)", en Manuel Ceballos Ramírez (coord.), *Encuentro en la frontera: mexicanos y norteamericanos en un espacio común*. México/Tijuana/Ciudad Victoria, El Colegio de México/El Colegio de la Frontera Norte/Universidad Autónoma de Tamaulipas, 2001, pp. 55-89.

Cuadro 1
Población nacida en Estados Unidos de América residente en México
1895-2010
Absolutos y relativos

Años	Población nacida en el exterior	Población nacida en Estados Unidos	%
1895	54.737	12.108	22,12
1900	58.179	15.267	26,24
1910	116.526	20.639	17,71
1921	108.080	21.744	20,11
1930	140.587	36.308	25,82
1940	177.375	*	*
1950	182.707	83391	45,64
1960	223.468	97902	43,81
1970	191.184	97246	50,86
1980	268.900	157117	58,42
1990	340.824	194619	57,10
2000	492.617	343591	69,74
2010	961.121	738103	76,79

*El censo de 1940 no desglosa el país de nacimiento de los extranjeros.

Fuente: de 1950 a 1990, cifras consignadas por Delia Salazar, *La población extranjera en México (1895-1990). Un recuento con base en los Censos Generales de Población*, México, INAH, 1996, p. 99. *XI Censo General de Población y Vivienda 1990. Resumen General. Tabulados Complementarios*, p. 266. *XII Censo General de Población y Vivienda 2000. XIII Censo General de Población 2010.*

Cuadro 2
Estadounidenses en México 1950-2010, según principales estados receptores
Relativos

Estados	1950	1960	1970	1980	1990	2000	2010
Chihuahua	16,9	17,8	15,5	12,4	11,5	12,2	10,4
Tamaulipas	16,5	15,2	17,5	21,0	13,2	9,8	7,8
Distrito Federal	14,4	15,4	12,8	8,0	4,4	3,1	2,3
Baja California	12,5	13	12,1	10,9	15,6	16,3	15,4
Nuevo León	8,6	7,8	9,5	7,7	5,3	3,6	2,7
Coahuila	7,8	5,9	5,0	3,9	3,5	2,6	2,7
Jalisco	3,4	4,1	7,5	10,2	12,2	11,2	9,3
Sonora	5,3	4,7	4,4	4,4	4,6	4,3	5,7
Guanajuato	2,6	3,4	2,8	3,3	4,1	4,4	4,6
Michoacán	1,9	1,4	1,7	3,5	5,7	6,3	6,1
Zacatecas	1,7	1,3	1,2	2,0	3,3	2,5	2,4
E. de México	0,4	1,5	2,5	2,9	2,2	3,8	4,0
Otros estados	9,5	9,6	8,4	11,5	17,4	22,5	26,5
Total	100	100	100	100	100	100	100

Para 1950 a 1980, cálculos elaborados de acuerdo a Delia Salazar, *La población extranjera en México*, p. 99. Para 1990, *XI Censo General de Población y Vivienda*, p. 266. Para el año 2000, *XII Censo General de Población y Vivienda*, y para 2010 *XIII Censo General de Población*.

Españoles en el Santos de la *Belle Époque*: cotidiano urbano, prácticas asociativas y militancia política, 1890-1922

MARÍLIA KLAUMANN CÁNOVAS
Cedhal/LEER-FFLCH/USP-Universidade de São Paulo, Brasil

Las investigaciones sobre el inmigrante español que se dirigió a Brasil en la etapa de las emigraciones masivas son relativamente recientes. Los españoles fueron cuantitativamente el tercer grupo en establecerse en el país durante ese período, después del italiano, de innegable superioridad numérica, y del portugués. De acuerdo a las estadísticas brasileñas más fiables, el número de españoles que entraron en Brasil durante ese ciclo alcanzaría los 500.000, de los cuales, tres de cada cuatro se quedaron en el estado de São Paulo, y de ese total, el 80% se encaminó al interior, a las fincas cafetaleras del Oeste Paulista[1].

Tabla 1. Inmigrantes españoles: cifras de salidas por los puertos españoles y entradas en Brasil, 1885-1934[2]

Período	Emigrantes salidos de puertos españoles Fuente: IGE-España	Inmigrantes llegados a Brasil Fuente: DNI-Brasil	% Diferencial
1885-1889	11.410	18.783	+65%
1890-1894	34.513	89.603	+160%

---

1. Oeste Paulista: se utiliza la denominación para identificar las zonas situadas al oeste de la capital del estado, teniendo en la ciudad de Campinas y alrededores, ciudades pioneras en los cultivos de los cafetos su punto de partida.
2. Marília Cánovas, *Hambre de Tierra. Imigrantes espanhóis na cafeicultura paulista, 1880-1930*. São Paulo, Lazuli Editora, 2005, p. 125.

Período	Emigrantes salidos de puertos españoles Fuente: IGE-España	Inmigrantes llegados a Brasil Fuente: DNI-Brasil	% Diferencial
1895-1899	36.674	74.684	+104%
1900-1904	14.510	29.518	+103%
1905-1909	59.551	90.106	+51%
1910-1914	44.745	143.485	+221%
1915-1919	7.264	38.166	+425%
1920-1924	10.864	44.906	+313%
1925-1929	15.294	37.025	+142%
1930-1934	9.302	9.517	+5%
Total	248.041	575.793	

Sin embargo, hasta hace muy poco tiempo, tan oculto era el lugar al que había sido relegado este colectivo que la existencia numérica del grupo significaba el único indicio de su presencia[3]. En la actualidad se han ido sumando estudios al conjunto de trabajos sobre el tema de la inmigración, lo que ha permitido superar la asociación inmediata al "italiano" como elemento sintetizador de la imagen que se construyó de los inmigrantes de este período. No obstante, aunque ya tenemos algunas buenas referencias, sobre todo para São Paulo, Río de Janeiro y Bahía, la distancia por recorrer respecto a las características y comportamientos de los españoles es todavía grande.

En artículos recientes hemos tratado de cuestionar las razones de este ocultamiento del español en São Paulo. Estábamos convencidos de que la ausencia, la fragmentación y la dispersión de las fuentes y de la documentación, y, en consecuencia, el silencio historiográfico que había reinado acerca de ese grupo, debían estar vinculados a los aspectos distintivos que han caracterizado su trayectoria específica. En realidad, hemos demostrado que ese silencio sugería, más que nada, la problemática naturaleza de su inclusión.

Andalucía fue considerada históricamente la región de donde eran originarios la mayoría de los grupos familiares que arribaron en los núcleos productores de café del interior del estado de São Paulo. Ellos se traslada-

---

3. Debemos, por lo tanto, al laborioso y pionero trabajo de investigación de Elda González Martínez las primeras conclusiones de peso acerca de esta cadena. Puede decirse que, a partir de sus obras, este importante contingente gradualmente fue rescatado de las notas a pie de página.

ron con el pasaje subvencionado por el gobierno, hecho que se convirtió en un método muy eficaz a la hora de captar brazos que proveyeran de mano de obra abundante, y por lo tanto barata, a la labranza cafetalera.

Para comprender la importancia que llegó a alcanzar el café, es preciso señalar que, desde 1881 a 1887, el impuesto a su exportación proporcionaba, directamente, el 51% de todos los ingresos del estado de São Paulo, por no mencionar, por supuesto, las entradas que se produjeron de una manera indirecta[4]. Este dato es fundamental y quizás sea más que suficiente para explicar el porqué del aumento en el porcentaje de gastos corrientes del estado con la inmigración, que en 1895 alcanzaron el 14,5%[5].

A principios del siglo XIX en el territorio de São Paulo se contaba con más de medio millón de pies de café, avanzando las plantaciones hacia la región conocida como Oeste Paulista. En su conquista de territorios el café creaba nuevas ciudades y atraía a un ejército de inmigrantes, la mayoría de los cuales habían recibido un pasaje de navío y de tren subvencionado.

La intensificación de esa política de inmigración se producía en un momento crucial de la historia del país, cuando se suprimía la esclavitud (1888); por tanto, los inmigrantes europeos aparecían como la tabla de salvación que permitía encontrar trabajadores para el cultivo del café.

Sin embargo, el impacto causado por las precarias condiciones de vida y de trabajo en los cafetales y los bajos salarios derivados de contratos comprometidos casi en su totalidad con los gastos de subsistencia, llevó a los inmigrantes a trasladarse con su familia, de fazenda en fazenda, en continua movilidad, en busca de condiciones más favorables de trabajo y supervivencia.

Básicamente, el inmigrante soñaba con la posibilidad de acumular algún ahorro con el que pensaba regresar a su país –sueño difícil de alcanzar–, o en adquirir una propiedad. Esta posibilidad, la de convertirse en pequeños agricultores, además, había representado una de las principales motivaciones en la decisión de emigrar y era una posibilidad ya sugerida por los "ganchos", los agentes reclutadores, cuya actuación agresiva agregaba a este factor el beneficio del pasaje subsidiado.

En los desplazamientos continuos y sucesivos –fenómeno que representó una de las características de la época–, se huía de las crisis cíclicas del café, de las epidemias (especialmente la de fiebre amarilla), de los conflic-

---

4. Thomas H. Holloway, *Imigrantes para o Café. Café e Sociedade em São Paulo, 1886-1934*. Rio de Janeiro, Paz e Terra, 1984, p. 75.
5. Henrique Dória de Vasconcelos, "O problema da imigração", *Boletim da Directoria de Terras, Colonização e Imigração*, Secretaria da Agricultura, Indústria e Comércio, S. Paulo, año I, nº. 1, 1937, pp. 13-31.

tos con los hacendados y sus secuaces, de la falta de perspectiva, y de la inadaptabilidad a las condiciones locales, incluyendo el manejo con el cafetal, actividad que la mayoría de los europeos desconocía y cuyo proceso de producción consistía en etapas distintas e interconectadas

Durante el período analizado eran constantes las manifestaciones de indignación expresadas en los artículos publicados en el periódico étnico *El Diario Español*. Su creador, José Eiras García, denunciaba la realidad de los "colonos"[6], la lucha entre ellos y los hacendados y las miserables condiciones de vida de la mayoría de los inmigrantes en la ciudad, muchos de los cuales, como él mismo, era perseguido por la policía.

Era evidente que el periódico de Eiras García molestaba los intereses de los dueños de las plantaciones, a los que desafiaba, denunciándolos o buscando negociar personalmente los contratos de los inmigrantes que se sintiesen agraviados. Por esta razón fue amenazado y procesado por un latifundista. Más tarde, en 1907, fue detenido cuando buscaba ayuda entre los paisanos para los costos de los procesos que interponían contra los hacendados. En esa ocasión percibimos un intenso movimiento en su defensa por parte de la colonia residente en el interior del estado y en su capital, São Paulo, así como en la ciudad de Santos.

En un artículo del 10 de enero de 1920, *El Diario Español*[7] retrata, por ejemplo, la huida nocturna de una fazenda por parte de dos familias, una española y otra italiana, a las que se trataba como esclavas. Sus miembros, en su intento por alejarse del lugar de trabajo, pretendieron coger el tren, momento en el que fueron detenidos por la policía, siendo enviados a la plantación de la que pretendían escapar.

Probablemente motivado por el arresto, en la junta directiva de la Sociedad Española de Socorros Mutuos de la capital se propuso y aceptó la "ampliación del Reglamento" para ajustarse a "la defensa de los miembros en caso de persecución manifiestamente ilegal por parte de cualquier poder o autoridad"[8].

A principios de la década de 1920, cuando tanto el volumen de colonos españoles residentes en los núcleos cafetaleros como el empeoramiento de las relaciones entre ellos y los hacendados iban en aumento, se manifiesta un enfoque más agresivo en el tratamiento de los temas de violencia con-

---

6. "Colonos", en portugués, serían los campesinos.
7. *El Diario Español* (en adelante EDE). Periódico en lengua española, fundado y dirigido por José Eiras García, gallego de Pontevedra, en 1898, en São Paulo. Para nuestra investigación localizamos una serie, con algunas lagunas, que cubre los años 1912-1922, fecha de cierre de la circulación del periódico, que no sobrevivió a la muerte de su creador, a finales de 1921.
8. Asamblea de 26.9.1908.

tra los paisanos en el periódico ya indicado. El discurso entonces vigente, y que aparecía en las primeras páginas, denunciaba: "Es sabido que aquí las garantías son letra muerta cuando las invoca el humilde, el flaco, el explotado (...) contra la brutalidad de hacendados"[9], y acusaba la falta de respeto de los hacendados que no cumplían los contratos y que maltrataban a los colonos, condenándolos a la miseria.

Además, casi siempre se publicaban las cartas de los colonos al editor, informando de las desgracias y otros pasajes degradantes que por lo general ocurrían en las disputas con los administradores de las fincas.

Así, una vez agotados los recursos y libres de sus obligaciones contractuales, inevitablemente, los inmigrantes se veían atraídos a las ciudades; primero, por aquellos pequeños núcleos urbanos que se formaban junto a los cafetales; más tarde, eran seducidos especialmente por la capital del estado, una joven metrópoli que se desarrollaba a raíz de los lucros obtenidos por el café y en donde los capitales se diversificaban en distintos sectores, como la industria y el comercio.

En las primeras décadas del siglo XX, la "Pauliceia"[10] naciente, en constante proceso de transformación, asume su nuevo estilo, convirtiéndose en el más importante centro administrativo, industrial y comercial del estado de São Paulo. En la última investigación que realizamos nos acercamos a la trayectoria de los españoles en la ciudad de São Paulo, sea de aquellos que se instalaron en la ciudad sin haber pasado previamente por las haciendas del interior del Estado, sea de los que provenían de estas últimas[11].

En cualquier caso, lo que observamos es que su llegada en masa a la ciudad sobrecargaba la fuerza de trabajo de la misma, convirtiéndose en un gran mercado de mano de obra disponible, lo que se traducía en altas tasas de desempleo. No solo eso. Estos sujetos anónimos, recién llegados a la ciudad, no tenían ninguna familiaridad con la vida urbana –la mayoría provenía del campo empobrecido de España–, su información era limitada y probablemente, en gran medida, se trataba de una población analfabeta. Así, aunque la ciudad experimentase un salto espectacular de crecimiento, los inmigrantes españoles tuvieron dificultades para integrarse al mercado de trabajo, en especial si además tenemos en cuenta que su llegada fue tardía, en especial en comparación a la de los italianos.

---

9. EDE, 17.2.1922.
10. "Pauliceia", nombre dado a la ciudad de São Paulo, capital del estado del mismo nombre. Cuando hablamos de "Pauliceia", la idea se asocia al libro de poesía publicado por Mario de Andrade, en 1922, que forma parte del movimiento llamado Semana de Arte Moderno.
11. Marília Cánovas, *Imigrantes Espanhóis na Paulicéia. Trabalho e Sociabilidade Urbana, 1890-1922*. São Paulo, Edusp/Fapesp, 2009.

Basándonos en la investigación acerca de las diferentes experiencias de trabajo y de los espacios económicos ocupados por el grupo en la ciudad, hemos podido ver su conexión con una vasta red de actividades informales que florecían a medida que la ciudad se iba transformando. Eran, en general, formas precarias de participación en actividades productivas, reproducidas en improvisadas experiencias de trabajo ocasional. De ese modo, encontramos a la mayor parte del contingente español viviendo precariamente en la ciudad, enredados en la realización de tareas de menor importancia, esporádicas, y de bajo estipendio, trabajos no asimilados a los sectores formales regularmente establecidos, pero que componían con estos segmentos un conjunto que, aunque oculto y trabajando a su sombra, le complementaba.

En resumen, podemos decir que los españoles ocuparon en la ciudad, con prioridad, los sectores de la "economía invisible". Vale la pena señalar, además, que eran actividades que se quedaban fuera de los registros oficiales y de las estadísticas. Este hecho contribuyó en gran medida a su ocultamiento y, por lo tanto, ese sería uno de los factores, entre otros, que se han sumado para que resultasen invisibles en la ciudad. En *Imigrantes Espanhóis na Paulicéia* dedicamos un capítulo –"Territorios do trabalho"[12]– a este hombre anónimo, protagonista de una economía basada en los segmentos ocultos, por tanto podemos afirmar, ilustrando lo que dijimos, que algunos de estos sectores "escondidos" (cuyos datos oficiales son casi inexistentes) se han cristalizado en el imaginario colectivo como inmediatamente asociados al español. Este es el caso del negociante de materiales y objetos desechados, especialmente los de metal, comúnmente conocido como chatarrero[13].

Aunque el análisis de los factores que se combinaron para hacer invisible al español excedería los límites y propósitos de este artículo, lo hemos utilizado estratégicamente para demostrar que el ocultamiento, en ese caso, más que esconder o camuflar, ha revelado, con elocuencia, los modos efectivos de su incorporación en la actividad productiva de la ciudad, y los modos como hábilmente han sabido aprovecharse de manera "distinta" de los espacios económicos alternativos presentados por la metrópolis en expansión.

La investigación que a continuación llevamos a cabo tiene como objeto la ciudad de Santos y representa la tercera etapa de un conjunto amplio de trabajos que hemos realizado sobre el español en São Paulo. De hecho, Santos tuvo importancia estratégica debido a los cambios producidos por

---

12. En la descripción de este segmento oculto de la economía dedicamos un capítulo entero del libro citado. Cánovas, *op. cit.*, pp. 161-276.
13. En portugués se denominan *sucateiros* o, simplemente, comerciantes de *ferro-velho*.

la economía del café. La ciudad-puerto, que se encuentra a 60 kilómetros de la capital del estado, se convirtió en polo receptor de la mano de obra extranjera que se destinaba al núcleo cafetero. Pero también era el puerto de salida de la creciente producción de café, entonces el principal producto de exportación de Brasil, sobre todo a partir de finales del siglo XIX y las primeras décadas del siglo XX. Así que, al ritmo de los ingresos masivos de extranjeros y de la ebullición observada en los sectores vinculados directa o indirectamente a la economía del café, se asiste a una nueva dinámica en la ciudad, que comienza su transformación urbana. Según el censo de 1872, Santos no era más que un pequeño pueblo de poco más de 9.000 habitantes. Allí vivía, entre mestizos, negros e indios, una mayoría de blancos (55,3%), de los cuales el 17,2% eran extranjeros. Sin embargo, en el contexto de las últimas décadas del XIX, la ciudad aceleró su crecimiento, debido al aumento de la actividad exportadora de la creciente producción de café del interior del estado. Este producto, que hasta 1867 se trasladaba desde las haciendas a lomo de los animales, sierra abajo, comenzó entonces a ser transportado por el ferrocarril. Un moderno ferrocarril que llevaba desde las fincas paulistas a Santos millones de sacos de café y que permitió que se intensificará el comercio de exportación, a la vez que generó un intenso proceso de urbanización y un acelerado ritmo de crecimiento de la ciudad. Los negocios nutridos al aroma de café revolucionarán la ciudad; se trataba de empresas comisionistas y exportadoras, de corretajes, almacenes generales y bancos que coronaban su metamorfosis, alterándole radicalmente su función.

Sin embargo, a pesar de esto, la ciudad de Santos de aquellos tiempos era considerada una ciudad condenada debido a las epidemias que periódicamente la azotaban. La de fiebre amarilla regresó en 1889, con una rapidez que no tenía precedentes –probablemente debido al intenso calor y poca lluvia registrados a principios de este año–, que no solo aniquilaba vidas, sino que también ponía en peligro el funcionamiento de la economía, arruinando el flujo continuo del principal producto de exportación de Brasil, el café. Ese flagelo no llegó solo: a él se le unieron la malaria, la peste bubónica, la viruela y la tuberculosis, enfermedades que asolaron y devastaron ciudades a lo largo de la ruta del capital. En aquel año, la enfermedad hacía estragos en la ciudad portuaria, sin distinguir clase social o nacionalidad; sobre todo atacaba a los recién llegados, tal vez los menos inmunes y por tanto más vulnerables. Hasta entonces no existía una estructura de acogida y alojamiento para ellos en la ciudad. Entre los años 1830-1860, los inmigrantes que estaban destinados a la capital o al interior del estado eran alojados en abrigos o en el Arsenal de la Marina. En este caso, los pacientes eran agrupados en enfermerías comunes en la

Santa Casa de Misericordia y en la Beneficencia Portuguesa, mientras que los hospitales eran improvisados, con la asistencia de voluntarios, ya que había solo 16 médicos en una población de alrededor de 20.000 habitantes. Como se ha señalado, instituciones como la Beneficencia Portuguesa, creada para servir a los inmigrantes de dicha nacionalidad, ante las dimensiones de la tragedia, extendieron sus servicios a todos los habitantes.

Por aquel entonces, la muerte llegó a casi el 10% de la población de Santos. La ciudad se convirtió en un desierto, las actividades portuarias se vieron colapsadas, el comercio se detuvo y los habitantes con menos recursos, privados de sus salarios, que no contaban con ningún tipo de asistencia, comenzaron a fallecer, siendo sus cadáveres depositados en fosas comunes en el único cementerio de la ciudad. Además, no debemos olvidar que la ciudad era el paso obligatorio de los migrantes que se dirigían a la capital del estado, con lo cual su población aumentaba continuamente debido al número de personas en tránsito que debían aguardar los trenes que los acercaran a São Paulo, para desde allí dirigirse a las fincas del interior.

En esos años, apodada "el osario horrible", Santos mantenía una guerra contra la enfermedad, que penetraba en el estado, dejando, curiosamente, su capital, la ciudad de São Paulo, a salvo. Las poblaciones extranjeras eran las más atacadas. En nuestra investigación, en el listado de los obituarios del cementerio, existen evidencias de que lo componían una gran mayoría de extranjeros, muchos de ellos, como ya señalamos, recién desembarcados en la ciudad[14]. De hecho, la fama de Santos como ciudad pestilente databa de mucho tiempo atrás, causando terror a los extranjeros. El miedo a las epidemias puede explicar por qué tantos viajeros transitaron por ella sin haber escrito casi nada a su respecto[15].

Tampoco los barcos permanecían atracados en su puerto. No pocos eran abandonados o permanecían con la tripulación en otras ciudades hasta el final de la estiba: "En algunos buques, solo uno o dos hombres habían escapado a la plaga y muchos no pudieron continuar su viaje debido a la falta de hombres", se manifestaba en el *Medical Record* de Nueva

---

14. Santos. Cemitério da Filosofia (Saboó). *Livro para o assentamento dos cadáveres inhumados* [enterrados]. Obituário do Cemitério Municipal de Santos. Años 1898 a 1908 y años 1910 a 1913.
15. Véase Wilma Therezinha Fernandes de Andrade, *O Discurso do Progresso: a Evolução Urbana de Santos, 1870-1930*. São Paulo, tese de Doutoramento, FFLCH-USP, 1989 (Hércules Florence, p. 62; Frei Gaspar Madre de Deus, p. 64; Maurício Lamberg, pp. 70-91) en Maria Suzel Gil Frutuoso, *A emigração portuguesa e sua influência no Brasil: o caso de Santos, 1850 a 1950*. São Paulo, dissertação de Mestrado, FFLCH-USP, 1989 (Luis D'Alincourt, p. 113; Robert Avé-Lallemant, p. 115; John Mawe, p. 116; Carl von Koseritz, p. 167).

York en septiembre de 1895[16]. La Sud Americana, de Hamburgo, había adquirido dos islas en el canal de entrada del puerto donde construyó un sanatorio, como abrigo para sus marineros[17].

Durante este período, hasta el rudimentario transporte de sacos de café entre el ferrocarril, los almacenes y el muelle, realizado por un grupo de carreteros y estibadores, tuvo que ser reducido debido a la falta de personal, provocando un colapso total del servicio portuario. La visión de los almacenes sin perspectivas de volver a operar era motivo de gran preocupación para la mayoría de los interesados: los hacendados, los comisionados, los exportadores, las empresas de transporte, en fin, los importantes intereses que gravitaban en torno a los negocios con el café. De hecho, además de la reputación de pestilente, la ciudad presentaba numerosos puntos críticos, y el principal era justamente el puerto. Hasta las últimas décadas del siglo XIX, el puerto de Santos era un lodazal enorme, y las mercancías se transportaban desde los almacenes a los buques a través de puentes improvisados.

Igual que en el puerto, las condiciones sanitarias de la ciudad eran deplorables. Hasta el último cuarto del siglo XIX disponía de solo seis fuentes públicas, sin que tuviese agua corriente, ni alcantarillas. Las materias fecales eran arrojadas en las playas o en los arroyos. Los esclavos domésticos transportaban los excrementos en grandes vasijas de madera, momento en que las ventanas eran cerradas, tamaño era el olor que emanaba hacia las casas cercanas a la playa. Las playas, lodosas y sucias, también fueron depósito la basura de la ciudad, que allí esperaba la llegada de las mareas más altas para dispersarse; lo mismo sucedía con los "gabinetes sanitarios", que no eran más que pilotes enterrados en el mar[18].

En síntesis, tal era el escenario de la ciudad de Santos: una urbe que además bruscamente resultó invadida por el tránsito continuo de levas, cada vez mayores, de diferentes grupos étnicos, con distintas condiciones, y con los más diversos intereses, que circulaban a través de ella, o que optaban por establecerse, mezclándose con la población nativa y con los ex-cautivos. Por tanto, no es de extrañar que la estructura urbana comenzara a transformarse a partir de la realización de una serie de obras de saneamiento que llegaron a cambiar su fisonomía. Sucintamente, se trataron de

---

16. *Diário Popular*, 30.8.1895. *Apud* Wilson Roberto Gambeta, *Soldados da saúde. A formação dos serviços de saúde pública em São Paulo*. São Paulo, dissertação de Mestrado, FFLCH-USP, 1988, p. 25.
17. *Passim*.
18. Wilson Toledo Munhós, *Da circulação trágica ao mito da irradiação liberal: negros e imigrantes em Santos na década de 1880*. São Paulo, Mestrado, PUC-SP, 1992, pp. 89 y ss.

controlar las epidemias y los brotes de enfermedades infecciosas. Modernizaron el puerto, a la vez que su alcalde, Saturnino de Brito, por ende, un ingeniero sanitario, llevó a cabo obras de infraestructura y remodelación de la estructura urbana.

Concomitantemente aumentó la red comercial y de servicios, vinculada a los negocios con el café, y se incrementó la población a consecuencia del ingreso de inmigrantes. Al ser el polo receptor de la mano de obra destinada al núcleo cafetero, Santos ve su población crecer casi diez veces en treinta años, debido justamente al impacto de la llegada de extranjeros, además de que se altera radicalmente su composición, tal como muestra el censo de 1913[19]. La población de ciudad era entonces de 88.967 habitantes, de los cuales el 42,5% estaba constituido por extranjeros, en gran mayoría de origen portugués. El español representaba el segundo grupo inmigrante, con aproximadamente el 10% de su población total.

Sin embargo, al igual que sucedía en la ciudad de São Paulo, la composición de esa población resultó ser un mosaico compuesto de muchas etnias, tales como la de italianos, turcos, japoneses y alemanes, entre otros. Por lo tanto, fue en este momento de cambio tumultuoso que más claramente se puede observar la relación compleja que va a establecerse entre la ciudad y los diversos actores envueltos, en sus múltiples actuaciones. Fue entonces cuando, más claramente, la ciudad expuso sus limitaciones, sus heridas y sus paradojas. La aceleración del crecimiento, a partir del impulso producido por el café, de ambas ciudades, São Paulo y Santos, muestra que existen muchos puntos de contacto entre ellas. Sin embargo, en la citada en último lugar, su economía estuvo más fuertemente concentrada en el café y en el puerto, mientras que en São Paulo los intereses se diversificaron en múltiples aplicaciones, incluso en la industrialización. De cualquier manera creemos que, debido a la existencia del puerto, Santos ha presentado una gran fluctuación en el número de sus residentes, causada por el intenso movimiento de personas que allí desembarcaban, para luego, algunas, trasladarse a diferentes destinos. De todos modos parecen indiscutibles, a pesar de su población flotante y a la mortalidad que la afectaba, el enorme crecimiento en el número de sus habitantes y el cambio radical en la composición de los mismos.

Con respecto a los españoles domiciliados en Santos, la investigación ha puesto de manifiesto algunas peculiaridades y, entre las más significativas, su origen regional. Mientras en São Paulo hemos observado que el grupo español estaba integrado mayoritariamente por andaluces, familias

---

19. *Recenseamento da Cidade e do Município de Santos em 31 de dezembro de 1913.* Estado de São Paulo, Prefeitura Municipal de Santos, Santos, 1914, p. XVII.

que se trasladaron con el viaje subsidiado, para trabajar en las fincas de café del interior del estado, en Santos, tal mayoría estaba compuesta por gallegos, solteros y jóvenes, que formaban parte de la denominada "migración espontánea" y por lo tanto, que no gozaba del beneficio del pasaje gratuito.

Este hecho puede haber contribuido a que muchos de ellos, una vez desembarcados en la ciudad, decidieran instalarse allí, ya que no tenían un compromiso previo de trabajar en las fincas cafetaleras. Así, entonces, en la ciudad se formó una numerosa colonia española que desde fechas muy tempranas contó con una asociación de beneficencia, fundada en 1895, años antes que las que surgirían más tarde en la ciudad de São Paulo. Se trató del Centro Español, entidad que en la actualidad todavía existe. Encabezando esta asociación y otros similares que la sucedieron, hemos identificado una camada de inmigrantes que se había distinguido de la mayoría, un pequeño núcleo emergente, que había logrado cierta movilidad ascendente, especialmente a través del comercio[20]. El estatuto del Centro Español no dejaba lugar a dudas, muestra claramente su función en la importante misión de dar asistencia a los recién llegados, o a los que regresaban del campo, en el sentido de ofrecerles apoyo en caso de enfermedad y ayuda para encontrar una ocupación. Entre los objetivos que perseguían y que constan en los estatutos de su creación se encontraba[21]:

> Elevar el nivel moral de la colonia, proporcionando su asistencia a todas las empresas aquí realizadas, contribuyendo a la fundación de instituciones de caridad y a la subsistencia de los demás, tan necesaria y útil, como el asilo de huérfanos, el albergue nocturno y el asilo de inválidos.

Otra entidad fundada en la ciudad, poco tiempo después, en 1902, fue la Sociedad de Repatriación. Esta incluía entre sus objetivos la repatriación de los necesitados: los que padecían enfermedades graves, los mutilados (los accidentes de trabajo eran muy comunes en aquella época), las mujeres que sufrían el abandono de sus maridos o los enfermos mentales.

---

20. Conviene destacar el sentido de oportunidad y notable visión del mercado de algunos de eses emigrantes, como, por ejemplo, del gallego de Vigo, José Caballero, que instaló una casa de baños, un negocio esencial en una ciudad que, teniendo casi siempre clima cálido, no disponía de agua corriente. En sus anuncios se ofrecían baños calientes y fríos, y la posibilidad de una suscripción mensual, válida por treinta baños. En su casa de baños, que operaba en un tramo de la actual calle XV de Noviembre, también operaba una especie de bar donde se servían bebidas y cervezas frías. Indicador santista para 1887. Org. por Adauto Lima, Vicente de Carvalho e Moraes Junior. Santos, Typ. a vapor do Diario de Santos [1887].
21. Periódico *A Tribuna*. Santos, 6.1.1922.

A ellos les restaba regresar a su patria, en una situación aún peor que la que tenían al partir de España..

La creación temprana de esas asociaciones con el fin de prestar ayuda revela las necesidades que tenían no pocos de los inmigrantes que no eran cubiertas ni por las autoridades consulares, ni por el gobierno del país de destino, para quien el inmigrante que se trasladaba a vivir en los centros urbanos representaba, de alguna manera, el elemento que, burlando las determinaciones, había puesto de relieve el "fracaso" del aparato estatal de reclutamiento de trabajadores agrícolas.

Respecto al alojamiento de estos inmigrantes debemos subrayar que la falta de viviendas en la ciudad era desmesurada. En 1889, en la recién creada república, solo existían 2.000 viviendas para una población de 20.000 habitantes[22], así que las personas vivían hacinadas en donde fuera posible, especialmente en los *cortiços*, que reunían a los sectores más desfavorecidos de la ciudad.

> Imagine cubículos de tablas, bajos, cubiertos de zinc, de una sola habitación, miserables, donde muchas familias vivían, que les sirven de cocina, dormitorio, comedor y aseo al mismo tiempo, y tendrá una idea muy tenue de lo que es un "cortiço" en esta ciudad de tugurios[23].

Se podía alquilar la casa en su conjunto, pero también el sótano, o una habitación, o en algún cubículo entre el revestimiento y el techo de la vivienda, o el desván. Las condiciones de los alojamientos eran inhumanas, las inspecciones sanitarias encontraban roedores y otros animales en estos lugares, a los que se identificaba como verdaderos focos de epidemias. Estos lugares insalubres fueron denunciados por las autoridades sanitarias que, en muchas ocasiones, utilizaban métodos violentos para llevar a cabo los desalojos. Ante tales situaciones de desamparo generalizado, las entidades benéficas españolas que con el fin de evitar una crisis financiera, sin contar con ayuda oficial, recurrían a la movilización continua, que se traducía en la realización de campañas de recaudación de fondos a través de suscripciones, rifas y donaciones, para solucionar las cuestiones más urgentes.

Ahora bien, todas estas cuestiones que caracterizaban la vida en Santos la convertían en un espacio privilegiado para la problematización de la cuestión social. De ello surgiría otra de las marcas diferenciales de esta urbe, su activismo político. De hecho, la ciudad era una verdadera caja de resonancia, con la

---

22. Guilherme Álvaro, *A campanha sanitária de Santos. Suas causas e seus efeitos*. São Paulo, Casa Duprat, 1919, p. 37.
23. "Relatório da Comissão de Vigilância Sanitária, 1889". *Apud* Lopes, Betralda, *O porto de Santos e a febre amarela*. São Paulo, FFLCH-USP, 1974, p. 72.

presencia de numerosos elementos extranjeros con experiencia activista y libertaria, muchos de los cuales tuvieron que buscar refugio en otros países, convirtiendo São Paulo, y Santos en particular, en un ámbito destacado en la lucha reivindicatoria y la adopción de un orden social alternativo.

No es de extrañar que Santos, durante la década de 1890, haya registrado la mayor incidencia de huelgas, después de las de Río de Janeiro. Llevada a cabo por la militancia, las huelgas más importantes de la época se realizaron en las grandes empresas establecidas en la ciudad, como la Compañía de Docas, la São Paulo Railway, la City y la Light and Power[24], y en ellas puede destacarse la actuación de algunos líderes españoles del movimiento obrero, figuras emblemáticas que marcaron el inicio de la república brasileña. Entre esas figuras, merece citarse a Raimundo Primitivo Suárez —o Florentino de Carvalho, apodo que se utilizaba para burlar a la policía—, un asturiano, que llegó de niño a Santos y que, empleado en la Docas, imprimió una nueva orientación y liderazgo al movimiento sindical de la ciudad.

No obstante, no fue el único extranjero, pues el movimiento sindical fue construido por los inmigrantes. El sindicalismo de acción directa, o el anarco sindicalismo, doctrina por la cual se valoran las tendencias descentralizantes y contrarias al Estado, encontró gran eco entre estos activistas. Por lo tanto, la práctica de la acción directa adoptada por los militantes fue la responsable, en parte, de la imagen radical atribuida a Santos, que le valió el apodo de la "Barcelona brasileña".

Los últimos años de la segunda década del siglo pasado fueron de intensa movilización obrera. Concomitantemente al estallido de la Primera Guerra Mundial, el país entró en un período de depresión económica, se perdieron mercados para el café y esto comprometió el poder de negociación de los trabajadores, que vieron cómo se iban perdiendo muchos de los logros alcanzados.

Observaciones finales

Como se ha demostrado, en el ritmo acelerado de crecimiento de la ciudad santista entre finales del siglo XIX y las primeras décadas del siglo XX, coexistieron numerosas y ambiguas señales que representaban, junto a las de progreso y dinamismo, un testimonio elocuente de las paradojas que

---

24. Boris Fausto, *Trabalho urbano e conflito social*. São Paulo, Difel, 1976, pp. 135-146; Dulce de Camargo Lemme, *Hoje há ensaio: a greve da Companhia Paulista de 1906*. Campinas, Papirus, 1985.

impregnaban la vida cotidiana de su población. A través de estas incongruencias, por ahora tan solamente sugeridas, buscamos individualizar algunos de los conflictos, imposibles de ocultar, que eran enfrentados por la ciudad. Reflexionando acerca de los modos alternativos y, muchas veces, improvisados, empleados por los sectores menos favorecidos, entre los que se encontraban no pocos inmigrantes españoles, para sobrevivir. A pesar de este aspecto, en la recuperación de algunas de estas formas de inserción, resulta inevitable reconocer la existencia de un segmento dinámico, una capa de inmigrantes que habían prosperado, especialmente a través del comercio, constituyéndose en la élite económica de la colonia, además de pequeña élite ilustrada, compuesta por intelectuales, periodistas y activistas políticos.

De estos sectores emergentes, responsables, en última instancia, de la creación de centros y asociaciones étnicas, formaba parte una generación de inmigrantes que, aunque exitosa, se mantenía al margen de la vida pública. Tal generación, aunque fundamental, se dedicaba casi exclusivamente a alcanzar su movilidad social a través del trabajo, creó nuevos espacios de vida comunitaria, resignificando la vida asociativa y cultural del grupo. Por otra parte, ansiaban adherirse a un estilo de vida basado en valores, símbolos y comportamientos que los diferenciasen de otros grupos sociales. De esta manera trataban de obtener reconocimiento y prestigio, como compensación a la marginación política a la que, como extranjeros, se vieron sometidos.

En esta dinámica, resulta necesario y obligatorio entender la práctica de la solidaridad étnica llevada a cabo por estos sectores prósperos, también en su dimensión política, como forma de actuación segura dentro de la propia comunidad, reconociendo que, en el caso español, no fue raro encontrar voces disonantes desde el punto de vista ideológico, para los cuales, cualquier actividad militante, más allá de exótica y peligrosa, era flagrantemente incompatible con sus intereses. Por fin, analizar el objeto central, el inmigrante español, aquí entendido en sus múltiples y paradójicas facetas, tanto individuales como colectivas, teniendo en cuenta la nueva dinámica introducida en una ciudad en transición y los demás grupos y sus respectivos intereses, reflexionando sobre el fenómeno de la etnicidad, evocando el rediseño resultante del continuo proceso de construcción, deconstrucción y reconstrucción cultural, experimentado en aquel espacio, resultado de la mezcla de usos africanos y tradiciones locales a la esfera de circulación de valores y tradiciones de orígenes europeos diversificadas.

BIBLIOGRAFÍA

ANDRADE, Wilma Fernandes de, *O Discurso do Progresso: a Evolução Urbana de Santos, 1870-1930*. São Paulo, tese de Doutoramento, FFLCH-USP, 1989.

CÁNOVAS, Marília Klaumann, "Aspectos de la emigración española a Brasil y de la trayectoria del inmigrante en la cafecultura paulista, 1880-1930". En Espina Barrio, Ángel (org.), *Antropología en Castilla y León e Iberoamérica, V. Emigración e Integración Cultural. Instituto de investigaciones Antropológicas de Castilla y León*. Salamanca, Universidad de Salamanca, 2002, pp. 339-351.

— *Hambre de Tierra. Imigrantes espanhóis na cafeicultura paulista, 1880-1930*. São Paulo, Lazuli, 2005.

— "*El Diario Español* y las asociaciones españolas en São Paulo, en las primeras décadas del siglo XX", en Blanco Rodríguez, Juan Andrés (ed.), *El asociacionismo en la emigración española a América*. Salamanca, Junta de Castilla y León/UNED, 2008, pp. 389-422.

— *Imigrantes espanhóis na Paulicéia. Trabalho e sociabilidade urbana, 1890-1922*. São Paulo, Edusp/Fapesp, 2009.

— "Cartografias do exílio: o cenário internacional de efervescência política e a militância do imigrante espanhol em São Paulo e Santos (Brasil) nas primeiras décadas do século XIX". En: *Revista Estudios Migratorios Latinoamericanos*. Cemla-Centro de Estudios Migratorios Latinoamericanos. Buenos Aires, año 25, nº. 71, julio-diciembre 2011, pp. 363-392.

— "Inmigrantes españoles en Paulicéia (Brasil): Trabajo y Sociabilidad Urbana, 1890-1922", en Pérez Murillo, María Dolores (coord.), *Las migraciones contemporáneas: Andalucía y América Latina. Aportes desde la Historia Oral*. Sevilla, Padilla Libros Editores & Libreros, 2012, pp. 159-172.

FAUSTO, Boris, *Trabalho urbano e conflito social*. São Paulo, Difel, 1976.

FRUTUOSO SUZEL GIL, M., *A emigração portuguesa e sua influência no Brasil: o caso de Santos, 1850 a 1950*. São Paulo, dissertação de Mestrado, FFLCH-USP, 1989.

GAMBETA, Wilson Roberto, *Soldados da saúde. A formação dos serviços de saúde pública em São Paulo*. São Paulo, dissertação de Mestrado, FFLCH-USP, 1988.

HOLLOWAY, Thomas H, *Imigrantes para o Café. Café e Sociedade em São Paulo, 1886-1934*. Rio de Janeiro, Paz e Terra, 1984.

Indicador Santista para 1887. Organizado por Adauto Lima, Vicente de Carvalho y Moraes Junior. Santos, Typografia a vapor do Diario de Santos, 1887.

LEMME, Dulce Pompeo de Camargo, *Hoje há ensaio: a greve da Companhia Paulista de 1906.* Campinas, Papirus, 1985.

LOPEZ, Betralda, *O porto de Santos e a febre amarela.* São Paulo, FFLCH-USP, 1974.

MUNHÓS, Wilson Toledo, *Da circulação trágica ao mito da irradiação liberal: negros e imigrantes em Santos na década de 1880.* São Paulo, Mestrado, PUC-SP, 1992.

Recenseamento da Cidade e do Município de Santos. Realizado em 31 de dezembro de 1913. Santos, Prefeitura Municipal de Santos, Santos, 1914.

SANTOS. CEMITÉRIO DA FILOSOFIA (SABOÓ). *Livro para o assentamento dos cadáveres inhumados* [enterrados]. Obituário do Cemitério Municipal de Santos. Años 1898 a 1908 y años 1910 a 1913.

VASCONCELOS, Henrique Dória de, "O problema da imigração", *Boletim da Directoria de Terras, Colonização e Immigração*, Secretaria da Agricultura, Indústria e Comércio, S. Paulo, año I, n°. 1, 1937.

De migrantes a ciudadanos. Proceso de ciudadanización de bolivianos en Buenos Aires

Roberto Benencia
Investigador del Conicet-UBA, Argentina

Santiago Canevaro
Investigador del Conicet-IDAES, Argentina

Introducción

Uno de los fenómenos sociales más notables acerca de la actividad de la comunidad de bolivianos en la Argentina es el que corresponde a la creación y funcionamiento de la Feria de La Salada en la provincia de Buenos Aires. A lo largo de unos 20 años, desde su creación, dicha feria ha pasado de ser un lugar semiclandestino e "ilegal" de venta de ropas a constituirse en un centro de atracción de consumidores cuyos clientes rebasan las fronteras del país y obtiene el reconocimiento de políticos y del propio Estado nacional, a tal punto que en una visita oficial a Angola, con el objeto de negociar la exportación de productos hacia ese país, funcionarios del Gobierno nacional decidieron incluir al presidente de una de las cooperativas que la conforman dentro de la comitiva oficial, y durante la última celebración del Día de la Industria, la presidenta de la República dio orden de cursar una invitación a compartir una mesa en la cena de gala a esta persona. Recientemente se han escrito dos libros de investigación periodística acerca del fenómeno, además de numerosos artículos en diarios y revistas, que muestran las virtudes de la feria o que critican fuertemente su existencia como monumento a la ilegalidad[1]. En esta presentación, a par-

---

1. Los libros son *La Salada. Radiografía de la feria más polémica de Latinoamérica*, de Nacho Girón (2011), y *Sangre salada. Una feria en los márgenes*, de Sebastián Hacher (2011).

tir de una investigación exploratoria con trabajo de campo, entrevistas en profundidad e historias de vida, y sobre la base de trabajos previos acerca del tema, vamos a tratar de explicar la ocurrencia del fenómeno de bolivianos mayoritariamente de origen aimara que como consecuencia de la actividad desarrollada en las ferias del Gran Buenos Aires lograron transformarse de inmigrantes con alto grado de discriminación en ciudadanos económicamente exitosos y reconocidos políticamente.

A continuación, presentamos, en primer lugar, una descripción general de la Feria de La Salada, para luego realizar una descripción de algunos de sus principales protagonistas: puesteros y talleristas textiles. Posteriormente, hacemos una presentación del método de las historias de vida utilizado, para explorar a continuación dos de estas historias que nos parecen representativas del hecho social que se analiza. Finalmente, hacemos una interpretación general de las mismas, revelando algunas dimensiones que consideramos nodales en el proceso, para concluir con algunas consideraciones finales.

La Salada

El Conglomerado de Ferias de La Salada se encuentra ubicado en un predio de más de 20 hectáreas en la localidad de Ingeniero Budge, una de las zonas más pobres del partido de Lomas de Zamora (provincia de Buenos Aires). El nombre con el que se conoce a estas ferias deriva del hecho de que se asientan sobre territorios rellenados donde años atrás funcionaba un complejo de piletas populares de agua salada. Las ferias nacieron hacia 1991, cuando un grupo de inmigrantes bolivianos se estableció en la zona -en el espacio reconocido localmente como Puente 12- y comenzó a comercializar algunos productos artesanales. La primera en instalarse como tal fue la que se denomina "Urkupiña", en alusión a la virgen homónima, patrona de la Integración Nacional de Bolivia y muy venerada en ese país.

El grupo fundador estaba conformado por unas cuarenta familias de migrantes bolivianos que, tiempo atrás, habían comenzado sus actividades comerciales en el barrio de La Boca, lugar del que fueron desplazados; a partir de entonces, fueron ubicándose en distintos puntos del Conurbano bonaerense, de donde, sucesivamente, también fueron desalojados; hasta que en 1991 arribaron a la localidad de Ingeniero Budge; en 1992 compraron el predio donde hoy funciona la feria Urkupiña, y comenzaron a funcionar como tal un día por semana.

Hacia 1994, el grupo original se había ampliado y ya lo conformaban unas quinientas familias, cada una de las cuales era socia del emprendimiento. Este crecimiento llevó a que los comerciantes decidieran abrir un día más por semana, para lo cual debieron adquirir un nuevo predio, muy cercano al anterior, donde se instaló la feria "Ocean".

Por gestión del entonces administrador de dicha feria, las familias fueron pagando en cuotas el nuevo terreno a su antiguo propietario, un conocido empresario de música popular. En tanto que la primera feria continuó operando los lunes, la nueva comenzó a hacerlo los jueves, dividiéndose los feriantes entre ambas ferias. En 1999 se instaló una tercera, "Punta Mogote", organizada por un vecino del lugar, quien fue nombrado administrador –y que continúa en la actualidad desempeñando dicha función–; en esta ocasión, los feriantes adquirieron un antiguo balneario, denominado así, por un monto de 3.500.000 dólares. Este último terreno fue rellenado y parcelado en 500 puestos, que los comerciantes debieron adquirir a un valor de 7.000 dólares cada uno; con dicha suma se realizó el pago del 50% por la compra del espacio físico, en tanto que por el otro 50% se constituyó una hipoteca. Cuando la deuda fue saldada, el predio quedó formalmente en manos de la sociedad en comandita por acciones que constituyeron los feriantes que habían invertido en la compra de los puestos.

Desde su instalación en Ingeniero Budge, y hasta la fecha, nuevos vendedores fueron acercándose a la zona, y sobre el puñado de puestos iniciales fue consolidándose un gran mercado. Además de las tres ferias internas se instaló otra al aire libre, sobre la ribera del río Matanza-Riachuelo; se abrieron nuevos paseos de compras en inmuebles cercanos a los grandes predios mencionados e inclusive muchos vendedores fueron improvisando espacios de venta sobre las veredas y calles, en tanto que otros se dedican a la venta ambulante.

Con el tiempo, la situación legal de las ferias fue modificándose, y las ordenanzas y decretos municipales que se dictaron al efecto permiten apreciar cómo las normas fueron acompañando a las nuevas actividades y situaciones que se generaron. Es decir que "...la sanción de las normas fue dando respuesta, regulando, habilitando y/o prohibiendo las actividades comerciales que previamente se desarrollaban en las ferias. En la actualidad, las únicas ferias pasibles de ser habilitadas en la zona de Cuartel IX son las denominadas por la propia legislación como 'internadas'..." (Pogliaghi 2008)[2].

Este conglomerado es considerado, tanto por los actores involucrados como por los medios de comunicación y el gobierno nacional, el mercado de venta mayorista más grande del país. Cuenta con entre 10.000 y 15.000 puestos de venta, según estimaciones (Pogliaghi 2008).

Los puesteros

Los puestos de venta son propiedad de particulares que o bien los utilizan ellos mismos para la comercialización, o bien los alquilan a terceros por medio de gestiones (se coloca un cartel en el puesto vacío ofreciendo su alquiler y los datos de contacto o por medio de contactos personales) o a través de la administración de la feria. Los aranceles por alquiler varían en función de i) la feria (los más elevados son los de la Punta Mogote); ii) de la ubicación del puesto (los más caros son los ubicados en las esquinas de los pasillos y los más cercanos a las puertas de acceso); iii) del tamaño del puesto, y iv) de la oferta y demanda (los montos se reducen en épocas en que existe amplia disponibilidad de puestos sin ocupar); pero, además, v) los valores pueden verse modificados, en general, reducidos por otras situaciones tales como si el puestero realiza el pago por adelantado de alquiler por toda la temporada o si tiene una relación cercana con el propietario del puesto.

---

2. Según la normativa vigente aún, las ferias deben funcionar en predios privados que "a) dispongan en su interior de una cantidad determinada de pequeños puestos destinados a ser rentados, por breves períodos de tiempo, a pequeños comerciantes que ofrecen sus productos al público minorista concurrente al predio; b) los pequeños comerciantes locatarios que comercian por su propia cuenta y son personas distintas al propietario o administrador del predio; c) los propietarios o administradores del predio que proveen a los locatarios, consumidores y concurrentes de los servicios de higiene y seguridad; d) estén dedicados exclusivamente a la venta de productos y artículos no comestibles" (Ordenanza 10.449, 2002); con excepción de aquellos alimentos elaborados y comercializados en bufé, bar, parrilla, restaurante o confitería habilitados al efecto, y que son del propietario o del administrador del predio.

Se han detectado –a través de diversas entrevistas realizadas– distintas formas de pago de los alquileres. En algunos casos se abona por día directamente al dueño, quien pasa cada día de feria por el puesto con esa finalidad. En otros, se paga a la administración por mes adelantado. En un caso en el que quienes alquilan el puesto son conocidos del propietario del puesto y ya que todos residen en el mismo barrio –una villa miseria del barrio Nueva Pompeya– este pasa semanalmente por el domicilio de uno de los feriantes para cobrar el alquiler. En otra situación en la que una pareja hace años que alquila el mismo puesto, le abonan a la propietaria a mes vencido en su domicilio particular. Una última modalidad es el alquiler por temporada –seis meses–, en ese caso, se debe pagar un anticipo, y una vez por semana se va pagando hasta saldar el total. Además, cada feria cuenta con estacionamiento propio donde los comerciantes y clientes sitúan sus vehículos durante la jornada de feria, y donde también aparcan los micros que traen compradores a los predios.

Se estima que de la mayor parte de los productos que se comercializan, entre el 70 y el 80% corresponde a prendas de confección; en especial, indumentaria producida en su mayoría por los mismos puesteros, generalmente en sus talleres textiles. A su vez, la ropa interior y las medias son productos de reventa, comprados al por mayor por los feriantes en el barrio del Once de la CABA, y luego vendidos en las ferias de La Salada, también al por mayor o por menor. Otros productos de confección, como toallas, toallones, acolchados y sábanas, también son reventa.

En general, y particularmente en indumentaria y calzado, pueden encontrarse productos sin marca (sin etiqueta ni inscripción bordada o estampada); con marca propia (registrada o no por el fabricante, que es el mismo puestero); imitaciones (el producto es similar al de alguna marca no propia y registrada); falsificaciones (el producto es igual al de alguna marca no propia y esto se verifica en la inclusión de la marca, imagen o logotipo en la etiqueta, bolsa o en alguna inscripción sobre el producto) (Pogliaghi 2008).

Los talleres textiles

La mayor parte de la mercadería que se comercializa en las ferias proviene de los talleres de confección textil que pertenecen a los mismos feriantes o a quienes producen para ellos. De acuerdo con un estudio realizado acerca de la informalidad laboral en las confecciones, con especial referencia a la comercialización en las ferias de La Salada (Lichaber y Pogliaghi 2008), dentro de los talleres textiles que producen para el conglomerado puede encontrarse, por lo general, un tallerista y trabajadores que dependen de él. Si bien el tallerista es el patrón, el empleador, en la cotidianeidad muchas veces es difícil deslindar su figura de la de los trabajadores. Entre las tareas que le son propias, él es quien contrata a los trabajadores y quien establece las relaciones comerciales con los fabricantes. Pero, además, en el trabajo diario, muchas de las tareas que realiza son similares a las que desarrollan quienes están a su cargo. En los talleres familiares o en aquellos donde muchos de quienes trabajan y el empleador forman parte de la misma familia, las relaciones hacia dentro de cada taller se vuelven más complejas, dificultando identificar las figuras de capital y trabajo, razones por las cuales dichas organizaciones laborales aparecen encuadradas dentro del concepto de economías étnicas[3].

En los talleres textiles donde las investigadoras realizaron el estudio, y a partir de comentarios brindados por los informantes clave, se encontró que la nacionalidad de los trabajadores no es uniforme, predominando argentinos y bolivianos. En general, el propietario pertenece a la misma colectividad que el resto de los trabajadores. Sin embargo, en algunos casos pudieron apreciar que, siendo el dueño argentino o coreano, los empleados eran en su mayoría bolivianos. Lo no frecuente es que en un mismo taller trabajen juntos bolivianos y argentinos. La edad promedio de los trabajadores de los talleres de confección varía entre los veinte y los cincuenta años, aproximadamente, aunque predominan los jóvenes entre veinte y treinta años. En los talleres cuyos integrantes son argentinos, la mayor parte de los trabajadores corresponden al sexo femenino. En cambio, en los talleres bolivianos predomina el sexo masculino. Dentro de los trabajadores que realizan labores en sus domicilios, las mujeres son mayoría, más allá de su nacionalidad.

Respecto de la calificación para el trabajo, la mayor parte de los trabajadores cuentan con experiencia previa en el oficio que desempeñan y la fueron adquiriendo en la práctica. En muy pocos casos los trabajadores realizan cursos de formación específicos. Esto en general sucede en el caso de oficios como el de cortador, que es reconocido como una figura de suma importancia en el proceso de confección. Las diferencias de cualificaciones se verifican, por un lado, en el manejo de las distintas máquinas (recta, *overlock*, collareta, entre las principales), y por el otro, en la experiencia alcanzada (aprendiz, ayudante, medio oficial y oficial).

Algunos trabajadores, cuando ingresan en el taller, ya tienen conocimiento del oficio por haber trabajado en alguna empresa grande –esto so-

---

3. Para las características de este tipo de organización del trabajo, véase al respecto Arjona Garrido y Checa Olmos (2005).

bre todo para las costureras de mayor edad–, en otro taller o en sus hogares junto a sus madres o abuelas. Otros trabajadores no cuentan con formación en el oficio en el momento del ingreso al taller. Según los talleristas del sector, el aprendizaje puede realizarse en el mismo puesto de trabajo en un lapso de capacitación de entre uno y tres meses.

El tallerista es un cuentapropista que puede o no estar inscripto como monotributista. La opción por esta figura entre otras, como la sociedad anónima o la sociedad de responsabilidad limitada, se debe a que es la más económica y, como cuenta una entrevistada: "con eso alcanza para que te den trabajo". Otro entrevistado, ante la posibilidad de no registrarse o inscribirse como monotributista, dice preferir esto último porque "trabajás tranquilo". En muchas ocasiones trabaja con miembros de su familia y tiene empleados a cargo que o bien trabajan en el taller, en el domicilio del tallerista o en sus hogares particulares.

La distinción de las categorías no es sencilla –dicen Lichaber y Pogliaghi (2008)– ya que la figura de empleador se confunde habitualmente con la de trabajador –ya que muchas veces lleva a cabo también las tareas que realizan sus empleados–, más aún en el caso de que los trabajadores sean familiares. Por otro lado, cuando el trabajo se realiza en el domicilio del tallerista, las maquinarias pertenecen a este, pero aquellos trabajadores que realizan sus tareas en sus hogares son propietarios de las máquinas, por lo que se desdibuja la diferenciación de capital-trabajo, al ser el dependiente, el propietario de los medios de producción.

En todos los talleres que visitaron las autoras mencionadas, observaron que su titular está inscripto como monotributista y que casi ninguno de los trabajadores dependientes se encontraba contratado bajo las regulaciones establecidas por la Ley de Contrato de Trabajo o la de Trabajo a Domicilio; es decir, que en la mayoría de los casos se trata de acuerdos verbales o contratos firmados, pero sin que se hayan tomado los debidos recaudos legales.

En un solo caso encontraron trabajadores cuya relación laboral tenía algún grado de formalidad, aunque sin cumplir con las regulaciones vigentes. Dicen las mencionadas autoras: "…una costurera a domicilio nos comenta que en el taller para el que ella cose hay cuatro trabajadores –que son familiares del tallerista– que cobran una parte en blanco, y la otra en negro…", lo cual significa que cuentan con un contrato de trabajo formal, pero que los salarios declarados a la Seguridad Social son menores que los que realmente perciben.

Este es el contexto en el que hemos realizado nuestra investigación, y entre los patrones hemos detectado a nuestros entrevistados, seleccionando para este trabajo a los que nos parecía que, a través de sus historias, nos ayudarían a poder comprender mejor el fenómeno de la feria de inmigrantes en la Argentina, ya que sus relatos contienen todos los elementos que posibilitan interpretar el hecho social en cuestión.

La comprensión del fenómeno a través de las historias de vida de sus protagonistas

Nos decidimos por la metodología de las historias de vida porque coincidimos con Mallimaci y Giménez Véliveau (2006) en que la vida de las personas no se construye aisladamente, y que poder captar las relaciones en las que el entrevistado está inmerso en las diferentes etapas de la misma es el aporte fundamental de la perspectiva *holística*. Por ello, en la guía de las entrevistas que construimos fue importante considerar los ambientes en los que el individuo se desenvuelve, así como las personas con las cuales construye lazos de afecto, de amistad o relaciones profesionales. En este sentido, Bertaux (1997) destaca distintos ámbitos *(domaines de l'existence):* el de las relaciones familiares e interpersonales, el del trabajo, el de la educación formal, cuando esta existió, etcétera. Una historia de vida se torna realmente interesante cuando logramos cruzar los ambientes en los que se ha desarrollado la vida de la persona con las etapas cronológicas y con el contexto más amplio de los hechos históricos y sociales. El conocimiento de los hechos históricos en los que este ha participado ayuda a precisar las preguntas. Profundizamos luego acerca de la relación del entrevistado con tales sucesos: indagamos cómo se sintió en ciertas situaciones, le pedimos que describiera ambientes, dejamos que nos contara historias acerca de los hechos y representaciones que más le han impactado (Denzin 1989), y luego, siguiendo nuestros intereses, las preguntas buscaron apuntar a las estructuras sociales, simbólicas, económicas con las que los entrevistados interactuaron, a la comprensión de los acontecimientos de los que participó y del contexto histórico general, a fin de conocer la posición del sujeto frente a ciertos hechos y representaciones. De ahí que a partir de los relatos guiados de Emilio y de Víctor hemos tratado de reconstruir algunos aspectos del fenómeno que nos permiten encontrar un sentido a los resultados exitosos de la construcción social del Conglomerado de Ferias de La Salada.

Emilio

Emilio tiene 48 años, nació en Buenos Aires y es hijo de bolivianos que llegaron desde Potosí en 1965. Tiene dos hijos y está casado con una boliviana. Creció en un ambiente donde la venta y la compra de productos eran una práctica cotidiana. Su padre confeccionaba prendas de vestir en una fábrica hasta que pudo alquilar un predio donde funcionaría su taller. A partir de ese momento, tanto el padre de Emilio como su madre, un tío y un hermano trabajarían en su propio taller textil. Durante una etapa de su vida, Emilio retornó a Potosí (de donde es oriundo su padre) para ayudar a su padre en la realización de un emprendimiento que no prosperó. Junto a este y un primo mayor aprendió la técnica y el oficio del trabajo en la confección de indumentaria. Recuerda que en esos años realizó distintos viajes hacia pueblos del interior de Bolivia llevando telas para hacerlas confeccionar, algo que ya hacía su abuelo: "Nosotros venimos de una cultura, vamos a decir, de la fabricación de ropa, de la venta, de las ferias, del negocio, así que para nosotros lo de la feria no fue nada nuevo, lo hacían mi abuelo, mi padre y ahora yo".

Aunque la dinámica de la organización y venta en feria era algo que Emilio había experimentado desde pequeño, la lógica propia de la organización de una de las ferias más grandes de Latinoamérica supuso una serie de aprendizajes para él mismo.

Conociendo el mundo organizacional de La Salada

Conocí a Emilio por otro vendedor de la feria que lo recomendó como uno de los vendedores más antiguos y miembro de la Asociación de Feriantes de Urkupiña. Cuando trabé contacto con él, me resultó llamativo, ya que él mismo atiende su propio negocio junto a uno de sus hijos, un primo y su esposa, al tiempo que tiene un puesto importante en la Asociación de Feriantes de Urkupiña. Lleva puesto un bluyín y una camisa, la misma que le he visto usar en casi todos los encuentros que tuvimos. Comenta que durante la semana son dos días los que tiene para llevar los productos para que sean cosidos y otros dos los que dedica a la producción y a la búsqueda de nuevos clientes.

De las cinco veces que nos vimos, siempre hubo dificultades para tener una charla en general, por la cantidad de constante trabajo. Durante la semana resultaba imposible poder acordar un lugar para combinar dónde entrevistarlo, ya que, según me comentaba, su agenda los días en que no hay feria lo tiene moviéndose con su vehículo propio hacia distintas zonas del Gran Buenos Aires. El día que pude hacerlo en la feria fue porque había habido una manifestación en el puente La Noria, lo que hizo que durante más de dos horas la feria pareciese vacía. Ese día me pidió que lo acompañara y atravesamos más de cien metros dentro de la feria y subimos una escalera hasta un primer piso. Pasamos por una reja donde un hombre de seguridad nos dejó pasar e ingresamos a una parte de la feria donde dice "Administración". El lugar aparece como una oficina pública con un poco menos de luz, pero mucho personal con gorrita y que tienen el mismo logo de la empresa de seguridad privada en una camisa negra. Luego de entrar en el área de la administración, Emilio saca una llave de un bolsillo y abre una puerta que parece muy rota. Cuando logra abrir, ingresamos ambos, aunque el tiempo que tarda la luz en prenderse hace que nos manejemos a oscuras por unos segundos. Cuando logra prenderse la luz fluorescente, reconozco un ambiente húmedo y pequeño donde Emilio quiere que se realice la entrevista. Hay una mesa de madera grande, dos sillas de plástico y un cenicero muy grande con el nombre de Urkupiña en todos colores. También hay un sillón que tiene una computadora vieja encima y un televisor viejo a un costado.

Aunque Emilio es uno de los vendedores con más experiencia en la feria, comenta que lo más difícil al principio es "encontrar el lugar donde puedas trabajar tranquilo". En 1987 Emilio comenzó a vender prendas de ropa que confeccionaba una familia de conocidos de su pueblo por la zona del Bajo Flores. Al tiempo, conoció a un grupo de bolivianos que lo invitaron a concurrir a otras ferias que se hacían durante la semana en distintos lugares del conurbano bonaerense. Así fue como empezó a transitar distintos lugares donde llevaba la ropa para vender. Emilio reconoce casi cuarenta lugares distintos donde realizó ventas callejeras durante la semana y hasta cinco lugares distintos en la misma semana. Deambulando entre estos espacios, uno de los acuerdos que lograron como grupo fue comenzar a vender en una de las naves del Mercado Central de Buenos Aires, algo que se extendió en el tiempo por más de dos años. Allí se le pagaba un dinero al director del mercado por el alquiler del predio.

Pero para poder llegar a alquilar ese espacio, Emilio recuerda las distintas negociaciones y presiones que debieron soportar para vender: "Estaba difícil, en algunos lados, de acuerdo a los contactos que traías, te dejaban, o si nos dejaban era cuánto tiempo nos quedábamos (…) esto es lo que primero aprendimos, que sin contactos no existís, no te dejan *trabajar tranquilo*".

La recurrencia en la mención acerca de la necesidad de "trabajar tranquilo" resulta una constante en el relato de Emilio. La ausencia de un lugar fijo para la venta, al tiempo que resultaba cansador, redundaba en mayor cantidad de dinero destinada a la movilización, los fletes y el dinero que debían pagar a quienes les alquilaban el predio. Asimismo, el hecho de que de semana a semana podía variar el lugar donde se vendía hacía que la información entre los propios vendedores y compradores resultara un eje central para continuar vendiendo.

Emilio también recuerda las experiencias que tuvieron cuando se generaban tensiones en los espacios donde trabajaban: "Y una semana, por ejemplo, en Varela (el partido de Florencio Varela), donde estuvimos mucho porque había una señora boliviana que nos prestaba un predio que tenía de una o dos hectáreas, fue que un día vinieron de la municipalidad y empezaron a pedirnos guita y más guita hasta que nos tuvimos que ir, y ellos se quedaron con el lugar".

El carácter aleatorio de los lugares donde realizar las ferias daba cuenta de la importancia que tenían los vínculos institucionales para lograr continuidad. Un elemento que Emilio destaca es que los dueños de los espacios donde vendían veían que ellos pagaban en tiempo y forma, algo que les aseguraba una mayor continuidad: "Siempre fuimos así, siempre de contado y sin problemas, éramos como 200 o 300 feriantes que ya nos conocíamos, la mayoría bolivianos, éramos, y entonces también necesitábamos que nuestros compradores nos siguieran y supieran dónde estábamos".

La dinámica de venta y la organización que empezaron a generar los feriantes de origen boliviano se modificó de forma nodal cuando comenzaron a reunirse en el llamado Puente 12. Aunque la tímida comercialización surgió en el sector geográfico denominado como Puente 12, lo cierto es que entre 1989 y 1991 hubo por lo menos seis mudanzas a distintos descampados cercanos: de la Olla a la Perrera, de ahí al Triángulo, hasta la estadía en la nave del Mercado Central. Tanto movimiento se debía a la "clandestinidad", que Emilio resalta, y a la falta de "contactos de peso" que los pudieran ayudar a instalarse definitivamente. "Llegamos a un lugar con pasto, descampado, que se inundaba cuando caían cuatro gotas, los paisanos ponían unos caballetes y la gente se iba acercando. Pero la verdad, no había mucho tiempo porque la gente te sacaba las cosas de las manos. Había más demanda que oferta, y si no te pegaban un palo en la cabeza, vendías bien", advierte Emilio.

Asimismo, revela que en ese momento fue "toda la comunidad de feriantes en general y boliviana en particular" la que se unió para sostenerse y mantener el nivel de venta. "Un día nos pusimos a vender en la puerta de un hotel, de ahí nos movieron y nos fuimos a la puerta de un shopping, esa fue la máxima, porque vino el de seguridad y se nos ponía en la cara pero no podía hacer nada (…). Por más que nos iban moviendo, la gente nos seguía, como una hinchada, se enteraba y venía, yo creo que, como siempre, por los precios que teníamos y porque éramos la única feria mayorista".

Estos movimientos de la feria de un lado a otro, y de los feriantes durante más de dos años, produjeron algo fundamental: unir y organizar a la comunidad boliviana. Según destaca Emilio: "Nuestros paisanos cada vez tenían más peso, y había cada vez más gente que iba a comprar y después se transformaba en fabricante y de ahí no paraban".

Corría el año 1989 y la Argentina entraba en una crisis hiperinflacionaria que llevaría a grandes dificultades económicas. En ese momento, Emilio reconoce que era el momento donde "vendíamos todo lo que llevábamos, pero todo; nos volvíamos con las bolsas vacías". Pero así como vendían en grandes cantidades, también tenían grandes problemas para lograr encontrar un lugar donde realizar la venta sin dificultades. Emilio describe la manera particular que tuvieron para gestionar los primeros contactos para lograr vender sin dificultades: "Al principio, nosotros *tercerizamos* la negociación con los funcionarios o dueños de los lugares, porque no teníamos contactos, nada; entonces eran siempre argentinos en general los que conocían o hablaban para alquilar el espacio o para negociar y ahí íbamos nosotros y pagábamos...; a veces salía bien y otras, mal".

En este punto encontramos un elemento central al momento de conseguir el lugar: el contacto con el locador del predio o con el propio funcionario –así como vimos que pagar a término– constituyen dimensiones claves para lograr instalarse en el negocio de la venta callejera. Pagar el alquiler del espacio en término era igual de importante que tener contactos para acceder a los predios y lograr mantenerse ahí. Aunque los contactos fueron centrales al inicio para destrabar algunos conflictos, esto no excluyó episodios de tensión durante la estadía de estos en las inmediaciones de la zona de la feria. Desde peleas cuerpo a cuerpo, corridas, denuncias, hasta gases lacrimógenos en enfrentamientos con la policía, fueron algunas de las consecuencias que tuvo no contar con un lugar fijo para trabajar.

El día que finalmente se firmó la compra del primer predio para el funcionamiento de Urkupiña, Emilio lo recuerda como un logro de la unidad de la colectividad boliviana: "Yo siempre decía que no éramos unidos, pero en esto fue increíble cómo nos cuidamos entre nosotros, pusimos el dinero que se necesitaba y después si le sacaban la mercadería a uno, nos estaban tocando a todos, y saltábamos".

Negociando los primeros espacios sociales y simbólicos

El cambio más importante que se produjo para este conjunto de feriantes mayoritariamente de origen boliviano fue el hecho de poder conseguir un lugar estable para vender en Lomas de Zamora a partir de la compra del predio en 1992, luego de que Quique Antequera y Gonzalo Rojas Paz se hicieron cargo de la administración de la primera feria (Urkupiña). Emilio recuerda que los problemas comenzaron a sucederse en relación con las distintas negociaciones que se hacían dentro del predio y entre los miembros de las administraciones: "Ellos [administradores] fueron los que primero hablaron con el municipio, con los distintos funcionarios, porque acá llegaban de todo, desde gente de Migraciones hasta de la Aduana para pedirte cosas, regulares y truchas, acá veías de todo".

El hecho de comenzar a vender dentro de un espacio fijo y estable generó un mayor caudal de venta y de producción. Así, Emilio se asoció con su tío, con quien compró el primer puesto dentro de la feria. Allí comenzaron vendiendo ropa que confeccionaban en un taller familiar, y en algunos momentos, lencería y productos que compraban en Chile y Brasil. En ese momento, su tío (50 años, había llegado a Buenos Aires en 1965) comenzó a participar de las asambleas de la feria y Emilio se enteró de las negociaciones que cotidianamente la feria debía realizar con distintas organizaciones, actores e instituciones. Aunque su tío le comenzó a insistir en que participara, Emilio reconocía su descreimiento, producto de lo ajeno que se sentía respecto al mundo de las negociaciones y de su escasez de tiempo: "Se hablaban muchas cosas feas de los dirigentes de uno y otro lado, ojo, pero bueno, un día me decidí y fui a la primera reunión y me quedé".

Las primeras dificultades que encontró Emilio junto a su familia para comenzar a vender en ese predio las constituyeron las constantes requisas que realizaba la policía provincial en el Puente La Noria cuando bajaban de los ómnibus. En ese momento había muchas dificultades con el área del Ministerio del Interior de la Nación que maneja el tema de las aduanas. Emilio relaciona esta persecución como parte de un contexto general en donde la sociedad argentina estigmatizaba a los bolivianos:

> Tenían esa *imagen del bolita que venía a robarles trabajo* (...). En esos tiempos, ellos todavía nos veían como usurpadores, no tenían en cuenta las cosas que hacíamos, pensaban que estábamos ahí con ropa trucha, nos vivían decomisando y había que dar un porcentaje todo el tiempo, porque como éramos ilegales teníamos que pagar por eso.

La historia de abusos e injusticias es relatada por Emilio como una metáfora del lugar que tenía la colectividad boliviana en esa época[4]. Al principio, Emilio reconoce que en las reuniones con los funcionarios municipales estos ponían muchas dificultades y hasta los amenazaban con quitarles mercadería. Desde la experiencia de Emilio, esto comenzó a modificarse a partir de las sucesivas crisis que acontecieron en la Argentina durante los años noventa: "Vos te dabas cuenta que ellos venían y te de-

---

4. Diversas investigaciones en la Argentina han demostrado la estigmatización recurrente hacia la población latinoamericana, aunque especialmente hacia los ciudadanos bolivianos (Grimson 1999; Casaravilla 1999).

cían, cuando necesitaban gente o estaban cortos de caja, que esto que lo otro, te hacían problema, si no, no".

Esa frase pone de resalto una sensación de Emilio en donde se exhibía la necesidad recíproca de las autoridades locales respecto de los feriantes, y viceversa. En tal sentido, lo que comenzó a cambiar fue que en estos espacios de participación y consulta a los que concurrían como asociación ya no solo se limitaban a escuchar a las autoridades, sino que podían plantear algunas demandas y reclamos que hasta entonces venían siendo canalizados a través de los contactos personales que movilizaban los líderes de las ferias.

Reconocimiento, oportunidad y acuerdos instrumentales

Esta percepción de Emilio fue ratificada en 1996, en una de las primeras reuniones convocada por el propio municipio; allí, los funcionarios explícitamente les manifestaron la importancia que tenía la feria en la economía del municipio. Asimismo, también reconoce que en las reuniones en las que participaba se comenzaron a tratar temas del "barrio" donde la feria estaba emplazada. Así, de esta manera, en esas reuniones comenzaron a conocer de manera más formal (porque ya tenían conocimiento de ellas) a distintas organizaciones del barrio (comedores populares, iglesias, organizaciones de base, ONG, la organización "madres del paco", entre otras).

Si, por un lado, la importancia económica de la feria era innegable, también es cierto que se acercaban las elecciones municipales y la necesidad de los políticos locales era mostrar que contaban con el apoyo de distintas instituciones: "Nosotros no lo vimos muy bien porque no estábamos en política, pero después nos empezamos a dar cuenta". Así fue como inicialmente hubo una importante reticencia dentro de la administración de Urkupiña en participar de todos los espacios de negociación en donde pudieran confundirse los intereses. Si, por un lado, el temor a la "politización era un hecho", al mismo tiempo comenzaron a sugerirse más o menos explícitamente favores económicos o participación en actividades de la municipalidad. El límite para acceder a los pedidos y favores económicos de los municipios y distintas organizaciones de la zona fue cuando comenzaron a verse los primeros rastros de la debacle económica que sucedería a fines del año 2001.

La crisis como oportunidad: política y economía se entrelazan

En sus palabras, la desocupación y el aumento de las necesidades de la población colindante a la feria produjo una modificación en su mirada: "Cuando nosotros comenzamos a ver a los pibes cómo pedían, las necesidades de las madres, los curitas de la villa, los propios funcionarios del municipio, todo eso nos puso en un lugar del que ya no podíamos desentendernos". Así, tanto para el día del Niño, de la Madre como para las fiestas del día de Reyes y de Navidad, se comenzaron a hacer colectas que eran distribuidas por el municipio en las distintas fechas.

También la profundidad de la crisis produjo una transformación en la composición étnico-nacional de las personas que trabajan directa o indirectamente en la feria. Afirma que hasta ese momento la feria trabajaba con un "60% de gente boliviana", pero, a partir de la crisis, este porcentaje se modificó. Desde su lectura, fue la crisis lo que hizo que "los argentinos comenzaran a venir a pedir trabajo y aceptaban cualquier cosa". No obstante, mientras que la cantidad de los vendedores que eran fabricantes seguía siendo mayoritariamente de origen boliviano, comenzaron a acceder a la feria un número importante de fabricantes argentinos. Al mismo tiempo, este proceso se asoció con un creciente retorno de bolivianos a su país a partir de 2002. Ello llevó a que también los bolivianos comenzaran a contratar empleados de la zona donde estaba ubicada la feria. Además de personal de seguridad, se comenzó a necesitar mayor cantidad de personas que trabajaran dentro de las ferias[5].

Emilio recuerda que en una de las reuniones en el año 2002 recibieron un pedido expreso por parte de la municipalidad para poder "ubicar" a varias personas para que trabajaran dentro de alguna de las ferias. Aunque Emilio reconoce que varios de los delegados y representantes se opusieron, terminaron cediendo y aceptando el ingreso, ya que sabían que sería necesario ceder para luego poder negociar. Corría finales del año 2002 y se estaban organizando las elecciones municipales de Lomas de Zamora para el año siguiente.

Aunque no aparece en su relato como un acuerdo de reciprocidad entre ambos agentes, recuerda que en alguna de esas primeras reuniones donde arreglaron la "ayuda" que irían a otorgar al municipio, solicitaron la necesidad de que desde el municipio los ayudaran a erradicar a los vendedores ambulantes que se habían instalado en la zona[6].

Consolidación de la feria

Entre el 2003 y el 2007 fue cuando Emilio participó más activamente dentro de la Asociación de Feriantes. Lo recuerda como un período donde

---

5. Personal de limpieza, de seguridad, changarines y empleados de los propios negocios fueron algunas de las actividades requeridas.
6. Es la llamada "Feria de la Ribera", que se reconoce como aquella que utiliza la mayor cantidad de productos de reventa, se encuentra fuera de los predios cerrados de las tres ferias y al mismo tiempo se ubica a la vera del Riachuelo.

las negociaciones –aunque ásperas y tensas en muchos momentos– habían logrado consolidarse y mejorarse mucho respecto de las etapas previas. Emilio grafica de la siguiente manera las reuniones a las que concurría y el ambiente que se respiraba:

> Me acuerdo que fuimos al municipio y por primera vez al menos a nosotros nos atendió el intendente, vino hasta la reunión, nos dijo que estaba orgulloso de la feria, porque sabía que le daba trabajo y dignidad a la gente del barrio, porque sabía que nosotros queríamos mejorarla (…) veían el trabajo que generábamos, lo que aportábamos en impuestos, le conveníamos (…) además de que veían cómo ayudábamos a la gente del barrio, ya no éramos el principal problema.

Fue en una de esas reuniones donde los feriantes comenzaron a plantear la posibilidad de realizar algunas obras en conjunto con el municipio. Tanto la ampliación de la avenida colindante al Riachuelo como la posibilidad de pavimentar más de dos kilómetros de calles dentro del barrio de Ingeniero Budge, así como lograr la aprobación de los planos arquitectónicos para la realización de dos pisos más para las ferias Ocean y Urkupiña, eran algunas de las tareas en las que debían trabajar de manera cohesionada con el municipio.

Además del reconocimiento de su labor en el plano político-institucional, la dinámica de las relaciones y negociaciones cotidianas con las fuerzas policiales y de gendarmería en la zona también adoptaron otra forma: "Hubo como una especie de pacificación de la cosa, ya no éramos el enemigo, ¿viste?; no nos volvían locos con esto, con lo otro, cambió la cabeza y creo que hubo orden de arriba de dejarnos de joder un poco (…)"[7].

Este reconocimiento también se expresó en la invitación para participar en los "foros de seguridad" que organizó el Ministerio de Seguridad de la provincia de Buenos Aires. Los dirigentes de la asociación que concurrían a las reuniones pudieron llevar propuestas propias sobre las maneras de combatir el delito. Asimismo, fue a partir de la participación en estas reuniones que los miembros de la asociación lograron contactarse con funcionarios de la Administración Federal de Ingresos Públicos (AFIP) y coordinar políticas que favorecían a ambos agentes: "Ellos querían todo en regla y nosotros también, pero para eso deben facilitarnos algunas cosas, fue lo que les dijimos, y ellos vieron que nosotros queríamos colabo-

---

7. Emilio reconoce algo que se vuelve evidente en los balances del municipio de Lomas de Zamora: un importante porcentaje del dinero que recauda la provincia por impuestos y la intendencia por impuestos locales donde está incluida la feria constituyen un gran porcentaje de la recaudación tributaria provincial.

rar". Así fue cómo lograron un régimen de regularización particular que contempla a los socios, dueños y a quienes venden en los locales de las ferias de La Salada.

Un componente que Emilio resalta como positivo de la presencia de la asociación en las reuniones con funcionarios estatales fue el hecho de comenzar a negociar directamente, sobre todo con las fuerzas de seguridad, con quienes siempre las relaciones habían sido complejas. Un componente central para lograr cierto acuerdo con estos agentes fue el reconocimiento de un adversario común, que quedó focalizado en los vendedores ambulantes:

> Ellos [fuerzas de seguridad] empezaron a perseguir más a la venta ambulante que a nosotros, quienes siempre habíamos mostrado todo y nunca nos escondíamos (…) creo que comenzaron a ver a los que vendían afuera [Feria de la Ribera] como quienes generaban los mayores problemas, como la inseguridad, peleas, más gente cruzando por el puente sin control.

A partir del año 2007 se sucedieron una serie de hechos delictivos de alta repercusión mediática, así como de inseguridad y una gran cantidad de dificultades por el anegamiento de las calles lindantes, producto de la mayor cantidad de ómnibus. Emilio reconoce que en las reuniones había acuerdos con los funcionarios sobre las medidas a tomar, describiendo la negociación de la siguiente manera:

> Ahí cada uno iba y pedía lo suyo; al principio era a cara de perro, hasta que te conocés (…) ellos nos pedían que no haya más problemas con los robos, que los generábamos nosotros, y nosotros que les decíamos que había problemas por la ausencia de seguridad en las calles, que la necesitábamos, entonces, bueno, era como un juego de suma cero.

En tal sentido, había habido una propuesta de la municipalidad para abrir una calle al costado de una de las ferias, algo que iba a traer dificultades para la feria. En el siguiente relato y conversación de Emilio se destaca el nivel de vínculo y las formas que adoptan las negociaciones con los funcionarios municipales:

> E: Ellos [municipio] quisieron abrir una calle y a nosotros nos trajo problemas, entonces les propusimos hacer un proyecto para hacer un estacionamiento y un lugar de dos pisos…
>
> S: ¿Y cómo hicieron?, ¿con quién se contactaron para llevarle la propuesta?

E: Con gente de acá, del municipio, que conocemos hace tiempo; le llevamos un video, donde le mostramos nuestra idea para que ellos nos den el parecer, y que nos digan qué falta, qué sobra, el visto bueno… Nos dijeron, si ustedes van a hacer esto, nosotros les vamos a dar una mano…, no de plata, pero con apoyo de los arquitectos de la municipalidad para que nos lo puedan aprobar.

En esta última frase se evidencia la proximidad y el apoyo brindado por los funcionarios del municipio para con la asociación. Asimismo, esto se expresó en una foto que tenía uno de los miembros de la asociación junto con el intendente el día de la reunión. Todos estos componentes retratados expresan el lugar que ocupa la asociación dentro del universo de asociaciones al haberse vuelto interlocutores, a quienes no solo se los escucha en los reclamos, sino que se les provee ayuda para concretar los proyectos.

La importancia económica de la feria en la zona también se vio expresada en los conflictos entre los vecinos del barrio y las agencias proveedoras de servicios públicos. Así fue como ante distintos conflictos, que comenzaron a partir de un corte de luz que duró más de tres meses y en el que participó activamente la Asociación de Feriantes para su resolución, los vecinos encontraron más efectivo realizar el reclamo mediante un corte de calle a la feria que hacerlo ante la autoridad municipal y/o ante la prestadora del servicio: "Ellos sabían que nosotros no teníamos ese problema [cortes de luz] porque habíamos sido precavidos y habíamos comprado un generador alemán que nos costó muy caro, para poder seguir vendiendo en esa época".

De ahí que, aunque podían vender cuando había cortes de luz, comenzaron a encontrar dificultades para la venta ante los sucesivos cortes de calle que realizaban los vecinos: "Ellos [vecinos] sabían que nosotros levantábamos el tubo y venían y arreglaban, porque nosotros les dábamos algo, esto pasó con Edesur, Telefónica, hasta con la gente de Vialidad y con las inundaciones pasó".

Aunque algunas de estas protestas han afectado la venta en la feria, Emilio interpreta lo que hacen los vecinos desde una perspectiva pragmática: "Yo los entiendo porque si vos vas a un lugar donde supuestamente te tienen que ayudar pero tardan semanas en hacerlo, y vas a otro donde encima lo hacen más rápido, no te cagan a palos, ¿adónde vas a ir?, entonces ellos nos piden a nosotros".

Emilio reconoce que esos espacios institucionales donde ha venido participando desde hace más de diez años deben ser mejor aprovechados por la asociación a futuro. Para ello, advierte la necesidad de contar con nuevas generaciones de bolivianos que se formen en la universidad para poder negociar en otros términos con los distintos agentes institucionales. Cita la última reunión que han tenido con arquitectos del municipio: "Nosotros no tenemos la formación de ellos [funcionarios], yo no tengo terminado el secundario y ellos te hablan de planos, de mapas, de cosas así (…) también cuando discutimos lo de los impuestos, nosotros no tenemos un contador recibido en el grupo…, por eso estamos apostando a las nuevas generaciones para que estudien".

Así, actualmente Emilio sigue participando como vocal en las reuniones de la Asociación de Feriantes y considera que serían las nuevas generaciones que participan de la organización las que podrán negociar de otra manera con las instituciones locales. Apuesta a esta renovación para lograr un futuro más promisorio para la feria, aunque advierte: "Igualmente, nosotros tenemos que seguir fabricando igual, los contactos que tengas no te sirven si no seguís trabajando y mostrando que podés hacer mejor ropa y más barata, ahí está nuestro secreto".

Víctor

Lleva puesta una camisa color azul Francia, tiene el pelo largo y los rasgos aindiados. Es muy pausado para hablar, moverse y gesticular. Tiene 56 años, vive en Isidro Casanova (provincia de Buenos Aires) y dos hijos de su matrimonio con Elvira, oriunda de la provincia de Salta, pero de padres también bolivianos. Tiene un local de tres metros por cuatro, donde realiza la venta de manera personal junto a su mujer e hijos, y también es dueño de dos locales, que alquila, en las otras dos ferias.

Nació en un pueblo rural a 200 kilómetros de La Paz. Junto a sus ocho hermanos vivió en esa zona hasta que su padre falleció. A partir de ese momento, su madre decidió migrar a La Paz junto a sus hermanos. En esa época, su madre no le podía dar de comer y decidió enviarlo al ejército, donde estuvo tres años. Dos de sus hermanos mayores decidieron emigrar primero a Salta, en Argentina, y luego a Buenos Aires. En Bolivia, Víctor ayudaba a su familia en la producción de ropa. Allí conoció algunas de las prácticas comunitarias que luego desarrollaría junto a sus paisanos en la Feria de La Salada.

En 1975, cuando Víctor cumplió los 19 años, el hermano mayor, que ya estaba en Buenos Aires, le regaló un pasaje. Este era un sueño que él tenía por conocer y saber de familiares y amigos que habían conocido la Argentina. Cuando llegó, su hermano lo contactó para comenzar a trabajar en la casa de una familia de amigos de su hermano que tenían un pequeño taller de confección de ropa de cuero en un barrio del Gran Buenos Aires. A los dos años, su hermano comenzó a vender cuero a varios negocios de cueros de la zona de la Capital Federal, y decidieron mudarse más cerca de los negocios a los que vendían, porque el dinero que gastaban en los fletes era muy alto.

El hermano mayor de Víctor comenzó a darle más responsabilidades, hasta que terminó por dejarlo a cargo de las tareas del taller y de la confección de los productos para la venta. El trabajo en la costura lo aprendió junto a su hermano, y lo llevó unos años después a buscar instalar su propio taller. Sin embargo, la crisis de 1989 en la Argentina le generó muchas dificultades económicas, lo que hizo que tuviera que abortar la idea e irse a vivir a un terreno de su tío en la Villa 31 de la ciudad de Buenos Aires[8]. La decisión de comenzar a fabricar ropa para bebés se debió a la crisis económica por la que atravesaban y a la buena relación que tenía con uno de los administrativos de la fábrica donde en su momento había comprado telas para la confección de prendas de cuero. En ese momento, su hermano le habló de un grupo de paisanos que se juntaban a vender en distintos lugares.

Víctor recuerda que sus primeros contactos con los paisanos en la Villa 31 tuvieron que ver con actividades solidarias, que recuerda: "Los conocí desde la necesidad, desde levantar una casa hasta ayudar a los que se inundaban, pasando por pintar o conseguir remedios; entre la gente de nuestra comunidad se hacía mucho". A esas primeras colaboraciones entre los miembros de la colectividad boliviana, Víctor las asocia con otras prácticas que comenzaron a aparecer en su trabajo a partir de las sucesivas crisis económicas del país: "Yo ya no recuerdo si fue la del 85 o del 89 o antes, pero en alguna de esas me acuerdo que un paisano se había quedado sin nada después de una inundación y fue que salimos muchos a poner de nuestro bolsillo para apoyarlo (…), y así se hacía con todos".

Durante los años ochenta, Víctor conoció a un par de paisanos suyos que comenzaron vendiendo comida en una de las ferias dentro de la Villa 31. Víctor comenta que fueron amigas de su mujer quienes comenzaron a vender comida en el barrio: "Lo que pasa es que hay una cuestión de cos-

---

8. La Villa 31 es una villa miseria ubicada en la ciudad de Buenos Aires, más precisamente en el barrio de Retiro. El asentamiento surgió en 1932 con el nombre de "Villa Desocupación", y a partir de entonces se sucedieron diversos intentos de erradicación por parte de las autoridades, aunque nunca lograron eliminarla por completo. Si bien no es el asentamiento ilegal más grande de la ciudad de Buenos Aires, sí es el más emblemático, por su ubicación estratégica, ya que se encuentra junto al principal centro de transbordo de pasajeros de la capital y a escasos metros de los barrios más cotizados. En diciembre de 2010, la Legislatura de la ciudad de Buenos Aires aprobó una ley que impone la urbanización de la Villa 31, según un proyecto elaborado por la Facultad de Arquitectura de la UBA.

tumbres que se seguían acá y una es el lunes de *ch'aki*[9]; en sus principios era de comida, al costado se hacían muchas veces los torneos de fútbol, en Retiro, de ahí fue a La Boca, de ahí a Puente 12, de Puente 12 ya se agregó otras cosas, que son los condimentos, después los pulóveres, ahí se fue agrandando un poquito".

Estos mercados itinerantes que se iniciaron a fines de los años ochenta y que comenzaron a congregar mayoritariamente a miembros de colectividad boliviana se volvieron espacios de venta de mayor cantidad de productos: "Nosotros con mi mujer vimos que la gente te preguntaba si ibas a traer esto o lo otro, o sea, que había una demanda y ahí como que nos dimos cuenta que había lugar para vender más y comenzamos a llevar más cosas".

Habiéndose iniciado como aprendiz de costurero, Víctor quería comenzar a trabajar por su cuenta, hasta que se puso su propio taller con la ayuda de su hermano. Víctor revela una característica que, según describe, era común a sus compatriotas: "Todos empezamos con trapitos, con retazos que dejaban las fábricas; que los tiraban. Nosotros comprábamos por kilo a los traperos, que son los botelleros, pero se dedican a los trapos, entonces le comprábamos por kilo a ellos. Y ahí hacíamos pantaloncitos, combinaditos, todo", y resalta de una manera más general: "Como todo boliviano y migrante siempre tratas de progresar, de ser independiente y no depender del patrón. Así es que somos los bolivianos, nos gusta ser ayudantes para aprender y ser independientes".

A mediados de los años ochenta comenzaron los problemas con la venta de cueros. Víctor debió cambiar de rubro por necesidad. Así fue que comenzó a comprar telas por kilo en el barrio del Once[10]. Según comenta, al principio tuvo dificultades para hacerlo:

---

9. "Ch'aki: deshidratación producida después de una farra y que los elegantes llaman resaca. Estado de depresión que vive un sujeto después de una hermosa noche donde todo fue alegría y excitación, olvido de deudas contraídas y hasta del propio estado civil, pues no hay que negar que el alcohol convierte a los casados en solteros y a los solteros en casados. El ch'aki es también llamado "la perseguidora", pues suele estar acompañado de remordimientos bárbaros, como si se hubiera cometido un crimen. Los cholos paceños curamos nuestro ch'aki con cerveza choleada (mezcla de cerveza blanca y negra) y fricasé en la plaza Alexander u otros lugares" (Claure, Alfonso Prudencio, 1978: *Diccionario del cholo ilustrado*. La Paz: Ed. Ojo Publicaciones).

10. Once es la denominación con la que se conoce a una zona del barrio de Balvanera, en Buenos Aires. Es un barrio "no oficial" de la ciudad de Buenos Aires, siendo quizás el más conocido de los barrios no oficiales. El Once se caracteriza por sus numerosos comercios de ofertas y bajos precios, y abarca varias áreas comerciales. Está caracterizado por una gran presencia de la colectividad judía. Los judíos en esta zona son tradicionalmente fabricantes de telas y dueños de tiendas. Desde

V: Al principio no nos daban bolilla, no nos querían vender.
E: ¿Por qué?
V: *Por la discriminación, bah...;* primero por la discriminación, y después por la cantidad de tela que llevábamos...

Víctor reconoce su conocimiento procesual en el trabajo: "Al principio yo hacía ropa con trapos que compraba; entonces no me daba para cosas grandes, me daba para cosas chicas; bueno, también se vendía barato, al principio se vendía barato (...) igual fui haciendo los pantaloncitos, pero no me daba el costo al principio; pero después le agarré la vuelta, que, por ejemplo, un kilo que compraba de retazos, con un solo pantaloncito recuperaba lo que el kilo costaba. Con un kilo sacaba siete pantaloncitos, y vendiendo uno solo ya recuperaba lo gastado".

Luego de vender más de cuatro años en distintos puestos callejeros junto al grueso de sus paisanos, Víctor pudo conseguir alquilar el primer puesto en la feria Ocean en La Salada. En particular, fue su hermano quien un año después de estar alquilando le dio un dinero que le permitió comprar su primer puesto en la feria. Allí Víctor conoció a muchos paisanos suyos y también a argentinos, con quienes comenzó a tratar. Así fue como un año después junto con un grupo de veinte paisanos suyos realizaron la primera compra de telas al por mayor en una fábrica de la zona de San Martín[11].

Víctor describe que el hecho de conocer y juntarse con paisanos para realizar compras al por mayor a fábricas les permitió modificar la relación con quienes les vendían el material para la producción: "Antes íbamos solos y no vendíamos más caro, pero cuando empezamos a juntar dinero entre todos conseguíamos un precio mucho mejor". Al hecho de juntar una mayor cantidad de dinero se le agrega que este se entregaba en "efectivo", algo que escaseaba en la época de crisis hiperinflacionaria en Argentina. En sus palabras Víctor retrata ese momento:

---

aproximadamente el año 2000, a causa de la migración de muchos judíos porteños a Israel, principalmente por la crisis económica, su población en el Once disminuyó en forma sensible. También, de acuerdo con los últimos cambios demográficos de Once, en la actualidad hay muchos inmigrantes coreanos y peruanos.

11. General San Martín es uno de los 135 partidos de la provincia de Buenos Aires. Su cabecera es la ciudad homónima de San Martín. Forma parte del aglomerado urbano conocido como Gran Buenos Aires, ubicándose en la zona norte del mismo. Se encuentra al noroeste de la Ciudad Autónoma de Buenos Aires, con la cual limita por la avenida General Paz. A fines de la década de 1980, General San Martín representaba la segunda fuerza industrial de la provincia de Buenos Aires y del país; era la primera concentración de la Argentina de la pequeña y mediana empresa y producía el 3% del PBII (Producto Bruto Interno Industrial) nacional.

(…) nosotros íbamos a comprar en efectivo, vos ves que en la época de la crisis del 89 pasaba que no había efectivo. Las fábricas, por ejemplo, estaban acostumbrados a vender la mercadería a 30 y 60 días en esa época; después, si cumplías, ellos recién pagaban, los fabricantes, nosotros, todavía no estábamos en eso. Entonces a los fabricantes le gustaba que nosotros les lleváramos efectivo para comprar las telas, no tenían que esperar 30/60 días para cobrar, y recién ahí empezaron a darnos importancia.

Aunque ser reconocidos hoy en día es un hecho que a Víctor lo gratifica, reconoce que esto no fue siempre así, realizando una mirada procesual: "Primero, ellos [vendedores de fábrica] nos atendían mal, porque, bueno, a veces les queríamos regatear, éramos bolivianos, todo eso (…) [pero] cuando vieron que *llevábamos efectivo* y que íbamos continuamente, porque no era por mes, era por semana, continuamente comprábamos por semana telas, mil kilos y eso, ahí ya la cosa cambiaba".

Crisis y "efectivo"

Uno de los relatos donde mejor se refleja el espacio paradójico que ocupan los fabricantes como Víctor en la estructura social que se había venido desgajando en los años noventa en la Argentina ocurrió en el contexto de una de las peores crisis socioeconómicas del país. A principios del año 2001, uno de los principales vendedores de telas a Víctor era una fábrica de más de 150 trabajadores que comenzaría a tener problemas para pagar los sueldos de sus empleados. A mediados de 2002, Víctor recuerda que llegó tarde a pagar una compra de más de 5.000 kilos de tela porque se le había pinchado la rueda de la camioneta. Ese día el dueño de la fábrica lo llamó en dos oportunidades al celular para ver por qué no estaba llegando en horario. Cuando Víctor llegó a la fábrica, los empleados estaban sentados en la puerta de entrada. Ahí se enteró de que la fábrica estaba tomada por los trabajadores hacía un mes. Víctor pidió a los ocupantes ingresar para hablar con el dueño, y lo dejaron. Llevaba casi 50.000 pesos para pagar unas telas. Cuando el dueño de la fábrica lo vio, lo abrazó y expresó una frase que Víctor recuerda y relaciona con la realidad de sus compatriotas en ese momento: "Víctor, pasá, me dice, esta fábrica es tuya, sentite como si fuese tuya, nos salvaste, me dice, me sirvió un café, me hizo pasar a ver dónde estaba la tintorería, y todo (…) pero gracias a esta feria muchas fábricas no cerraron sus puertas".

Víctor siente que estas situaciones de crisis por las que ha pasado han sido los momentos donde tanto la feria como el tipo de trabajo se han visto beneficiados, al mismo tiempo que han ayudado a la sociedad:

> Yo veo que la crisis nos vino bien a nosotros, justamente eso es lo que nos empuja a salir adelante, cuando todo está bien, se abandona uno, pero cuando nos falta, más nos unimos (…) pero también la feria ayudó mucho en los momentos difíciles, porque venía la gente acá, porque la gente pudiente tenía para comprar; pero la gente que no tenía ni para comer, venir acá, a La Salada, los salvaba. Podían comprar la ropa de invierno, la de verano. La gente acá se viste con poco dinero y se abrigan en invierno, y en verano lo mismo. Nosotros tratamos de amoldarnos a la situación económica, en esos casos, bueno, la gente empezó a hablar y se hizo conocido, porque acá ves la ropa barata, así como en otros lugares la ropa es cara, y aparte la gente no pudiente no puede disponer, los sueldos eran bajos; viste, hoy, por ejemplo, vos tenías trabajo y mañana no tenías trabajo, te despedían y con qué abrigabas a tus hijos, esto era la salvación, lo mismo que pasó con las fábricas, como te conté.

Asimismo, Víctor destaca que en esos momentos es donde con mayor frecuencia se utiliza la técnica del *pasanaku*. Esta técnica de recolección de dinero para lograr mejores precios les permitió lograr el "salto" definitivo a partir de eludir la participación del revendedor: "Antes nosotros teníamos a un tipo, X, que nos representaba, pero cuando vimos el movimiento que teníamos, vimos que había otra manera, entonces saltamos el revendedor, íbamos a la fábrica directo, entonces ya conseguíamos mucho mejor precio todavía, entonces en La Salada podíamos vender mucho más barato todavía, bajábamos los costos; los talleristas éramos nosotros mismos, la colectividad misma".

Esta manera de reunir el dinero es definida por Víctor como el "primer *pasanaku*"[12] que desarrollaron entre los feriantes de Ocean. Víctor explica la doble virtud del sistema, ya que mientras por un lado genera un mayor caudal de dinero que les permite mejores precios, al mismo tiempo tiene la función solidaria ante quienes más lo necesitan:

> Por ejemplo, hubo un tiempo que un paisano se había quedado sin nada porque le habían robado todo y ahí no hicimos sorteo, se lo dimos todo a él y la familia, para capitalizarlo y pueda salir rápido del pozo". Víctor explica que estas son prácticas que ya se hacían en la Villa 31 cuando alguno de los vecinos había pasado por alguna dificultad que lo había afectado. "Eso siempre se hace con la gente que tuvo alguna tragedia en la familia, en la casa, con el trabajo (…) siempre el que está peor es al que se le da la prioridad para que pueda recuperarse pronto.

---

12. Podría definirse como un sistema rudimentario de financiamiento y ahorro basado en un compromiso grupal, mediante el cual los participantes realizan aportes periódicos para ser devueltos por turnos también de forma periódica en un orden definido por sorteo (comúnmente mensual o semanal).

Pero también esta práctica de solidaridad puede servir para fines más instrumentales entre los vendedores de la Feria de La Salada, generando, como asegura Víctor:

(...) una competencia sana y una forma de incentivarnos a nosotros mismos..., porque vos ves que alguien que estaba en la lona puede salir, así ves que fulano con mil pesos compró algo; uno ve lo que va haciendo, entonces te deslomás para ver si el otro mes te toca y podes salir vos también.

Víctor resalta que en las sucesivas crisis que debieron afrontar en la venta de productos la manera de capitalizarse mediante el *pasanaku* fue la más utilizada y la más efectiva: "Hubieron paisanos que se metieron con las financieras, que venían y vienen mucho a La Salada para ofrecer dinero, pero después estás endeudado para siempre".

Sin embargo, además de las cuestiones positivas existen una serie de recaudos que debían tomar a la hora de garantizar la participación constante y la disciplina financiera de todo el grupo. Así, Víctor comenta que esta práctica debió pasar por algunas situaciones que debieron ser subsanadas: "En una ocasión llegamos a pagar por veinte kilos de tela lo que usualmente uno paga por treinta y cinco, así que imaginate el ahorro lo que era, y para eso habíamos juntado cerca de treinta y cinco mil pesos, bueno, le quedó a un hombre que nunca más lo vimos".

A partir de esta situación, las precauciones comenzaron a ser mayores dentro del grupo y, por ejemplo, se comenzó a manejar una mayor restricción respecto a quiénes podían participar. Así, debían ser personas conocidas desde hace tiempo y con al menos algún puesto a su nombre dentro de la feria.

Otra de las técnicas que utiliza Víctor para garantizar mejores precios es trabajar sin créditos con quienes vienen a comprar: "Nosotros nos manejamos con el efectivo, lo directo, porque en lo diferido uno pierde; yo hago una producción en donde necesito el dinero listo para usarlo, porque acá todos necesitamos en el momento, líquido, liquidez para que la plata circule, porque así conseguís los mejores precios y podés sacar el trabajo más rápido (...) no puedo esperar, ahí pierdo".

La forma que eligió Víctor para invertir su dinero fue a través de comprar algunos puestos dentro de la Feria La Salada, y alquilarlos cuando no los podía trabajar él mismo o alguna persona de su familia. También reconoce que en los momentos de crisis más agudas fue cuando aprovechó para comprar varias máquinas para la fabricación de telas. Actualmente es dueño de cuatro locales entre todas las ferias: uno en la feria Urkupiña, uno en Mogotes y dos en Ocean, donde además hace dos años que participa en la Asociación de Vendedores. Para garantizar sus ingresos y el mantenimiento, afirma que elige a quienes son sus inquilinos, por si pagaran en efectivo o con algún tipo de crédito. El hecho de que paguen en efectivo le sigue permitiendo negociar de manera personal con las personas que actualmente realizan las costuras para la venta de camisas y pantalones de vestir al por mayor. Asimismo, el tener varios compradores de grandes tiendas del interior del país, reconoce que lo libera de tener que negociar o estar todo el tiempo vendiendo: "Yo ya tengo mis compradores de años, que ya sé cuánto y qué quieren, o me piden o más o menos preparo yo, porque ya estamos cansados con mi mujer, es muy desgastante la venta y estar pendiente del comprador minorista". Por eso mismo, hoy Víctor reconoce que en muchos casos también ha enviado a coser prendas a distintos talleres, ya que tampoco tiene ganas de negociar con los propios trabajadores de la costura.

Actualmente, solo concurre los dos días de la feria para encontrarse con los compradores y negociar alguna entrega o algún producto nuevo que le interese o que le vengan a vender. Su hijo mayor está estudiando ingeniería y es quien lo ayuda actualmente para actualizarse en las nuevas tendencias por medio de revistas e Internet:

> En la Internet podés ver la moda, lo que viene; mi hijo me ayuda con eso y vemos ya las cosas que están en el verano de Europa, para adelantarnos y preparar o copiar las cosas para el próximo verano de acá; así hice toda la vida, pero antes era con las revistas de Europa"; aunque advierte, "no creas que es gran cosa la moda en sí, hay que ver ciertos detalles, porque una remera que tiene acá abierto el cuello y dos mangas y bueno hay que ponerle ciertos detalles; pantalón, lo mismo, todos [fabricantes] acá hacen lo mismo.

Otro componente que según Víctor hace la diferencia en la venta lo constituye el hecho de que sean capaces de cambiar de rubro cuando se hace necesario. Eso Víctor lo asocia con la experiencia histórica de los paisanos de La Paz en la venta callejera:

> Nosotros los aimaras ya estamos acostumbrados a poder adaptarnos a los distintos contextos, necesidades, expectativas; entonces yo, como mis paisanos, hicimos de todo, hacemos de todo en la producción, pero también cuando había necesidad me iba a Uruguayana o a Paraguay para comprar los productos, todo, de todo hacemos". En ese sentido, reconoce que el "sacrificio siempre es algo que los aimaras sabemos que debemos realizar para salir adelante, nunca nos regalaron nada (…) por eso siempre digo que hay que pegar el salto para que nuestros hijos sean profesionales.

Habiendo sido dueño de una pequeña fábrica de producción textil, fabricado prendas de vestir para bebés, importado ropa y realizado confección de camisas y ropa de cuero, la historia de Víctor se vuelve representativa de muchas de las historias de bolivianos que hemos encontrado en la feria. Asimismo, la continuidad de prácticas como el *pasanaku* en situaciones de crisis confirma la presencia y consolidación de prácticas tradicionalmente utilizadas en otros contextos.

Nuestra interpretación del fenómeno

A partir del contexto descripto en el inicio del trabajo y la inclusión de las historias de vida en él, buscamos en este apartado final realizar una interpretación del fenómeno de la Feria de La Salada mediante el desarrollo de tres ejes.

1. Crisis, continuidades y reacomodamientos

Los vaivenes en las historias personales de Víctor y Emilio nos han permitido reflejar las transformaciones sociales y políticas de los últimos años en Argentina. La continua recurrencia de las crisis sociales, económicas y políticas que han aquejado a la sociedad, en general, ha tenido una expresión singular en el complejo mundo de la venta en ferias callejeras y particularmente en un escenario como el de La Salada.

Inicialmente la producción y venta callejera de productos aparecieron como una actividad desarrollada por los bolivianos en su lugar de origen y reconfigurada en el contexto de llegada. De esta manera, tanto la tenacidad y la constancia en el trabajo como la preservación de tradiciones, así como la utilización de redes de relaciones sociales, junto a la capacidad de ahorro y de organización (Benencia 2011), permitieron el aprovechamiento de oportunidades políticas y económicas.

En particular, en los relatos de Emilio y Víctor las crisis recurrentes constituyeron contextos singulares por tratarse de momentos de mayor producción, venta y expansión de la dinámica de las ferias. Paradójicamente, son estas instancias momentos en donde la producción y el consumo aumentan significativamente. Así mismo, encontramos cómo estos momentos constituyen escenarios delicados para los gobiernos locales al tener que enfrentar restricciones económicas y políticas.

Dentro de la dinámica que enmarca este contexto, en la historia de Víctor resulta significativa la elasticidad que muestran sus estrategias económicas. La mudanza de rubro productivo y la necesidad de reconstitución de redes y prácticas económicas para cada uno de los escenarios resultan asiduas en un contexto socioeconómico como el de Argentina en los años noventa. El cambio constante de reglas respecto de la importación y la producción genera la necesidad de que fabricantes como Víctor deban tener una gran flexibilidad respecto de las inversiones y recursos que deben destinar a ellas. En este sentido, la movilización de distintas redes de relaciones sociales en el contexto de transformación de las condiciones económicas en un país como Argentina revela las particularidades de su propia historia migratoria y su experiencia en la producción textil.

En tal sentido, conseguir contactos para modificar la producción de ciertas prendas por la importación de las mismas en ciertos contextos, así como decidir producir en vez de importar, teniendo que conseguir diversos recursos (espacios, personal, medios de producción), revela la importante cantidad de decisiones, acciones y estrategias que deben realizar para seguir siendo competitivos y eficientes en la producción.

Todos estos componentes podrían resumirse en una idea que Benencia (2011) desarrolló en otro texto respecto a la "lectura correcta de la realidad" que tienen los bolivianos en ciertos contextos sociales y políticos. Así, hemos visto cómo, tanto en determinadas circunstancias "normales" como críticas, fue sobre todo en estas últimas donde los bolivianos lograron movilizar una serie de estrategias que les permitieron capitalizarse así como lograr un reconocimiento político y social. En el caso de Víctor encontramos que las situaciones de crisis como las de 2001 fueron un escenario privilegiado para actualizar prácticas tradicionales como la del *pasanaku*, logrando establecer una diferencia monetaria y un ahorro para la comunidad de feriantes.

En paralelo con este proceso, pudimos apreciar desde la historia de Emilio el paulatino reconocimiento social y político de los distintos agentes institucionales con quienes inicialmente había sido muy difícil negociar. Lograr ser reconocidos como agentes con poder de acción constituyó un elemento que se produjo a partir del "éxito" de la feria en lo económico, pero que tuvo también su expresión en el reconocimiento político. Es más, fue la crisis social y económica lo que transformó a la feria en un espacio que les permitió a los sectores populares y medios poder seguir manteniendo cierto nivel de consumo. Asimismo, la crisis económica expresada en el aumento del desempleo y la retirada del Estado vía políticas públicas de la contención y resolución de problemas cotidianos transformaron a la Feria de La Salada en una institución que por momentos asumió roles estatales.

2. "Saltar" por sobre los intermediarios: políticos y económicos

En los estudios migratorios se ha enfatizado sobre la importancia de los "lazos fuertes" (Granovetter 1973) para lograr ingresar en cierto espacio laboral o social. Dentro de las redes que se conforman en la producción textil de las ferias, encontramos que son los "pioneros" quienes se encargan de llamar primero a los más allegados, de mayor confianza y con más habilidad para interpretar la idea de producción que aquellos tenían; de esta manera, la información acerca de la oportunidad que brindaba el nuevo lugar solo llegó completa a algunos, a los que el pionero quería que llegara.

Una vez que los bolivianos logran insertarse en la venta de ropa y calzado de manera exitosa, utilizando los llamados "vínculos personales fuertes", es cuando aparecen otras necesidades vinculadas con mejorar las condiciones de trabajo.

En este sentido, el hecho de "terciarizar" los contactos que le permiten "trabajar tranquilo", como mencionaba Emilio, puede también leerse desde la historia de Víctor cuando afirma la necesidad de poder "saltar el revendedor" y establecer el contacto con el vendedor de telas. En ambos casos, obviar a los intermediarios permite plantear las necesidades, dificultades e intereses de forma directa y lograr una autonomía en las decisiones.

Lograr vínculos comerciales directos para Víctor y conseguir ser reconocidos como actores sociales y políticos por los agentes institucionales (locales y nacionales) para Emilio constituyen movimientos que les permiten seguir creciendo en la producción y venta de la Feria de la Salada. En este punto, lo nodal en ambos casos lo constituyó la información disponible para lograr los mejores contactos y acuerdos. Así, cuando los inmigrantes bolivianos lograron establecer canales de información a partir de redes de relaciones fuertes (Grieco 1987) fue cuando pudieron comenzar a aprovechar las oportunidades.

En este sentido, son las redes de relaciones de las que forman parte, y que ellos construyen, las que estructuran las oportunidades. Por su parte, las oportunidades están socialmente condicionadas; no dependen de las características personales, de los atributos, sino de las relaciones entre los actores. El análisis de la composición de las redes y de sus formas se torna el punto central, porque nos provee la clave explicativa, ya que son estos elementos los que abren o cierran el acceso a las oportunidades. Estas oportunidades económicas, cuando se constituye una masa crítica en un determinado territorio, pueden llegar a transformarse en oportunidades políticas, para lo cual hay que construir lo que Granovetter (1973) denomina los "lazos débiles". Así es como vimos, que mientras los "lazos fuertes" sirvieron para consolidar la etapa inicial del grupo de bolivianos en la feria, fueron los lazos débiles los que permitieron encontrar, entre otras oportunidades, la opción a la movilidad social y/o al crecimiento del grupo original; a lo que nosotros agregaríamos, las posibilidades de participación política de los inmigrantes.

Así, en el contexto de restricciones que viven los grupos migrantes, los lazos fuertes son importantes en lo que hace a la consolidación de identidades, de la cultura: imágenes, percepciones, prejuicios, de los grupos pioneros respecto de los grupos locales. En tanto que los lazos débiles actúan a la manera de puentes que permiten establecer conexiones con otras redes densas, y de manera particular con el Estado, etcétera.

3. La consolidación económica a partir de las herramientas tradicionales

Podríamos aventurar, como afirman algunos estudiosos de la cultura aimara –Yépez Mariaca (2009); Spedding Pallet (2010), entre otros–, que en estos espacios urbanos del Gran Buenos Aires los feriantes bolivianos reproducen o actualizan elementos de su cultura original que contribuyen al éxito de los emprendimientos, como las tres instituciones tradicionales del *ayllu*, recurrentes en todo acto comunal: la reciprocidad o *ayni*, la solidaridad o *mink'a* y la redistribución o *laqinuqa*; así como dos tipos de manifestación de apropiación del espacio público, como son la feria o *qhatu*, que de manera cíclica serpentea la ciudad, y la fiesta o *anata*, que se actualiza para determinadas celebraciones, haciéndolas coincidir con el calendario occidental-cristiano, como la celebración de la fiesta de la Virgen de Urkupiña, cuyo nombre lleva una de las ferias.

La fiesta es la que permite intensificar la solidaridad, y una especie de hermanamiento entre los distintos sectores productivos, de ahí que en ella podamos ver desfilando y bailando al son de la música tradicional, en forma periódica, según la celebración de la festividad de las distintas vírgenes, del Día de la Independencia de Bolivia, a verdaderas cofradías de distintos oficios[13], por ejemplo, el 6 de agosto en el barrio Charrúa.

---

13. Al respecto, manifiesta Carmona (2009) "…En Bolivia, muchas fraternidades que bailan la Morenada fueron forjadas a partir de los vínculos con gente de similares actividades comerciales y asociaciones (como, por ejemplo, sindicatos y asociaciones vecinales). En Buenos Aires, los protagonistas dominantes eran aquellos que poseían y/o explotaban talleres de indumentaria (*talleristas*) y quienes frecuentemente trabajaban hombro a hombro en los mismos mercados (ferias, a veces agrupadas en sociedades formales) junto con profesionales bolivianos que eran inmigrantes y trabajadores 'de cuello blanco' que llegaron a Buenos Aires en las oleadas migratorias de los años 1970 y 1980 (maestras, enfermeras, abogados, figuras públicas y otros emprendedores). Aunque semejantes perfiles socioeconómicos eran apenas representativos de la mayoría –los últimos inmigrantes en Capital Federal generalmente trabajaban de empleados de los talleres, vendedores ambulantes, empleadas domésticas y trabajadores de la construcción–, las Morenadas eran la mayor fraternidad folclórica…".

En este sentido, también hemos apreciado la habitual utilización del *pasanaku:* una forma colectiva de financiamiento basada en un compromiso grupal, mediante el cual los participantes realizan aportes periódicos para ser devueltos por turnos también de forma periódica en un orden definido por sorteo (comúnmente mensual o semanal), para acceder a determinados montos de mercadería que de otra manera no sería posible obtener; o el *uma rutucu*, que consiste en el corte del cabello de un niño o niña, que se realiza al cumplimiento del año o dos años de edad, y consiste en que el padrino debe propiciar el acto cortando pedazos de cabello del niño, al que se unen los demás asistentes, y por el cual el niño recibe regalos; en Buenos Aires, en dinero, y el acto posibilita además el afianzamiento de las relaciones sociales.

Como lo demuestran ambas historias de vida, el hecho de ser bolivianos trajo dificultades para la realización de acuerdos económicos con distintos actores locales, así como para acceder a determinados recursos en materia económica. Esto se puede visualizar en el trato de los agentes institucionales (fuerzas de seguridad, funcionarios), así como en las propias interacciones con los dueños de fábricas o con quienes gestionaban los primeros espacios para la venta callejera. En tal sentido, la "diferencia" ante esta situación aparece cuando estos migrantes manejan dinero en efectivo, un elemento escaso en las sucesivas crisis del país. Así, nuevamente, una práctica arraigada en la cultura de origen, como es el hecho de manejarse con dinero en efectivo, aparece como recurso material que les permite realizar ciertos tratos y lograr un reconocimiento ante distintos agentes sociales.

Ello se vuelve más evidente cuando enmarcamos estas prácticas comerciales en un contexto de amplia estigmatización hacia esta colectividad. Así, hemos destacado cómo este elemento permite, en algunos casos, contrarrestar situaciones de discriminación y rechazo que en otras circunstancias dificultaron la participación en distintos espacios de la vida social y económica.

Conclusiones

En este trabajo hemos descrito la capacidad de los inmigrantes bolivianos para convertirse en ciudadanos en los últimos años en un espacio singular como lo es la feria de venta más grande de la Argentina. La participación central de esta colectividad en la constitución y consolidación de este espacio comercial es un tema escasamente indagado tanto en la bibliografía sobre migraciones como en los estudios sobre sociología económica. Hemos visto cómo la compleja trama de elementos que han confluido en la constitución de un poderoso y exitoso mercado de venta de productos se articuló con algunos rasgos de la comunidad boliviana en Buenos Aires. Además de las sucesivas crisis económicas y políticas del país, la dinámica de creación de la feria se ha articulado con la particular conformación de las corrientes migratorias de bolivianos. Así, a las cualidades propias de los bolivianos –que han sido descriptas en este trabajo– debemos agregar el contexto de oportunidades políticas y económicas que han sabido aprovechar.

De esta manera, el reconocimiento que hacen las autoridades de diferentes niveles se traduce en los últimos años en el apoyo para que se potencien y desarrollen las ferias, que se vuelven del interés directo de los propios inmigrantes. Asimismo, este reconocimiento llega a tener características cuasipersonales, en la medida en que estos los visualicen a ellos o a sus hijos como posibles votantes locales a futuro; es decir, que este reconocimiento de "ciudadanía" no se manifiesta de la misma manera en todo el país, ni siquiera en todo el conurbano bonaerense, sino que depende de la estructura de oportunidades políticas locales existentes en cada situación (Koopmans y Statham 2000). Así fue como las necesidades políticas locales permitieron que los bolivianos se transformen en sujetos de agenda política por un instante o por una situación o contexto particular[14].

Asimismo, hemos exhibido que la apelación al uso predominante de lazos fuertes les permitió a estos inmigrantes bolivianos el crecimiento económico en el lugar de destino, puesto que contribuyó a la constitución de sólidas economías de carácter étnico; mientras que la puesta en juego de lazos débiles, para encarar las negociaciones con líderes políticos locales y técnicos privados o con dependencia estatal en torno a la constitución de los mercados de venta mayorista de indumentaria y calzado los ha llevado a posicionarse como sujetos privilegiados de agenda política en ciertos espacios de la Argentina.

Para cerrar, hemos encontrado que algunos componentes de la cultura andina (más específicamente aimara) les han permitido desarrollar prácticas económicas que, aunque tradicionales, parecen adecuarse de manera

---

14. Estas situaciones se transforman en "interfases específicas" (Pizarro 2009) que al decir de la autora: "...en este contexto, ciertos inmigrantes bolivianos han logrado convertirse en interlocutores de las autoridades argentinas instaurando un espacio político en el que son reconocidos como parte de la ciudadanía. Pero también, en algunos casos, han apelado a su membresía al Estado-nación boliviano recurriendo a los funcionarios del cuerpo diplomático de dicho país, en virtud de la indefinición sobre cuál es el Estado-nación al que pertenecen...".

positiva a las características de la producción capitalista. Este punto es un eje que debe seguir siendo indagado.

Por último, resulta fundamental subrayar las múltiples y complejas formas que los bolivianos encuentran para consolidar la feria, tanto en el plano institucional como económico. Si bien el análisis se centró en los propios migrantes bolivianos y sus diferentes experiencias en este sentido, resta indagar en un futuro las complejas interacciones que se generan con los empresarios, compradores y feriantes argentinos, para, de esta manera, contribuir a la construcción de una mirada relacional (en el que confluyan dimensiones étnica, nacional, de género, clase) para comprender de manera más acabada la exitosa consolidación de mercados "informales" como el de La Salada en la Argentina.

BIBLIOGRAFÍA

ARJONA GARRIDO, A. y CHECA OLMOS, J. C., "Emprendedores étnicos en Almería. ¿Una alternativa laboral a la segmentación del mercado de trabajo?", *Sociología del Trabajo Nueva Epoca*, n.º 54 primavera, 2005.

BENENCIA, R., "El infierno del trabajo esclavo: la contratara de las 'exitosas' economías étnicas", en Antonio Agustín García, María Elena Gadea y Andrés Pedreño (eds.), *Tránsitos migratorios: contextos transnacionales y proyectos familiares en las migraciones actuales*. Murcia, Universidad de Murcia, 2010.

BENENCIA, R., "Los inmigrantes bolivianos, ¿sujetos de agenda política en la Argentina?", en Bela Feldman-Bianco, Liliana Rivera Sánchez, Carolina Stefoni y Marta Inés Villa Martínez (comps.), *La construcción social del sujeto migrante en América latina: prácticas, representaciones y categorías*. Quito, CLACSO-FLACSO/Universidad Alberto Hurtado, 2011.

BERTAUX, D., *Les récits de vie*. Paris, Nathan Université, 1997.

CANEVARO, S., "Migración y permanencia de la comunidad peruana. Trayectorias de mujeres peruanas en el servicio doméstico de Buenos Aires (1990-2008)", en *Proyectos y trayectorias migratorias, mercados laborales y políticas en perspectiva comparada*. Buenos Aires, Editorial Ciccus (en prensa).

CARMONA, A., "La Morenada: cultura y status en la colectividad boliviana en Buenos Aires", *Estudios Migratorios Latinoamericanos*, Buenos Aires, n°. 67, diciembre, CEMLA, 2009.

CASARAVILLA, D., *Los laberintos de la exclusión. Relatos de inmigrantes ilegales en la Argentina*. Buenos Aires, Lumen/Humanitas, 1999.

CLAURE, Alfonso Prudencio, *Diccionario del cholo ilustrado*. La Paz, Ed. Ojo Publicaciones, 1978.
DENZIN, N., *Interpretive Biography. Qualitative Research Method Series*. London, n.° 17, Sage, 1989.
GIRÓN, N., *La Salada. Radiografía de la feria más polémica de Latinoamérica*. Buenos Aires, Ediciones B, 2011.
GRANOVETTER, M., "The strength of weak ties", *American Journal of Sociology*, 80, 1973.
GRIECO, M., *Keeping it in the Family, Social Networks and Employment chance*. London/New York, Tavistock Publications, 1987.
GRIMSON, A., *Relatos de la diferencia y la igualdad. Los bolivianos en Buenos Aires*. Buenos Aires, EUDEBA, 1999.
HACHER, S., *Sangre salada. Una feria en los márgenes*. Buenos Aires, Marea Editorial, 2011.
KOOPMANS, R. y STATHAM, P., "Migration and Ethnic Relations as a Field of Political Contention: An Opportunity Structure Approach", en R. Koopmans y P. Statham (eds.) *Challenging Immigration and Ethnic Relations Politics: Comparative European Perspectives*. Oxford, Oxford University Press, 2000, pp. 13-56.
LICHABER, M. y POGLIAGHI, L., *La informalidad laboral en las confecciones con especial referencia a la comercialización en las ferias de La Salada*. Informe final no publicado: Proyecto ARG/04/034 Sistema de información para la evaluación y el monitoreo del empleo, el trabajo y la inclusión social. Estudios complementarios sobre informalidad laboral, Ministerio de Trabajo, Empleo y Seguridad Social/Programa de Naciones Unidad para el Desarrollo, Buenos Aires, 2008.
MALIMACCI, F. y GIMÉNEZ VÉLIVEAU, V., "Historias de vida y métodos biográficos", en Irene Vasilachis de Gialdino (coord.), *Estrategias de investigación cualitativa*. Barcelona, Gedisa Editorial, 2006.
OSSONA, J. L., "El *shopping* de los pobres. Anatomía y fisiología socioeconómica y política de La Salada". Buenos Aires, CEHP/UNSAM/ UBA/CEINLADI, 2010.
PIZARRO, C., "Ciudadanos bonaerenses-bolivianos: activismo político binacional en una organización de inmigrantes bolivianos residentes en la Argentina", *Revista Colombiana de Antropología ICANH*, Colombia, 2009.
POGLIAGHI, L., *Informalidad urbana. Una aproximación a partir de un estudio de caso: las ferias de La Salada. Lomas de Zamora (2006-2007)*, tesis de maestría en Desarrollo Local, Universidad Nacional de San Martín/Universidad Autónoma de Madrid. Buenos Aires/Madrid, 2008.

SPEDDING PALLET, A., "Sobre la necesidad de fundamentar la antropología económica, y las falencias de la 'Economía de la Reciprocidad'", *en Antropología Social y/o Cultural*. La Paz, Museo Nacional de Etnografía y Folklore, 2010.

YÉPEZ MARIACA, O. A., "El *ayllu* reterritorializado y su *taypi*, la ciudad de El Alto". Simposio de La Serena, Chile, 2009.

Origen y destino de la emigración gallega a América. El caso de los flujos a Río de Janeiro

Érica Sarmiento[1]
Universidade do Estado do Rio de Janeiro/Programa de posgrado-mestrado en Historia Universidade Salgado de Oliveira, Brasil

Una de las problemáticas de los estudios migratorios es la cuestión de los flujos, conocer de dónde procedían los millones de gallegos que llegaron a las ciudades americanas y el porqué de la elección de determinados destinos. No siempre las causas se encuentran en el contexto histórico en el cual ocurre el fenómeno. La inmigración gallega en América cuenta con un precedente tradicional: las emigraciones de corta y mediana distancia, intrapeninsulares. Esta emigración reunía actividades agrícolas y no agrícolas, como forma de complementar la renta de la economía familiar de subsistencia de los gallegos. Según Alejandro Vázquez: "Todo este conjunto de actividades, no respondía tanto a un proceso de crecimiento y de desarrollo productivo como a un movimiento defensivo de la precaria estabilidad de las economías familiares"[2].

Gran parte de las comarcas gallegas ha experimentado, anteriormente, alguna modalidad de emigración peninsular, como fueron los flujos de emigrantes segadores en Castilla y Andalucía, la emigración estacional de trabajadores agrícolas y de canteros del noreste de Pontevedra a Portugal o hacia otros puntos de la península. La emigración estacional ampliaba las posibilidades alimentarias del grupo familiar mediante la ausencia temporal de algunos de sus miembros y también contribuía con dinero

---
1 Agradezco a Dolores Martín Corner, especialista en emigración española a Brasil, su importante colaboración en la traducción de este artículo.
2. Alejandro Vázquez González, "La reducida aportación gallega a la agricultura americana, 1830-1936: una interpretación", en Alejandro Fernández y José C. Moya (eds.), *La inmigración española en Argentina*. Buenos Aires, Biblos, 1999, p. 209.

en efectivo, lo que era fundamental en una economía de subsistencia, para pagar impuestos y deudas, o para la compra de bienes inmuebles que permitiesen aumentar las propiedades de los campesinos gallegos[3].

A partir de comienzos del siglo XVIII, desde el noreste atlántico y el centro pontevedrés se marchó a las ciudades del norte de Portugal: Porto, Braga, Viana do Castelo, y hacia las comarcas orensanas. Los habitantes de las sierras de Avión-Suido (Melón, Caldevergazo) se desplazaron para el occidente portugués (Duero y Tras-os-Montes), avanzando hasta Lisboa, Setúbal y Évora. Los de las Rías Bajas (Morrazo, Salnés) y de los valles de Ulla y Umia (Vedra, Caldas) salieron con destino a Andalucía. Entre las zonas que mantuvieron una tradición migratoria a Madrid y Castilla se encuentran la Tierra de Vimianzo, Soneira y toda la costa de Fisterra. Hacia el interior, en el altiplano de Xallas, la emigración a Castilla, a partir de las primeras décadas del XVIII, compite con Portugal, como en el caso de Santa Comba[4]. Así, se produjo una lenta y progresiva transferencia, desde el segundo tercio del siglo XIX, de la emigración interior a la atlántica, empezando por las áreas de las comarcas de Galicia costeña y extendiéndose, con medio siglo o más de retraso, a las comarcas interiores:

> ...desde esta perspectiva se señala, por ejemplo, que en las provincias de Lugo y Orense, como también en ciertas tierras de transición hacia la Galicia interior, la corriente migratoria no tiene un carácter tanto definitivo cuanto estacional, alimentando el traslado temporal de segadores a la meseta interior, de arrieros, de tenderos, buhoneros, o de canteros, y en mucha menor medida, de carpinteros hacia Portugal o a los reinos de León y Castilla[5].

La emigración desde el interior peninsular hacia destinos americanos, como Brasil, está directamente vinculada a los concejos o zonas desde los que se emigró a Portugal, como el área geográfica del sureste de Pontevedra, más específicamente los concejos de Pontecaldelas, Fornelos de Montes, La Lama y Cotobade, o el municipio coruñés de Santa Comba y

---

3. Camilo Fernández Cortizo, "Emigración peninsular y americana en Terra de Montes (1700-1914)", *Revista da Comisión Galega do Quinto Centenario*, n°. 7, 1990, p. 175.
4. Antonio Eiras Roel, "Para una comarcalización del estudio de la emigración gallega. La diversificación intrarregional a través de los censos de población (1877-1920)", en Eiras Roel (ed.), *Aportaciones al estudio de la emigración gallega. Un enfoque comarcal*. Santiago de Compostela, Xunta de Galicia, 1992, pp. 14-16.
5. Camilo Fernández Cortizo, "Trabajar por sus oficios fuera del reino. El éxodo estacional en la Tierra de Montes (ss. XVII-XIX)", en Eiras Roel (ed.), *Aportaciones al estudio*, p. 45.

el orensano de Melón. Como veremos más adelante, esos municipios asumieron, dentro de sus provincias, gran importancia en los flujos migratorios a Río de Janeiro.

Esos flujos migratorios demarcados en provincias o comarcas están íntimamente ligados a la situación social, económica y demográfica de Galicia del Antiguo Régimen:

> La Galicia del siglo XIX heredó una densa población y también lo básico del sistema económico social del Antiguo Régimen que permitió el aumento de aquella. Al entrar en crisis el viejo régimen económico social, las zonas más pobladas, las de mayores niveles de desarrollo de la economía tradicional sufrieron una fuerte recesión, y su estructura sectorial y laboral empezó una importante y lenta reestructuración. Una alta densidad poblacional en las áreas costeras, no era solo una característica gallega, sino también de la geografía española. Hay entre la densidad demográfica y la emigración una comunicación de carácter complejo e indirecto. Las más altas densidades demográficas y demoeconómicas se ubicaban generalmente en áreas litorales y prelitorales del entorno de puertos ligados directa e indirectamente con América. La mayor densidad de población gallega no generó la emigración, pero fue tomada como factor impulsivo ambiental, cabe considerar que en una economía básicamente tradicional y con predominio de una muy democrática distribución de la tendencia de explotaciones productivas minúsculas, cualquier tipo de crisis general, estructural o coyuntural, abocaría al subempleo, a la miseria, a forzar los límites de la subsistencia, o a la emigración, a una importante cantidad de moradores por kilómetro cuadrado[6].

Durante la segunda mitad del siglo XIX, la tasa de saldos emigratorios establece una jerarquía entre las provincias gallegas: La Coruña, Pontevedra, Lugo y Orense, mientras que entre los años de 1900 y 1936 el orden cambia, colocándose la provincia de Lugo en primer lugar, seguida de Orense, La Coruña y Pontevedra. En la provincia de La Coruña el destino mayoritario de la emigración decimonónica es Cuba. Las estadísticas demuestran la preferencia de los coruñeses por Cuba (51%) y por Argentina (34%), con una considerable diferencia en relación a otros países, como el caso del Uruguay, con solo 8% de inmigración. La zona coruñesa orientada a Cuba corresponde al norte de la provincia (centrada en la zona Ortigueira-Manón), mientras que el extremo sur de la provincia decidió emigrar hacia Buenos Aires (comarca compostelana y los Valles de Sar, Ulla y Umia). La emigración a Montevideo procede de zonas muy concretas

---

6. Alejandro Vázquez González, *La emigración gallega a América, 1830-1930*, tesis de doctorado. Universidade de Santiago de Compostela, 2 vols., 1999, p. 160.

como Bergantiños y Ferrol (La Coruña) y la comarca pontevedresa de Valle Miñor (Gondomar, Bayona y Nigrán). La provincia de Pontevedra se conecta de forma preferente con Argentina (53%) y Brasil (24%), más que con Cuba (16%) o Uruguay (3%). Las provincias de Lugo y Orense comienzan a aportar emigrantes a América más tarde, después de las provincias costeras. En el siglo XIX, continuaban en la emigración interior peninsular. Cuando empiezan a formar parte de la emigración ultramarina de forma masiva, en el primer tercio del siglo XX, los orensanos se dirigen principalmente a Brasil (46%), Cuba (33%) y Argentina (15%). La emigración de Lugo, procedente del área cantábrica de la provincia, fue direccionada hacia Cuba (70%) y Argentina (22%)[7].

Sin embargo, los destinos pueden sufrir variaciones a lo largo del tiempo, según las oportunidades que ofrecían los países americanos, las coyunturas internacionales o los cambios sociales y económicos en Galicia. A principios del siglo XX, por ejemplo, Argentina pasa a ser el país con mayor flujo de emigración gallega, mientras Cuba ocupa un segundo lugar:

> (Argentina) fue un país que respondió decididamente al reto de la industrialización europea mediante su especialización en productos primarios, para los que estaba especialmente dotada, en unas circunstancias en las que el mercado internacional le era totalmente favorable[8].

Respecto a las provincias, la diferencia de destinos de la emigración gallega se hallaba ya muy bien definida en relación con los países de mayor recepción de flujos, como Argentina, Cuba, Brasil y Uruguay. Tradicionalmente, aunque de manera no exclusiva, los puertos de La Coruña ofrecieron mejores oportunidades a la emigración a Cuba, mientras que los de Pontevedra estuvieron volcados hacia el Río de la Plata y Brasil. Ese factor, unido a las cadenas migratorias, contribuyó a que los emigrantes coruñeses y lucenses se desplazasen a Cuba y los pontevedreses y orensanos al Río de la Plata y Brasil[9]. La posición estratégica de las zonas costeras, que contaban con los canales de información sobre las ofertas laborales, permite explicar la cultura emigratoria hacia América. Además, en el caso gallego, la elevada densidad de su población facilitó el proceso migratorio al permitir una amplia difusión informativa desde los focos portuarios.

---

7. Eiras Roel, "Para una comarcalización", pp. 193-194.
8. Blanca Sánchez Alonso, *Las causas de la emigración española (1880-1930)*. Madrid, Alianza, 1995, p. 146.
9. Ramón Villares y Marcelino Fernández Santiago, *Historia da emigración galega a América*. Santiago de Compostela, Xunta de Galicia, 1996, p. 113.

La conexión establecida desde fines del siglo XVIII y renovada en los años treinta y cuarenta del XIX, entre compañías inmigratorias rioplatenses y armadores de La Coruña, Carril y Vigo, ligados a la importación de cueros, propició una nueva oferta de comunicación y transporte hacia Buenos Aires y Montevideo, que aprovecharon miles de habitantes de las rías atlánticas. A partir de los años cuarenta, las tendencias predominantes en cuanto a destino en América de las zonas costeras, prelitorales y de las de montaña miñota en la provincia de Pontevedra, quedaron claramente definidas. La cornisa cantábrica, lucense, coruñesa, así como la asturiana, se volcaron especialmente hacia Cuba, mientras que los emigrantes de las Rías Bajas lo hicieron hacia el Río de la Plata, y los del interior y del sur pontevedrés hacia Brasil[10].

El caso de Río de Janeiro

En relación con la ciudad de Río de Janeiro, las cuatro provincias gallegas presentaron índices de emigración, siendo la más significativa la de Pontevedra, seguida por Orense, La Coruña y un número muy reducido de emigrantes de la provincia de Lugo, según el gráfico que sigue:

Gráfico 1. Provincias gallegas con emigración a Río de Janeiro (1859-1939)

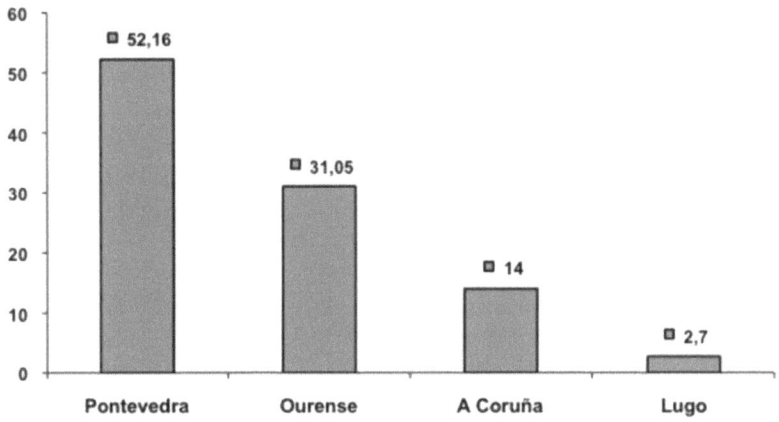

Fuente: Elaboración propia a partir de las fichas del consulado español de Río de Janeiro (ACERJ) y de las matrículas de los socios del Hospital Español (AHERJ).

---

10. Vázquez González, "La reducida aportación...", pp. 159-160.

Aunque existiera una fuerte tendencia a emigrar en escala provincial rumbo a determinados países, no es recomendable generalizar, trasladando esa tendencia a nivel comarcal, municipal o parroquial. El fenómeno migratorio puede diferenciarse dentro de un mismo municipio, según las características económicas, sociales, geográficas o psicológicas presentadas en cada una de las localidades:

> ...la emigración suele reconocerse como un fenómeno estructural de la población gallega, exigida por la benignidad de la mortalidad, y potenciada en los momentos de desajustes entre la población y los recursos; pero como tal fenómeno, sus ritmos e intensidad no son constantes ni en el tiempo ni en el espacio, como tampoco la tipología de los desplazamientos ni sus puntos de destino universales, pudiendo establecerse una casuística comarcal[11].

En la provincia de Pontevedra, por ejemplo, no todos los ayuntamientos tuvieron una emigración intensa a Río de Janeiro ni lo hacen en el mismo período. Los concejos del litoral tuvieran escasa emigración, mientras que los del centro y sur fueron responsables de un importante flujo desde la segunda mitad del siglo XIX hasta la década de 1970-1979. Entre los municipios pontevedreses que eligieron Brasil como destino, sus habitantes se dividieron entre Río de Janeiro y Bahía, aunque desde aquellos también hubo emigración a otros países, como Argentina. La provincia de La Coruña, en cambio, envió un importante contingente a Cuba, Argentina y Uruguay. Excepcionalmente se presentó un significativo flujo migratorio en el concejo de Santa Comba direccionado a Río de Janeiro. Con respecto a los orensanos, provincia de tardía emigración, empezaron a llegar a Río de Janeiro a comienzos del siglo XX. Los emigrantes provenían de Melón y otras localidades del sur fronterizas con Portugal. La provincia de Orense mantuvo una importante emigración a Brasil, dividida entre los estados de Río de Janeiro, Pará y São Paulo.

Tabla 1. Emigración estimada desde las provincias gallegas a Río de Janeiro por décadas (1859-1930)

Años	Pontevedra		Orense		La Coruña		Lugo	
1859-1880	146	(11,28%)	12	(2,88%)	60	(15,50%)	1	(2,22 %)
1881-1890	132	(10,20%)	30	(7,21%)	58	(14,99%)	4	(8,89%)
1891-1900	240	(18,55%)	32	(7,69%)	82	(21,19%)	4	(8,89%)

---

11. Fernández Cortizo, "Trabajar por sus oficios", p. 45.

Años	Pontevedra		Orense		La Coruña		Lugo	
1901-1910	184	(14,22%)	57	(13,70%)	36	(9,30%)	10	(22,22%)
1911-1920	489	(37,79%)	218	(52,40%)	125	(32,30%)	21	(46,67%)
1921-1930	103	(7,96%)	67	(16,11%)	26	(6,72%)	5	(11,11%)
Total:	1.294		416		387		45	

Fuente: Elaboración propia a partir de las fichas del consulado español de Río de Janeiro (ACERJ) y de las matrículas de los socios del Hospital Español (AHERJ).

Las provincias de Pontevedra y de La Coruña presentaban la emigración más antigua a Río de Janeiro, remontándose en algunos concejos de Pontevedra –como los del centro y sur– a la segunda mitad del siglo XIX. Cadenas migratorias originadas en la provincia de La Coruña contribuyeron a su vez a la inserción socio-laboral de los paisanos en Río de Janeiro. Según los estudios realizados por González Lopo en los archivos parroquiales de Pontecaldelas, Fornelos de Montes, A Lama y Cotobade, predominaba la emigración a Portugal, lo que facilitaría los primeros contactos de los gallegos con Brasil[12].

En otra zona pontevedresa, la conocida como Terra de Montes, que abarca los municipios de Beariz, Cerdedo y Forcarei, a partir de mediados del siglo XIX Brasil pasa a ser el principal destino americano, con las ciudades de Santos, São Paulo y, en menor medida, Río de Janeiro, como núcleos receptores[13]. En el municipio de Salcedas de Caselas, según los estudios de Pereira Bernárdez basados en el padrón de habitantes de la segunda mitad del XIX, había una fuerte corriente por el interior peninsular, con dos focos de atracción bien diferenciados: Portugal y la ciudad de Sevilla. En el padrón de 1868, no obstante, junto a esa migración intrapeninsular, surge un desplazamiento ultramarino, rumbo a Brasil, Cuba, Argentina y Uruguay[14]. Poco a poco estos últimos se convierten en los destinos favoritos, reiterando una trayectoria (Portugal primero

---

12. Domingo González Lopo, "Los movimientos migratorios en tierras del interior de la provincia de Pontevedra entre 1801-1950: características y puntos de destino", en Pilar Cagio (ed.), *Galicia nos contextos históricos*, dossier del n°. 11 de *Semata*. Santiago de Compostela, Universidad de Santiago de Compostela, 2000, p. 273.
13. Fernández Cortizo, "Emigración peninsular y americana en tierra de montes (1700-1914)", p. 182.
14. Julio Pereira Bernárdez, *La emigración de Salceda de Caselas (1887-1920)*. Santiago de Compostela, Programa de Doutoramento de Estudios Contemporaneos, Facultade de Xeografia e Historia, Universidade de Santiago de Compostela, 2001, p. 17.

y América después) de otros municipios pontevedreses de emigración a Brasil.

Según Fernandes Alves, las estimaciones sobre la cantidad de emigrantes gallegos a Portugal son muy diversas, ya que los datos fiables solamente empezaron a surgir a fines del siglo XIX[15]. Se trata a veces de movimientos clandestinos, con fuerte componente estacional, direccionados hacia dos destinos: los campos del sur y las viñas del Duero, de un lado, y los núcleos urbanos, como Lisboa y Oporto, de otro. En el censo portugués del año de 1890, fueron registrados 27.138 españoles emigrantes en Portugal, de los cuales 4.049 estaban en el distrito de Oporto (3.408 residentes en la ciudad). Por lo tanto, no se puede negar que la inmigración gallega a Oporto (y para Portugal, de forma general) resistió por mucho tiempo a la alternativa transoceánica[16].

La ciudad de Oporto era el principal puerto de embarque a Brasil. Desde esta localidad emigraban no solamente portugueses, sino también muchos gallegos. Alejandro Vázquez destaca la importancia de los gallegos embarcados en Oporto hasta comienzos de la década de 1870-1879. A partir de entonces, la instalación de grandes compañías transatlánticas a vapor en los principales puertos gallegos pasó a facilitar la salida de los gallegos a Brasil. Por ejemplo, en 1882 salieron desde puertos españoles la suma de 383 gallegos, comparados a los 24 españoles de otras regiones contabilizados en Oporto. En 1887 la diferencia aumenta, con la salida de 535 gallegos desde España y solamente 22 de Oporto[17]. Portugal sirvió no solo de influencia como destino en la emigración interior peninsular y posteriormente, transoceánica, sino también como "puente" para los gallegos que eligieron Brasil como destino.

A través de la comunicación con los vecinos portugueses, los pontevedreses tuvieron referencias acerca de Brasil, surgiendo así la oportunidad de emigrar, incluso de forma clandestina por los puertos de Leixões, Oporto y Lisboa. Según Yáñez Gallardo:

> ...las provincias gallegas y leonesas orientaban una parte de sus migraciones a Brasil a través de puertos portugueses, aprovechando la proximidad geográfica y la constante afluencia de buques que trasladaban a los emigrantes portugueses al Brasil. Las facilidades que ofrecían los agentes de colonización que enganchaban emigrantes para el Brasil y la identidad

---

15. Jorge Fernandes Alves, *Os Brasileiros. Emigração e retorno no Porto Oitocentista*. Porto, Porto Eds., 1994, pp. 95-96.
16. Ibídem, p. 97.
17. Vázquez González, *La emigración gallega a América*, pp. 345-347.

cultural de las zonas limítrofes permitieron la continua filtración de la frontera entre los dos lados[18].

Los concejos más significativos en número de emigrantes, como demuestra la tabla a continuación, fueron As Neves, Redondela, Cotobade, Porriño, O Covelo, Pontevedra, Tui, Arbo, Pontecaldelas y A Cañiza. A pesar de que la provincia de Pontevedra presenta índices migratorios en casi todos sus municipios, el centro-sur es sin duda la zona de gran concentración migratoria a Río de Janeiro. Región limítrofe con el Miño portugués e influenciada por los vecinos lusitanos, terminó por ser la responsable de gran parte de la emigración de Pontevedra (con más o menos intensidad) en los siglos XIX y XX.

Los portugueses se adelantaron a esta emigración, obviamente por cuestiones históricas, alternando sus destinos entre Brasil y las regiones intrapeninsulares. Así se refiere Fernandes Alves en su publicación a la región miñota portuguesa:

> Zona de elevada densidad poblacional, el Miño surge, entonces, como un espacio de "deserción continuada", en sintonía con otros movimientos (de Trás os Montes y Beiras) de sentido norte-sur, donde no se excluyen los gallegos que, para más allá de una distribución general por el país, controlan determinados segmentos del mercado de trabajo, desde el plantío de cosecha de las viñas del Duero hasta las profesiones urbanas de baja condición[19].

Algunos de los concejos con importante emigración a Río, como es el caso de Pontecaldelas, eligieron otros destinos dentro de Brasil como la ciudad de Salvador de Bahía. Entre 1919 y 1936, según las fichas del Consulado Español de Salvador (Bahía), el 90,8% de los gallegos procedía de la provincia de Pontevedra (26,5% de Pontecaldelas, 23,5% de Fornelos de Montes y 15,1% de A Lama), comparado con el 1,6% de Orense, 1,2% de La Coruña y solamente el 0,7% de Lugo. Una de las hipótesis más plausibles para explicar el flujo migratorio a Bahía habría sido el contacto con los portugueses y con personas que se dirigían a Brasil para atender el llamado de los comerciantes pioneros[20]. Una vez más, pautas migratorias que se repiten: la influencia portuguesa en la emigración a Brasil y la continuidad de la gallega a través de las cadenas migratorias, generadas, en

---

18. César Yánez Gallardo, *La emigración española a América (siglos XIX y XX)*. Colombres, Archivo de Indianos, 1994, p. 90.
19. Fernandes Alves, *Os Brasileiros*, p. 70.
20. Jefferson Bacelar, *Galegos no paraíso racial*. Salvador, Ianamá, 1994, p. 48.

parte, por la antigüedad del flujo y por su predominio en los sectores del pequeño comercio[21].

Los municipios del litoral pontevedrés, más concretamente los de la comarca de Valle Miñor (concejos de Gondomar, Nigrán y Bayona), tuvieron una escasa emigración a Río de Janeiro. Esos concejos representan la zona con mayor índice emigratorio a Uruguay en el ámbito de la provincia de Pontevedra. Pilar Cagiao recoge en los libros de quintas del ayuntamiento de Gondomar, entre 1901 y 1936, un total de 58 emigrantes en Brasil, de los que 40 estaban en Río de Janeiro[22]. De esos tres municipios, el único que reconocemos con alguna emigración a Río de Janeiro fue el de Gondomar, próximo a los de Tui, Porriño y Tomiño, todos con importantes flujos hacia esta ciudad brasileña. En la muestra que analizamos respecto a los gallegos en Río de Janeiro, encontramos 32 emigrantes del ayuntamiento de Gondomar (0,9% de la emigración total y 1,6% de la emigración de la provincia de Pontevedra), solamente uno perteneciente al municipio de Nigrán y Oya, y ninguno para el caso de Bayona. Los datos confirman que podían existir diferentes destinos dentro de una misma provincia, según las zonas o municipios.

La antigüedad del flujo pontevedrés a Río de Janeiro pudo ser observada analizando las matrículas del Hospital Español, desde el año de su fundación (1859) hasta 1880, período que antecede a la primera emigración masiva. El municipio de Redondela, por ejemplo, fue el que presentó mayor número de socios (76). Gran parte de ellos eran originarios de dos parroquias (Cesantes y Viso), siendo en un 79% trabajadores del comercio. La presencia de emigrantes de Redondela y su participación en asociaciones se extiende también al Centro Gallego de Río. Ahí había tres emigrantes de la parroquia de Viso que pertenecían a la junta directiva del Centro Gallego en 1922: José Manuel Vidal Sotelino, Avelino Sotelino Fontán y Severino Míguez González. De los quince miembros de la junta, siete vinieron de concejos pontevedreses (As Neves, Cotobade, Redondela y Pazos de Borbén) y tres del municipio coruñés con más emigración a Río, Santa Comba.

Un grupo de comerciantes que eran inmigrantes del municipio de Redondela estaban establecidos en la Rua da Carioca, en el centro de Río de Janeiro. La historia comienza con los hermanos Luis Serafín y José Ra-

---

21. En el análisis de los padrones de población de Salceda Caselas, Pereira Bernárdez encuentra una diversificación de los destinos de los emigrantes de sus parroquias entre 1887 y 1920, siendo las de San Xurxo y Picona las que enviaron más inmigrantes a Brasil. Cf. Pereira Bernárdez, *La emigración*, p. 134.
22. Pilar Cagiao, *Participación económico-social de los inmigrantes gallegos en Montevideo (1900-1970)*. Tesis doctoral del Departamento de Historia de América, Universidad Complutense de Madrid, Madrid, 1990, pp. 72 y 498.

món Martínez, matriculados en el Hospital Español en 1879 y 1882, respectivamente, con domicilios en los números 69 y 67, lo que puede significar la existencia de un gran establecimiento, con dos entradas en la misma calle. A continuación encontramos a los paisanos José Martínez Blanco y Fermino Vidal Bouzón, registrados juntos en el número 102 de la misma calle. Allí estaban por lo menos desde el año de 1882, según las matrículas del Hospital Español. El socio Manuel Soto Alján, procedente de la parroquia de Viso, se encontraba empleado en el número 60. Tenía un hermano llamado Arturo, trabajador del comercio, pero el establecimiento se encontraba en otra calle, en las cercanías del centro de la ciudad. Luego sigue con otro grupo familiar, el de los hermanos José y Constantino Sequeiros de Arriba, ubicados en los números 12 y 61, respectivamente. Constantino matriculó a su hijo, Inocencio Sequeiros Taboada, en la Beneficencia Española con solamente doce años. El hijo se hizo un negociante importante en la colonia gallega y fue uno de los fundadores del Recreo de los Ancianos, una residencia de mayores que sigue funcionando hasta nuestros días. Inocencio Sequeiros y su hermano Ángel vendían artículos para afeitar. En el número 61, se encontraba también el inmigrante Perfecto Vidal Vidal, actuando en el mismo tipo de comercio, por lo que probablemente eran socios. Ya en el número 13, al lado de José Sequeiros de Arriba, trabajaban dos hermanos, Ángel y Avelino Soltelino Fontán, en una tienda especializada en maletas.

Los ejemplos mencionados en el párrafo anterior comprueban la existencia de cadenas migratorias que abarcaban a paisanos de la misma localidad, parientes y vecinos, que controlaban una parte del comercio de la Rua da Carioca, desde el número 12 hasta el 102. Como vimos, estuvieron asimismo involucrados en las asociaciones mutualistas y asistenciales.

Los municipios de la provincia de Orense más representativos en la emigración a Río de Janeiro eran los de la zona montañosa del sur (Monterrei, Xinzo de Limia, Oimbra y Castrelo do Val) con concentraciones de relativa importancia en Cualedro, Trasmirás, Pereiro de Aguiar, Verín y Baltar. El concejo de Melón, fuera del foco migratorio indicado, era sin embargo el municipio con más emigración de la provincia de Orense. La explicación se encuentra en el hecho de que Melón está ubicada junto a las localidades pontevedresas de Covelo y Crecente, de significativa emigración a Río de Janeiro. Desde 1870 ya existía en Melón una tendencia a emigrar a Brasil[23]. También allí hubo una tradición migratoria a Portugal

---

23. Eiras Roel, "Para una comarcalización", p. 21.

desde el siglo XVII, quizás por la vecindad geográfica o por la demanda de mano de obra en las ciudades portuarias lusitanas[24].

Los ayuntamientos limítrofes de Melón no presentan, sin embargo, un significativo contingente, con excepción de Padrenda, con un total de 32 emigrantes (2,6% del total de la provincia de Orense). Padrenda, al igual que Melón, se halla próximo a municipios pontevedreses de la región del Bajo Miño, como Crecente, Arbo y As Neves. Los concejos del sur orensano tuvieron una emigración más tardía a América. En los registros del Hospital Español relativos al siglo XIX, el 20,2% de los inmigrantes más antiguos llegaban desde la provincia de Pontevedra y solamente el 4,2% desde Orense. En esta última, al igual que en Pontevedra, desde casi todos los municipios se emigró. La diferencia está en que Orense presenta muchos municipios con muy pocos emigrantes (menos de diez). Todo el interior de Orense presenta concejos con algún número de emigrantes. Otro ejemplo similar al de Melón es el de Allariz, que suma el 6,7% del total de la provincia, mientras que los concejos vecinos (Baños de Molgas, Sarreaus, Paderne y Pereiro de Aguiar) poseen índices migratorios muy menores.

En las inscripciones del consulado español, el registro más antiguo corresponde al emigrante Manuel Veloso Lareo, procedente de Melón y llegado a Río en 1886, a los trece años de edad. A los veintidós años, siendo empleado de comercio, se presentó al Consulado. En las matrículas del Hospital Español del año 1913 el mismo Veloso aparece a los cuarenta años de edad, con la misma profesión. En ese mismo archivo encontramos a otro pionero de la emigración de Melón, Benito García Castro, dependiente de comercio llegado a Río de Janeiro en 1883. Una vez establecidos en esta ciudad, la mayoría (60,9%) de los emigrantes de Melón se dedicaron a las actividades comerciales. La antigüedad de esta emigración demuestra, una vez más, la consolidación de cadenas migratorias restringidas a ciertas unidades espaciales muy pequeñas, como pueden ser las parroquias, y la consiguiente concentración en sectores profesionales en la sociedad de recepción.

La provincia de Orense también aportó un importante contingente migratorio también al estado de São Paulo, principalmente a su capital y a las ciudades de Santos y Campinas. En Santos los gallegos constituían una amplia mayoría del total de residentes españoles, siendo Pontevedra y Orense las provincias dominantes[25]. La ciudad de Belém, capital de Pará,

---

24. Manuel Ángel Fernández Rodríguez, "Evolución migratoria en el municipio de Melón: mediados del siglo XVII a comienzos del siglo XX", en Eiras Roel (ed.), *Aportaciones al estudio*, p. 170.
25. Elda González Martínez, "El aporte gallego al proceso inmigratorio brasileño, 1890-1950", en Jesús de Juana y Xavier Castro (dirs.), *V Xornadas de Historia de Galicia*. Orense, Diputación de Orense, 1990, p. 267.

también recibió un importante número de gallegos a través de una emigración de carácter espontáneo atraída por el ciclo del caucho. Se trató de unas 3.000 personas, arribadas en los primeros años del siglo xx, de las cuales más de la mitad eran orensanos[26]. En 1933, de los 1.500 españoles residentes en Belém, 90 % procedían de Galicia[27].

En la provincia de La Coruña, la concentración se situó mayoritariamente en una localidad: Santa Comba. Este municipio ha superado a todos los demás concejos gallegos, con un total de 188 emigrantes. Junto a los concejos limítrofes o próximos, como A Baña, Mazaricos, Outes y Vimianzo, constituyó el verdadero foco migratorio coruñés, si bien estos últimos con números bien inferiores. En el concejo de A Baña, por ejemplo, las parroquias que se dedicaban al norte y al oeste de Santa Comba, como la zona de la Riba y de la Corneira, eligieron Brasil como destino. Explicar la tradición migratoria de esa zona coruñesa no resulta una tarea fácil. ¿Por qué eligieron Río de Janeiro si estaban cercados de emigración a Cuba y principalmente a Argentina y Uruguay? La hipótesis más probable hasta el momento se vincula con las migraciones intrapeninsulares a Portugal, hasta la segunda mitad del siglo xix. Por influencia de la información traída por los inmigrantes portugueses en Río de Janeiro, una parte de los vecinos de esta zona pasaría a tener predilección por las tierras brasileñas. Con el tiempo, esa emigración fue especializándose, debido a una serie de factores, como las condiciones económicas del país de adopción o los canales de información por los que empezaron a circular a partir de la inserción ocupacional y espacial de los pioneros en la sociedad carioca.

Fernando Devoto, al explicar los motivos de la especialización migratoria de cuatro provincias italianas pertenecientes a la región de Le Marche, orientadas a diferentes destinos, ora a Argentina, ora a Estados Unidos, sugiere que

> ...el papel de la información puede ser percibido de dos modos y en dos niveles. Uno es el de la información estrecha acompañada de ayuda y asistencia para emigrar – el conocido mecanismo llamado cadena migratoria que opera en las relaciones interpersonales recortadas en la familia o la parentela (...). Pero existe otro plano que podríamos llamar algo así como notoriedad (...) que circula progresivamente a medida que perdura un flu-

---

26. Elda González Martínez, *La inmigración esperada: la política migratoria brasileña desde João VI hasta Getulio Vargas*. Madrid, Consejo Superior de Investigaciones Científicas, 2003, p. 144.
27. Elda González Martínez, "El aporte gallego", p. 264.

jo migratorio, en áreas más amplias regionales, acerca de las condiciones y posibilidades existentes en lugares del exterior[28].

Los modelos regionales, según el autor, deberían estar basados en una tipología más flexible que valorase las diferencias en cuanto a los lugares de destino. Cuando hace un análisis del caso particular de la provincia de Ancona, Devoto observa que hay diferentes destinos y que el modelo de emigración cambia conforme el país elegido. Por ejemplo, a fines del siglo XIX la emigración tenía un carácter familiar y estaba orientada hacia Argentina; en el XX los destinos preferenciales son Alemania y América del Norte y la emigración pasa a ser masculina; en el período de la posguerra se emigra nuevamente desde Ancona a la Argentina. ¿Cuáles son las causas de estos cambios? La respuesta, necesariamente compleja, se encuentra en factores como los cambios en la composición familiar, en el índice de masculinidad, en la economía o en la demografía.

La ocupación profesional de los inmigrantes de Santa Comba en Río de Janeiro está asociada al sector de la hostelería, a los bares, pensiones y hoteles que hasta nuestros días son controlados por gallegos. El primer registro de esa localidad, ubicado en los archivos del Hospital Español (1869), es el del inmigrante Manuel García Caamaño, de la parroquia de Castriz. En el consulado, el registro más antiguo es el de José Turnes Vázquez, que llegó en 1887 a Río de Janeiro, procedente de la parroquia de Mallón. Santa Comba es una excepción en la provincia de La Coruña, pues no hay tradición migratoria de esta zona a Brasil. La hipótesis sobre la influencia portuguesa podría verse en este caso confirmada por investigaciones como la realizada por López Taboada en el Archivo del Consulado General de España en Lisboa. Basándose en esa documentación, como los roles de prófugos, se advierte que el origen geográfico de los emigrados se concentra en los pueblos de Vimianzo, Zás, Outes y Negreira, todos muy próximos a Santa Comba y con índices de emigración a Río de Janeiro[29]. A pesar de que Santa Comba posee el más alto registro de emigrantes a Río, es el concejo de Vimianzo el que aparece en las fichas del Hospital Español desde 1862 y en las del consulado desde 1896. Ello

---

28. Fernando Devoto, "Las migraciones de Las Marcas a la Argentina, la cuestión de la escala y las posibilidades de una tipología regional (1882-1927)", *Estudios Migratorios Latinoamericanos*, A. 13, n°. 38, abril de 1998, pp. 99-100.
29. José Antonio López Taboada, "Emigración gallega a Portugal en la primera mitad del siglo XIX", en Antonio Eiras Roel y Ofélia Rey Castelao (eds.), *Migraciones internas y medium-distance en la Península Ibérica, 1500-1900*. Santiago de Compostela, Xunta de Galicia, 1994, pp. 417-426.

significa que desde Vimianzo partieron gallegos en décadas anteriores a la emigración masiva.

Por último, la provincia de Lugo es la que presenta menor índice de emigración: 79 emigrantes, el 2,2% del total registrado en el período 1867-1939. Los flujos lucenses empezaron más tarde, en los primeros años del siglo XX. En las matrículas del Hospital localizamos a cinco emigrantes en el XIX, pero no constituían cadenas, pues había huecos temporales entre las fechas de inscripción, sobre todo si se los compara con las otras provincias, donde hay un equilibrio entre número de emigrantes y año de matrícula de los mismos[30]. El hecho puede explicarse porque esa provincia estaba más aislada de las zonas de tradición migratoria a Río de Janeiro. A pesar de que Lugo presenta una fuerte emigración hacia Cuba y Argentina, se sintió la influencia de las zonas orensanas conectadas con Brasil[31]. Un ejemplo se halla en el municipio con más emigración, Sober, que concentra el 15,4% del total y se halla próximo a otro orensano con presencia en Río de Janeiro: Pereiro de Aguiar. Los demás municipios con algún contingente fueron Folgoso do Caurel y Monforte de Lemos, situados al sur de la provincia, cerca de Sober. De todas formas, la cantidad de emigrados por municipio es casi simbólica en Lugo, ya que en la mayoría de los casos no se llega a la decena.

Como queda dicho, Brasil no ejerció una fuerte atracción entre los emigrantes lucenses. El destino americano preferencial fue la isla de Cuba, principalmente la ciudad de La Habana. Los destinos intrapeninsulares se dividieron entre Castilla y Madrid, con predominio del área mindoniense (Ribadeo, Mondoñedo y Viveiro) y costera (Barreiros, Foz) y con la dedicación a trabajos urbanos (principalmente panaderos y empleados domésticos en Madrid) y a las labores estacionales de siega en Castilla. También existió una emigración hacia Portugal y Andalucía, preferentemente al área sur occidental, con empleos en el servicio doméstico en las ciudades andaluzas y en las cavas de los viñedos durante el invierno portugués[32]. De esa manera, la emigración a Cuba, en el caso de los lucenses, era también una continuación de la intrapeninsular[33].

---

30. En 1867 identificamos el primer emigrante lucense inscrito en el Hospital; en 1883 aparece otro registro. Al año siguiente aparece un inmigrante del municipio de Palas de Rey. Desde entonces y hasta 1915, no consta otro emigrante de Lugo, procedente de la capital, y en 1919, otro de Monforte de Lemos.
31. Eiras Roel, "Para una comarcalización", p. 21.
32. Pedro Luis Gasalla Regueiro, "La emigración en la provincia de Lugo (1860-1900). Aproximación a su estudio indirecto a través de los indicadores demográficos", *Revista da Comisión Galega do Quinto Centenario*, n. 6, 1990, pp. 92-94.
33. Ibídem, pp. 143-144.

Conclusiones

Nada de lo expuesto en las páginas anteriores y tampoco los estudios comparativos con otros países podrían ser llevados a cabo sin que antes se conociera el origen de los flujos migratorios. Una vez localizados los destinos de los emigrantes, una red de posibilidades se abre al investigador, que empieza a desmembrar informaciones tales como la inserción socioprofesional, las remesas, el retorno y principalmente las cadenas migratorias que se formaron en cada localidad y/o región. Cuanto menor la escala, cuanto más se avanza hacia dimensiones micro, más se amplían las posibilidades de comprensión del objeto de estudio y la recuperación de sus cadenas migratorias y sus redes de solidaridad.

Al tratarse de una emigración mayoritariamente urbana y espontánea, los gallegos que se dirigieron a Brasil y a ciudades de América Latina, como La Habana y Buenos Aires lo hicieron, de manera general, a través de la llamada contratación personal en cadena, como el "sobrinismo" en Cuba, los lazos de paisanaje en Argentina, o los "patricios" en Brasil. El hallazgo de las fuentes nominativas es, en este punto, crucial, para que espacios tan pequeños, como las parroquias y municipios gallegos, se transformaran en el gran espacio de posibilidades para la búsqueda de las trayectorias de los gallegos en el continente americano.

Bibliografía

Bacelar, Jefferson, *Galegos no paraíso racial*. Salvador da Bahia, Ianamá, 1994.
Cagiao, Pilar, *Participación económico-social de los inmigrantes gallegos en Montevideo (1900-1970)*. Tesis doctoral del Departamento de Historia de América. Madrid, Universidad Complutense de Madrid, 1990.
Devoto, Fernando, "Las migraciones de Las Marcas a la Argentina, la cuestión de la escala y las posibilidades de una tipología regional (1882-1927)", *Estudios Migratorios Latinoamericanos*, A. 13, nº. 38, abril, 1998.
Eiras Roel, Antonio, "Para una comarcalización del estudio de la emigración gallega. La diversificación intrarregional a través de los censos de población (1877-1920)", en Antonio Eiras Roel (ed.), *Aportaciones al estudio de la emigración gallega. Un enfoque comarcal*. Santiago de Compostela, Xunta de Galicia, 1992.
Fernandes Alves, Jorge, *Os Brasileiros. Emigração e retorno no Porto Oitocentista*. Porto, Porto Eds., 1994.

FERNÁNDEZ CORTIZO, Camilo, "Emigración peninsular y americana en Terra de Montes (1700-1914)", *Revista da Comisión Galega do Quinto Centenario*, n°. 7, 1990.

FERNÁNDEZ RODRÍGUEZ, Manuel Ángel, "Evolución migratoria en el municipio de Melón: mediados del siglo XVII a comienzos del siglo XX", en Antonio Eiras Roel (ed.), *Aportaciones al estudio de la emigración gallega. Un enfoque comarcal*. Santiago de Compostela, Xunta de Galicia, 1992.

GASALLA REGUEIRO, Pedro Luis, "La emigración en la provincia de Lugo (1860-1900). Aproximación a su estudio indirecto a través de los indicadores demográficos", *Revista da Comisión Galega do Quinto Centenario*, n°. 6, 1990.

GONZÁLEZ LOPO, Domingo, "Los movimientos migratorios en tierras del interior de la provincia de Pontevedra entre 1801-1950: características y puntos de destino", en Pilar Cagiao (ed.), *Galicia nos contextos históricos, dossier* del n°. 11 de *Semata*. Santiago de Compostela, Universidad de Santiago de Compostela, 2000.

GONZÁLEZ MARTÍNEZ, Elda, "El aporte gallego al proceso inmigratorio brasileño, 1890-1950", en Jesús de Juana y Xavier Castro (dirs.), *V Xornadas de Historia de Galicia*. Orense, Diputación de Orense, 1990.

— *La inmigración esperada: la política migratoria brasileña desde João VI hasta Getulio Vargas*. Madrid, Consejo Superior de Investigaciones Científicas, 2003.

LÓPEZ TABOADA, José Antonio, "Emigración gallega a Portugal en la primera mitad del siglo XIX", en Antonio Eiras Roel y Ofélia Rey Castelao (eds.), *Migraciones internas y medium-distance en la Península Ibérica, 1500-1900*. Santiago de Compostela, Xunta de Galicia, 1994.

PEREIRA BERNÁRDEZ, Julio, *La emigración de Salceda de Caselas (1887-1920)*. Santiago de Compostela, Programa de Doutoramento de Estudios Contemporaneos, Facultade de Xeografia e Historia, Universidade de Santiago de Compostela, 2001.

SÁNCHEZ ALONSO, Blanca, *Las causas de la emigración española (1880-1930)*. Madrid, Alianza, 1995.

VÁZQUEZ GONZÁLEZ, Alejandro, "La reducida aportación gallega a la agricultura americana, 1830-1936: una interpretación", en Alejandro Fernández y José C. Moya (eds.), *La inmigración española en Argentina*. Buenos Aires, Biblos, 1999a.

— *La emigración gallega a América, 1830-1930*. Tesis de doctorado. Universidade de Santiago de Compostela, 2 vols., 1999b.

VILLARES, Ramón y Marcelino FERNÁNDEZ SANTIAGO, *Historia da emigración galega a América*. Santiago de Compostela, Xunta de Galicia, 1996.

YÁNEZ GALLARDO, César, *La emigración española a América (siglos XIX y XX)*. Colombres, Archivo de Indianos, 1994.

Sobre los autores

Roberto Benencia. Licenciado en Sociología por la Universidad Católica Argentina, magíster en Ciencias Sociales por FLACSO Argentina y DEA de la Unión Europea, Universidad de Córdoba, España. Investigador principal del CONICET e investigador de la UBA, categoría "I". Profesor titular consulto; coordinador de la Maestría "Desarrollo Rural" y director del CEDERU (Centro de Estudios y Servicios para el Desarrollo Rural) en de la Facultad de Agronomía de la UBA. Miembro del Grupo de Trabajo de CLACSO (Consejo Latinoamericano de Ciencias Sociales) sobre "Migración, Cultura y Políticas". Director de la revista *Estudios Migratorios Latinoamericanos*, editada por el CEMLA (Centro de Estudios Migratorios Latinoamericanos). Miembro de la Comisión Directiva del IDES (Instituto de Desarrollo Económico y Social). Ha publicado más de un centenar de textos con referato.

Santiago Canevaro. Doctor en Ciencias Sociales, magíster en Antropología Social (IDAES/UNSAM) y licenciado en Sociología (Universidad de Buenos Aires). Actualmente es investigador asistente del Consejo Nacional de Investigaciones en Ciencia y Técnica (CONICET) y profesor de la Facultad Latinoamericana de Ciencias Sociales. Su área de interés incluye las temáticas vinculadas con clase social, sectores medios, culturas populares, migraciones, desigualdad, afectos, servicio doméstico. Es autor del libro *Presencias invisibles. Performance, identidad y migración* (2012). Es miembro del Centro de Estudios en Antropología de la UNSAM y del Núcleo de Programa de Estudios sobre Clases Medias en el Instituto de Desarrollo Económico y Social. Es coorganizador del Núcleo de Estudios Sociales sobre la Intimidad, los Afectos y las Emociones en la FLACSO (Argentina) y de la Red de Investigación "Feminización del trabajo doméstico: Perspectivas decoloniales sobre afecto, trabajo doméstico y migración en un contexto transnacional" junto a la Universidad de Manchester (Inglaterra) y la Universidad de Santa María (Brasil). Además, ha publicado numerosos artículos en revistas nacionales e internacionales.

Nadia Andrea De Cristóforis. Doctora de la Universidad de Buenos Aires, área Historia; máster (Université Paris 7-Denis Diderot) y magíster en Investigación Histórica (Universidad de San Andrés, Argentina).

También ha finalizado un Programa de Posdoctorado en Ciencias Humanas y Sociales (Universidad de Buenos Aires). Actualmente se desempeña como profesora e investigadora de la Universidad de Buenos Aires y como investigadora del Consejo Nacional de Investigaciones Científicas y Técnicas (Argentina). Es autora de libros, artículos, capítulos y ponencias sobre la inmigración española y el exilio republicano en la Argentina. Entre sus libros como autora única se encuentran: *Bajo la Cruz del Sur: gallegos y asturianos en Buenos Aires (1820-1870)* (2010) y *Proa al Plata: las migraciones de gallegos y asturianos a Buenos Aires (fines del siglo XVIII y comienzos del XIX)* (2009).

Alejandro Fernández. Doctor en Historia por la Universidad de Barcelona y magíster en Ciencias Sociales por la Facultad Latinoamericana de Ciencias Sociales (FLACSO). Es profesor e investigador de la Universidad Nacional de Luján, institución en la que dirige la Maestría en Ciencias Sociales con Mención en Historia Social. Ha sido profesor visitante en universidades de España, Italia y Francia. Es codirector de la revista *Estudios Migratorios Latinoamericanos*, de Buenos Aires. Ha publicado los libros *Un "mercado étnico" en el Plata. Emigración y exportaciones españolas a la Argentina, 1880-1935* (2004); *Las migraciones españolas a la Argentina. Variaciones regionales (siglos XIX y XX)* (2008; en coautoría con Nadia De Cristóforis) y *La inmigración española en la Argentina* (1999; en coautoría con José C. Moya).

Elda González Martínez. Doctora en Antropología Cultural, Universidad de Uppsala (Suecia) y doctora en Historia Contemporánea, Universidad Complutense de Madrid. Actualmente dirige el Departamento de Estudios Americanos del Instituto de Historia del CSIC. Ha trabajado sobre grupos sociales en el campo religioso popular (Brasil); los movimientos de población producidos durante el siglo XIX y principios del XX hacia Uruguay, Brasil, Chile y Argentina; y sobre la actual inmigración latinoamericana en Europa. Ha coordinado veinte proyectos de investigación, nacionales e internacionales sobre dichas temáticas. Su producción alcanza una docena de libros, entre otros: *Spirits from the margim* (editado en Brasil: *Marginália sagrada* y en España: *Umbanda: El poder del margen. Un estudio sobre religiosidad popular y experiencia social*); *Brasil, café e inmigración. Los españoles en Sao Paulo*; *La inmigración esperada. La política migratoria brasileña desde Joao VI hasta Getúlio Vargas* (en coedición con Asunción Merino); *"Historias de acá". Trayectorias migratorias de los argentinos en España* y *Las migraciones internacionales*; además de un centenar de artículos.

Marília Klaumann Cánovas. Ha realizado la Maestría y el Doctorado en Historia Social, y el posdoctorado en Historia Económica en la USP-Universidad de São Paulo, Brasil. Especialista en archivística por el Instituto de Estudios Brasileños de la USP, sus trabajos académicos se centran en el estudio de la e/inmigración española a Brasil, en el período masivo. Es investigadora sénior en el Laboratorio de Estudios de Etnicidad, Racismo y Discriminación, donde coordina el Módulo Migraciones. Es coordinadora ejecutiva del Proyecto Archivo Virtual Historias Migrantes (LEER-Fapesp). Ha publicado: *Hambre de Tierra. Imigrantes espanhóis na cafeicultura paulista, 1880-1930* e *Imigrantes espanhóis na Pauliceia. Trabalho e sociabilidade urbana (1890-1922)*, además de varios trabajos y artículos en Brasil y en el extranjero.

Asunción Merino Hernando es profesora titular en el Departamento de Antropología Social y Cultural de la Facultad de Filosofía de la UNED. Su investigación se centra en los procesos migratorios locales y globales, históricos y contemporáneos entre España y América Latina. Ha desarrollado su carrera científica en el CSIC y en Yale University como *fulbright postdoctoral fellow*. Ha participado en seminarios de universidades de Estados Unidos, Francia, Uruguay y Polonia, y en congresos internacionales y nacionales de Europa y América. Cuenta con más de veinte artículos en revistas nacionales e internacionales (*Identities, Studi Emigrazione, Revista de Indias, Revista de Estudios Migratorios, Migraciones*), numerosos capítulos en libros de edición internacional y española, además de cuatros libros escritos y varios más editados con Elda González. Actualmente forma parte del Grupo de Estudios de Migraciones Internacionales (GEMI) de la Universidad Complutense, el Grupo de Migraciones y Exilios en el Mundo Contemporáneo de la UNED, y colabora en el Grupo de Estudios Americanos (GEA) del CSIC.

Malgorzata Nalewajko. Es filóloga e historiadora. Trabaja en el Instituto de Estudios Ibéricos e Iberoamericanos de la Universidad de Varsovia y en el Instituto de Historia de la Academia de Ciencias de Polonia. Su investigación se centra en los procesos migratorios contemporáneos en Europa y la emigración polaca a España y a América Latina, relaciones interétnicas, problemas de multiculturalismo, cuestiones de identidad nacional y étnica, también en América Latina (especialmente en la región andina). Autora de los libros *El debate nacional en el Perú (1920-1933)* (1995) y *Nieznani a bliscy. Historyczne i społeczne uwarunkowania recepcji polskiej imigracji przełomu XX y XXI wieku w Hiszpanii* ["Desconocidos y próximos. Condicionamientos históricos y sociales de la recepción de los inmigrantes polacos en España a fines del siglo xx y comienzos del xxi] (2012), y de numerosos artículos. Ha cooperado con el Centro de Estudios Latinoamericanos de la Universidad de Varsovia y con el Instituto de Historia del CSIC, Madrid, España, participando y coordinando, en la parte polaca, varios proyectos de investigación conjunta.

Mónica Palma Mora. Es doctora en Historia por la Facultad de Filosofía y Letras de la Universidad Nacional Autónoma de México. Investigadora de la Dirección de Estudios Históricos del Instituto Nacional de Antropología e Historia y miembro del Sistema Nacional de Investigadores de México. Se ha especializado en el estudio de la inmigración en México durante el siglo xx. En la actualidad desarrolla un proyecto de investigación sobre la migración estadounidense a México en el periodo de 1945 a 1980 y es conferenciante del curso "México nación multicultural", que se imparte en la UNAM. Participa en el Seminario Interinstitucional y Multidisciplinario: Problemas Teórico-Metodológicos de la Migración, el cual se reúne en el Instituto Mora de México, y en la Red de Estudios Migratorios Transatlánticos, con sede en el Consejo Superior de Investigaciones Científicas (CSIC) de Madrid, España. Entre sus trabajos publicados destaca el libro *De tierras extrañas. Un estudio sobre la inmigración en México 1950-1990* (2006).

Katarzyna Porada. Licenciada en Estudios Ibéricos e Iberoamericanos por la Universidad de Varsovia (Polonia). Máster europeo en Estudios Latinoamericanos: "Diversidad cultural y complejidad social" en la Universidad Autónoma de Madrid. En la actualidad lleva a cabo su tesis doctoral en el Grupo de Estudios Americanos del CSIC bajo la dirección de Elda González Martínez. Su investigación se centra en los descendientes de inmigrantes polacos en Argentina. Ha difundido parte de sus resultados en congresos nacionales e internacionales y publicado en *América en la Memoria: conmemoraciones y reencuentros* (2013) y en *História da imigração: possibilidades e escrita* (2013).

Emilio Redondo es licenciado en Historia por la Universidad de Castilla-La Mancha y máster en Relaciones Internacionales y Estudios Africanos por la Universidad Autónoma de Madrid. En la actualidad lleva a cabo su tesis doctoral en el Grupo de Estudios Americanos del CSIC bajo la dirección de Elda González Martínez. Su investigación se centra en el Comité Intergubernamental para las Migraciones Europeas y la inmigración calificada de origen español en Argentina a medidados del siglo xx. Ha realizado estancias de investigación en la Universidad de Columbia (Estados Unidos) y la Universidad de Luján (Argentina), ha participado en diversos congresos internacionales y cuenta con varias publicaciones en libros colectivos, entre otras, "Patriotismo o traición. Una aproximación debate político en torno a la emigración durante el franquismo (1956-1962)", en Elda González y otros (eds.): *Historia da imigração: possibilidades e escrita* (2013).

Maria Izilda Santos de Matos. Investigadora A1 del CNPq y profesora titular de la PUC/SP, con posdoctorado en la Université Lumiere Lyon 2, Lyon/Francia. En sus investigaciones ha priorizado los temas de inmigración, género, historia cultural e historia de las sensibilidades. Ha dirigido un centenar de trabajos de maestría y doctorado. Entre sus publicaciones destacan: *Trama e Poder* (2003); *Melodia e Sintonia: o masculino, o feminino e suas relações em Lupicínio Rodrigues* (1999); *Dolores Duran: Experiências Boêmias em Copacabana nos anos 50* (2003); *Por uma história das mulheres* (2003); *Meu lar é o botequim: alcoolismo e masculinidade* (2003); *Cotidiano e Cultura* (2002); *O Corpo feminino em debate* (2003); *Ancora de Emoções* (2005); *A cidade, a noite e o cronista: São Paulo de Adoniran Barbosa* (2008); *Portugueses: deslocamentos, experiências e cotidiano SP séculos XIX e XX* (2013).

Érica Sarmiento. Doctora en Historia (Universidad de Santiago de Compostela). Profesora en las Universidade del Estado de Rio de Janeiro (UERJ), de la Universidad Salgado de Oliveira y en la Universidade do Rio de Janeiro (UNIRIO). Sus investigaciones se concentran en el área de la inmigración, en concreto en la gallega/española y portuguesa en Río de Janeiro. Es coordinadora adjunta del Laboratorio de Estudios de Inmigración (Labimi/UERJ), líder del grupo de investigación del CNPQ "Pensamiento, política y sociedad latino americana" (UNIVERSO) y coordinadora del Laboratorio de Estudios Ibéricos (UNIVERSO). Fue profesora visitante en la Universidad de Columbia. En los últimos años se ha dedicado a los estudios comparativos, gallegos en Argentina y en Nueva York, enfatizando en los temas que se relacionan con asociacionismo, anarquismo y cadenas migratorias. Publicó el libro *O outro Río: a emigración Galega a Río de Xaneiro* (2006).

Oswaldo Mario Serra Truzzi. Profesor asociado de la Universidad Federal de São Carlos (UFSCar), realizó su doctorado en la Universidad de Campinas (UNICAMP) y el posdoctorado en la Universidad de Chicago. Ha publicado en revistas especializadas y participado en numerosos congresos en el área de la Sociología de las Migraciones y la Historia Social de las Migraciones, tanto en Brasil como en el exterior. Es autor y coautor de las siguientes obras: *Roteiro de fontes sobre a imigração em São Paulo 1850-1950*; *Repertório de legislação brasileira e paulista referente à imigração*; *Atlas da Imigração Internacional em São Paulo, 1850-1950*; *Café, Indústria e Conhecimento: São Carlos, uma história de 150 anos*; *Patrícios-sírios e libaneses em São Paulo*; *Sírios e Libaneses. Narrativas de História e Cultura*; *Estudos migratórios: perspectivas metodológicas*; *Memorial dos Vassimon – rajetória familiar de emigrantes da Revolução Francesa a Portugal e ao Brasil*; *Imigração e Política em São Paulo* y *De mascates a doutores: sírios e libaneses em São Paulo*. Coordinó, entre 2006 y 2009, el Grupo de Trabajo, "Migrações Internacionais" de la Asociación Nacional de Programas de Posgrado en Ciencias Sociales (ANPOCS). Dirige desde 2000 la editorial de la UFSCar. Es investigador del Conselho Nacional de Pesquisa e Desenvolvimento (CNPq).